유다 왕국

유다 왕국

구약에 새겨진 유다 왕국 멸망의 기록

고영길 엮음

홍성사.

피로 성읍을 건설하며 불의로 성을 건축하는 자에게 화 있을진저
합 2:12

여호와께서 또 내게 이르시되 너는 이 백성을 위하여 복을 구하지 말라
그들이 금식할지라도 내가 그 부르짖음을 듣지 아니하겠고
번제와 소제를 드릴지라도 내가 그것을 받지 아니할 뿐 아니라
칼과 기근과 전염병으로 내가 그들을 멸하리라
렘 14:11-12

여호와여 우리를 주께로 돌이키소서
그리하시면 우리가 주께로 돌아가겠사오니
우리의 날들을 다시 새롭게 하사 옛적 같게 하옵소서
애 5:21

추천글 김구원 (개신대학원대학교 교수, 구약학)

혼돈의 시대를 살아가는 이 땅의 그리스도인에게

유다 왕국의 역사는 선지자들의 역사라 해도 과언이 아니다. 절대 권력이 아닌 제한적 권력이 특징인 유다 왕국은 선지자 제도를 일종의 헌법 기관으로 유지해 왔다. 선지자들은 왕에게 하나님의 뜻, 곧 "선하고 바른 길"(삼상 12:23)이 무엇인지 가르칠 천명(天命)을 지닌 사람들이다. 실제로 이스라엘 선지자들은 왕정이 성립하면서 등장하여 왕정의 멸망과 함께 역사에서 사라졌다. 이 때문일까? 유대인들은 이스라엘 역사를 기록한 책들, 다시 말해 여호수아, 사사기, 사무엘상·하, 열왕기상·하를 '느비임'(선지자들)으로 불렀다.

이 모든 사실은 이스라엘 역사를 선지자의 메시지를 통해 보는 것이 얼마나 중요한지 설명해 준다. 하지만 오늘날 독자들이 유다 역사 속에서 선지자들의 메시지를 연결시키며 읽기란 그리 쉬운 일이 아니다. 이런 의미에서 《유다 왕국》의 출판은 의미가 깊다. 엮은

이는 유다 왕국의 멸망을 예언한 선지서들의 핵심 메시지들을 그 시대를 기록한 성경 역사서의 내용과 연결시켜 보여 준다. 아울러 이 작업이 선지자의 메시지와 역사서 본문의 단순한 병렬에 그치지 않고, 유다 왕국의 멸망 원인을 명확하게 밝히는 데까지 나아간다.

  한 민족의 멸망이 그리 유쾌한 일은 아니지만, 인류의 가장 유익한 깨달음이 멸망의 교훈에서 오는 것은 사실이다. 따라서 그런 멸망의 경험을 반복하지 않기 위해서라도 아픈 역사를 똑똑히 기억하고 제대로 평가하는 것이 중요하다. 이런 의미에서 유다 민족 멸망사를 선지자들의 메시지로 정리한 이 책은 혼돈의 시대를 살아가는 한국 그리스도인들이 꼭 읽어야 할 책이라 확신한다.

머리말

멸망의 나락에서 붙잡아야 하는 것

하나님은 이스라엘 민족을 왜 버리셨을까? 나는 유다 왕국 멸망의 역사를 통해 하나님의 통치관을 알고 싶었다. 그래서 이 질문에 대한 하나님의 뜻을 깨닫고자 스바냐서, 예레미야서, 나훔서, 하박국서, 다니엘서, 에스겔서 등 유다 왕국의 멸망을 예언한 예언서를 열왕기하, 역대기하와 고대 근동의 역사 속에서 시대순으로 정리하며 읽었다. 예언자는 타락한 시대를 하나님께로 돌아오게 하기 위해 하나님의 말씀을 대언하는 사람이므로, 예언서는 예언자가 활동한 역사적 상황 속에서 읽어야 그 참뜻을 이해할 수 있기 때문이다.

이스라엘 민족은 BC 1446년 하나님의 주권으로 이집트에서 탈출하여 민족의 주권을 확립했고, 광야생활 40년 동안 훈련받으며 하나님을 섬기는 법과 일상생활 속에서의 법을 갖게 되었다. 그 후, BC 1405년부터 가나안 영토에 머물게 되었다. 이스라엘 민족 국가가 수립된 것이다. 하지만 BC 587년 유다 왕국이 멸망하여 이스라엘 민족은 바빌로니아에게 주권과 영토를 빼앗기고 말았다. 그리고 바빌로니아로 끌려가 그 나라의 법을 지키며 포로생활을 했다. 이스라엘 민족은 수많은 민족 가운데 하나님이 특별히 선택한 민족 곧 선민選民이었는데, 민족국가 수립 후 818년이 지나 하나님이 이스라엘 민족을 버림으로써 유다 왕국이 멸망한 것이다.

왜일까? 이에 대한 하나님의 뜻을 알려면 먼저 하나님이 이스라엘 민족을 택하신 목적을 알아야 한다. 이스라엘 민족의 조상 아브라함을 하나님이 선택했을 때 이렇게 말씀하셨다.

> 아브라함은 강대한 나라가 되고 천하 만민은 그로 말미암아 복을 받게 될 것이 아니냐 내가 그로 그 자식과 권속에게 명하여 여호와의 도를 지켜 의와 공도를 행하게 하려고 그를 택하였나니 이는 나 여호와가 아브라함에게 대하여 말한 일을 이루려 함이니라 (창 18:18-19)

하나님을 경외하는 아브라함과 그의 자녀와 집안 사람들이 정의와 공의를 행하여 복을 받고, 모든 민족이 그들처럼 행하여 복 받게 하는 것이 하나님이 아브라함을 선택하신 목적이다.

하나님이 이스라엘 백성을 출애굽시켜 광야에서 율법을 주며 지키라 하셨고, 그 이후 유다 역사상 많은 예언자를 세워 율법에서 벗어나 타락한 유다 사회를 경고했는데, 율법과 예언자들이 전한 가르침의 근본 뜻을 예수께서 다음과 같이 요약하셨다.

네 마음을 다하고 목숨을 다하고 뜻을 다하여 주 녀의 하나님을 사랑하라 하셨으니 이것이 크고 첫째 되는 계명이요 둘째도 그와 같으니 네 이웃을 네 자신같이 사랑하라 하셨으니 이 두 계명이 온 율법과 선지자의 강령이니라(마 22:37-40)

하나님을 사랑하고 이웃을 사랑하는 것이 율법의 핵심이자 예언의 핵심인 것이다. 그런데 유다 왕국이 멸망할 즈음 그들은 하나님을 사랑하지 않는 것을 넘어 하나님을 버리고 우상을 숭배했다. 심지어 하나님께 예배하려고 건축한 예루살렘 성전 안에서도 바알 신상과 아세라 목상을 세워 두고, 태양신과 여러 잡신을 섬겼다. 또한 이웃을 사랑하지 않는 것을 넘어 이웃에게 폭력, 강탈, 억압, 착취, 살인, 노예로 부려먹음과 거짓을 행했는데, 예루살렘 성전 안에서도 거짓 예언으로 백성을 속이고 공권력으로 죄없는 이들을 죽여 예루살렘을 피의 도시로 만들었다. 유다 사회의 지배층뿐만 아니라 모든 백성이 하나님을 버렸기에, 유다 왕국이 심판받고 멸망당한 것이다.

노아 시대에 세상 사람들이 포악하여 하나님은 홍수로 땅 위의 사람과 생물을 진멸시키셨고, 소돔과 고모라가 포악하였을 때도 하나님은 그들을 멸망시키셨으며, 북이스라엘이 우상숭배하고 포악해지자 BC 722년 공의로우신 하나님은 그들을 어김없이 멸망시키셨다. 그러나 자비로우신 하나님은 아브라함과의 언약을 생각해 유다 백성을 전멸시키지는 않고 믿는 자를 남겨 두셨는데, 유다 지배층 중에서 남은 자를 바빌로니아에 가서 포로생활하게 하고, 힘없는 피지배층 중에서 남은 자는 유다 땅에 살면서 바빌로니아의 식민 통치를 받게 하셨다. 하나님은 남은 자들이 고난 가운데 회개하게 하시며, 세상에 공의와 정의를 실현할 메시아 대망 사상을 품게 하셨다. 그리스도의 십자가는 하나님의 정의를 보여 주는 절정이라 할 수 있다.

유다 왕국이 멸망하지 않도록 타락한 사회를 향해 온 몸으로 저항한 사람들이 있었다. 먼저, 스바냐는 왕족 출신의 경건한 사람으로, 8세에 왕이 된 요시야가 다윗 왕을 본받아 믿음으로 통치하도록 큰 영향을 미쳤다. 그 결과 요시야는 16세 때부터 다윗의 하나님을 찾았고, 20세 때 예루살렘에서 우상을 제거하기 시작했다. 그가 21세 되던 해 예레미야가 소명을 받아 유다 백성의 의식 개혁을 촉구하자, 요시야는 예루살렘뿐만 아니라 유다와 북이스라엘 지역에서도 우상을 제거했다. 그는 율법을 지키며 공의와 정의를 행했으므로 그의 통치 31년 동안 전쟁이 없었고 흥왕했다. 요시야 말년에 나훔의 예언대로 흉악한 앗시리아 제국이 멸망했다.

하지만 요시야가 죽은 후 왕이 된 그의 아들 여호아하스는 우상을 숭배하고 악한 유다 지도층과 함께 타락한 옛 삶으로 돌아가 버렸다. 이에 그는 3개월 만에 이집트로 끌려가 죽임을 당했다. 그의 뒤를 이어 요시야의 아들 여호야김은 포악한 성품 때문에 유다 왕실로부터 왕으로의 추대를 거부당했지만, 이집트 왕에 의해 강제로 유다 왕이 되어 이집트에 충성하고 백성을 억압했다. 그는 예레미야와 우리야 예언자가 유다 백성에게 회개를 촉구하는 예언을 했을 때, 그 예언을 받아들이지 않고 오히려 그들을 죽이려 했다. 당시 예레미야는 피신해 살아남았지만, 우리야는 이집트에서 잡혀 처형당했다.

그 시기에 하박국 예언자는, 악한 유다 사회가 바빌로니아에 의해 멸망당하겠지만 의인은 믿음으로 살게 되고 바빌로니아도 결국 심판받게 될 것을 깨닫고 공의로우신 하나님을 찬양했다. 예레미야와 하박국의 예언대로 유다 왕국은 BC 605년 바빌로니아의 지배를 받고, 다니엘을 비롯한 유다 청소년들은 바빌로니아로 잡혀가 느부갓네살 왕을 섬기지만 믿음을 지킨다.

BC 601년 바빌로니아 군대가 이집트를 침공하다가 패배한 기회를 틈타 여호야김은 이집트를 의지하고 느부갓네살을 배신해 조공 바치기를 거부했다. 그러자 BC 598년 바빌로니아 군대가 예루살렘을 정복해 여호야김은 죽고 그의 아들 여호야긴이 유다 왕이 되었다. 악한 여호야긴은 3개월 만에 백성들과 함께 바빌로니아로 잡혀가지만, 고난받고 회개하여 37년 후 메시아 계열에 속하게 된다.

그 뒤를 이어 요시야의 아들 시드기야가 유다 왕이 되었다. 그는 믿음이 없어 하나님을 두려워할 줄 몰랐고 기회주의자였기에 유다 사회에는 우상숭배가 만연하고 공의와 정의가 사라져 버렸다. 그래서 하나님은 유다 사회를 멸망시키기로 확정하신다. 예루살렘 함락 6년 전, 하나님은 예레미야를 통해 유다 백성을 설득해 회개시키려는 노력을 포기하고, 바빌로니아에 잡혀가 있는 에스겔을 증인으로 세워 심판받을 수밖에 없는 유다 사회의 죄를 목격하게 하고, 하나님의 영광이 예루살렘 성전에서 떠나는 것을 목격하게 하신다. 그러고서 바빌로니아에 있는 유대인들에게 증거하게 하신다. 유다 왕국이 바빌로니아에 의해 멸망할 때 시드기야 왕은 너무도 비참한 최후를 맞이한다.

유대인들은 다윗 왕국의 영속에 대한 하나님의 조건적 약속을 무조건적인 것으로 받아들이고, 언약궤와 예루살렘 성전 건물, 율법, 할례 등 영적인 제도를 단순히 소유하는 것만으로 안전을 확보한 것으로 착각했다. 더욱이 거짓 예언자들과 타락한 제사장들의 선동에 의해 잘못된 자신감까지 품었고, 칼빈이 지적했듯 유다 왕국은 결코 멸망할 수 없다는 확신을 품었다. 그렇게 유다 사회는 회개할 기회를 얻지 못하고 멸망을 향해 나아갔다.

그런데 유다 왕국 멸망 1년 전, 멸망을 면하고 구원받을 수 있는 최후의 기회가 있었다. 예루살렘 성이 바빌로니아 군대에 6개월 동안 포위되어 있을 때, 시드기야 왕과 지도자들과 백성이 예루살렘 성전에서 송아지를 반으로 쪼개어 놓고 그 사이를 통과하면서, 빚을 갚지 못해 노예 신분이 된 동족을 해방시켜 주는 서약식을 하나님 앞에서 거행하고 모든 노예를 해방시켜 주었다. 송아지를 반으로 쪼개어 놓고 그 사이를 통과한 것은 그 서약을 어긴 자의 몸도 그 송아지처럼 쪼개어져도 좋음을 맹세하는 것이었다. 그때 하나님은 그들의 회개를 받아들여 바빌로니아 군대가 물러가게 하고 예루살렘과 유다가 자유를 되찾게 하셨다.

하지만 유다 지배층은 그 후 풀어준 노예를 다시 데려와 부려먹었다. 그들은 하나님을 두려워하지 않고 하나님 앞에서 맹세한 서약을 스스로 어겨 하나님을 우롱했다. 하나님은 더 이상 미련 없이 그들을 버리고, 유다 왕국은 멸망한다. 예루살렘 성이 함락될 때 그들은 하나님 앞에서 스스로 맹세한 대로 무자비하게 학살당했다. 예루살렘이 멸망하고 유대인들이 학살당하는 비참한 모습을 예레미야는 애가를 지어 불렀다.

그러나 유다 왕국 멸망 1년 전 하나님은 예레미야를 통해 이스라엘 백성과 새 언약을 세우실 것을 약속하셨다. 이스라엘 백성이 이집트에서 나왔을 때(BC 1446), 하나님이 이스라엘 백성과 세운 옛 언약을 860년이 지나 이스라엘 백성이 깨버렸으므로, 하나님은 율법을 돌판이 아니라 하나님 백성의 마음에 성령으로 기록해 그들이 성령 하나님을 따라 행하게 하는 새 언약을 세우겠다고 약속하신 것이다. 그 새 언약을 유다 왕국이 멸망한 지 616년 뒤에 예수 그리스도께서 이루셔서 오늘날의 신약시대가 열렸다.

예레미야가 BC 627년에 소명을 받아 유다 왕국의 멸망을 예언하며 회개를 촉구했지만, 유대인들이 40년 동안 회개하지 않아 BC 587년 예루살렘 성전이 파괴되고 유다 왕국이 멸망했듯, 예수께서 AD 30년에 예루살렘의 멸망을 예언하며 회개를 촉구하셨음에도 유대인들이 40년 동안 회개하지 않아 AD 70년 예루살렘 성전이 파괴되고 예루살렘이 멸망하고 만다. 이것을 보고 있으면, 인간이란 하나님의 도움 없이는 역사에서도 교훈을 얻지 못한다는 사실을 알 수 있다.

예레미야서와 에스겔서 등 유다 왕국 멸망에 관한 성경 말씀을 종합하여 시대순으로 일목요연하게 이해하고 싶은 열망은 《예수 전기》, 《바울 행전》, 《다윗 실록》을 펴내게 된 것과 동일하다. 문장도 이해하기 쉽게 대화체로 쓰고 단어도 오늘날의 현대어로 표현하면서도 원문의 뜻을 살리려 했다. 또한 연대표와 색인표를 만들어 독자들의 성경 연구에 도움을 주고자 했다.

독자들이 이 책을 통해, 유다 민족이 하나님께 버림 받을 수밖에 없었던 이유를 이해하고, 하나님을 경외하는 것과 더불어 정의와 공의의 중요성을 새롭게 인식해 믿음을 더욱 굳게 하길 바라는 마음 간절하다.

2016년 12월

고영길

차례   추천글 혼돈의 시대를 살아가는 이 땅의 그리스도인에게 6
       머리말 멸망의 나락에서 붙잡아야 하는 것 8

1. 요시야 왕의 통치 •19

스바냐의 예언 활동과 요시야 왕의 종교개혁 21
예레미야의 소명 31
율법책 발견 45
율법 낭독과 율법 준수 서약 50
우상 철거와 지방 제사장 제도 폐지 52
유월절 준수 58
나훔의 앗시리아 멸망 예언 61
요시야 왕의 죽음 67
여호아하스 왕의 통치 69

2. 여호야김 왕의 통치 •81

폭군 여호야김의 예레미야 박해 83
하박국 예언 107
느부갓네살의 1차 예루살렘 침략과 다니엘의 신앙 결단 146
예레미야 예언 149
다니엘과 세 친구의 신앙생활 156
느부갓네살의 2차 예루살렘 침략 161
여호야긴 왕의 통치 163
2차 바빌로니아 포로 169

3. 시드기야 왕의 통치 •181

시드기야의 불순종과 유다 왕국의 멸망 183
에스겔의 예언 활동 215
예루살렘 함락 6년 전 에스겔 예언 215
예루살렘 함락 5년 전 에스겔 예언 231
예루살렘 함락 4년 전 에스겔 예언 264
예루살렘 함락 1년 6개월 전 에스겔과 예레미야 예언 282
예루살렘 함락 1년 전 예레미야 예언 287
예루살렘 함락 6개월 전 에스겔 예언 314
예루살렘 함락 3개월 전 에스겔 예언 318
예루살렘 함락 1개월 전 에스겔 예언 328
유다 왕국의 멸망과 3차 바빌로니아 포로 330

4. 바빌로니아 강점기 •341

멸망한 유다 왕국의 참상 343
예레미야 애가 346

부록
연대표　362
색인표 1　365
색인표 2　372

참고 문헌　374

일러두기

- 본문의 각 단락 위에 표기한 구약성경 출처의 배열 순서는 해당 성경 내용을 종합한 순서입니다.
- 본문 중 명조체가 아닌 고딕체 글씨, 작은 폰트의 글씨, [ ] 안의 내용은 문자적으로는 성경에 없으나, 문맥의 연결과 독자의 이해를 위해 성경에 기반하여 엮은이가 첨가한 것입니다.

1
요시야 왕의 통치

스바냐의 예언 활동과 요시야 왕의 종교개혁

앗시리아는 티그리스와 유프라테스 강 사이에 있는 메소포타미아 지역의 여러 나라를 정복한 후, BC 748년 북이스라엘을 정복해 속국으로 만들었다. 북이스라엘이 조공 납부를 거부하며 반역하자, 앗시리아는 BC 722년 북이스라엘을 멸망시키고 앗시리아 제국에 합병시켰다. 남유다도 BC 733년부터 앗시리아에 조공을 바치다가 히스기야 왕 때(BC 714) 조공 납부를 거부해 앗시리아 군대의 침공을 받았으나, 하나님의 천사가 앗시리아 군대를 전멸시켜 침공을 막았다.

하지만 앗시리아는 군사력을 회복한 후 BC 671년에 이집트까지 정복해 세계 최초의 거대한 제국이 되었고, 유다 왕 므낫세(BC 697-642) 때 유다를 정복하고 속국으로 만들었다. 앗수르바니팔 왕(BC 668-630) 때는 제국의 전성기를 이뤘다. 그러나 BC 652년 속국 바벨론을 비롯한 반앗시리아 동맹국에 의한 내란이 제국 전체에서 발생했고, 4년 후 BC 648년에 내란이 진압되었지만, 앗시리아의 국력은 극도로 쇠약해져 이집트가 독립해도 제압할 능력이 없을 정도로 변방에 대한 지배력이 약해졌다. 이즈음 BC 640년에 유다 왕 요시야가 즉위해 31년 동안 통치하면서 전쟁 없이 평화를 누리며 다윗 왕 때 누렸던 이스라엘의 옛 영광을 되찾으려 했다.

요시야 왕 즉위 (BC 640, 왕하 22:1-2; 대하 34:1-3a)

요시야가 8세 때 왕이 되어 예루살렘에서 31년 동안 다스렸다. 그의 어머니 여디다는 보스갓 출신 아다야의 딸이다. 요시야는 하나님이 보시기에 올바르게 행했고, 조상 다윗의 모든 삶을 본받아 좌우로 치우치지 않았다. 요시야는 왕이 된 지 8년이 되는 해(BC 632)에, 아직 어린 나이지만 조상 다윗의 하나님을 찾기 시작했다.

요시야가 어린 나이에 왕이 되었지만, 같은 왕족 출신이며 경건한 스바냐 예언자의 영향을 받아 다윗의 하나님을 경외했다. 그러나 유다 백성은 지난날의 므낫세(BC 697-642)와 아몬(BC 642-640) 왕의 우상숭배와 죄악에 빠져 있었다. 그래서 스바냐는 유다 왕국을 심판할 '주님의 날'이 임박했다고 경고하면서 유다와 예루살렘 백성의 회개를 촉구했다.

그는 먼저 우상숭배하는 자들과 믿음이 없는 자들과 지도자들과 왕족들과 부자들이 심판받아 멸망하겠지만, 회개하고 하나님을 경외하며 공의와 정의를 행하면 구원받는다고 말했다. (습 1:1-2:3)

아몬의 아들 유다 왕 요시야 때, 주하나님[1]이 스바냐에게 말씀하

---

1. 이 책에서 '주님'은 하나님을 뜻한다.

셨다. 그는 구시의 아들이고, 그달리야의 손자이고, 아마랴의 증손이고, 히스기야의 현손이다.

"내가 땅 위의 모든 것을 없애 버리겠다. 주님의 말씀이다. 사람과 짐승을 없애고, 공중의 새와 바다의 물고기도 없애겠다. 남을 넘어뜨리는 자와 악인을 없애고, 땅 위에 사람을 없애 버리겠다. 주님의 말씀이다.

내가 유다와 예루살렘의 모든 주민 위에 손을 펴서, 그곳에 남아 있는 바알을 없애고, 그마림[2]이란 이름과 그 제사장들을 없애 버리겠다. 지붕 위에서 하늘의 별을 숭배하는 자들과 주님께 예배하고 맹세하면서도 동시에 말감[3]에게 맹세하는 자들과 주님을 버리고 돌아선 자들과 주님을 찾지 않고 주님께 묻지 않는 자들을 내가 없애 버리겠다."

주님의 날이 가까웠으니, 너희는 주 하나님 앞에서 잠잠해라. 주님은 제물[4]을 잡아 놓고, 초대한 사람들[5]을 따로 예비하셨기 때문이다.

"나 주가 제물을 잡는 날에, 지도자들과 왕의 집안 사람들[6]과 이방인의 옷을 입은 모든 자들[7]에게 벌을 주겠다. 그날, 문턱을 뛰어넘

---

2. '검은 옷을 입은'이란 뜻으로, 왕의 명령을 받고 우상숭배를 주도했던 제사장(왕하 23:5; 호 10:5). 요시야가 종교개혁하기 전에 유다와 예루살렘에는 우상숭배가 만연했다.
3. 암몬 족속의 신. '저들의 왕'이라는 뜻. 밀곰(왕상 11:5; 렘 49:1), 몰록(왕상 11:7), 몰렉(렘 32:35)이라고도 불린다.
4. 악한 유다 백성.
5. 유다 백성 심판에 사용될 외국 군대(습 3:8 참조).
6. LXX(70인역 성경).
7. 우상숭배하는 이방인(앗시리아 등)의 관습을 따르는 유대인들.

어서[8] 폭력과 거짓으로 빼앗은 재물로 자기 주인의 집을 채운 자들에게 내가 벌을 주겠다. 그날에 '물고기 문'[9]에서는 울부짖는 소리가, '제2구역'[10]에서는 통곡이, 언덕에서는 무너지는 소리가 크게 날 것이다. 주님의 말씀이다.

막데스 주민들아, 슬피 울어라. 가나안 백성[11]은 모두 망하고, 돈 거래하는 자들은 모두 끊어졌기 때문이다. 그때, 내가 등불을 들고 예루살렘을 두루 돌아다니며, 찌꺼기같이 가라앉아서 마음속으로 '하나님은 복도 내리지 않고, 화도 내리지 않는다'고 말하는 자들을 찾아서 벌을 주겠다. 그들은 재산을 빼앗기고 집도 헐릴 것이며, 집을 지어도 그곳에서 살지 못하고, 포도원을 만들어도 그 포도주를 마시지 못할 것이다." (1:1-13)

주님의 큰 날이 다가온다. 매우 빠르게 다가온다. 주님의 날에 용사들도 비통하게 울부짖는다. 그날은 진노의 날이요, 환난과 고통의 날, 파멸과 황폐의 날, 어둠과 암흑의 날, 구름과 흑암의 날이며, 견고한 성과 높은 망대를 향해 나팔 소리와 함성이 터지는 날이다.

"내가 사람들에게 재앙을 내려 그들이 눈먼 사람처럼 더듬으며 걸어갈 것이다. 그 이유는 그들이 주님께 죄를 지은 탓이다. 그들의 피가 쏟아져 흙처럼 되고 그들의 살은 똥처럼 될 것이다. 그들의 은과 금이 주님의 진노의 날에 자신들을 구할 수 없을 것이다. 주님이

---

8. 다곤 신을 숭배하는 블레셋인들의 종교적 풍습(삼상 5:5 참조).
9. 예루살렘 북서쪽에 있는 성문. 요단강과 갈릴리 바다에서 잡힌 물고기를 운반하는 문.
10. 예루살렘 서쪽 저지대(왕하 22:14; 대하 34:22 참조). 상업이 발달한 신시가지. '막데스'라고도 불린다.
11. 상인, 무역업자를 일컫는 말.

질투의 불로 온 땅을 삼켜, 땅에 사는 사람을 모두 없앨 텐데, 갑자기 없앨 것이기 때문이다."(1:14-18)

창피한 줄도 모르는 백성아, 함께 모여라.[12] 세월이 겨처럼[13] 지나가서 멸망시키라는 명령이 내리기 전에, 주님의 격렬한 진노가 너희에게 이르기 전에, 주님의 진노의 날이 너희에게 이르기 전에 함께 모여라.

이 땅의 모든 겸손한 자들아, 주님을 찾아라. 그래서 공의를 행하고 정의를 구하라.[14] 그리하면 주님이 진노하시는 날에 너희가 피할 수 있을 것이다. (2:1-3)

그리고 유다 주변에 있는 블레셋, 모압, 암몬과 에티오피아, 앗시리아의 멸망을 예언하며 유대인 중에서 남은 자는 구원받을 것이라고 예언했다. (습 2:4-15)

가자는 버림받고, 아스글론은 황폐해질 것이다. 아스돗은 대낮에 쫓겨나고, 에그론은 뿌리째 뽑힐 것이다. 바닷가에 사는 그렛 사람아, 주님이 너희에게 말씀하시기를 "블레셋 땅 가나안 사람들아, 내가 너희를 없애버려 아무도 살아남지 못하게 하겠다"고 하셨다. 해안지역이 풀밭이 되고, 거기에 목자들의 목초지와 양떼의 우리가 생길 것이다. 해안지역은 유다 지파의 남은 자들[15]의 몫이 되고 그들이 그곳에서 양떼를 치다가 저녁에는 아스글론에 있는 집으로 가서 누울 것이다. 이것은 그들의 주 하나님이 그들을 돌아보셔서 그들의

---

12. 하나님께로 돌아오라.
13. 쭉정이처럼 쓸모없이.
14. LXX.
15. 사 6:13; 10:20-22; 암 5:15; 렘 23:3; 슥 13:8-9 참조.

요시야 왕의 통치 25

포로를 돌아오게 하실 것이기 때문이다. (2:4-7)

"모압이 내 백성을 조롱하고 암몬 자손이 비방하는 것을 내가 들었다. 그들이 내 백성을 조롱하고 내[16] 국경을 침범했으므로 모압은 소돔처럼 되고, 암몬 자손은 고모라처럼 될 것이다. 내가 살아 있음을 두고 맹세한다. 만군의 주 이스라엘의 하나님의 말씀이다. 그곳은 풀이 자라고 소금 구덩이가 돼 영원히 황폐해질 것이다. 내 백성 중에서 남은 자들이 그들을 강탈하고, 내 백성 중에서 남은 자들이 그것을 소유할 것이다."

그들이 이런 일을 겪게 되는 이유는 그들이 교만했고 만군의 주님의 백성을 조롱하며 뽐냈기 때문이다. 주님이 그 땅의 모든 신을 허약하게 만들 때, 그들은 주님을 두려워하게 될 것이고, 이방의 모든 해안지역 사람들이 저마다 제 마을에서 주님께 경배할 것이다.

"에티오피아 사람들아, 너희도 내 칼에 죽을 것이다."

주님이 손을 북쪽으로 뻗어 앗시리아를 멸망시키고 니느웨를 황폐하게 해, 그곳을 광야처럼 메마른 땅으로 만들 것이다. 그래서 온갖 짐승이 그 땅 가운데 떼를 지어 누울 것이고, 올빼미와 고슴도치가 기둥 꼭대기에서 자고 창문에서 소리 내어 울 것이다. 주님이 백향목으로 만든 것을 벗길 것이므로 문턱이 황폐해질 것이다. 그곳이 '나뿐이다. 나 외에는 없다'라고 마음속으로 말하며 으시대던 성이고 안전하게 살 수 있다던 성이더니, 어찌하여 이처럼 황폐하게 돼 들짐승이 눕고, 지나가는 사람마다 비웃으며 손가락질하게 되었

---

16. LXX.

는가? (2:8-15)

예루살렘의 지도자들과 재판관들과 예언자들과 제사장들이 불의하면서도 회개하지 않아서 주님의 날에 심판받아 멸망할 것이라고 예언했다. (습 3:1-8)

아! 반역하여 더러운 성, 포악한 도시야! 주하나님의 음성을 듣지 않고 훈계를 받지 않고, 주님을 의지하지도 않고, 자기 하나님께 가까이 가지도 않는구나! 그 도시 안에 있는 지도자들은 약한 백성을 잡아먹으려고 으르렁거리는 사자들이고, 재판관들은 저녁 이리떼라서 다음 날 아침까지 남겨두지 않고 먹어치운다. 그 예언자들은 거만하고 남을 무시하는 자들이며, 제사장들은 성전을 더럽히고 율법을 어기는 자들이다. 그러나 그 안에 계신 주님은 의로우시며 불의를 행하지 않으시고 아침마다 어김없이 빛으로 공의를 나타내신다. 그런데도 불의한 자들은 부끄러운 줄 모르는구나! (3:1-5)

"내가 여러 나라를 멸망시켜 그곳의 요새가 파괴되었고, 그곳의 거리를 지나다니는 자가 없도록 텅 비게 했으므로 그곳의 도시가 황폐하여 사람이 없고 거주하는 자가 없게 되었다. 그래서 나는 생각하기를 '네예루살렘가 나를 두려워해 교훈을 받을 것이다. 그러면 내가 벌주기로 작정했다가도 네가 살 곳을 없애지는 않겠다'고 했다. 그런데도 그들은 계속해서 온갖 타락을 행했다. 그러므로 내가 증인으로 나설 때까지[17] 너희는 나를 기다려라. 주님의 말씀이다. 내

---

17. LXX. (겔 9:2; 창 18:21 참조)

가 여러 민족을 불러 모으고 여러 나라를 모아서,[18] 내 분노와 불타오르는 내 모든 진노를 그들 위에 쏟아 부어 온 땅이 내 질투의 불에 삼켜질 것이다." (3:6-8)

그러나 하나님을 섬기며 이웃을 사랑하는 남은 자들은 이스라엘의 왕이신 하나님의 도움으로 죄를 용서받고 포로로 잡혀갔다가 돌아온 자들과 함께 영예를 얻을 것이라고 유다 왕국 멸망 이후의 회복을 예언했다. (습 3:9-20)

"그때는 내가 여러 백성들의 입술을 깨끗하게 해서, 그들이 모두 주님의 이름을 부르며 어깨를 나란히 하고 나를 섬기게 하겠다. 에티오피아 강 건너편에서 나를 섬기는 사람들 곧 내가 흩어 보낸 자들의 딸이 내게 예물을 가지고 올 것이다. (3:9-10)

그날이 오면, 너예루살렘는 나를 거역한 온갖 행위 때문에 수치를 느낄 필요가 없을 것이다. 왜냐하면 그때에 내가 네 가운데서 거만하게 자랑하던 자들[19]을 없애 버릴 것이므로, 네가 다시는 내 거룩한 산에서 거만하지 않게 될 것이기 때문이다. 내가 네 가운데 온유하고 겸손한 사람들[20]을 남겨둘 텐데 그들이 주님의 이름을 의지해 보호받을 것이다.[21] 이스라엘의 남은 자는 악을 행하지 않고, 거짓말을 하지 않고, 간사한 혀로 입을 놀리지도 않을 것이다. 그들이 먹고 누울지라도 아무도 그들을 두렵게 하지 못할 것이다."

---

18. 바빌로니아, 갈대아, 시리아, 아람, 에돔, 모압, 암몬, 블레셋 등이 유다 왕국 멸망에 동원되었다(왕하 24:2; 겔 25:1-17; 렘 35:11 참조).
19. 예루살렘의 불의한 지도자들, 재판관들, 예언자들, 제사장들(습 3:3-4).
20. 습 2:3.
21. 렘 39:10 참조.

딸 시온아, 노래해라. 이스라엘아, 기뻐하며 외쳐라. 딸 예루살렘아, 마음껏 기뻐하며 즐거워해라. 주님이 네 죄[22]를 제거하셨고 네 원수[23]를 쫓아내셨다. 이스라엘의 왕이신 주님이 네 가운데 계시므로, 네가 다시는 화를 당하지 않을 것이다.[24] (3:11-15)

그날이 오면, 주님[25]이 예루살렘에게 말씀하실 것이다. "두려워하지 마라. 시온아, 팔을 힘없이 늘어뜨리지 마라. 네 안에 계시는 주 너의 하나님은 전능자이시니 너를 구원하실 것이다. 그는 너를 기뻐하며 반기시고, 너를 사랑해 새롭게 해주시고,[26] 명절에 너를 보고서 기뻐 노래하실 것이다. 내가 학대받는 자들을 모을 텐데, 그들은 명절에 얼마나 모욕을 받았는가"[27]라고 할 것이다. (3:16-18)

"보라, 때가 되면, 나는 너를 괴롭히던 자들[28]을 모두 끝장내고, 눌린 자들[29]과 쫓겨난 자들[30]을 구원해, 온 땅에서 부끄러움을 겪던 그들이 칭송과 영예를 받게 하겠다. 그때 내가 너희를 모으겠고, 그때 내가 너희를 데려오겠다. 너희가 보는 앞에서 내가 너희 사로잡혀 갔던 자들을 돌아오게 할 때, 너희가 땅의 모든 민족 가운데서 영예와 칭송을 받게 하겠다. 주님의 말씀이다." (3:19-20)

---

22. LXX.
23. 유다 왕국을 멸망시킨 후 식민통치하던 이방 민족들(습 3:8).
24. LXX.
25. LXX.
26. LXX.
27. LXX. 유다 왕국이 멸망할 때 가난하고 약한 백성은 하나님의 은혜로 살아남았지만, 식민통치 아래에서 학대받고 명절이 되어도 절기 의식을 행하지 못하는 치욕을 받았다.
28. 유다 왕국을 멸망시킨 후 식민통치하던 이방 민족들(습 3:8).
29. LXX. 유다 땅에 남아서 식민통치 받던 사람들.
30. 포로로 사로잡혀 갔던 사람들.

요시야 왕은 19세가 되던 해(BC 629) 스바냐의 예언에 힘입어 유다에서 우상숭배 풍습을 제거하기 시작한다. 그러나 백성들의 오랜 우상숭배 관행은 여전했으므로, 하나님은 예레미야를 예언자로 세워 우상숭배하고 악한 유다 백성에게 북방 민족에 의한 심판을 예언하게 하여 유다 백성의 회개와 요시야 왕의 개혁 활동을 촉구하신다. 요시야는 예레미야의 예언 활동에 힘입어 유다에서뿐만 아니라, 앗시리아가 지배해 오던 북이스라엘 땅에까지 가서 이방 종교 풍습을 제거한다. 이때는 앗시리아가 먼 변방 팔레스틴에 대한 영향력이 쇠약해져 있었다.

요시야 왕이 종교개혁을 시작하다 (BC 628, 대하 34:3b-7)

요시야는 통치 12년(BC 628)에 산당과 아세라 목상과 아로새긴 우상과 부어 만든 우상을 없애고 유다와 예루살렘을 정결하게 하기 시작했다. 백성들은 요시야 앞에서 바알 제단을 헐어 버렸다. 그는 제단 위에 있는 분향단을 부수고 아세라 목상과 조각 우상과 부어 만든 우상을 빻아 가루로 만들어서, 우상에게 제사하던 자들의 무덤에 뿌리고, 제사장들의 뼈를 제단 위에 불살랐다. 그는 유다와 예루살렘과 므낫세와 에브라임과 시므온 지역과, 사방이 폐허가 된 납달리 지역까지 가서 정결하게 했다. 그는 온 이스라엘 땅에 있는 제단과 아세라 목상과 조각 우상을 헐고 부숴 가루로 만들고, 분향단도 모두 부수고 나서야 예루살렘으로 돌아갔다.

예레미야의 소명

요시야 왕이 BC 629년에 종교 제도를 개혁하기 시작했지만, 유다 백성의 종교의식은 개혁되지 않고 우상숭배 관습은 여전했다. 심지어 예루살렘 성전 안에도 바알 신상과 아세라 목상을 세워 우상숭배했다(왕하 23:4-20). 악하고 음란한 사회였다(렘 3:2). 그래서 하나님은 예언자 예레미야를 세워 북방 민족에 의한 유다 심판을 경고하며 유다 백성의 회개를 촉구하셨다.

예레미야의 소명 (BC 627, 렘 1:1-19)

다음은 베냐민 땅 아나돗[31]의 제사장 힐기야의 아들 예레미야의 말이다. 아몬의 아들 유다 왕 요시야가 다스린 지 13년에 주님의 말씀이 예레미야에게 들렸다.

(그때부터 요시야의 아들 유다 왕 여호야김 때와 요시야의 아들 유다 왕 시드기야 11년[BC 587] 5월 곧 예루살렘 주민이 포로로 잡혀갈 때까지 주님의 말씀이 그에게 들렸다.)

"내가 너를 모태에서 만들기도 전에 나는 너를 알았고, 네가 태어나기도 전에 너를 구별해[32] 여러 민족의 예언자로 세웠다."

"아! 주 하나님, 보시다시피 나는 아이라서 말을 할 줄 모릅니다."[33]

"너는 '나는 아이'라고 말하지 마라. 내가 너를 누구에게 보내든

---

31. 예루살렘에서 북동쪽으로 4km 떨어진 곳에 있는 작은 마을.
32. 사 49:1; 시 139:16; 갈 1:15; 엡 1:4 참조.
33. 예레미야가 성인 때 부름 받았지만 지식 부족과 예언자 직분의 어려움에 대한 두려움 때문에 자신을 '말을 할 줄 모르는 아이'라고 겸손히 비유적으로 표현했다고 칼빈은 말한다.

지 너는 가기만 하면 되고, 내가 네게 무슨 명령을 내리든지 너는 그대로 말하기만 하면 된다.³⁴ 내가 너와 함께해 너를 구원해 줄 테니, 그들을 두려워하지 마라. 주님의 말씀이다."

주께서 손을 내밀어 내 입에 대시고³⁵ 말씀하셨다.

"보라. 내가 내 말을 네 입 안에 넣어 뒀다.³⁶ 보라. 내가 오늘 너를 여러 민족과 여러 나라 위에 세워, 그것들을 뿌리 뽑고 무너뜨리며, 파괴하고 멸망시키며, 세우고 심게 했다." (1:1-10)

주님의 말씀이 내게 들렸다.

"예레미야야, 네가 무엇을 보고 있느냐?"

"아몬드 나뭇가지를 보고 있습니다."

"네가 잘 봤다. 나는 내 말대로 이뤄지는 것을 지켜보고 있다."

주님의 말씀이 내게 두 번째로 들렸다.

"네가 무엇을 보고 있느냐?"

"물이 끓는 솥을 보고 있습니다. 그 솥은 북쪽에서부터 기울어져 있습니다."

"북쪽에서 재앙이 넘쳐흘러 이 땅에 사는 모든 사람에게 내릴 것이다. 내가 북쪽에 있는 모든 나라의 백성을 부르겠고, 그들이 몰려와서 예루살렘 성문 입구에 자리 잡고 사방에서 모든 성벽을 공격하고, 유다의 모든 성을 공격할 것이다. 주님의 말씀이다. 그들이 나

---

34. 메시지 전달자의 책임은 전달받은 대로 전달하는 것이며, 청중의 메시지 수용 여부에 달린 것이 아니다(렘 26:2; 겔 2:7 참조).
35. 예레미야의 입은 성별되었다.
36. 렘 5:14; 삼하 23:2 참조. 하나님의 말씀이 예레미야의 영혼에 채워져서 예레미야의 입은 하나님의 말씀을 말하게 되었고, 그는 하나님의 대언자가 되었다.

를 버리고 다른 신에게 분향하며, 자기들의 손으로 만든 것을 숭배하는 그 모든 죄악 때문에 나는 그들에게 심판을 선언할 것이다.[37] 그러므로 너는 이제 허리에 띠를 띠고 일어나서, 내가 네게 명령하는 말을 모두 그들에게 말해라. 그들 앞에서 두려워하지 마라. 네가 그들을 두려워하면, 내가 너를 그들 앞에서 창피 당하게 하겠다. 보라, 네가 온 땅과 맞서도록 곧 유다 왕들과 지도자들과 제사장들과 그 땅의 백성과 맞서도록, 내가 오늘 너를 요새화 된 성과 쇠기둥과 놋성벽처럼 만들었다.[38] 내가 너와 함께하여 너를 구원할 것이므로 그들이 너를 대적해도 너를 이기지 못할 것이다. 주님의 말씀이다." (1:11-19)

악한 유대인에 대한 심판 예언 (BC 627, 렘 2:1-3:5)

주님의 말씀이 내게 들렸다.

"너는 가서 예루살렘 사람들의 귀에 '주님이 이렇게 말씀하셨다' 하고 외쳐라. 네가 젊은 시절에[39] 내게 얼마나 진실했는지, 네가 나와의 신혼 시절에 나를 얼마나 사랑했는지, 네가 저 광야, 씨 뿌리지 못하는 땅에서 살던 시절에 나를 어떻게 따랐는지를 내가 기억하고 있다. 이스라엘은 나 주께 거룩하게 구별된 내 수확물 가운데 첫 열매다. 누구든지 그를 해치는 자는 죄 짓는 것이니 그들에게 재앙이 내릴 것이다. 주님의 말씀이다. (2:1-3)

---

37. 렘 4:12 참조.
38. 겔 3:8 참조.
39. 출애굽 시절.

야곱 백성아, 가족 같은 이스라엘 모든 백성들아, 주님의 말씀을 들어라. 주님의 말씀이다. 너희 조상이 내게서 무슨 허물을 봤기에, 나를 멀리 떠나 헛된 것우상을 따르다가, 그들 자신도 허무하게 되었느냐?[40] 그들은 '주님은 우리를 이집트 땅에서 이끌어 내고, 광야 곧 황량하고 구덩이가 많은 땅, 죽음의 그림자가 짙은 메마른 땅, 사람이 지나다니지 않고 사람이 살지 않는 땅에서 우리를 인도하셨는데, 지금은 어디에 계십니까?' 하고 묻지도 않았다.[41] 그런데 내가 너희를 기름진 땅으로 인도해서, 그 땅의 열매와 좋은 것을 먹게 했지만, 너희는 내 땅에 들어와서 그 땅을 더럽히고, 내 유업을 부정하게 만들었다. 제사장들은 '주님은 어디 계십니까?' 하고 묻지 않고, 율법을 다루는 자들은 나를 알지 못하며, 지도자들은 내게 대항하고, 예언자들도 바알 이름으로 예언하며 도움도 주지 못하는 우상들만 쫓아다녔다. 그러므로 내가 너희와 싸우고 또 너희 자손과 싸우겠다. 주님의 말씀이다.

너희는 키프로스 섬으로 건너가서 보고 게달[42]에도 사람을 보내어, 일찍이 이런 일이 있었는지 잘 살피고 알아봐라. 어느 민족이 자기들의 신을 바꾸었는지를! 비록 그런 것들은 신도 아니지만 말이다! 그런데 내 백성은 자기들의 영광[43]을 쓸데없는 것들과 바꿔 버렸다. 하늘아, 이것을 보고 놀라 떨다가 새파랗게 질려 버려라. 주님의

---

40. 호 9:10; 시 115:8. 허무감을 느끼는 것은 하나님을 떠나 헛된 것을 추구했다는 증거다.
41. 유대인들은 하나님을 과거의 역사 지식으로만 이해하고, 현재의 일상생활 속에서는 찾지 않았다.
42. 아라비아 북부 지역.
43. 하나님(시 106:20; 롬 1:23 참조).

말씀이다. 내 백성이 두 가지 악을 저질렀다. 그것은 그들이 생수의 근원인 나를 버린 것과 스스로 물웅덩이를 판 것[44]인데, 그 웅덩이는 물을 저장하지 못하는 깨어진 웅덩이다. (2:4-13)

이스라엘이 종이냐? 태어나면서부터 종이었느냐? 그런데 어찌하여 먹이감이 되었느냐? 젊은 사자들과 원수들이 그에게 으르렁거리며 소리 지르고 이스라엘 땅을 황폐하게 만들어서 성읍은 불타고 아무도 살지 않게 되었다.[45]

멤피스와 다바네스[46]의 자손도 네 머리 꼭대기에 상처를 줬다.[47] 네가 너를 길 인도해 주신 주 너의 하나님을 버렸으니, 너 스스로가 이런 재앙이 오게 한 것이 아니냐? 이제 네가 나일 강물을 마시려고 이집트로 달려가려느냐? 아니면 유프라테스 강물을 마시려고 앗시리아로 달려가려느냐?[48] 네 죄악 때문에 네가 벌 받고, 네 배신 때문에 네가 책망 받을 것이다. 주 너의 하나님을 버린 것과 나를 경외하지 않는 것이 죄이고[49] 고통인 줄 네가 보고서 깨달아라. 만군의 주 하나님의 말씀이다. (2:14-19)

너는 옛적부터 네 멍에[50]를 꺾어 버리고 너를 묶은 줄을 끊어 버리면서 '나는 하나님을 섬기지 않겠다'고 하더니, 높은 언덕 위에와 가

---

44. 스스로의 힘으로 생명과 행복을 얻으려고 함.
45. 북이스라엘은 앗수르에 의해 멸망해 황폐하게 되었다.
46. 이집트의 두 도시. 이집트를 상징한다.
47. 이집트가 요시야 왕과 여호아하스 왕을 죽이고 예루살렘을 노략질했다.
48. 이때(BC 627)는 앗시리아 제국 멸망 17년 전이며 제국이 쇠퇴하여 몰락해 가고 있었고, 팔레스틴 지역은 이집트의 지배로 넘어가고 있었다.
49. 요 16:9.
50. 하나님이 주신 율법(렘 5:5; 마 11:29-30 참조).

지가 무성한 나무[51] 밑마다 네 몸을 눕히고 음행했다. 나는 너를 아주 좋은 열매 맺는 포도나무로 심었는데, 네가 어찌하여 나쁜 열매 맺는 들포도나무로 바뀌었느냐? 네가 너 자신을 잿물로 씻고 비누로 아무리 닦아도, 네 죄악은 여전히 내 앞에 남아 있다. 주 하나님의 말씀이다. 네가 '나는 더럽혀지지 않았고 바알을 따르지 않았다'고 감히 말할 수 있느냐? 네가 골짜기에서 한 일을 생각해 봐라. 네가 무슨 짓을 했는지 네가 알 것이다.

너는 발이 빠른 암낙타같이 이리저리 날뛰었고, 광야에 익숙한 야생 암나귀같아서 성욕만 일어나면 헐떡인다. 그 짐승이 발정하면 누가 그것을 가라앉힐 수 있겠느냐? 그런 암컷을 찾는 수컷은 힘들이지 않고도 발정기가 된 암컷을 만난다. '너는 네 발을 돌봐 맨발로 다니지 말고, 네 목을 돌봐 목마르게 하지 말라'고 내가 일렀건만, 너는 말하기를 '쓸데없는 말씀입니다. 나는 이방 신들이 좋으니 그것을 따라가겠습니다'라고 했다.[52]

도둑이 붙잡히면 수치를 당하듯, 이스라엘 백성의 왕들과 지도자들과 제사장들과 예언자들이 수치를 당할 것이다. 그들은 나무를 보고 '내 아버지'라고 하고, 돌을 보고 '너는 나를 낳았다'라고 하며, 내게 등을 돌리고 얼굴을 돌리지 않고 있다가, 환난[53]을 당할 때는 '오셔서 우리를 구원하소서' 하고 부르짖는다. 네가 만든 네 신

---

51. 고대 근동에서는 신비감과 엄숙함이 있음직한 가지가 무성한 나무 아래에서 우상에게 제사 지냈는데, 이스라엘 백성도 이방 문화에 세속화 되었다(신 12:2; 왕하 16:4; 렘 17:8; 겔 6:13; 호 4:13 참조).
52. 렘 44:17 참조.
53. 가뭄. 렘 3:3; 12:4 참조.

들이 어디에 있느냐? 네가 환난을 당할 때, 네 신들이 일어나서 너를 구원할 수 있지 않느냐? 유다야, 네 신들이 네 성읍 수만큼이나 많구나. (2:20-28)

너희가 모두 내게 반역해 놓고 왜 내게 불평하느냐?[54] 주님의 말씀이다. 내가 너희 자녀를 때렸으나 그들이 훈계를 받아들이지 않았으므로 헛수고였다. 너희 칼은 사나운 사자처럼 너희 예언자들을 죽였다. 이 세대 사람들아, 주님의 말씀을 들어라. 내가 이스라엘 백성에게 광야가 되었느냐? 캄캄한 땅이 되었느냐? 어찌하여 내 백성이 '우리가 자유롭게 되었으니, 다시는 주께로 돌아가지 않겠다'고 말하느냐? 처녀가 어찌 자기 패물을 잊으며, 신부가 어찌 예복을 잊을 수 있느냐? 그러나 내 백성은 나를 잊었고, 잊은 지 얼마나 오래 되었는지 햇수를 셀 수도 없구나! 너는 연애할 남자를 호리는 데 얼마나 능숙하냐? 창녀도 네게 와서 배운다.

네 치맛자락에는 죄 없는 가난한 사람들의 피가 묻어 있구나. 그 사람들이 담을 부수고 들어온 것도 아닌데, 너는 그들을 죽이고도 '나는 죄가 없다! 나는 하나님의 진노를 받지 않을 거다'라고 말한다.[55] 네가 '나는 죄가 없다'고 하기 때문에, 내가 너를 심판하겠다.

네가 어쩌면 그렇게도 지조 없이 이리저리 돌아다니느냐? 너는 앗시리아에게 수치를 당했던 것처럼, 이집트에게서도 수치를 당할 것이다. 네가 두 손으로 네 얼굴을 가리고 이집트에서도 나올 것인데,

---

54. 가뭄에 유다 백성은 '하나님이 왜 우리 선민에게 환난을 주시나?' 하고 불평했다(렘 3:4-5 참조).
55. 유다 지도자들이 죄 없는 가난한 백성을 착취하고 죽였지만 처벌받지 않는 불의한 사회였다.

이는 네가 의지하는 자들을 나 주가 버렸으므로, 그들이 너를 도와 줘도 네가 형통하지 못할 것이기 때문이다. (2:29-37)

세상 사람들이 말하길 '어떤 남자가 아내를 버려 그 여자가 남편을 떠나서 다른 남자의 아내가 되면, 본남편이 회개하지 않은 그 여자를 다시 받아주겠느냐? 받아주면, 그 땅이 아주 더러워지지 않겠느냐?'고 한다. 그런데 네가 많은 남자들과 음행을 하고도, 회개하지 않고 다시 내게 돌아오려고 하느냐?[56] 주님의 말씀이다.

네 눈을 들고, 저 벌거숭이산[57]을 봐라. 네가 음행하지 않은 곳이 어디 있느냐? 광야에 사는 아라비아인[58]처럼, 너는 길가에 앉아서 사랑할 남자들을 기다렸다. 너는 이렇게 네 음행과 악행으로 이 땅을 더럽혔다. 그래서 이른 비가 오지 않고 늦은 비도 내리지 않는데,[59] 너는 부끄러워하지도 않고 오히려 창녀처럼 뻔뻔스러운 얼굴을 했다. 지금 너는 내게 부르짖기를 '내 아버지여, 아버지는 내가 어릴 때부터 내 친구입니다. 그런데 내게 계속 화를 내시렵니까?[60] 끝까지 진노하시렵니까?'라고 하면서 네가 할 수 있는 악을 다 저질렀다." (3:1-5)

북이스라엘과 같은 죄를 짓는 남유다에 대한 회개 촉구 (렘 3:6-4:4)

요시야 왕 때 주께서 내게 말씀하셨다.

56. 수많은 우상을 숭배하면서도, 비를 내려 달라고 하나님을 찾느냐?
57. 가뭄 때문에 헐벗은 산.
58. 사막에 숨어서 사람을 기다리다가 물건을 약탈하는 유목민.
59. 하나님이 10~11월의 이른 비와 3~4월의 늦은 비를 내리지 않아서 흉년이 들게 한 목적은 죄인들을 회개시키려는 것(유다 지역의 우기는 12월 겨울에 시작되어 2월에 끝난다).
60. 유다 땅에 계속 가뭄이 들게 하시렵니까? (렘 12:4 참조)

"너는 이스라엘[61]이 반역하는 것을 봤느냐? 그녀는 높은 산마다 올라가서 음행하고 가지가 무성한 나무 밑에서마다 음행했다. 그래도 나는, 그녀가 이 모든 음행을 한 후에는 내게 돌아올 것이라고 생각했다. 그러나 그녀는 끝내 돌아오지 않았다. 이스라엘이 나를 배신하고 음행했으므로 내가 이혼장을 주고 내쫓았다.[62] 그런데 그녀의 패역한 아우 유다는 두려운 줄도 모르고 자기도 가서 음행했다. 내가 그것을 직접 봤다. 그녀는 돌과 나무로 음행하는 것을 대수롭지 않게 여기고 음행하여 그 땅을 더럽혔다. 그 패역한 자매 유다는 이런 온갖 음행을 하면서도 내게 돌아오는 척만 하고 진심으로 돌아오지는 않았다. 주님의 말씀이다." (3:6-10)

주께서 내게 말씀하셨다.

"이스라엘이 나를 배신했지만 신실하지 못한 유다보다는 낫다. 너는 북쪽으로 가서 이 말을 선포해라. '배신한 이스라엘아, 돌아오너라! 주님의 말씀이다. 나는 자비로워서 노한 얼굴로 너를 보지 않겠다. 주님의 말씀이다. 내가 노를 영원히 품지는 않겠다. 다만, 너는 네 주 하나님을 배반하고 가지가 무성한 나무마다 찾아가 그 밑에서 다른 신들에게 네 정성을 바치고 내 음성에 순종하지 않은 죄를 깨달아라. 주님의 말씀이다.

나를 배신한 자녀들아, 돌아오너라! 주님의 말씀이다. 내가 너희 주인이다.[63] 내가 성읍마다 한 사람씩, 가문마다 두 사람씩 선택해

---

61. 북이스라엘 왕국.
62. BC 722년 북이스라엘이 앗시리아에 의해 멸망당하고 백성이 포로로 잡혀감.
63. LXX.

시온 산으로 데려오겠다. 그때 내가 내 마음에 맞는 목자들을 너희에게 보내겠고, 그들이 지식과 훈계로 너희를 양육할 것이다.

주님의 말씀이다. 너희가 이 땅에서 번성해 많아질 때는 아무도 주님의 언약궤를 더 이상 말하지 않을 것이고, 마음속에 떠올리지도 않을 것이며, 기억하거나 찾지도 않고 다시 만들지도 않을 것이다.[64] 그때는 사람들이 예루살렘을 주님의 보좌라고 부를 것이고, 모든 민족이 그곳으로 곧 예루살렘에 계시는 주님 앞으로 모일 것이며, 다시는 자기들의 악한 마음에서 나오는 고집대로 살지 않을 것이다. 그때 유다 집안이 이스라엘 집안과 함께 돌아올 텐데, 그들이 북쪽 땅에서 나와서, 내가 너희 조상들에게 유업으로 준 땅으로 돌아올 것이다.

나는 스스로 생각하기를, 내가 너희를 내 자녀로 삼고, 너희에게 아름다운 땅을 주어서 모든 민족 가운데서 가장 아름다운 유업을 받게 하면, 너희가 나를 '아버지!'라고 부르고 나만을 따르며 나를 떠나지 않을 거라고 생각했다. 그런데, 이스라엘 백성아! 너희는 지조 없는 아내가 자기 남편을 버리듯 나를 배신했다. 주님의 말씀이다."

가뭄으로 메마른 벌거숭이 언덕에서 애타는 소리가 들린다. 이스라엘 자손이 자기들의 길에서 벗어나 자기들의 주 하나님을 잊었으므로 가뭄 때문에 울부짖으며 간구하는 소리가 들린다.

"변절한 자녀들아, 내가 너희 변절한 마음을 고쳐줄 테니 돌아오

---

64. 렘 31:31-34 참조.

너라."(3:11-22a)

예레미야가 말했다.

"보소서. 주님이 우리 주 하나님이셔서 우리가 주께 돌아옵니다. 언덕과 산 위에서 우상숭배하며 떠드는 것은 쓸데없습니다. 진실로 우리 주 하나님께만 이스라엘의 구원이 있습니다. 그런데 우리 조상이 어릴 적부터 애써서 모은 양떼와 소떼와 아들과 딸들을 역겨운 우상이 삼켜버렸습니다. 우리와 우리 조상이 어릴 적부터 오늘날까지, 우리 주 하나님께 죄 지었고 우리 주 하나님의 음성을 듣지 않아서, 우리는 수치 속에 눕고 수치를 당할 것입니다."

하나님이 말씀하셨다.

"이스라엘아, 네가 돌아오려거든 내게로 돌아오너라. 주님의 말씀이다. 네가 역겨운 우상들을 내 눈 앞에서 없애고, 네 마음이 흔들리지 않으며, 네가 '주님의 살아계심을 두고' 진리와 공의와 정의로 맹세하면, 너를 통해 여러 민족이 주님의 복을 받고 주님을 자랑할 것이다. 참으로 나 주가 유다 백성과 예루살렘 주민에게 말한다. '너희 묵은 땅[65]을 갈아엎고, 가시덤불 속에 씨를 뿌리지 마라. 유다 백성과 예루살렘 주민아, 너희 스스로 나 주께 할례를 행하고 너희 마음의 양피를 잘라 내어라. 그렇지 않으면, 너희 악한 행실 때문에 내 분노가 불처럼 일어서 너희를 태울 텐데 아무도 끄지 못할 것이다.'"(3:22b-4:4)

---

65. 할례 등 형식적인 전통(렘 9:26 참조).

바벨론의 나보폴라살 등장과 전쟁 환상 (BC 626, 렘 4:5-31)

"너희는 유다에서 선언하고, 예루살렘에서 선포하기를 '모여서, 견고한 성으로 들어가자' 하고 그 땅에 나팔을 불어서 알리고 큰소리로 외쳐서 알려라. 내가 북쪽에서 재앙 곧 큰 파멸을 끌어들일 것이므로 너희는 시온으로 가는 길에 깃발을 세우고, 지체하지 말고 대피해라. 사자가 숲 속에서 뛰쳐나오듯, 여러 민족을 멸망시킬 자가 길을 나섰다.[66] 그가 네 땅을 황폐하게 만들려고 제자리를 떠났으니, 네 성읍이 폐허가 돼 주민이 없을 것이다. 그러므로 너희는 굵은 베 옷을 두르고 '주님의 맹렬한 분노가 우리에게서 떠나지 않았구나!' 하고 탄식하며 슬피 울어라. 그날이 오면, 왕과 지도자들은 낙담하고 제사장들은 당황하며 예언자들은 깜짝 놀랄 것이다. 주님의 말씀이다."

그때 내가 아뢰었다.

"아, 주 하나님, 주께서 '예루살렘은 안전하다'고 하셨는데, 이제는 칼이 그들의 목에 닿았으니, 진실로 주께서 이 백성과 예루살렘을 완전히 속이셨습니다."

하나님이 말씀하셨다.

"그때가 오면, '뜨거운 바람이 벌거숭이 언덕에서 내 딸 내 백성이 사는 곳으로 불어온다'라는 말이 이 백성과 예루살렘에 들릴 것이다. 이 바람은 곡식을 키질하려고 부는 것도 아니고, 알곡을 가려내려고 부는 것도 아니다. 더 강한 바람이 나를 위해 불어올 것이다.

---

66. 바벨론의 나보폴라살이 BC 626년에 앗시리아로부터 독립하고, 앗시리아와 여러 나라를 정복한다.

이제 내가 그들에게 심판을 선언한다."[67]

예레미야가 말했다.

"적군이 구름처럼 올라오고, 전차들은 회오리바람처럼 밀려오며, 군마들은 독수리보다 더 빨리 달려오니, 이제 우리는 화를 당해 멸망하게 되었다. 예루살렘아, 네가 구원받으려면 네 마음에서 악을 씻어 버려라. 네가 언제까지 흉악한 생각을 네 속에 품고 있을 작정이냐? 단에서 전쟁을 선포하는 소리가 있고, 에브라임 산이 재앙 소식을 전하며 말하기를 '이 소식을 여러 나라에 알리고, 예루살렘에 전해라. 적군이 먼 땅에서 몰려와서 에워싸고, 유다 성읍 쪽으로 전쟁의 함성을 지르며 예루살렘을 논밭지기들처럼 사방으로 둘러싼다. 그 성이 주께 반역했기 때문이다'라고 한다. 주님의 말씀이다. 네 모든 삶과 행위가 네게 이런 재앙을 불러왔다. 바로 네 죄악이 네게 아픔을 줬고, 그 아픔이 네 마음속까지 파고들었다." (4:5-18)

예레미야가 말했다.

"나팔 소리와 전쟁의 함성이 들려오니, 아이고, 배야. 아이고, 가슴이야. 창자가 뒤틀려서 고통스럽고, 마음이 불안해 잠자코 있을 수 없습니다. 재난에 재난이 꼬리를 물고 일어나고, 온 땅이 황무지가 됩니다. 갑자기 내 천막집이 무너지고, 순식간에 내 장막집도 찢깁니다. 내가 저 전쟁 깃발을 언제까지 바라보고 있어야 합니까? 저 나팔 소리를 언제까지 듣고 있어야 합니까?"

---

67. 렘 1:16 참조. BC 626년에 하나님이 유다 왕국에 심판을 선언하시고 40년 후 BC 587년에 유다 왕국은 멸망한다. 이는 AD 30년에 예수께서 예루살렘의 멸망을 예언하시고 40년 후 AD 70년에 예루살렘이 멸망하는 모습과 같다.

하나님이 말씀하셨다.

"내 백성은 어리석어서 나를 알지 못한다. 그들은 어리석은 자식들이어서 악을 행하는 데는 슬기로우면서도 선을 행할 줄은 모르니 총명하지 못하다." (4:19-22)

예레미야가 말했다.

"내가 땅을 바라보니, 땅이 혼돈하고 공허하며, 하늘에는 빛이 보이지 않습니다. 내가 산을 바라보니, 모든 산이 진동하고, 모든 언덕이 요동합니다. 내가 아무리 둘러봐도 사람 하나 없고, 하늘을 나는 새도 모두 날아가 버리고 없습니다. 내가 둘러보니, 기름진 땅이 황무지가 되고, 이 땅의 모든 성읍이 주님 앞에서, 주님의 진노 앞에서 허물어졌습니다."

주님이 진정으로 이렇게 말씀하셨다.

"온 땅이 황폐하게 될 것이다. 내가 완전히 멸망시키지는 않겠지만 땅이 애곡하고, 위에 있는 하늘이 어두워질 것이다. 나 주가 말했으니, 마음을 바꾸지도 않고 취소하지도 않겠다. 기병들과 활 쏘는 군인들의 함성에, 성읍마다 사람들이 도망해 숲 속에 숨고 바위 위로 기어 올라간다. 모두 성읍을 버리고 떠나니, 아무도 성읍에 살지 않는다. 그런데 너 멸망할 자 예루살렘여, 네가 망하게 되었는데도, 진홍색 옷을 입고 금패물로 몸단장 하고 눈 화장을 짙게 하다니! 도대체 어찌된 셈이냐? 네 화장이 모두 헛일이 될 것이다. 네 연인들은 너를 경멸하고 너를 죽이려 할 것이다."

예레미야가 말했다.

"딸 시온이 손을 휘저으며 신음하는 소리를 내가 들었습니다. 해산하는 여인의 진통 소리 같고 첫 아이를 낳는 여인의 신음 소리 같습니다. '내가 화를 당했구나. 살인자들 때문에 내 정신이 혼미하구나' 하는 소리입니다."(4:23-31)

율법책 발견

유다 왕 아하스(BC 741-728)는 북이스라엘 왕들을 본받아 바알 신상을 만들어 우상숭배하고 자기 아들을 불태워 우상에게 제물로 바쳤으며 악을 행하고 불의를 일삼다가 예루살렘 성전을 폐쇄해 버렸다(대하 28:24). 그러나 그의 아들 히스기야 왕(BC 728-698)은 아하스가 방치한 성전을 수리한 후 하나님께 희생제사를 드리며 예배를 회복시켰다. 그리고 전국에 퍼져 있는 아세라 목상을 찍어 버리고 이방신 제단을 없애 버렸다. 히스기야 시대에 유다 백성은 타락한 북이스라엘이 하나님의 심판을 받아 BC 722년 앗시리아의 침공으로 멸망하는 것을 목격했다.

그러나 히스기야가 죽고 그의 아들 므낫세(BC 697-642)가 왕이 되자, 왕의 임무(신 17:18-19)인 율법서를 복사해 자기 옆에 두고 평생 읽으며 하나님 경외하기를 배우고 율법을 지켜야 하는 계명을 저버렸다. 그는 7년마다 초막절에 율법을 백성에게 낭독해야 하는 계명(신 31:11)도 지키지 않고, 오히려 성전에서 발견된 모든 율법서 사본을 제거했으며, 하나님의 종들을 죽여 율법 기억을 말살했다. "단 한 줄기의 신앙의 불티만이라도 나타나는 곳이면 어디서나 그는 살육하기에 여념이 없었고 … 그가 흘리게 한 피는 예루살렘의 모든 거리에 넘쳐 흘렀던 것이다"(칼빈). 예루살렘 성전 안에 바알 신상과 아세라 목상을 세우고 자기 아들들을 불태워 이방신에게 제물로 바쳤으며, 하늘의 별들을 숭배하는 제단을 세웠고 포악을 일삼았다.

므낫세의 아들 아몬 왕(BC 642-640)은 자기 아버지보다 더 우상을 숭배하고 더 불의를 행했다. 그러나 아몬의 아들 요시야 왕은 다윗을 본받아 하나님을 경외하며 예루살렘 성전과 온 나라에서 우상을 제거하고 공의와 정의를 행했다. 그는 오랫동안 방치되었던 예루살렘 성전을 수리하고 청소하다가 율법책을 발견한다. 포악한 므낫세 때 사라졌던 율법책이 하나님의 섭리로 경건한 요시야 왕의 손에 들어온 것이다. 그는 그 율법책을 백성들에게 낭독하게 한 후 율법준수 서약식을 행한다. (BC 622, 대하 34:8-29; 왕하 22:3-23:1)

요시야는 나라와 성전을 정결하게 한 후, 통치 18년째가 되는 해에, 서기관 사반(아살리야의 아들이며 므술람의 손자)과 마아세야 시장과 서기관 요아(요아하스의 아들)를 주님의 성전으로 보내며 지시했다.

"힐기야 대제사장에게 올라가서, 백성이 주 하나님의 성전에 바친 헌금 곧 성전 문지기들이 백성에게서 거둔 돈을 계산하여, 주님의 성전 공사감독관들에게 맡기고 주님의 성전에 파손된 곳을 보수하게 하고 보수공사 작업자들에게 품삯으로 주게 해라. 목수와 건축자와 미장이에게 품삯을 주게 하고, 성전 보수에 필요한 목재와 석재도 구입하게 해라. 그들은 모두 정직하게 일하는 사람들이므로 일단 돈을 넘겨준 후에는 그 돈을 계산하지 마라."

그 돈은, 므낫세와 에브라임과 북이스라엘의 나머지 지역에 사는 모든 백성과 유다와 베냐민의 모든 백성과 예루살렘 주민에게서 거둔 것으로, 성전 문을 지키는 레위인들이 모아둔 것이었다. 그들은 그 돈을 주님의 성전 공사감독관들에게 맡기고, 주님의 성전 보수 공사 작업자들에게 주어서 성전을 보수하게 했다. 또 그 돈을 목수와 건축자들에게도 주어서, 채석한 돌과 도리와 들보를 만들 나무를 사들여, 유다 왕들이 파손한 성전 건물을 보수하게 했다. 그들은 성실하게 일했다. 그들 위에 레위인 감독들이 있었는데, 므라리 자손 가운데서는 야핫과 오바댜가 임명되었고, 고핫 자손 가운데서는 스가랴와 무술람이 임명되었다. 이들은 모두 음악에 능숙한 사람들인데, 자재운반자들과 각종 공사작업자들을 감독했다. 어떤 레위인은 기록원과 사무원과 문지기 일을 맡았다.

힐기야 대제사장은 주님의 성전에 들어온 돈을 꺼내다가, 모세가 전한 주님의 율법책을 발견했다. 그가 서기관 사반에게 '주님의 성전에서 율법책을 발견했다'고 하면서 그 책을 넘겨주자 사반이 그 책을 읽어봤다. 서기관 사반은 그 책을 읽어본 후 왕에게 가서 보고했다.

"왕께서 종들에게 명령하신 것을 종들이 모두 그대로 했습니다. 또 주 하나님의 성전에 있는 돈을 다 쏟아서, 작업을 감독하는 주님의 성전 공사감독들에게 넘겨줬습니다."

서기관 사반은 왕에게, 힐기야 대제사장이 자기에게 책 한 권을 건네줬다고 보고한 후, 그 책을 왕 앞에서 큰소리로 읽었다. 왕이 그 율법책의 말씀[68]을 듣고, 애통하며 자기 옷을 찢었다. 왕은 힐기야 대제사장과 사반의 아들 아히감과 미가야의 아들 악볼과 서기관 사

---

68. 율법을 어긴 죄에 대한 저주의 말씀. 왕하 22:16; 대하 34:24; 레 26:14-19; 신 28:15-68; 렘 11:2 참조.

요시야 왕의 통치

반과 왕의 시종 아사야에게 명령했다.

"너희는 가서, 나와 이 백성과 온 유다를 위해 이번에 발견된 이 책의 말씀에 관해 주님께 여쭤 봐라.[69] 우리 조상들이 이 책의 말씀에 귀 기울이지 않고, 우리를 위해 기록된 이 모든 것을 행하지 않았기에 우리에게 내리신 주님의 진노가 크다."(왕하 22:3-13; 대하 34:8-21)

힐기야 대제사장과 아히감과 악볼과 사반과 아사야가 예언자 훌다에게 갔다. 훌다는 살룸의 아내이고, 살룸은 할하스의 손자요 디과의 아들로서 왕궁 예복 관리자였다. 그들이 예루살렘 제2구역에서 살고 있는 훌다에게 가서 왕의 말을 전했다. 훌다가 그들에게 말했다.

"이스라엘의 주 하나님의 말씀입니다. 주님께 물어보라고 여러분을 내게 보낸 그분에게 가서 전하시오. '주님의 말씀이다. 유다 왕이 읽은 책의 모든 말씀대로, 내가 이곳과 이곳 주민에게 재앙을 내리겠다. 그들이 나를 버리고 다른 신들에게 분향해, 그들이 손으로 행한 모든 일이 나를 격노하게 했기 때문이다. 그러므로 내 분노를 이곳에 쏟을 텐데 아무도 끄지 못할 것이다.'

주님께 물어보라고 여러분을 내게 보낸 유다 왕에게 이 말도 전하시오. 이스라엘의 주 하나님이 이렇게 말씀하셨습니다. '이곳이 황폐해지고 이곳 주민이 저주받을 거라고 내가 말한 것을 네가 듣고 마음 깊이 뉘우치고 하나님 앞에서 곧 내 앞에서 겸손하게 옷을 찢고 통곡했는데 나도 네 말을 들었다. 주님의 말씀이다. 그러므로 내

---

69. 요시야는 다윗을 본받아 새로운 상황이 발생할 때 육신대로 생각하지 않고 하나님의 뜻을 깨달은 후 믿음으로 순종했다.

가 이곳과 이곳 주민에게 내리기로 한 모든 재앙을, 네가 죽을 때까지는 내리지 않겠다.[70] 내가 너를 네 조상에게 보낼 때 네가 평안히 무덤에 안장되게 하겠다.[71]'"

그들이 돌아와서 이 말을 왕에게 보고하자, 왕이 사람들을 보내 유다와 예루살렘의 모든 장로를 소집했다. (왕하 22:14-23:1; 대하 34:22-29)

예레미야가 유다와 예루살렘 주민에게 말하다 (렘 11:1-8)

주께서 예레미야에게 말씀하셨다.

"너는 이 언약의 말씀을 듣고, 유다 사람과 예루살렘 주민에게 말해라. 이스라엘의 주 하나님의 말씀이다. 이 언약의 말씀을 듣지 않는 사람은 저주받을 것이다. 이것은 내가 너희 조상을 철 용광로 같은 이집트 땅에서 데리고 나올 때 그들에게 명령한 것이다. 내가 그들에게 말하기를 '너희가 내 음성을 듣고, 내가 너희에게 명령하는 것을 모두 행하면, 너희는 내 백성이 되고 나는 너희 하나님이 되어서, 내가 너희 조상에게 젖과 꿀이 흐르는 땅을 주겠다고 맹세한 약속을 지키겠다'[72]고 했고, 오늘날 그 말대로 되었다."

"그렇게 되었습니다. 주님"이라고 내가 대답했다. 주께서 내게 말씀하셨다.

"너는 유다 여러 성읍과 예루살렘 거리에서 이렇게 외쳐라. '너희는 이 언약의 말씀을 듣고 행해라. 나는 너희 조상을 이집트 땅에

---

70. 죄인이 많아도 의인 통치자가 있으면 그 사회는 멸망하지 않는다(창 18:22-32. 대하 32:26; 렘 5:1 참조).
71. 요시야는 자신의 평안에만 만족하지 않고 백성 구원에 헌신한다.
72. 출 3:8; 레 20:24.

서 데리고 나온 날부터 오늘까지 내 음성을 들으라고 계속 경고했다. 그러나 그들은 듣지 않고 귀도 기울이지 않았으며, 자기들의 악한 마음에서 나오는 고집대로 행했다. 그래서 내가 그들에게 지키라고 명령했는데도 그들이 지키지 않은 그 모든 언약대로 내가 그들에게 벌을 내리겠다.'" (11:1-8)

율법 낭독과 율법 준수 서약

요시야 왕이 율법 낭독과 율법 준수 서약을 행하다 (BC 622, 왕하 23:2-3; 대하 34:30-32)
왕이 주님의 성전에 올라갈 때 유다 모든 백성과 예루살렘의 모든 주민 곧 제사장들과 예언자들과 어른부터 아이까지 모든 백성이 왕과 함께 성전으로 올라갔다. 그때 왕은 주님의 성전에서 발견된 언약책의 모든 말씀을 사람들에게 크게 읽어서 들려주게 했다. 왕은 기둥 곁에 서서[73] 주님을 따를 것과 마음과 목숨을 다 바쳐 그의 계명과 법도와 율례를 지킬 것과 이 책에 기록된 언약의 말씀을 지킬 것을 주님 앞에서 서약했다. 또 왕은, 거기 있던 예루살렘과 베냐민 사람들도 서약하게 했다. 그래서 예루살렘 주민은 하나님 곧 조상의 하나님이 세우신 언약을 따랐다.

성전에서 열린 율법 낭독 집회에 예레미야도 참석하여 언약의 말씀을 들었고

---

73. 겔 46:2 참조. LXX에는 '기둥을 향해 서서'.

요시야 왕이 율법준수 서약을 하는 것을 보았다. 그러나 집회가 끝난 후 어떤 유대인들은 집으로 돌아가서 습관대로 바알 신을 숭배했고, 예루살렘 성전 안에서도 바알 신을 숭배했다. 그때 하나님의 말씀이 예레미야에게 들렸다.

유다 백성의 서약 위반과 하나님의 심판 예언 (렘 11:9-17)

주께서 내게 말씀하셨다.

"유다 사람과 예루살렘 주민 가운데 반역하는 사람들이 있다.[74] 그들의 조상이 내 말을 들으려 하지 않고 다른 신들을 쫓아다니면서 섬기더니, 이제는 이스라엘 백성과 유다 백성도 자기들의 조상이 저지른 죄악으로 돌아가서 내가 그들의 조상과 맺은 언약을 깨뜨려 버렸다. 그러므로 주님이 말씀하셨다. 보라, 그들이 피할 수 없는 재앙을, 내가 그들에게 내리겠다. 그들이 내게 부르짖어도 내가 듣지 않겠다. 그때 유다 성읍 사람과 예루살렘 주민이 자기들이 분향하며 섬기던 신들을 찾아가서 도움을 간청하겠지만, 그 신들은 재앙의 날에 그들을 구해 주지 못할 것이다. 유다야, 너희 신들은 너희 성읍 수만큼이나 많고, 너희가 바알에게 분향하려고 세운 역겨운 제단은 예루살렘의 거리 수만큼이나 많구나! 그러므로 너는 이런 백성을 위해 기도하지 말고 그들을 위해 부르짖거나 간구하지 마라. 그들이 재앙을 당해 내게 부르짖어도 내가 듣지 않을 것이기 때문이다. (11:9-14)

내가 사랑하는 유다가 어찌하여 내 성전에서 역겨운 짓을 했느

---

74. 예루살렘 성전에서 집단적으로 우상숭배를 했다(렘 11:15 참조).

냐? 네가 서약이나 하고 희생제물을 거룩하게 바친다고 해서 네 죄악을 없애거나 재앙을 피할 수 있겠느냐?[75] 나 주가 네 이름을 '잎이 무성하고 아름다운 올리브 나무'라고 불렀으나, 이제는 그 나무를 요란한 천둥소리와 함께 불태워 버릴 것이니 그 가지가 못 쓰게 될 것이다. 나 만군의 주가 이스라엘 백성과 유다 백성을 심었지만 네가 바알에게 분향해 나를 분노하게 한 죄악 때문에 내가 네게 재앙을 내리겠다." (11:15-17)

우상 철거와 지방 제사장 제도 폐지

요시야 왕은 예레미야의 예언을 듣고 예루살렘 성전 안에 있던 우상을 철거하고 우상숭배 직무를 맡은 제사장들을 내쫓았으며, 지방의 제사장들을 예루살렘으로 불러올렸다.

우상 철거와 지방 제사장 제도 폐지 (BC 622, 왕하 23:4-20)

요시야 왕은 힐기야 대제사장과 부제사장들과 문지기들에게 명령해 주님의 성전에서 바알과 아세라와 하늘의 별들을 섬기려고 만든 기구들[76]을 모두 밖으로 내놓게 했다. 그리고 그는 그것을 예루살렘 밖에 있는 기드론 골짜기에서 불태우고, 태운 재를 벧엘로 옮겨 버리게 했다. 그는 또 과거에 유다 왕들이 유다 성읍과 예루살렘 주

---

75. LXX.
76. 왕하 21:3-7.

위에 있는 산당에서 분향하라고 임명한 제사장들 곧 우상숭배하는 제사장들을 내쫓았다. 그리고 바알과 태양과 달과 별들과 하늘의 모든 별에게 제사지내는 사람들을 내쫓았다. 그는 하나님의 성전에서 아세라 목상을 들어내어 예루살렘 바깥 기드론 골짜기에서 불태워 가루로 만들어서, 그 가루를 일반 백성의 공동묘지 위에 뿌렸다. 왕은 또 하나님의 성전 안에 있던 남창의 집을 허물어 버렸다. 그곳은 여인들이 아세라 숭배에 쓰이는 휘장을 짜는 집이었다.

그는 유다 모든 성읍에 있는 제사장들을 모두 철수시켜 예루살렘으로 불러들이고 게바에서 브엘세바까지[77] 제사장들이 제사하던 산당을 부정하게 했다. 그리고 예루살렘 성주 여호수아의 이름을 딴 '여호수아의 문'이라는 성문 입구 왼쪽에 있는 산당들을 헐어 버렸다. 산당의 제사장들은 예루살렘에 있는 주님의 제단에 올라가지 못하게 했지만, 누룩이 들어 있지 않은 빵을 다른 제사장들과 나눠 먹는 것은 허용했다. 그는 또 '힌놈의 아들' 골짜기에 있는 도벳[78]을 부정하게 하고, 어떤 사람도 자기 아들과 딸을 몰렉 신에게 불태워 바치지[79] 못하게 했다.

하나님의 성전 입구에 있는 나단멜렉 내시의 집 옆에는 유다 왕들이 태양신을 섬기려고 만든 말의 동상이 있었는데, 요시야는 그 동상을 헐어 버리고 태양수레도 불태워 버렸다. 또 아하스의 다락방 지붕 위에는 유다 왕들이 세운 제단이 있었는데 그 제단들과 므

---

77. 유다 북쪽 경계선에서 남쪽 경계선까지.
78. 예루살렘 성 밖의 쓰레기 소각장. 죄인이나 동물의 시체를 태우는 화장터.
79. 화가 난 몰렉 신이 사람에게 재앙을 내린다는 미신을 믿고 자기 자녀를 몰렉 신에게 불태워 바쳐 몰렉 신의 비위를 맞춰 복 받으려는 흉악한 범죄.

낫세가 주님의 성전 안팎 뜰에 세운 제단들[80]을 모두 헐어 버린 뒤에, 가루로 만들어 기드론 골짜기에 뿌렸다. 또 이스라엘 왕 솔로몬이 시돈 사람의 아스다롯 우상과 모압 사람의 그모스 우상과 암몬 사람의 혐오스러운 밀곰을 섬기려고 예루살렘 앞 '멸망의 산' 오른쪽에 지었던 산당들도 요시야가 부정하게 했다. 그는 석상을 깨뜨리고, 아세라 목상을 토막토막 자르고 그 산당을 죽은 사람들의 뼈로 채워 버렸다. (23:4-14)

왕은 또 느밧의 아들 여로보암이 벧엘에 세운 제단 곧 이스라엘이 죄 짓게 한 그 제단과 산당도 헐어 버렸다. 그는 산당을 불태워 가루로 만들고 아세라 목상도 불태웠다. 요시야가 돌아서서 산 위에 있는 무덤을 보고, 사람을 보내어 그 무덤 속의 뼈를 가져오게 하여 제단 위에서 불태워 그 제단을 부정하게 만들었다. 그래서 하나님의 사람이 이 일을 두고 예언[81]한 주님의 말씀대로 되었다. 요시야가 물었다.

"저기 보이는 저 비석은 무엇이냐?"

벧엘 백성이 대답했다.

"유다에서 온 하나님의 사람의 무덤입니다. 그는 왕께서 벧엘 제단에 이런 일을 하실 거라고 예언했습니다."

"그 무덤은 그대로 두고 아무도 그의 뼈를 옮기지 못하게 해라."

그래서 그들은 그의 뼈와 사마리아에서 온 그 예언자의 뼈는 그대로 두었다. 이스라엘 왕들이 사마리아 도시의 언덕마다 산당을 세

---

80. 왕하 21:5
81. 왕상 13:2(BC 920년경).

위 주님을 분노하게 했었는데, 요시야는 벧엘에서 한 것처럼 그 산당을 모두 헐어 버렸다. 더욱이 그는 그곳 산당에 있는 제사장들을 모두 제단 위에서 죽이고, 사람들의 뼈를 그 제단 위에서 불태운 후 예루살렘으로 돌아왔다. (23:15-20)

요시야가 유다의 지방 산당을 모두 폐쇄하고 사마리아 산당을 파괴한 후 사마리아 제사장들을 모두 처형하자 종교개혁의 불길은 전국적으로 타올랐다. 그런데 요시야가 지방 제사장직을 폐지하자 예레미야의 고향 아나돗 사람들도 제사장 직위를 박탈당했다. 그래서 그들은 요시야의 종교개혁에 불만을 품고, 종교개혁을 지지하는 예레미야를 죽이려 했다. 이런 음모를 하나님이 보복하겠다고 말씀하신다.

아나돗 사람들에 대한 하나님의 보복 약속 (렘11:18-23)

그때 주께서 그들[82]의 행위를 내게 보여 주셨고, 내게 알려 주셔서, 내가 깨닫게 되었다. 나는 도살장으로 끌려가는 어린 양같이 순해서 그들이 나를 해치려고 '저 나무를 열매가 달린 채로 죽여 버리자. 사람 사는 땅에서 잘라 버려서 아무도 그의 이름을 더 이상 기억하지 못하게 하자'고 하면서 음모를 꾸미는 줄 몰랐다.

"만군의 주님, 의롭게 심판하소서. 사람의 콩팥과 마음을 살펴보시는 주님, 내가 내 억울한 사정을 주께 아뢰었으니, 주님이 그들에게 보복하시는 것을 내가 보게 하소서."

---

82. 아나돗 사람들(렘 1:1).

주께서 아나돗 사람들에 관해 말씀하셨다.

"그들이 네 목숨을 노리며 말하기를 '네가 우리 손에 죽지 않으려면, 주님의 이름으로 예언하지 마라'고 한다. 그러므로 만군의 주께서 이렇게 말씀하신다. '보라. 내가 그들에게 벌줄 테니, 청년들은 칼에 죽고, 그들의 자녀들은 기근으로 죽을 것이다. 내가 아나돗 사람들에게 벌주는 해에 재앙을 그들에게 내릴 것이니, 그들 가운데 살아남을 자가 아무도 없을 것이다.'"

하나님을 믿는 이방 민족에 대한 구원 예언 (렘 12:1-17)

"주님, 내가 주님께 따질 때마다, 주님이 옳으셨습니다. 그러나 공의에 관해 내가 주께 여쭙겠습니다. 어찌하여 사악한 자의 길이 형통하며, 배신자들이 모두 평안합니까?[83] 그들이 뿌리를 내리고 자라서 열매를 맺는 이유는 주께서 그들을 심으셨기 때문입니다. 그러나 그들은 말로만 주님과 가까울 뿐, 마음은 주님과 멀리 있습니다.[84] (12:1-2)

주님, 주님은 내 마음이 주님을 향해 있는지 시험해, 나를 아시오니, 그들을 도살할 양처럼 끌어내어 죽일 날을 정하여 따로 구별하소서. 이 땅에 사는 자들의 사악함 때문에 이 땅이 언제까지 메말라서, 들판의 모든 풀이 말라야 합니까? 짐승과 새도 사라졌습니다. 그런데도 그들은 말하기를 '하나님은 우리의 사악한 행위[85]를 보시지

---

83. 하나님과 우상을 겸하여 섬긴 사악한 아나돗 사람들이 평안하게 잘 사는 이유는 회개할 기회 없이 지옥 가게 하려고(시 73:2-19; 욥 21:7-13 참조).
84. 렘 7:9-11; 마 7:21; 눅 13:25-27 참조.
85. LXX.

않을 거야'라고 했습니다."(12:3-4)

하나님이 말씀하셨다.

"네가 발 달린 사람들[86]과 달리기를 해도 지친다면, 어떻게 말[87]과 달리기를 하겠느냐? 네가 안전한 땅에서만 편하게 산다면 위험한 요르단 숲속에서는 어떻게 살겠느냐?[88] 네 형제와 네 아버지의 집안 사람들[89]이 너를 배신하고 네 뒤에서 소리 지를 테니, 그들이 네게 좋은 말을 한다 해도, 너는 그들을 믿지 마라. (12:5-6)

나는 내 성전을 버렸고 내 소유 이스라엘 백성를 포기했으며, 내 마음으로 사랑하는 백성을 그들의 원수의 손에 넘겨줬다. 내 소유가 숲 속의 사자처럼 내게 으르렁거렸으므로 나는 그를 싫어했다. 내 소유가 얼룩덜룩한 매처럼 내게 덤비므로 다른 매들이 그 매를 둘러싸지 않느냐? 가서, 모든 들짐승을 모아서 그 매를 뜯어 먹으라고 해라. (12:7-9)

많은 목자들[90]이 내 포도원을 망쳐 놨고 내 밭을 짓밟아서 내가 아끼는 밭을 황무지로 만들어 버렸다. 그들이 그 땅을 황폐하게 만들었기에 황무지가 된 그 땅이 나를 보고 통곡한다. 그런데 온 땅이 황무지가 되었는데도, 걱정하는 사람이 하나도 없구나! 그러므로 파괴하는 자들이 광야의 헐벗은 모든 언덕 위로 올 것이고, 주님이 칼로 땅 이 끝에서 저 끝까지 휩쓸어, 모든 사람에게 평안이 없

---

86. 각주 82와 동일.
87. 더 사악한 예루살렘 사람들.
88. 예레미야가 고향 사람들과의 영적 전쟁에도 지친다면, 어떻게 짐승같이 위험한 예루살렘 사람들 속에서 예언을 할 수 있겠느냐?
89. 각주 82와 동일.
90. 지도자들. 습 3:3-4 참조.

을 것이다. 사람들이 밀을 심어도 가시를 거두고, 수고해도 소득이 없을 것이며, 주님의 불타는 진노 때문에 아무런 수확이 없어서 수치를 당할 것이다. (12:10-13)

주님이 말씀하셨다. 내가 내 백성 이스라엘에게 유업으로 준 땅을 침범하는 악한 이웃 나라를 모두 그들의 땅에서 쫓아내어, 유다 백성을 그들 가운데서 구하겠다. 그러나 내가 그들을 쫓아낸 후에는 그들을 다시 불쌍히 여겨 제 땅, 제 고향으로 데려가겠다. 그들이 내 백성에게 바알의 이름을 부르며 맹세하게 가르쳤지만, 그들이 내 백성의 도를 열심히 배우고 살아 계신 주님의 이름으로 맹세하면, 그들도 내 백성 가운데 들게 될 것이다. 그러나 그들이 듣지 않으면, 내가 그 민족을 뿌리째 뽑아 완전히 멸망시키겠다. 주님의 말씀이다." (12:14-17)

유월절 준수

유월절 준수 (BC 622, 왕하 23:21-27; 대하 35:1-19; 34:33)

왕이 모든 백성에게 명령했다.
"이 언약책에 기록된 대로 주 너희 하나님께 유월절을 지켜라."
요시야는 예루살렘에서 주님께 유월절을 지켰다. 사람들은 1월 14일에 유월절 어린양을 잡았다. 왕은 제사장들에게 각자 해야 할 임무를 맡기고, 주님의 성전에서 할 일을 잘 하도록 격려했다. 또 모든 이스라엘을 가르치도록 주님께 거룩하게 구별된 레위인들에게도 다음과 같이 지시했다.

"거룩한 궤는 이스라엘 왕 다윗의 아들 솔로몬이 지은 성전 안에 둬라. 다시는 너희 어깨에 메고 다니지 마라. 이제부터는 주 너희 하나님과 그의 백성 이스라엘을 섬기는 일만 해라.[91] 너희는, 이스라엘 왕 다윗과 그의 아들 솔로몬이 글로 지시한 대로 가문별, 반별로 준비하고 있다가, 성전에 나가서 너희 형제 모든 백성의 가문별 서열에 따라, 또 레위 가문의 서열에 따라 너희 스스로를 정결하게 하고, 너희 동족을 위해 유월절 어린양을 잡아서 준비해라. 주께서 모세를 통해 말씀하신 대로 해라."

요시야는 자기가 가지고 있던 집짐승 가운데서, 어린양과 어린 염소 3만 마리와 수소 3천 마리를 유월절 제물로 쓰도록 그곳에 모인 모든 백성에게 줬다. 왕의 신하들도 백성과 제사장들과 레위인들에게 돌아갈 희생 제물을 기꺼이 자원해 내놨다. 하나님의 성전 최고 책임자인 힐기야와 스가랴와 여히엘은 제사장들에게 어린양과 어린 염소 2천 6백 마리와 수소 3백 마리를 유월절 제물로 쓰도록 내놨다. 레위인의 지도자들 곧 고나냐와 그의 형제들인 스마야, 느다넬, 하사뱌, 여이엘, 요사밧은 어린양과 어린 염소를 합해 5천 마리와 소 5백 마리를 레위인들에게 유월절 제물로 쓰라고 내놨다. 유월절 제사 준비가 다 되었을 때, 제사장들과 레위인들은 왕이 명령한 대로 각각 제자리에 섰다.

---

91. 성전 지성소 안에 있어야 할 언약궤를 레위인들이 자신들의 권위를 내세우려고 어깨에 메고 종교행사를 벌였으므로 요시야는 그것을 중단시켰다. 그들은 백성의 죄를 용서받게 하는 희생제사 드리는 일과 백성을 가르치는 일은 소홀히 하고 쓸데없는 종교행사에 열심이었다.

레위인들이 유월절 양을 잡으니 제사장들은 피를 받아 손으로 제단에 뿌렸다. 그런 다음, 레위인들은 잡은 짐승의 가죽을 벗기고 번제물로 바칠 짐승을 백성에게 가문별로 나눠줘, 모세의 율법에 기록된 대로 백성이 주께 드리게 하고, 소도 같은 방법으로 했다. 레위인들은 규례대로 유월절 어린양을 불에 굽고, 나머지 거룩한 제물은 솥과 가마와 냄비에 삶아 모든 백성에게 신속하게 분배했다. 이렇게 하고 난 뒤에, 레위인들은 자신들과 제사장들의 몫을 준비했다. 그 이유는 아론의 자손인 제사장들이 번제로 바치는 짐승과 희생제물의 기름을 태우느라 밤까지 바빴기 때문에, 레위인들이 자신들과 아론의 자손인 제사장들의 몫을 준비했던 것이다. 성가대원들 곧 아삽의 자손은 다윗과 아삽과 헤만과 다윗 왕의 선지자 여두둔의 지시대로 각자 지정된 자리에 서 있었고, 문지기들은 각자 책임 맡은 문을 지켰다. 성가대원들이나 문지기들이 그들의 근무 장소에서 떠나지 않아도 되었던 것은, 그들의 형제 레위인들이 그들의 몫을 준비해 줬기 때문이다.

그날 주께 예배드릴 일이 다 준비되자 사람들은 요시야 왕의 명령대로 유월절을 지키며 주님의 제단 위에 번제를 드렸다. 그때 거기 모인 이스라엘 자손은 유월절을 지켰고 이어서 7일 동안 무교절을 지켰다. 사사들이 이스라엘을 다스리던 시대부터 이스라엘과 유다 왕들의 시대에 이르기까지, 요시야가 요시야 왕 18년에 예루살렘에서 주님을 기리며 제사장들과 레위인들과 거기 모인 온 유다와 이스라엘 사람들과 예루살렘 주민들과 함께 지킨 그런 유월절은 일찍이 없었다. (왕하 23:21-23; 대하 35:1-19)

대제사장 힐기야가 주님의 성전에서 발견한 책에 기록된 율법의 말씀을 요시야가 지키려고, 유다 땅과 예루살렘에서 신접한 자와 박수와 드라빔과 우상과 모든 혐오스러운 것들을 눈에 보이는 대로 다 없애 버렸다. 이와 같이 요시야는 이스라엘 자손에게 속한 모든 땅에서 혐오스러운 것들을 다 없애고, 이스라엘 모든 사람이 주 하나님을 섬기게 했으므로 요시야가 살아 있는 동안에는 백성이 조상의 주 하나님께 복종하고 떠나지 않았다. 요시야같이 마음을 다하고 목숨을 다하고 힘을 다해 모세의 율법을 지키며 주께 돌아온 왕은 이전에도 없었고 그후로도 다시 나타나지 않았다.

그러나 므낫세가 주님을 너무나 격노하게 했으므로 주님은 유다에 쏟으려던 불타는 진노를 거둬들이지 않으셨다. 그래서 주님은 "내가 이스라엘을 외면했듯이 유다도 외면하겠고, 내가 선택한 이 성 예루살렘과 내 이름을 두겠다고 한 이 성전조차도 버리겠다"고 말씀하셨다. (왕하 23:24-27; 대하 34:33)

나훔의 앗시리아 멸망 예언

앗시리아 왕 앗수르바니팔의 아들 앗수르에틸일리니(BC 630-627)가 군대 사령관 신슘리쉬르에 의해 왕위를 찬탈당하고 폐위되자 얼마 후 그의 동생 신샤르이스쿤(BC 627-612)이 그 찬탈자를 제압하고 왕위를 계승했다. 이즈음 하나님은 나훔을 통해 앗시리아 멸망을 예언하게 하셨다. 하나님은 자신의 비밀을 예언자에게 보여 주지 않고는 결코 이루시지 않기 때문이다(암 3:7). 앗시리아는

BC 785년경 예언자 요나의 심판 경고를 듣고 회개하여 구원받은 적이 있지만, 10여 년 전 스바냐가 앗시리아의 멸망을 예언했고(습 2:13), 이제는 나훔의 심판 경고를 듣고도 회개하지 않아 멸망한다. 그래서 신샤르이스쿤 왕은 권력 다툼에 의한 내부 분쟁과 종속국의 이탈을 제압하지 못해 국력이 급속하게 쇠약해졌다. 이때 BC 626년 갈대아 출신 나보폴라살이 바벨론의 왕권을 주장하며 독립하고 메데와 동맹하여 BC 612년 앗시리아 수도 니느웨를 공격해 함락시킨다.

나훔은 먼저 공의로우시고 전능하신 하나님이 앗시리아를 심판하실 거라 예언했다. (나 1:1-8)

엘고스 사람 나훔이 니느웨에 대한 경고로 받은 계시록이다. 주님은 질투하시며 복수하시는 하나님이시다. 주님은 복수하시고 진노하시는데, 자신의 적에게 복수하시며, 자신의 원수들에게 진노하신다. 주님은 오래 참으시지만, 능력이 크셔서 벌 받을 자를 결코 내버려두지 않으신다. 주님의 길은 회오리바람과 폭풍 속에 있고, 구름은 그의 발의 먼지이다. 주님은 바다를 꾸짖어 말리고, 모든 강을 말리신다. 그래서 바산과 갈멜이 시들고, 레바논의 꽃이 시든다. 주님 때문에 산은 진동하고, 언덕은 무너져 내리며, 땅은 그 앞에서 들리고, 세상과 그 안에 있는 모든 것이 들린다. 주님의 진노 앞에 누가 버틸 수 있으며, 주님의 불타는 분노에 누가 견딜 수 있으랴? 주님의 진노가 불같이 쏟아지고, 주님 때문에 바위가 산산조각 난다. 주님은 선하시므로 환난 날에 피난처가 되시고 자기에게 피하는 사람들을 알아주시지만, 그곳니느웨을 홍수가 넘치게 하여 쓸어 버리고,[92] 원수들을 흑암 속으로 쫓아내실 것이다. (1:1-8)

그리고 니느웨의 멸망과 유다의 구원을 예언했다. (나 1:9-15)

너희니느웨는 주님을 대적해 무엇을 꾀하느냐? 주님은 니느웨를 끝장내실 것이니, 재앙이 두 번 다시 일어날 필요가 없을 것이다. 그들은 가시덤불처럼 엉클어지고 술 마신 것처럼 되어, 마른 지푸라기처럼 다 타버릴 것이다. 주님을 대적해 악을 꾀하고 불의한 일을 조언하는 자[93]가 네니느웨게서 나왔으니, 그들의 힘이 막강하고 수가 많을지라도 잘려서 없어질 것이다. 주님의 말씀이다. (1:9-12a)

내가 너유다를 괴롭혔으나, 더 이상 너를 괴롭히지 않겠다. 내가 이제 네게서 그니느웨의 멍에를 꺾어버리고, 너를 묶은 사슬을 끊어버리겠다.[94] (1:12b-13)

주님이 너니느웨를 두고 명령하신 것이 있다. 네 이름이 더 이상 퍼지지 않을 것이다. 네가 쓸모없게 되었으니, 내가 네 신들의 집에서 새겨 만든 우상과 부어 만든 우상을 다 부숴 네 무덤으로 만들겠다. (1:14)

보라, 기쁜 소식을 알리고 평화를 전하는 사람의 발이 산 위에 있다. 악인들이 진멸돼 다시는 너유다를 치러 오지 못할 것이니, 유다야, 네 절기를 지키고 네 서원을 갚아라. (1:15)

나훔은 니느웨가 심판받아 멸망하는 모습을 예언했다. (나 2:1-13)

---

92. 니느웨 도시는 BC 609년 즈음 홍수가 범람해 6m가량 모래가 쌓여 AD 1846년에 발굴될 때까지 땅 속에 묻혀 있었다.
93. 앗시리아 왕 산헤립(BC 705-681) 또는 앗시리아 왕들.
94. 요시야가 유다에서 우상숭배를 폐하고 정의와 공의를 행해 백성을 하나님께 돌렸으므로, 하나님은 유다를 억압하는 앗시리아를 멸망시키고 유다에게 자유를 주신다.

침략군[95]이 너 니느웨를 치러 올라왔으니 너는 성을 지키고 길을 바라보며 허리띠를 졸라매고 힘을 굳세게 해보려무나. 약탈자들[96]이 야곱과 이스라엘을 약탈하고 그들의 포도나무 가지를 없애도, 주님이 야곱의 영광과 이스라엘의 영광을 회복시키실 것이다. 침략군의 방패는 붉고, 그들은 붉은 옷을 입었는데, 전투 자세를 갖추는 날 전차의 쇠가 번쩍이고, 노송나무 창이 물결친다. 전차들이 거리를 미친 듯이 달리고 광장에서 이리저리 달리니, 그 모양이 횃불 같고, 번개같이 빨리 달린다. 그래서 니느웨가 정예부대를 생각해내고 앞세우니 그들 정예부대이 넘어질 듯이 재빠르게 성벽으로 달려가서 방어태세를 취했다. 그러나 마침내 강[97]의 수문이 열리고 왕궁이 무너진다. 왕후가 벌거벗은 몸으로 끌려가고, 시녀들이 가슴을 치며 비둘기처럼 구슬피 운다. 니느웨는 예로부터 물이 가득 찬 연못처럼 주민이 많았으나, 이제는 모두 도망하니 "서라, 서라!" 하고 소리쳐도 돌아보는 사람이 없다. 침략군이 "은을 탈취하라! 금을 탈취하라! 얼마든지 쌓여 있다. 온갖 보물이 수없이 많다"고 소리친다. 니느웨가 약탈당해서 이제는 텅 비어 아무것도 없고 폐허가 되어 주민이 낙심해 무릎이 떨리고, 허리가 끊어질 듯이 아프며, 얼굴이 하얗게 질린다. (2:1-10)

이제는 사자 굴[98]이 어디 있느냐? 젊은 사자들[99]이 먹는 곳이 어

---

95. 메데와 바벨론 군대.
96. 앗시리아.
97. 니느웨 성은 티그리스 강과 수문으로 연결되어 있다.
98. 니느웨.
99. 앗시리아 군인들.

디냐? 전에는 숫사자[100]와 암사자[101]가 새끼 사자들[102]과 함께 걸어다녀도 자신들을 두렵게 할 자가 없었다. 숫사자가 새끼에게 먹이를 넉넉히 찢어 주고, 암사자에게 주려고 먹이의 목을 물어 와서 굴을 채우며, 잡아 온 먹이로 굴을 가득 채웠었다. 그러나 만군의 주님의 말씀이다. '보라. 내가 너를 치겠다. 내가 네 전차를 불태워 연기가 나게 하고 칼로 네 젊은 사자들을 죽이겠다. 내가 네 먹이를 땅에 남기지 않을 것이니 네가 보낸 전령의 소식이 다시는 들리지 않을 것이다.' (2:11-13)

거짓과 포악, 노략질과 학살을 일삼는 앗시리아를 하나님이 멸망시키실 거라 예언했다. (나 3:1-7)

아! 피의 성! 거짓과 포악이 가득하고 노략질이 그치지 않는 도시! 채찍 소리, 요란한 전차 바퀴 소리, 달리는 말, 굴러오는 전차, 돌격하는 기병대, 번쩍이는 칼과 번개 같은 창에 찔려 죽어 쌓인 시체 더미, 셀 수 없는 시체! 사람들이 시체에 걸려 넘어진다. 이것은 마술에 능숙한 미모의 창녀가 많은 음행을 했기 때문인데,[103] 그녀는 음행으로 여러 나라를 미혹하고, 마술로 여러 민족을 미혹했다. 만군의 주님의 말씀이다. "보라. 내가 너를 치겠다. 내가 네 치마를 네 얼굴 위로 걷어 올려서 네 벌거벗은 것을 여러 나라에 보여 주고, 네 부끄러운 곳을 여러 민족에게 보여 주겠다. 내가 오물을 네게

---

100. 앗시리아 왕.
101. 왕비.
102. 앗수르 백성.
103. 니느웨가 많은 술책을 썼다.

던져서 너를 부끄럽게 하고 구경거리가 되게 하겠다. 그때 너를 보는 사람마다 너를 피해 도망하며 말하기를 '니느웨가 망했지만, 누가 그를 애도하랴?'고 하니, 너를 위로할 자를 내가 어디서 찾을 수 있겠느냐?"(3:1-7)

앗시리아가 이집트와 동맹하고 스스로 강하게 무장해도 마침내 멸망한다고 예언했다. (나 3:8-19)

네 앗시리아가 어찌 노아몬[104]보다 강하겠느냐? 노아몬은 나일강들 사이에 있으므로, 물이 둘러싸서 바닷물이 성루가 되고 바닷물이 성벽이 된 성이다. 힘이 한없이 강한 에티오피아와 이집트가 노아몬을 돕고, 붓과 리비아도 노아몬을 돕는 자가 되었다. 그러나 노아몬이 포로로 잡혀 갔으므로, 노아몬의 어린아이들은 길거리 모퉁이에서 메어쳐져 죽고, 귀족들은 제비 뽑혀 잡혀가고, 모든 지도자가 사슬에 묶여서 끌려갔다. (3:8-10)

너 앗시리아도 술 취한 듯 비틀거리며 원수를 피해 숨을 곳을 찾겠지만, 첫 열매가 열린 무화과나무가 흔들기만 하면 그 열매가 먹을 사람의 입에 떨어지듯, 네 모든 요새가 떨어질 것이다. 보라, 네 안에 있는 네 군인들은 여자 같아서, 네 땅의 성문들은 네 원수들에게 활짝 열리고, 성문 빗장은 불타버릴 것이다. 포위 공격에 대비해 물을 길어 놓고, 네 요새를 튼튼하게 하고, 진흙에 들어가서 진흙을 밟아 벽돌 가마를 튼튼하게 해보려무나. 풀무치가 풀을 삼키듯 불이 거

---

104. 140년 동안 이집트의 수도였던 테베. 테베가 태양신 아몬 숭배의 중심지였으므로 아몬이라고도 불렸다.

기서 너를 삼킬 것이고 칼이 너를 벨 것이다.

　메뚜기처럼 너 자신을 많게 해보려무나. 네가 네 상인들을 하늘의 별보다 많게 했으나, 그들은 메뚜기가 날아가 버리듯 떠나 버릴 것이다. 네 경호부대가 느치떼처럼 많고 네 지휘관들이 메뚜기처럼 많아도, 그들은 추운 날 울타리에 붙어 있다가 해가 뜨면 날아가 버려서 아무도 그들이 있는 곳을 알지 못할 것이다. (3:11-17)

　앗시리아 왕이여, 네 목자들이 졸고 있고 네 귀족들이 자고 있구나. 네 백성이 이 산 저 산으로 흩어지지만, 모을 사람이 없구나. 네 상처는 고칠 수 없고 네 부상은 치명적이어서, 네 소문을 듣는 자마다 네가 망한 것을 보고 기뻐 손뼉을 치니, 네가 항상 행한 악을 당하지 않은 사람이 아무도 없지 않느냐? (3:18-19)

요시야 왕의 죽음

　바벨론 왕 나보폴라살(BC 626-605)이 메데와 동맹하여 BC 612년에 앗시리아의 수도 니느웨를 함락시키고 바빌로니아 왕국을 세웠다. 니느웨가 함락될 때, 앗시리아 왕자 앗수르우발릿 2세는 유프라테스 강 북서쪽에 있는 하란으로 피신해 왕위를 계승하고 앗시리아의 잔존 세력을 하란에 집결시켰다. 그는 이집트의 도움을 받아 앗시리아의 명맥을 유지했다. 그러나 바빌로니아 왕 나보폴라살의 장남인 느부갓네살이 BC 610년에 바빌로니아 군대를 이끌고 하란을 공격하여 함락시켰다. 앗수르우발릿 2세는 시리아 북쪽으로 피신해 있다가 이집트에 도움을 요청했다. 이집트 왕 느고 2세(BC 610-595)는 그해에 즉위하여 군사력을 정비한 후, 하란을 정복한 바빌로니아 군대를 물리치려고 BC 609년에 앗시리아 군대와 합세하기 위해 유프라테스 강 상류에 있는 갈그미스를 향해 진격하다가 유다 땅을 통과하게 되었다. 유다 왕 요시야는 유다를 억압한 앗시리아를 도우려고 유다 땅을 통과하는 이집트 군대의 행군을 막기 위해 유다의 므깃도로 출전했다. 그러나 그는 전사한다.

요시야 왕의 죽음 (BC 609, 왕하 23:28-23:30a; 대하 35:20-27)

이집트 왕 느고가 앗시리아 왕을 도우려고 유프라테스 강가에 있는 갈그미스를 향해 유다로 올라왔으므로, 요시야가 막으러 므깃도로 나갔다. 느고가 요시야에게 전령을 보내어 말했다.

"유다 왕은 들으시오. 왜 내 일에 간섭합니까? 나는 오늘 당신을 치려고 온 것이 아니라, 나와 싸움이 벌어진 바빌로니아 족속을 치려고 나선 것입니다. 하나님이 내게 '속히 가라'고 명령하셨고 하나님이 나와 함께하시니, 하나님께 멸망당하지 않으려면 하나님을 거역하는 이 일을 빨리 멈추시오."

그러나 요시야는 그에게서 돌이켜 돌아가지 않고, 느고와 싸우려고 변장까지 했다. 이처럼 요시야는, 하나님이 느고를 시켜서 하시는 말씀을 듣지 않고 므깃도 평야로 진격해 싸웠다. 그때 적군이 쏜 화살이 요시야 왕에게 박혔다. 왕이 자기 부하들에게 명령했다.

"내가 크게 다쳤다. 내가 여기서 빠져나가게 나를 도와라."

그는 부하들의 부축을 받으며 자기 전차에서 내려, 부사령관의 전차를 타고 예루살렘으로 돌아와서 숨을 거뒀다.[105] 사람들은 그를 그의 조상의 묘에 장사했고, 온 유다와 예루살렘 사람들이 그의 죽음을 슬퍼했다. 예레미야가 요시야를 위해 애가를 지었는데, 남녀 성가대원들이 요시야 왕을 애도할 때는 이 애가를 부르는 것이 관례[106]가 되어 오늘까지 이른다. 그 가사는 '애가집'에 기록되어 있다. 요시야의 남은 사적 곧 그가 주님의 율법에 기록된 대로 행한 모든 선한 일과 업적은 처음부터 끝까지 '이스라엘과 유다 열왕기'에 기록되어 있다.

여호아하스 왕의 통치

여호아하스 왕 즉위 (BC 609, 왕하 23:30b-32; 대하 36:1-2)

그 땅의 백성이 요시야의 아들 여호아하스를 데려와서, 그에게 기름을 붓고 아버지의 뒤를 이어 왕으로 삼았다. 여호아하스가 왕이 되었을 때 23세였다. 그는 예루살렘에서 3개월 동안 다스렸다. 그의 어머니 하무달은 립나 출신 예레미야의 딸이다. 여호아하스는 조상의 악한 행위를 본받아 주께서 보시기에 악을 행했다.[107]

---

105. 요시야는 39세에 죽었다. "유대인들은 자신들의 배은망덕 때문에 심판받아서 그들의 선한 왕 요시야를 갑자기 빼앗겼다"(칼빈).
106. 요시야 시대에는 예레미야의 사회적 영향력이 컸다. 그러나 요시야가 죽은 후 유다 왕국이 멸망할 때까지 22년 동안 악한 왕들이 통치하는 시기에는 예레미야가 박해받고 살해될 위기를 여러 번 넘긴다.
107. 겔 19:3 참조.

이집트 왕 느고2세는 BC 609년에 바빌로니아의 갈그미스로 진격 도중 뜻밖에 유다 왕 요시야 군대의 공격을 받고 물리치느라 하란에 늦게 도착했다. 그는 하란을 탈환하려고 2개월 동안 바빌로니아 군대와 싸웠으나, 많은 사상자를 낸 후 퇴각할 수밖에 없었다. 느고가 하맛까지 퇴각했을 때 유다 왕위를 계승한 여호아하스는 느고에게 인사하려고 마중 나갔다.[108] 하지만 느고는 여호아하스를 사로잡고 폐위시킨 후 예루살렘에 와서 여호야김을 유다 왕으로 세웠다. 여호아하스는 요시야의 반이집트 정책을 지지한 신하들에 의해 형제들보다 먼저 왕이 되었으나 즉위 3개월 만에 이집트로 끌려가 죽는다.

여호아하스가 이집트로 잡혀가다 (BC 609, 왕하 23:33-34a; 대하 36:3-4)

이집트의 파라오 느고가 하맛 땅 리블라(립나)에서 여호아하스를 사로잡아 예루살렘에서 다스리지 못하게 했다. 그리고 유다가 이집트에 은 백 달란트와 금 1달란트를 조공으로 바치게 했다. 또 파라오 느고는 요시야의 아들 엘리야김을 그의 아버지 요시야 대신 왕으로 삼고, 그의 이름을 여호야김으로 바꾸게 했다. 파라오 느고는 여호아하스를 이집트로 잡아갔다.[109]

이집트 왕 느고는 여호야김을 유다 왕으로 세운 후 여호아하스를 끌고 이집트로 돌아가다가 블레셋의 가자를 공격했다.

---

108. 요세푸스는 "이집트 왕이 여호아하스에게 하맛에 있는 자기 앞으로 출두하라고 지시했다"고 기록했다.
109. 겔 19:4 참조.

이집트가 가자를 공격하다 (렘 47:1-7)

파라오가 가자를 공격하기 전에 주께서 블레셋 사람에 관해 예언자 예레미야에게 말씀하셨다. "주님이 이렇게 말씀하셨다. 보라, 북쪽에서 물[110]이 일어나서 범람하는 강물이 되어 그 땅과 그 땅 위에 있는 모든 것과 그 성읍과 주민들 위로 흘러갈 것이다. 그래서 사람들이 울부짖고, 그 땅의 모든 주민이 통곡할 것이다. 군마들의 발굽 소리, 달려오는 전차 바퀴의 요란한 소리에 아버지들은 손에 맥이 풀려서 자식들을 돌볼 수 없을 것이다. 주님이 블레셋 사람을 모두 멸망시키고, 두로와 시돈에서 살아남아 블레셋을 도와 줄 수 있는 자들을 모두 멸절시킬 날이 온다. 주님이 크레타 섬 출신의 블레셋 사람들을 멸망시킬 것이다.[111] 대머리[112]가 가자에 오니 아스글론이 멸망한다. 그들의 골짜기에서 살아남은 자들아, 너희가 언제까지 몸에 상처를 내려느냐?[113] 너희가 말하기를 '아! 주께서 보내신 칼이여, 네가 어느 때가 되어야 잠잠하려느냐? 네 칼집으로 들어가서 조용히 쉬어라'고 하지만, 주님이 명령하셨고, 주님이 그 칼에게 아스글론과 해변 지역을 치라고 명령하셨는데, 그 칼이 어떻게 조용히 쉬겠느냐?"

---

110. 바빌로니아 군대.
111. 블레셋 사람들은 크레타 섬에서 가나안으로 이주해 온 사람들이다.
112. 느부갓네살(렘 47:5)이 BC 604년 블레셋을 멸망시킨다.
113. 이방인들의 자해 풍습.

:●:●:●:●:

"요시야는 하나님이 보시기에 올바르게 행했고 조상 다윗의 삶을 모두 본받아 좌우로 치우치지 않았다"(왕하 22:2)
"네 아버지[요시야]가 먹고 마시지 않았느냐? 그러나 공의와 정의를 행하지 않았느냐? 그때 그가 형통했다. 그가 가난한 사람과 궁핍한 사람을 변호했고, 그때 그가 형통했다. 이것이 나를 아는 것이 아니겠느냐? 주님의 말씀이다"(렘 22:15b-16)

1. 다윗은 하나님을 경외했으므로 믿음으로 순종했고, 이스라엘 백성을 정의와 공의로 다스렸다(삼하 8:15; 23:3; 시 34:9-21). 요시야도 다윗을 본받아 하나님을 경외하며 율법을 지키고 공의와 정의를 행했으므로 형통하는 복을 받았다.

정의(righteousness)란 서로 사랑하며 자비를 베풀고 이웃과 더불어 함께 사는 것인데, 특별히 의지할 사람이 없는 고아, 과부, 나그네와 가난한 자를 돕는 것이다. 이웃을 자기 자신처럼 사랑하는 것이 정의 구현의 기본 자세이다. 공의(judgement)란 정의로운 사회를 만들기 위해 지도자가 공권력을 사용하는 것인데, 특별히 착취, 사기, 강탈, 폭력, 압제, 살인, 죄없는 자 처형 등 사회악을 제거하기 위해 강제성을 지닌 사법, 재판, 행정 등을 이용하는 것이다.

"공의를 행하고 정의를 구하라. 그리하면 주님이 진노하시는 날에 너희가 피할 수 있을 것이다"(습 2:3b). "너희는 정의와 공의를 행하여 억압하는 자들의 손에서 억압당하는 사람들을 구해 주고, 이방인과 고아와 과부를 억압하거나 학대하지 말며, 죄 없는 사람의 피를 이곳에서 흘리지 마라. 너희가 이 명령을 진실로 행하면, 다윗의 보좌에 앉는 왕들이 전차와 군마를 타고, 신하와 백성을 거느리고, 이 왕궁 문 안으로 들어올 것이다. 그러나 너희가 이 말을 듣지 않으면, 내가 스스로 맹세하지만, 이 왕궁은 황폐하게 될 것이다"(렘 22:3-5).

스바냐와 예레미야의 예언대로 유다 사회가 하나님을 버리고 정의와 공의를 버렸으므로 BC 587년에 멸망한다. 그러나 장차 오실 메시아는 공의와 정의를 실현하신다(렘 23:5 참조).

2. 다윗은 어릴 때부터 하나님만을 유일신으로 믿고 섬겼으므로 전쟁 때 블레셋을 물리치고 난 뒤 그들이 전쟁터에 버리고 간 우상들을 불태워 버렸다(대상 14:12). 요시야도 다윗을 본받아 선왕들이 예루살렘 성전 안에 세운 우상들을 철거하여 불태워 버렸고, 전국 산당의 우상 제단을 철거하고 불태워 버렸다.

3. 다윗은 하나님을 존귀하게 섬기려는 열심이 특출하여 법궤의 중요성을 인식하고는 72년 동안 기럇여아림에 방치되어 있던 법궤를 예루살렘 성막 안으로 옮겼다. 그때 전국의 레위인 730명을 동원하고 모든 백성이 예루살렘에서 법궤를 맞을 준비를 하게 해놓고는 미리 준비한 성막 안으로 옮겼고, 율법대로 성막에서 예배드렸다.

요시야도 다윗을 본받아 율법의 중요성을 인식하고서 오랫동안 예루살렘 성전 안 헌금함에 방치되어 있던 율법책을 발견하고는 백성들에게 낭독해 들려 주고 교육시켰으며, 자신도 율법 준수 서약식을 행하여 솔선수범했고, 율법대로 유다 역사상 가장 성대하게 유월절을 지켰다.

4. 다윗은 새로운 상황이 닥칠 때마다 하나님의 뜻을 묻고 응답받은 후 믿음으로 순종했다(삼상 23:2, 4, 10-12, 30; 8; 삼하 5:19, 23-24; 21:1).

요시야도 율법책이 발견되었을 때 다윗을 본받아 하나님의 뜻을 물어보라고 신하들을 보냈고, 예언자 훌다의 말을 듣고 순종했다. 그는 예루살렘 성전 안에 있는 우상을 철거하고 불태워 버리면서 전국적인 종교개혁을 단행했다.

5. 다윗은 하나님을 경외했으므로 하나님의 말씀을 대언하는 예언자 갓과 나단의 말을 듣고 믿음으로 순종했다. 요시야도 다윗을 본받아 스바냐, 훌다, 예레미야 예언자들의 말을 듣고 믿음으로 순종했다.

이것은 남유다와 북이스라엘 왕들이 대부분 예언자들을 박해한 것과 대비된다. 유다와 이스라엘 역사상 아합, 요람, 아하스, 므낫세, 여호야김 등 극악한 왕들이 통치하던 시기일수록 엘리야, 엘리사, 이사야, 예레미야 같은 대예언자들이 활동하며 하나님의 심판이 임하리라고 경고했다. 그래서 요시야가 죽기 14년 전부터는 예레미야의 예언활동이 중단되었다가, 요시야가 죽은 후 악한 여호아하스와 여호야김, 여호야긴, 시드기야 통치 시대에 유다 왕국이 멸망할 때까지 22년 동안 예레미야가 목숨 걸고 예언활동을 했다.

:●:●:●:●:

"내가 유다와 예루살렘의 모든 주민 위에 손을 펴서, 그곳에 남아 있는 바알을 없애고, 그마림이란 이름과 그 제사장들을 없애 버리겠다"(습 1:4).

하나님이 유다와 예루살렘의 모든 주민 위에 심판의 손을 펴서 바알 우상과 바알

숭배 제사장을 모두 제거하시겠다는 경고의 말씀이다. 그런데 '남아 있는 바알'이란 글자 때문에, 요시야 왕의 종교개혁이 이미 시작되어 바알이 제거되었지만 아직 '남아 있는 바알'을 하나님이 없애시겠다는 뜻으로 해석하는 학자들이 있다. 그들은 스바냐가 요시야 왕의 종교개혁 이후 활동했고, 예레미야나 나훔과 동시대 인물이라고 주장한다. 그러나 대부분의 학자들은 스바냐가 요시야 왕의 종교개혁 이전에 활동했고, 요시야가 종교개혁을 하도록 선구자 역할을 했다고 주장한다. 그 근거로는, 종교개혁이 아직 착수되지 않았으므로 스바냐서에는 ① 종교개혁에 관한 언급이 없고 ② 바알 숭배자를 심판하고 멸망시키겠다는 경고가 매우 강하게 선포되며, ③ 어린 요시야 왕이 스바냐와 예레미야 같은 예언자들의 활동을 목격하고 그들을 추종하는 경건한 신하들의 지지가 있었기에, 조부 므낫세 왕이나 부친 아몬 왕에 의해 50년 이상 지배한 바알 숭배 풍습과 그 추종 세력을 제압하며 다윗 왕을 본받아 하나님을 숭배하는 시대로 개혁할 수 있었다는 것이다.

70인역에는 '남아 있는'이라는 글자가 없고, '내가 유다와 예루살렘의 모든 주민 위에 손을 펴서, 바알의 이름과 그 제사장들의 이름을 없애 버리겠다'고 번역되어 있다.

:●:●:●:●:

"그때, 내가 등불을 들고 예루살렘을 두루 돌아다니며, 마음속으로 '하나님은 복도 내리지 않고, 화도 내리지 않는다'고 말하는 자들 곧 찌꺼기같이 가라앉아 있는 자들을 찾아서 벌을 주겠다. 그들은 재산을 빼앗기고 집도 헐릴 것이며, 집을 지어도 그곳에서 살지 못하고, 포도원을 만들어도 그 포도주를 마시지 못할 것이다" (습 1:12-13)

스바냐 시대의 유대인들은 하나님의 존재를 인정하고 자신들이 하나님의 선택을 받은 민족임을 인정하면서도, 일상생활에서는 "하나님은 복도 화도 내리지 않고, 아무것도 아니다"(렘 5:12)라고 생각하며 하나님의 주권과 섭리를 믿지 않았다. 사람이 복을 받거나 화를 당하는 것은 자신의 지혜와 능력에 달렸다고 생각했고(렘 2:13 참조), 자신의 지식과 능력으로 재산도 모으고 집도 소유하며 소득을 일으키는 포도원도 만들어 성공 지향적인 삶을 자만심을 갖고 살았다.

이런 자들을 진실한 신앙인과 분별하기란 쉽지 않으므로 하나님은 이런 자들을 찾아내어 벌주려고 일상생활의 어두운 곳을 살펴보기 위해 등불을 손에 들고 철저하게 밝히신다.

포도주 제조 방법은, 수확한 포도를 큰 틀 속에 넣고 발로 밟아서 포도주를 추출하여 부대, 나무 통, 항아리 등에 담고 약 40일 동안 발효시킨 후 숙성한 포도주를 다시 다른 항아리나 부대에 옮겨 담고 걸쭉하게 가라앉은 찌꺼기를 모두 걸러 낸다. 밑바닥에 가라앉은 찌꺼기가 포도주 위로 떠오르지 않도록 조심스레 걸러내 듯, 하나님은 온전한 믿음이 없는 자들의 위선적 종교 행위가 사회 전체로 오염되지 않도록 제거하신다.

이런 자들을 하나님께로 돌아오게 하고 믿음의 삶을 살게 하려면 그들이 의지하는 재산과 집과 소득을 일으키는 사업장이 없어져야 하므로, '그들은 재산을 빼앗기고, 집도 헐릴 것이며, 집을 지어도 그곳에서 살지 못하고, 포도원을 만들어도 그 포도주를 마시지 못할 것이다'라고 말씀하셨다.

:●:●:●:●:

"그[예레미야]는 베냐민 땅 아나돗의 제사장 힐기야의 아들이다" (렘 1:1)

아나돗은 아비아달 제사장이 아도니야를 다윗 왕의 후계자로 지지하다가 솔로몬 왕에 의해 파면 당하고 낙향한 곳이다(왕상 2:26). 솔로몬을 지지한 사독 제사장의 후손이 유다 왕국의 지배층이 되어 제사장직을 장악하고, 아비아달 계열의 제사장들은 비주류로 밀려났다. 그러나 340년이 지나서 유다 왕국 말기에 사독 계열의 제사장들이 타락하자, 하나님은 오랫동안 소외당했던 아비아달 후손 중에서 의로운 예레미야를 예언자로 세워 타락한 기득권층과 백성들의 회개를 촉구하며 종교와 정치를 바로 세우려 하셨다. 하나님은 혈통과 가문을 중요하게 여기지 않으시고 누구든지 회개하면 용서하고 들어 쓰신다.

:●:●:●:●:

"아몬드 나뭇가지를 보고 있습니다."
"네가 잘 봤다. 나는 내 말대로 이뤄지는 것을 지켜보고 있다."
"네가 무엇을 보고 있느냐?"
"물이 끓는 솥을 보고 있습니다. 그 솥은 북쪽에서부터 기울어져 있습니다." (렘 1:11b-13)

아몬드 나뭇가지는 히브리어로 '샤케드'로 불린다. 이것은 '부지런하다'를 의미하는 히브리어 동사 '샤카드'에서 유래한다. 이스라엘에서 겨울의 아몬드 나무는 잎이나 열매가 없는 앙상한 가지뿐이지만, 1월에 꽃을 피우고 3주 안에 열매를 맺음으로 이스라엘의 나무 가운데서 가장 먼저 겨울의 앙상함에서 깨어나는 나무이다. 아몬드 나뭇가지 환상은 유다 왕국이 멸망을 넘어 꽃피고 열매 맺을 것이라는 하나님의 약속을 상징한다.
'아몬드 나뭇가지'의 히브리어 '샤케드'와 '지켜보다의' 히브리어 '쇼케드'는 발음이 비슷하다. 예레미야가 아몬드 나뭇가지(샤케드)를 분명하게 보듯 하나님은 유다 왕국의 심판에 관한 자신의 말씀이 성취되는 것을 지켜보고(쇼케드) 계신다.
칼빈은 아몬드 나뭇가지를 파수꾼의 몽둥이를 상징한다고 해석했다.
'물이 끓는 솥'은 하나님의 진노를 상징한다. 예루살렘은 북쪽을 제외한 3면이 가파른 절벽으로 둘러싸여 오직 북쪽에서 오는 적(바빌로니아 군대)에 의해서만 정복될 수 있다.

:●:●:●:●:

"이제 네가 나일 강물을 마시려고 이집트로 달려가려느냐? 아니면 유프라테스 강물을 마시려고 앗시리아로 달려가려느냐?" (렘 2:18)
"네가 어쩌면 그렇게도 지조 없이 이리 저리 돌아다니느냐? 너는 앗시리아에게서 수치를 당했던 것처럼 이집트에게서도 수치를 당할 것이다" (렘 2:36)

앗시리아의 앗수르바니팔 왕은 BC 663년에 이집트를 정복하여 세계 최초로 거대한 제국을 만들었다. 하지만 그는 그의 형이고 속국 바벨론의 왕이었던 샤마쉬슘 우킨이 주도한 반앗시리아 동맹국에 의한 4년 동안(BC 652-648)의 대규모 내란을 힘겹게 진압하면서 국력을 소진하고 말았다. 그래서 바벨론의 반앗시리아 동맹국이었던 이집트가 이때 독립했어도 굴복시킬 여력이 없었다. 그후 이집트 세력은, 앗시리아의 영향력이 소멸해 가는 변방 팔레스틴 지역으로 점점 뻗쳐 나갔다. 이즈음 앗수르바니팔 왕이 죽고 왕위를 계승한 그의 아들 앗수르에틸일리니가 BC 627년에 앗시리아 군대 사령관 신슘리쉬르에 의해 왕위를 찬탈당하자, 유다 왕국은 이집트를 의지하고 앗시리아를 배신하려 했다. 그러나 앗수르에틸일리니의 동생 신샤르이스쿤이 신슘리쉬르를 축출하고 왕권을 회복하자 유다 왕국은 두 강대국인 앗시리아와 이집트 사이에서 우왕좌왕했으므로 하나님은 예레미야를 통해 본문 말씀대로 책망하셨던 것이다.
유다 왕 요시야는 이집트를 의지하다가 이집트에게 수치를 당하지 않으려고 예레미야의 예언에 순종하여 반이집트 정책을 추구했다. 그러나 유다 왕국 말기에 시드기야 왕은 이집트의 지원 약속을 믿고 바빌로니아를 배신하다가, 바빌로니아가 예루살렘을 함락시킬 때, 고대하던 이집트 군대가 오지 않아서 멸망의 수치를 당했다.

:●:●:●:●:

"다시는 자기들의 악한 마음에서 나오는 고집대로 살지 않을 것이다. 그 때 유다 집안이 이스라엘 집안과 함께 돌아올 텐데, 그들이 북쪽 땅에서 나와서, 내가 너희 조상들에게 유업으로 준 땅으로 들어올 것이다" (렘 3:17b-18)

북이스라엘 왕국이 BC 722년 앗시리아에게 멸망했을 때 그 백성은 북쪽 땅으로 끌려갔고, 남유다 왕국이 BC 587년 바빌로니아에게 멸망했을 때에도 그 백성은 북쪽 땅으로 끌려갔다. 그러나 남유다 백성이 북쪽 땅에서 고통스러운 포로 생활을 하면서 회개하고 하나님께 돌아와서 하나님의 뜻대로 살며, 다시는 자기들의 악한 마음대로 고집 부리며 살지 않으면, 회개한 북이스라엘 백성과 함께 북쪽 땅에서 해방되어 가나안 땅 곧 하나님이 그들의 조상들에게 유업으로 물려준 땅으로 돌아오게 된다. 남북통일은 악한 마음으로 분열되었던 민족이 회개하고 서로 용서했을 때 하나님이 주시는 선물이다.

:●:●:●:●:

"그러나 므낫세가 주님을 너무나 격노하게 했으므로 주님은 유다에 쏟으려던 불타는 진노를 거둬들이지 않으셨다" (왕하 23:26)

아하스 왕(BC 741-728)과 유다 백성은 하나님을 찾지 않고 우상숭배했으므로, 성전을 사용하지도 않고 폐쇄시켰다. 그러나 그의 아들 히스기야 왕은 다윗의 믿음을 계승했으므로 폐쇄된 성전 문을 열고 성전의 낡은 부분을 보수하고 번제와 성전생활을 회복시켰다.
그런데 히스기야가 39세 때 교만해져서 죽을 병에 걸렸을 때, 회개하며 하나님께 기도해 수명을 15년 연장 받은 3년째에 낳은 아들 므낫세 왕은 믿음을 버리고 우상숭배했다. 그는 북이스라엘의 아합 왕을 본받아 바알 우상제단을 쌓고 아세라 목상을 세웠으며 해와 달과 별을 숭배했고, 성전 안에까지 바알 신상과 아세라 목상을 세웠다(왕하 21:3-5; 대하 33:7). 그는 성전 안뜰과 바깥뜰에 우상제단을 세웠고, 앗시리아의 이방 제단까지 만들어 우상숭배했다. 또 그는 미신에 사로잡혀 소원 성취하려고 자기의 가장 소중한 아들들을 힌놈의 아들 골짜기에서 불태워 우상에게 제물로 바쳤는데, 아이를 우상의 팔에 올려놓고 그 밑에 불을 붙이면 아이가 고통 속에 부르짖는 처절한 울음소리가 온 골짜기에 울려 퍼졌다. 또 그는 점을 치고 사술(邪術)

과 요술을 행하며 신접한 자와 무당의 말을 믿었다(대하 33:6). 그는 악하여 죄없는 자를 죽여 예루살렘 거리를 죄없는 자의 피로 가득 채웠다(왕하 24:4).
그 결과 유다 백성과 예루살렘 주민이 므낫세의 정책에 넘어가서 악을 행한 것이 하나님이 이스라엘 자손 앞에서 멸망시킨 모든 나라보다 심했으므로(대하 33:9), 하나님은 "유다 왕 히스기야의 아들 므낫세가 예루살렘에 행한 죄 때문에 내가 그들을 세상 만국에 흩어 버리겠다"(렘 15:4)고 하시면서 유다 왕국의 멸망을 작정하셨다.

:●:●:●:●:

앗시리아 제국의 흥망

앗시리아는 티그리스 강 상류의 니느웨를 수도로 발흥하여 인류 역사상 최초의 거대한 제국이 되었다. 앗시리아 제국 영토는 동쪽의 메데(오늘날의 이란 서부)부터 북쪽의 흑해와 카스피해 인근, 서쪽의 지중해, 서남쪽의 이집트까지 이른다. 이런 광대한 영토와 많은 민족을 지배한 앗시리아 제국은 BC 612년에 멸망하기까지 500여 년 동안 이어온 국가이고, 멸망 40년 전에는 제국의 전성기를 꽃피운 강력한 국가였다. 그런데 그 40년 동안 무슨 일이 있었기에 그토록 막강한 앗시리아 제국이 멸망했을까? 앗시리아의 산헤립 왕(BC 704-681)은 18만 5천 명의 군대로 유다를 침공하려다 하나님의 천사에 의해 군대가 전멸당했다. 그는 니느웨로 돌아간 후 두 아들의 반역으로 살해되고, 다른 아들 에살핫돈(BC 680-669)이 왕위를 계승했다. 에살핫돈 왕은 BC 673년 이집트 원정길에 오르면서 둘째 아들 앗수르바니팔(BC 668-630)을 후계자로 지명하고, 장남 샤마쉬슘우킨을 앗시리아의 종속국인 바벨론의 왕(BC 668-648)으로 임명했다. 에살핫돈은 차남 앗수르바니팔을 제국 통치자의 후계자로 지명할 때, 앗시리아 모든 백성이 신들의 이름으로 새 왕에게 충성 서약을 하게 하고, 새 왕을 반대하는 자는 자기 자신의 맹세를 어긴 것이므로 신의 형벌을 받게 하여 미래의 왕권을 확립했다. 에살핫돈은 BC 671년에 이집트를 정복했지만, BC 669년 제2차 이집트 원정길에 노쇠하여 죽고, 그의 유언에 따라 둘째 아들 앗수르바니팔이 왕위를 계승했다. 그는 BC 663년에 이집트를 정복하고 엄청난 전리품을 가져왔으며, 두로를 정복하고 모든 아랍 군주를 굴복시켰다. 리디아 왕 귀게스도 그에게 평화사절단을 급파하며 굴복했으므로 그는 앗시리아 제국의 전성기를 이루었다.
앗시리아는 전통적으로 피정복국을 혹독하게 억압하고 약탈했다. 피정복국을 통치하는 방식은 ① 종속국으로 만들어 토착 왕을 인정하되 외교적 수단으로 간접 통치하며 전쟁시 군대 동원 서약과 함께 해마다 조공을 받아가거나 ② 피정복국을 제국에 합병시키고 총독을 파견해 군사력으로 직접 통치했다. 제국의 재정 원천은 종속국으로부터 받는 조공과 총독을 통해 제국에 합병된 지역으로부터 거둬들이는 세금이었다. 저항하는 민족은 먼 지역으로 이주시켜 저항의 힘을 원천적으로 제거했다. 북이스라엘은 BC 748년에 종속국이 되어 조공을 바치다가 BC 733년에 반역했으므로, 앗시리아는 북이스라엘을 정복한 후 주민을 앗시리아로 이주시키고 조공을 받아갔다. 그후 BC 724년에 북이스라엘이 다시 반역하자 앗시리아가 다시 쳐들어와서 BC 722년에 정복하고 제국에 합병시켜 북이스라엘은 멸망했다. 북이스라엘의 사마리아 지역 사람들은 1,200km 떨어진 메데에 이주되어 버렸다. 남유다도 BC 733년에 앗시리아의 종속국이 되어 조공을 바쳤다.

앗수르바니팔은 모든 피정복국으로부터 막대한 조공과 세금을 징수했으므로 앗시리아의 국력은 절정에 이르렀다. 그 반면 종속국들의 반감은 극에 이르렀다.

이때 앗수르바니팔의 형이고 바벨론의 왕이었던 샤마쉬슘우킨이 BC 652년에 앗시리아의 종속국들인 아람 국가들, 구티움, 시리아-팔레스틴의 동쪽을 지배한 아랍 족장들, 리디아, 이집트, 엘람 등과 동맹을 맺고 그들의 수장으로 행세하다가 동맹국들이 참여하는 대규모 반란을 주도했다. 내란은 4년 동안 계속되었고, 쌍방 모두 엄청난 희생을 치른 후 마침내 바벨론 성이 함락되었다. 그때 샤마쉬슘우킨은 불타는 왕궁의 화염 속에서 죽었고, 바벨론 통치는 칸달라누(BC 648-627)에게 맡겨졌다. 앗수르바니팔은 여세를 몰아 바벨론과 동맹했던 아랍 부족들을 공격해 진압했지만, 독립한 이집트에 대해서는 더 이상 굴복시킬 여력이 없었다. BC 648년에 내란이 진압되자 이듬해 앗수르바니팔은 바벨론을 지원했던 엘람을 공격해 엘람의 수도 수사를 파괴하여 치명타를 입혔다.

그러나 형제의 권력 다툼에 의한 내분이 원인이 된 대규모 내란 결과 종속국들로부터 조공이 제대로 들어오지 않았고, 피정복국들의 독립으로 국가 재정은 피폐해졌다. 그는 가난해진 국가를 재건하려고 전력을 기울이다 BC 630년 그의 아들 앗수르에틸일리니(BC 630-627)에게 왕위를 계승시켰다.

그때는 종속국의 조공과 세금 수입이 급격히 감소하여, 거대하게 확대된 군대 조직 유지에 충당하기에는 재정이 턱없이 부족했다. 설상가상으로 앗시리아 군인들은 끊임없는 전쟁에 대량 살상(holocaust)되어 광대한 지역에 퍼져 있던 많은 종속국의 백성을 굴복시키기에는 군사력이 턱없이 부족했다. 그래서 종속국들의 독립으로 앗시리아 제국은 서서히 붕괴되어 갔다.

BC 627년 앗수르바니팔이 죽자, 왕위를 계승했던 그의 아들 앗수르에틸일리니는 앗시리아 군대 사령관이었던 신슘리쉬르에 의해 왕위를 찬탈당하고 폐위되었다. 하지만 앗수르에틸일리니의 동생 신샤르이스쿤(BC 627-612)이 그 찬탈자를 추방하고 왕위를 계승했다. 그때 바벨론을 통치하던 칸달라누가 BC 627년에 죽자, 신샤르

이스쿤은 바벨론 왕을 겸했다. 그러나 BC 626년에 갈대아인 나보폴라살이 바벨론 백성의 지지를 받아 바벨론의 왕위를 주장했고, 진압하러 온 앗시리아 군대를 BC 626년 11월에 격퇴시키고, 바벨론 성과 갈대아 우르 지역을 포함한 메소포타미아 남부 지역을 장악했다. 쇠약해진 앗시리아는 나보폴라살을 제압하지 못했다. 나보폴라살은 동부의 메데와 동맹을 맺고 지지 세력을 확보해 갔다. 앗시리아는 강력해진 바벨론과 메데에 대항하려고 스키타이 및 이집트와 상호방위동맹을 체결했다. 그러나 BC 616년 바벨론 왕 나보폴라살과 메데 왕 시악사레스의 연합군은 앗시리아 군대를 공격해 승리하고 수도 니느웨를 포위했다. 이때 마디아스가 이끄는 스키타이 군대가 앗시리아를 도우려고 메데 군대를 공격하자, 시악사레스는 니느웨 포위를 풀고 스키타이 족과 싸우려고 출전하여 물리쳤다. 한편 나보폴라살의 바벨론 군대는 앗시리아와의 니느웨 전투에서 승리할 기회를 잡았으나, 이때 이집트의 프삼메티쿠스 1세(BC 664-610)가 군대를 이끌고 와서 공격해 바벨론 군대는 퇴각했고 니느웨 성은 함락을 면했다.

그러나 BC 614년 메데의 시악사레스 왕은 앗수르 성을 정복했고, BC 612년 7월 메데와 바벨론 연합군은 앗시리아의 수도 니느웨를 마침내 정복했다. 앗시리아 왕 신샤르이스쿤은 불타는 왕궁의 폐허 속에서 가족과 함께 죽었다. 앗시리아가 모든 이웃 나라를 혹독하게 지배했으므로 앗시리아가 전쟁에서 패하자 모든 이웃 나라는 증오심에 불타서 니느웨를 비롯해 모든 주요 도시를 초토화시켜 사람이 거주할 수 없게 해버렸다. 완전한 소멸 외에는 어떤 것으로도 그들의 증오심을 속죄할 수 없었다. 앗시리아를 멸망시킨 메데와 바벨론은 앗시리아 땅을 나눠 가졌다. 메데는 북쪽과 동북 지역을 차지했고, 바벨론은 남쪽과 남서 지역을 차지했다. 그래서 시리아와 팔레스틴은 바벨론이 차지하게 되었다.

그런데 앗시리아의 서부 대도시 하란만은 앗시리아의 명맥을 유지했다. 그래서 앗시리아 왕자 앗수르우발리트 2세(BC 612-609)가 하란에서 왕위를 계승하고 앗시리아의 잔존 세력을 규합했다. 그는 이집트의 도움을 받아 하란에서 앗시리아 왕국을 유지할 수 있었다. 그러나 BC 610년에 메데와 바벨론의 연합군이 하란을 공격해 함락시켰고, 앗수르우발리트 2세는 하란을 버리고 시리아 북쪽까지 후퇴할 수 밖에 없었다. 그는 BC 609년에 이집트의 도움을 받아 하란을 다시 회복하려 했으나 실패하고 말았다. 이집트 군대가 2개월에 걸친 하란 침공에 실패하고 마침내 퇴각해 버린 것이다. 그 결과 200여 년 동안 고대 근동을 지배했던 앗시리아 제국은 완전히 멸망했다.

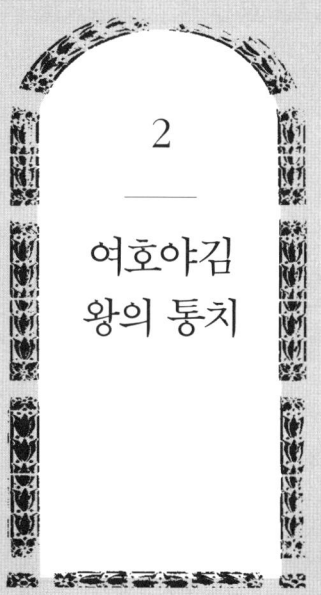

2

여호야김 왕의 통치

폭군 여호야김의 예레미야 박해

여호야김 왕의 즉위 (BC 609, 대하 36:5; 왕하 23:35-37)

여호야김이 왕이 되었을 때 25세였다. 그는 예루살렘에서 11년 동안(BC 609-598) 다스렸다. 그의 어머니 스비다는 루마 출신 브다야의 딸이다. 여호야김은 파라오에게 은과 금을 바쳤는데, 파라오 느고의 명령대로 바치려고 백성에게 세금을 부과했고, 백성들 각자의 재산 정도에 따라 징수금액을 정하고 은과 금을 징수했다.[1] 그는 조상의 모든 행위를 본받아, 주께서 보시기에 악을 행했다.

요시야 왕이 하나님을 경외하며 정의와 공의를 행하여 형통하는 복을 받았으

---

1. 요시야 왕이 죽었을 때 여호야김은 25세였지만 악한 성품 때문에 유다 왕실로부터 왕으로 추대되지 못하고 두 살 아래 동생 여호아하스가 왕이 되었다. 이제 여호야김은 이집트 왕에 의해 강제로 왕이 되었으므로 이집트 왕에게 충성하고 반이집트 성향의 신하들과 백성을 압제했다.

므로(렘 22:15b), 요시야가 죽기 전 14년 동안, 하나님은 예레미야 예언자를 통해 유다 백성에게 경고의 예언을 할 필요가 없었다. 그러나 요시야가 죽고 여호야김이 왕이 되어 우상숭배하고 불의를 행했으므로, 하나님은 유다 백성의 죄를 회개시키려 예레미야를 통해 심판 예언을 다시 시작하셨다.

유다에 대한 심판 선언 (렘 5:1-11)

하나님이 말씀하셨다.

"너희가 예루살렘 거리를 두루 돌아다니며 예루살렘 광장을 뒤져 봐서, 공의를 행하고 믿음을 추구하는 자를 찾아보고 알아봐라. 너희가 한 사람[2]이라도 찾는다면, 내가 그 도시를 용서하겠다. 사람들이 주님의 살아계심을 두고 맹세하지만 실상은 거짓 맹세한다."

예레미야가 말했다.

"주님, 주님의 눈은 믿음을 찾고 있지 않습니까? 주께서 그들을 때리셨어도 그들은 고통을 느끼지 않고, 주께서 그들을 끝장냈어도[3] 그들은 고치기를 거절했습니다. 그들은 얼굴을 바윗돌보다 더 굳게 하고 돌아오기를 거절했습니다. 내가 말하기를 '그들[4]은 가난하고 무식하니 주님의 길 곧 하나님의 법을 모르기 때문이겠지. 이제 지도자들에게 가서 말해 보겠다. 그들이야말로 주님의 길 곧 하나님의 법을 알고 있을 것이다'라고 했습니다. 그러나 그들도 한결같이 멍에

---

2. 요시야는 공의를 행하고 믿음을 추구하여 형통하는 은혜를 받았다(렘 22:15-16). 그러나 요시야가 죽은 후에는 의인 지도자가 없는 사회가 되었다.
3. 유다 군대가 이집트 군대에게 패배하고 요시야 왕이 죽음.
4. 민중.

를 꺾어 버리고 결박을 끊어 버린 자들⁵이었습니다. 그러므로 사자가 숲속에서 나와서 그들을 물어뜯고, 이리가 사막에서 나와서 그들을 찢어 죽일 것입니다. 표범이 그들의 성읍을 엿보고 있으니, 성 밖으로 나오는 자마다 찢겨 죽을 것입니다. 그 이유는 그들이 죄가 많고 너무나 패역하기 때문입니다." (5:1-6)

하나님이 말씀하셨다.

"내가 너 유다를 어떻게 용서할 수 있겠느냐? 네 자녀유다 백성가 나를 버리고 신이 아닌 것들을 두고 맹세했고, 내가 그들을 배불리 먹였어도 그들은 창녀의 집으로 몰려가서 음행했다. 그들은 잘 먹여 정욕이 왕성한 숫말 같아서, 각자 이웃의 아내를 탐내어 소리 지른다. 이런 짓을 내가 어떻게 징계하지 않을 수 있겠느냐? 내가 이런 백성에게 보복하지 않을 수 있겠느냐? 주님의 말씀이다. 너희유다의 대적는 그녀유다의 포도원에 올라가서 망쳐 놓아라. 그러나 모두 망쳐 놓지는 말고 가지만 잘라 버려라. 그 포도원은 이미 나 주의 것이 아니다. 이스라엘 백성과 유다 백성이 나를 철저히 배반했기 때문이다. 주님의 말씀이다." (5:7-11)

유다 백성이 하나님을 버리고 이방 신을 섬겼으므로, 이방 민족이 예루살렘을 정복하고 유대인은 이방으로 끌려가서 이방인을 섬기게 될 것이라고 예레미야를 통해 말씀하셨다.

---

5. 하나님의 율법을 버리고 방종한 자들(렘 2:20; 마 11:29 참조).

이방 신을 섬긴 유대인들이 이방으로 잡혀가리라는 예언 (렘 5:12-19)

"그들[6]이 나 주를 부인하며 말하기를 '그[7]는 아무것도 아니므로 재앙이 우리에게 오지 않고, 우리는 전쟁이나 기근도 당하지 않을 것이다'라고 했다. 이런 말을 하는 예언자들은 바람 같아서 말씀이 그들 안에 없다. 그러므로 그런 재앙이 그들에게 일어날 것이다. 만군의 주 하나님의 말이다. 너희가 이런 말을 했으니 내가 네예레미야 입에 있는 내 말[8]을 불이 되게 하고, 이 백성은 나무가 되게 해 불이 나무를 태울 것이다. 이스라엘 백성아, 보라, 내가 먼 곳에서 한 민족[9]을 너희에게 데려오겠다. 주님의 말씀이다. 그 민족은 옛적부터 있던 강한 민족이다. 너는 그 민족의 언어를 알지 못해 그들이 무슨 말을 하는지 알아듣지 못할 것이다. 그들의 화살통은 열린 무덤이고,[10] 그들은 모두 용사들이다. 네가 거둔 곡식과 네 양식을 그들이 먹어치우고, 네 아들과 딸을 죽이고, 네 양떼와 소떼도 잡아먹고, 네 포도와 무화과도 먹어치울 것이다. 네가 의지하는 견고한 성도 그들이 칼로 무너뜨릴 것이다. 그럴 때에도, 내가 너희를 완전히 멸망시키지는 않겠다.[11] 주님의 말씀이다. 그들이 네게 묻기를 '왜, 우리 주 하나님이 우리에게 이 모든 일을 일어나게 하셨는가?'라고 하면, 너는 그들에게 말하기를 '너희가 너희 땅에서 나를 버리고 이방 신을 섬겼으니, 이제는 너희가 너희 땅이 아닌 곳에서 이방인을 섬겨야

---

6. 거짓 예언자들.
7. 하나님(습 1:12 참조).
8. 렘 1:9; 삼하 23:2; 요 15:7 참조.
9. 바빌로니아 민족.
10. 화살통 안에 있는 화살로 많은 사람을 죽임.
11. 사 6:13; 10:21-22; 습 2:7; 말 3:6.

할 것이다'라고 말해 주어라." (5:12-19)

하나님을 경외하지 않는 유대인에 대한 심판 예언 (렘 5:20-31)

"너는 이 말을 야곱의 자손에게 전하고 유다 백성에게 들려 줘라. '눈이 있어도 보지 못하고 귀가 있어도 듣지 못하며, 어리석고 깨달을 줄 모르는 백성아, 너희는 이제 이 말을 잘 들어라. 주님의 말씀이다. 너희는 내가 두렵지도 않느냐? 너희는 내 앞에서 떨리지도 않느냐? 내가 모래로 바다의 경계를 만들어 놓으니 그것이 영원한 경계가 되어 바닷물이 넘지 못한다. 바닷물이 출렁거려도 그 경계를 없애지 못하고, 큰 파도가 몰아쳐도 그 경계를 넘지 못한다. 그러나 이 백성은 고집이 세고 마음이 패역하여, 내게서 돌아서서 떠나고 말았다. 그들은 마음속으로라도 '우리 주 하나님은 이른 비와 늦은 비를 철따라 내리게 하고, 추수 시기를 우리에게 정해 주시니, 그분을 경외하자'라고 말한 적이 없다. 그래서 너희 죄악이 이런 것들을 물러가게 하고, 너희 죄가 그 좋은 것들이 너희에게 이르지 못하게 가로막았다. (5:20-25)

내 백성 가운데는 사악한 자들이 있어서 새 잡는 사냥꾼처럼 매복하고 덫을 놓아 사람을 잡는다. 새장에 새가 가득 차듯, 그들의 집이 속임수로 얻은 재물로 가득 차서 그들은 권세자와 부자가 되어 살이 쪄서 윤기가 돈다. 그들은 악한 짓을 못하는 것이 없고, 고아를 재판에서 변호하지 않으며, 가난한 사람들의 재판을 공정하게 하지 않는다. 내가 이런 일을 징계하지 않겠느냐? 주님의 말씀이다. 내가 이런 백성에게 보복하지 않겠느냐? 이 땅에 무섭고 끔찍한 일이 일어나고 있는데, 예언자들은 거짓 예언을 하고, 제사장들은 거짓 예언자들의 지시대로 다스리며, 내 백성은 그것을 좋게 여기니 마지막 때에 너희가 어떻게 하려느냐?"(5:26-31)

예루살렘을 바빌로니아가 멸망시키리라고 경고하며 회개를 촉구하심 (렘 6:1-8)

"베냐민 자손아, 예루살렘에서 도피해라. 너희는 드고아에서 나팔을 불고, 벳학게렘[12]에서 깃발을 올려라. 재앙과 큰 파멸이 북쪽에서 보인다. 딸 시온은 아름답고 곱지만, 이제 내가 멸망시킬 것이다. 목자들이 자기 양떼를 몰고 예루살렘 성으로 와서 그 성 주위에 천막을 치고 각자 자기 손으로 가축을 돌볼 것이다.[13] 그런 다음 말하기를 '그 예루살렘를 공격할 준비를 해라. 일어나라. 정오에 공격하자'고 하는구나. 그러다가 '아, 날이 저물고 저녁 그림자가 길어지니, 우리에게 화가 미칠 것이다. 일어나라. 야간 공격을 해서 요새를 파괴시키자'고 한다. 만군의 주께서 적군에게 말씀하셨다. '너희는 나무를 잘라서, 예루살렘에 흙언덕을 쌓아라. 이 성은 심판 받아야 할 성이다. 성 안에는 폭력이 가득하고, 샘이 물을 솟구쳐 내듯 이 성은 죄악을 솟구쳐 내고 있기 때문이다. 폭력과 파괴 소리가 성 안에서 들리고, 병들고 상처 입은 사람들이 언제나 내 앞에 보인다. 예루살렘아, 경고를 받아들여라. 그렇지 않으면, 내 영혼이 너를 싫어하겠고, 내가 너를 황폐하게 만들어 아무도 살 수 없는 땅이 되게 하겠다.'"(6:1-8)

---

12. 드고아와 벳학게렘은 예루살렘에서 남쪽으로 각각 16km와 3km 떨어져 있다.
13. 이방 왕들이 군대를 이끌고 와서 예루살렘 성 주위에 진을 치고, 자기 군인들을 통솔할 것이다.

주님의 말씀을 거부하는 유대인에 대한 심판 예언 (렘 6:9-15)

만군의 주께서 말씀하셨다. "그들(적군)이 포도를 따듯 이스라엘의 남은 자들을 샅샅이 거둘 것이다. 그러니 너는 포도 따는 자가 자기 손을 바구니에 자주 놓듯 남은 자들을 구해라. 내가 말하고 경고한들 누가 듣기나 하겠느냐? 보라. 그들은 귀에 할례 받지 못해 듣지 못한다. 그들은 주님의 말씀이 자신들을 모욕하는 것으로 여기고 말씀을 들으려 하지 않는다. 그래서 그들에 대한 내[14] 분노가 내 속에 가득해, 더 이상 참을 수 없어서 나는 분노를 길거리에 있는 아이들과 모여 있는 젊은이들에게 쏟겠다. 그래서 남편들과 아내들이 잡혀가고, 장년과 노인도 잡혀갈 것이다. 내가 손을 뻗어 이 땅에 사는 사람들을 칠 것이니 그들의 집과 밭과 아내를 다른 사람들이 차지할 것이다. 주님의 말씀이다. 그 이유는 그들이 작은 자부터 큰 자까지 모두 불법을 행하고, 예언자부터 제사장까지 모두 거짓을 행하기 때문이다. 그들은 내 백성의 상처를 적당히 고치면서 '괜찮다! 괜찮다!'고 하지만, 괜찮기는 뭐가 괜찮으냐? 그들이 역겨운 일을 하고도 부끄러워했느냐? 천만에! 그들은 부끄러워하지도 않고 얼굴을 붉히지도 않았다. 그러므로 그들이 쓰러진 자들 가운데 쓰러질 텐데 내가 그들에게 벌줄 때, 그들이 쓰러질 것이다."[15] 주님의 말씀이다. (6:9-15)

번제와 희생제물을 바쳐도 유다 백성이 심판받을 거라 경고하심 (렘 6:16-21)

"주님이 말씀하시기를 '너희는 길가에 서서 살펴보고, 옛길 곧 좋

---

14. LXX.
15. 렘 8:12.

은 길이 어딘지 물어보고 그 길로 가라. 그러면 너희 영혼이 쉴 곳을 찾을 것이다'라고 하셨다. 그런데도 그들은 '우리는 그 길로 가지 않겠습니다'라고 말했다. 또 내가 너희 위에 파수꾼[16]을 세우고 말하길 '나팔 소리를 잘 들어라'고 했다. 그러나 그들은 '우리는 듣지 않겠습니다'라고 말했다.

그러므로 여러 민족들아, 들어라. 회중들아, 그들에게 어떤 일이 일어날지 알아 둬라. 땅아, 너도 들어라. 그들이 내 말을 듣지 않고, 내 율법을 거부했으니 내가 이 백성에게 그들이 예상한 결과대로 재앙을 내리겠다. 시바의 유향과 먼 곳에서 가져오는 향료가 내게 무슨 소용이 있느냐? 나는 너희가 바치는 번제물이 싫고 희생제물도 달갑게 여기지 않는다.[17] 그러므로 주님이 이렇게 말씀하셨다. 보라, 내가 이 백성 앞에 장애물을 놓아서, 아버지와 아들이 함께 그것에 걸려 넘어지고, 이웃과 친구가 함께 망할 것이다." (6:16-21)

북방 민족에 의한 유다 심판 예언 (렘 6:22-30)

주님이 말씀하신다. '보라. 한 민족이 북쪽 땅에서 오고, 큰 민족이 땅끝에서 일어날 것이다. 그들은 활과 창으로 무장하고 잔인하며 자비가 없다. 그들의 목소리는 성난 바닷소리 같고 전열을 갖춘 전쟁용사처럼 말 타고 너를 치러 온다. 시온의 딸아.' (6:22-23)

예레미야가 말했다.

"우리는 그 소문을 듣고 맥이 풀렸고, 해산하는 여인의 진통 같

---

16. 예언자.
17. 예배의식이나 예물보다 중요한 것은 순종의 삶이다(삼상 15:22; 암 5:21; 롬 12:1 참조).

은 고통이 우리를 사로잡았다. 너희는 들판으로 나가지 말고, 거리에서 돌아다니지도 마라. 너희 원수가 칼로 무장하고 있어서, 너희 사방에 공포가 있기 때문이다. 내 딸, 내 백성아, 너는 굵은 베 옷을 두르고, 재 속에서 뒹굴어라. 외아들을 잃은 것처럼 통곡하고 슬피 울부짖어라. 멸망시키는 자가 갑자기 우리에게 올 것이기 때문이다."

하나님이 말씀하셨다.

"내가 너 예레미야를 내 백성을 심사하는 자로 세우고, 살펴보는 망대로 세워 그들의 행실을 알아보고 살피게 했다. 그들은 모두 반역하고, 돌아다니며 비방하는 자들이고, 마음이 놋쇠나 무쇠같이 완악하고 모두 타락했다. 풀무질을 세게 하면, 납이 불에 녹아 없어져서 제련하는 일이 헛수고가 되어도, 악인들은 제거되지 않는다.[18] 주님이 그들을 버렸으므로 그들은 '버려진 은'이라고 불릴 것이다."

(6:24-30)

죄악을 행하면서 구원받으려는 유대인에 대한 추방 경고 (렘 7:1-15)

주님의 말씀이 예레미야에게 들렸다.

"너는 주님의 성전 문에 서서 이 말씀을 선포해라. '주님께 예배하려고 이 문으로 들어오는 모든 유대인들아, 주님의 말씀을 들어라.' 만군의 주 이스라엘의 하나님이 이렇게 말씀하셨다. 너희 삶과 너희 행실을 고쳐라. 그러면 내가 너희를 이곳에서 살게 하겠다. '이것이 주님의 성전이다, 주님의 성전이다, 주님의 성전이다'라는 거짓

---

18. 회개 없는 고난은 헛되다(겔 24:12 참조).

말[19]을 믿지 마라. 너희가 진실로 너희 삶과 행실을 고치고, 이웃 사이에 공의를 행하고, 나그네와 고아와 과부를 억압하지 않고, 죄 없는 사람을 이곳에서 죽이지 않고, 다른 신들을 따라가서 스스로 재앙을 불러들이지 않으면, 내가 너희 조상에게 준 이 땅 이곳에서 너희가 영원토록 살게 하겠다.

그러나 보라, 너희는 쓸데없는 거짓말을 믿고 있다. 너희는 도둑질, 살인, 간음, 거짓 맹세를 하고, 바알에게 분향하며, 너희가 알지 못하는 다른 신들을 따라갔는데, 너희가 이 모든 혐오스러운 일을 하면서도 내 이름으로 불리는 이 건물 안으로 들어와 내 앞에 서서 '우리는 구원받았다'고 말한다.[20] 내 이름으로 불리는 이 건물이 너희 눈에는 강도의 소굴로 보이느냐?[21] 보라. 나도 그렇게 봤다. 주님의 말씀이다. (7:1-11)

내가 처음으로 내 이름을 뒀던 내 처소[22] 곧 실로에 있는 내 처소로 너희가 가서 봐라. 내 백성 이스라엘의 죄악[23] 때문에 내가 그곳을 어떻게 했는지! 이제는 너희도 그 모든 짓을 했으므로, 내가 너희에게 경고했지만, 너희는 듣지 않았다. 내가 너희를 불렀으나 너희는 대답하지 않았다. 주님의 말씀이다. 그러므로 내 이름으로 불리는 이 건물, 너희가 의지하는 이곳, 내가 너희와 너희 조상에게 준 이곳을, 내가 실로에 한 것과 똑같이 하겠다. 내가 너희 모든 형

---

19. 죄악을 행하는 예루살렘 성전이 하나님의 성전이라는 말은 거짓말이다.
20. 사 1:13; 딛 1:16 참조.
21. 마 21:13; 막 11:17; 눅19:46.
22. 성막.
23. 하나님을 시험하고 하나님께 대항하며 율법을 지키지 않고 악행과 우상숭배한 죄(시 78:56-60; 삼상 4:12-22 참조).

제 곧 모든 에브라임 자손[24]을 쫓아냈듯이 너희를 내 앞에서 쫓아 내겠다."(7:12-15)

악한 유대인을 위한 중보기도 금지와 심판 선언 (렘 7:16-20)

"그러므로 너 예레미야는 이런 백성을 위해 기도하지 마라. 그들을 위해 부르짖거나 간구하지 말고, 내게 간구하려고 나오지도 마라. 나는 네 말을 듣지 않겠다. 너는 지금 그들이 유다 도시와 예루살렘 거리에서 행하는 것을 보지 못하느냐? 하늘 여신에게 줄 빵을 만들려고, 자식들은 나무 땔감을 줍고 아버지들은 불을 피우고 어머니들은 밀가루로 반죽을 만들고 있다. 또 그들은 다른 신들에게 술 제물을 부어 내 분노를 격동시키고 있다. 그들이 나를 분노하게 하는 것은 자기 얼굴에 수치 당할 일을 하는 것이 아니냐? 주님의 말씀이다. 그러므로 나 주가 말한다. '보라. 내 분노와 진노가 이곳에 부어질 텐데, 사람과 짐승과 들판의 나무와 땅의 열매에 쏟아져서 불이 붙어 꺼지지 않을 것이다.'"(7:16-20)

유대인들이 믿음을 상실해 육신대로 행하다 (렘 7:21-28)

만군의 주 이스라엘의 하나님이 이렇게 말씀하셨다. "너희는 번제물의 고기를 희생제물의 고기와 함께 먹어라.[25] 내가 너희 조상을 이집트 땅에서 데리고 나올 때, 사실은 번제물이나 희생제물에 관

---

24. 북이스라엘 백성.
25. 번제는 제물을 모두 태워 올려서 하나님께 바치는 것이고, 희생제사의 제물은 사람이 먹는 것인데, 유대인들이 하나님께 순종하는 마음 없이 번제물을 태웠으므로 '아까운 번제물을 태워 없애지 말고 차라리 먹으라'는 뜻.

해 그들에게 말하지도 않고 명령하지도 않았다.[26] 내가 그들에게 명령한 것은 '너희는 내 목소리를 들어라. 그러면 나는 너희 하나님이 되고, 너희는 내 백성이 될 것이며, 내가 너희에게 명령한 대로만 살면 복 받을 것이다'[27]라고 한 것뿐이다. 그러나 그들은 듣지 않고 귀를 기울이지도 않았다. 그들은 자기들의 악한 마음에서 나오는 계획대로 행하며, 내게 등을 돌렸고 얼굴을 내게로 돌리지 않았다. 너희 조상이 이집트 땅에서 나온 날부터 오늘까지, 내가 내 종 예언자들을 너희에게 매일 끊임없이 보냈지만, 너희는 내 말을 듣지 않고 귀를 기울이지도 않았다. 오히려 목을 곧게 세워 너희 조상보다 더 악을 행했다. (7:21-26)

그래서 네예레미야가 그들에게 이 모든 말을 전해도 그들은 듣지 않을 것이고, 네가 그들을 불러도 그들이 네게 대답하지 않을 것이다. 너는 그들에게 말하길 '이 백성은 자기들의 주 하나님의 목소리를 듣지 않고, 교훈도 받아들이지 않는 백성이다. 그들의 입에서 믿음이 사라졌다'라고 해라." (7:27-28)

우상숭배와 자녀를 불태워 우상에게 제물로 바친 죄에 대한 심판 경고 (렘 7:29-8:3)

"너는 네 머리카락을 잘라 버리고, 메마른 언덕 위에 올라가서 슬피 울어라. 주님이 진노하셔서 이 세대를 끊어 버리셨기 때문이다. 주님의 말씀이다. 유다 백성이 내가 보는 데서 악을 행했다. 그들

---

26. 제사 행위는 명령의 본질이 아니다.
27. 하나님의 명령의 본질은 하나님의 음성을 듣고 순종하는 믿음생활이다(삼상 15:22; 롬12:1 참조).

은 내 이름으로 불리는 성전 안에 혐오스러운 것들을 세워 놓아서 성전을 더럽혔다. 또 그들은 '힌놈의 아들 골짜기'에 도벳이라는 산당을 짓고 자기 아들과 딸들을 불태워 제물로 바쳤는데,[28] 그런 것은 내가 명령하지도 않았고 생각조차 해본 적이 없다. 그러므로 보아라, 그날이 오면 다시는 그곳을 '도벳이나 힌놈의 아들 골짜기'라고 부르지 않고 '학살의 골짜기'라고 부를 것이다. 주님의 말씀이다. 도벳에 매장지가 더 이상 없을 정도로, 사람들이 시체를 묻을 것이기 때문이다. 그때는 이 백성의 시체가 공중의 새와 땅에 사는 짐승의 먹이가 되겠지만, 그것을 쫓아 줄 사람이 없을 것이다. 그때는 내가 유다의 성읍과 예루살렘 거리에서 흥겨워하는 소리와 기뻐하는 소리와 신랑 신부의 목소리를 사라지게 해 온 나라가 황폐해질 것이다. (7:27-34)

주님의 말씀이다. 그때는 사람들이 유다 왕들의 뼈와 지도자들의 뼈와 제사장들의 뼈와 예언자들의 뼈와 예루살렘 주민의 뼈를 그들의 무덤에서 꺼내어, 해와 달과 하늘의 모든 별 곧 자기들이 좋아하고 섬기고 뒤쫓아 다니고 뜻을 구하고 숭배한 것들 앞에 펼쳐 놓겠지만, 그 뼈들을 모으거나 묻어 주는 사람이 없어서 그 뼈는 땅바닥의 쓰레기가 될 것이다. 그리고 이 악한 백성 가운데서 살아남은 자들 곧 내가 쫓아 보낸 여러 유배지에서 살아남은 자들은 사느니보다 차라리 죽는 쪽을 택할 것이다.[29] 만군의 주님의 말씀이다." (8:1-3)

---

28. 신 18:10 참조.
29. 계 9:6 참조.

유다 백성과 탐욕스러운 지도자들에 대한 심판 예언 (렘 8:4-13)

"너는 그들에게 말해라. 주님이 이렇게 말씀하셨다. 사람이 넘어지면 일어나지 않겠느냐? 사람이 떠나가면 돌아오지 않겠느냐? 그런데 예루살렘 백성은 어찌하여 떠나가면 언제까지나 돌아오지 않느냐? 그들은 자신들의 거짓된 고집에 사로잡혀서 돌아오기를 거절한다. 내가 귀 기울이고 들어봤으나, 그들은 진실을 말하지 않는다.[30] '내가 무슨 짓을 했나?'라고 말하면서 자신의 악행을 회개하는 사람이 없다. 전쟁터로 달려가는 말처럼 그들은 모두 제 갈 길로 갔다. 공중의 학도 제 철을 알고, 비둘기와 제비와 두루미도 돌아올 때를 지키는데, 내 백성은 주님의 심판을 알지 못한다. (8:4-7)

너희가 어떻게 '우리는 지혜가 있고 주님의 율법도 우리와 함께 있다'고 말할 수 있느냐? 사실은 거짓된 서기관들이 붓으로 율법을 거짓되게 만들었으므로, 지혜가 있다고 하는 자들이 부끄러움을 당하고 두려워 떨다가 사로잡힐 것이다. 보라, 그들이 주님의 말씀을 버렸으니, 그들에게 무슨 지혜가 있겠느냐? (8:8-9)

그러므로 내가 그들의 아내를 다른 남자들에게 넘겨주고, 그들의 밭도 다른 사람들에게 주어 차지하게 하겠다. 그 이유는 그들이 작은 자로부터 큰 자까지 모두 탐욕을 일삼고, 예언자로부터 제사장까지 모두 거짓을 행하기 때문이다. 그들이 내 딸 내 백성의 상처를 적당히 고치면서 '평안하다! 평안하다!'고 하지만, 평안하기는 뭐가 평안하냐? 그들이 그렇게 역겨운 일을 하고도 부끄러워했느냐? 천만

---

30. 렘 9:5 참조.

에, 그들은 부끄러워하지도 않고 얼굴을 붉히지도 않았다. 그러므로 내가 그들을 쓰러진 자들 가운데 쓰러뜨릴 텐데, 내가 그들에게 벌 줄 때 그들이 쓰러질 것이다. 주님의 말씀이다.

주님의 말씀이다. 그들이 거둘 것을 내가 말끔히 거둬 치우리니, 포도나무에 포도송이가 없고 무화과나무에 무화과가 없고 잎까지 시들어 버릴 것이다. 그래서 내가 그들에게 준 것이 모두 없어지고 말 것이다." (8:10-13)

하나님의 마음과 예레미야의 영성 (렘 8:14-9:2)

백성들이 말했다.

"우리가 어찌 앉아만 있느냐? 모이자. 우리가 견고한 성읍으로 들어가서, 죽어도 거기서 죽자. 우리가 주께 범죄해 우리 주 하나님이 우리에게 독극물을 마시게 하고 우리를 죽이려 하신다. 우리가 평안을 구했는데 좋은 일이 일어나지 않고, 상처가 낫기를 고대했는데 두렵기만 하다. 적군의 군마들이 내는 콧소리가 단에서부터 들려오고, 힘센 말들이 우는 소리에 온 땅이 진동한다. 적군이 쳐들어와서, 이 땅과 그 안에 가득 찬 것과 이 성과 그 안에 사는 사람들을 삼켜버릴 것이다."

하나님이 말씀하셨다.

"보라, 내가 너희 가운데 어떤 술법으로도 제어할 수 없는 뱀과 독사를 보낼 테니, 그것들이 너희를 물 것이다. 주님의 말씀이다."

예레미야가 말했다.

"내 즐거움이 사라지고 내가 괴로우니 내 마음이 병들었나 보니다. 내 딸 내 백성이 먼 땅에서 '주께서 시온에 계시지 않는가? 시온의 왕이 그 가운데 계시지 않는가?'라며 울부짖는 소리를 들으소서."

하나님이 말씀하셨다.

"어쩌자고 그들이 조각 신상과 이방의 헛된 것으로 나를 화나게 했느냐?"

예레미야가 말했다.

"백성들이 '추수 때가 지나고 여름이 지났는데도, 우리는 아직 구원받지 못했다'[31]고 합니다. 내 딸 내 백성이 상처를 입으니, 내 마음도 상처를 입어, 내가 슬픔과 공포에 사로잡혔습니다. 길르앗에는 유향이 없습니까? 그곳에는 의사가 없습니까? 어찌하여 내 딸 내 백성이 치료받지 못합니까? (8:14-22)

아! 내 머리가 물로 채워지고 내 눈이 눈물샘이라면, 내가 내 딸 내 백성의 죽음을 생각하며 밤낮 통곡할 것입니다. 내가 광야에 나 그네의 쉼터를 가지고 있다면 내 백성을 버려 두고 떠나갔을 것입니다. 이 백성은 모두 간음하는 자들이요 반역하는 무리이기 때문입니다." (9:1-2)

거짓된 유다 사회에 대한 하나님의 징계 (렘 9:3-9)

"주님의 말씀이다. 그들은 혀를 활처럼 놀리며 거짓말을 하고 진실하지 않다. 그런데도 그들이 이 땅에서는 힘이 있어 악에 악을 더

---

31. 가뭄에 의한 기근 상태(렘 9:7, 10 참조).

하니, 그들은 나를 알지 못한다.[32] 형제가 모두 속이고, 친구가 모두 험담하며 돌아다니니, 너희는 각자 친구를 조심하고 어떤 형제도 믿지 마라! 사람마다 자기 친구를 속이고 진실을 말하지 않는다. 그들의 혀는 거짓말하는 데 길들여져 있고, 악을 행하고도 좀처럼 뉘우치지 않는다. 네가 사는 곳은 거짓되고 거짓된 곳이므로 아무도 나를 알려고 하지 않는다. 주님의 말씀이다. (9:3-6)

그러므로 만군의 주께서 이렇게 말씀하셨다. 보라, 내가 내 딸 내 백성에게 불로 달구는 시련을 줘보겠다. 이 방법 외에 내가 그들을 다룰 다른 방법이 있겠느냐? 그들의 혀는 죽이는 화살이어서 거짓말뿐이고, 입으로는 이웃에게 평화를 말하지만 마음속으로는 이웃을 해칠 생각만 품고 있으니, 내가 그들에게 벌주지 않겠느냐? 주님의 말씀이다. 내가 이런 백성에게 보복하지 않겠느냐?" (9:7-9)

유대인에 대한 추방 징계와 예레미야의 통곡 (렘 9:10-22)

예레미야가 말했다.

"내가 산을 보고 울며 통곡하고, 광야의 초원을 바라보며 슬픈 노래를 부르겠습니다. 그곳이 황폐하게 되어 지나다니는 사람이 없고, 가축의 울음소리가 들리지 않고, 공중의 새와 들짐승도 모두 도망해 사라졌기 때문입니다."

하나님이 말씀하셨다.

"내가 예루살렘을 돌무더기로 만들어 여우의 소굴이 되게 하고,

---

32. 렘 9:24; 22:16 참조.

유다의 도시들을 황폐하게 만들어 주민이 없게 하겠다. 그 땅이 왜 망하고 광야처럼 황폐해져서 지나다니는 사람이 없는지, 이것을 깨달을 만큼 지혜 있는 사람이 누구인가? 누가 주님의 입에서 말씀을 받아 예루살렘에 알려주겠느냐?"(9:10-12)

주께서 말씀하셨다.

"그들은 내가 그들에게 준 내 율법을 버리고, 내 음성을 듣지 않고 순종하지 않을 뿐만 아니라 오히려 고집을 부리며 자신들의 마음대로 행했고, 그들의 조상이 그들에게 가르쳐 준 바알을 따랐다. 그래서 만군의 주 이스라엘의 하나님이 말씀하셨다. '내가 그들 곧 이 백성에게 쓴 쑥을 먹이고 독극물을 마시게 하겠다. 또 그들도 모르고 그들의 조상도 알지 못하던 이방 민족 가운데 그들을 흩어놓고, 그들이 전멸될 때까지 내 칼이 그들을 뒤쫓게 하겠다.'"(9:13-16)

만군의 주님의 말씀이다. "너희는 잘 생각해 본 후에, 초상집에서 곡하는 여인들을 불러오고 지혜로운 여인들[33]을 불러오너라."

예레미야가 말했다.

"그 여인들이 서둘러 와서, 우리를 위해 슬픈 노래를 불러 우리 눈에서 눈물이 흘러내리고, 우리 눈시울에서 눈물이 쏟아지게 하소서! 시온에서 소리가 들려옵니다. '어쩌다가 우리가 이렇게 망했고, 이토록 수치를 당하게 되었나? 그 이유는 우리가 사는 곳을 적군이 부숴 우리가 우리 땅을 떠났기 때문이다'라며 통곡합니다.

여인들아, 주님의 말씀을 들어라. 귀 기울여 그분의 입에서 나오

---

33. 사람이 죽었을 때 어떻게 해야 하는지 가르쳐 줄 수 있는 여인들.

는 말씀을 받아들여라. 너희 딸들에게 애곡하는 법을 가르치고, 이웃 여자에게 슬픈 노래를 가르쳐라. 죽음이 우리 창문을 넘어왔고 우리 왕궁에까지 들어왔으므로, 밖에서는 어린아이들이 죽어 가고 거리에서는 젊은이들이 죽어 간다. 주님이 이렇게 말씀하셨다. '너는 전해라. 사람 시체가 들판에 똥처럼 널려 있고, 추수꾼 뒤에 있는 곡식단처럼 널려 있어도 거둘 사람이 없을 것이다.'" (9:17-22)

주 안에서 자랑하라 (렘 9:23-26)

주님이 이렇게 말씀하셨다. "지혜 있는 사람은 자기 지혜를 자랑하지 말고, 용사는 자기 힘을 자랑하지 말며, 부자는 자기 재산을 자랑하지 마라. 자랑하고 싶은 사람은 오직 이것을 자랑하라. 곧 나는 세상에 자비와 공의와 정의를 행하는 주님이라는 것과 나는 이런 일을 기뻐한다는 것을 너희가 깨닫고 아는 것을 자랑하라.[34] 주님의 말씀이다.

주님의 말씀이다. 보라. 그날이 오면, 내가 할례받은 자와 할례받지 않은 자를 모두 벌주겠다. 이집트와 유다와 에돔과 암몬 자손과 모압과, 관자놀이의 머리카락을 짧게 깎고 광야에 사는 사람들 곧 이 모든 민족은 할례받지 않았고, 이스라엘 모든 백성은 마음에 할례받지 않았기 때문이다." (9:23-26)

---

34. 렘 22:15-16; 고전 1:31 참조.

무능한 우상을 숭배하는 유다 백성을 심판하시는 하나님 (렘 10:1-25)

이스라엘 백성아, 주께서 너희에게 말씀하신 것을 들어라. 주님이 이렇게 말씀하셨다. "너희는 이방인의 풍습을 배우지 마라. 이방인이 하늘의 징조를 보고 두려워하더라도, 너희는 그런 것을 두려워하지 마라. 이방인의 풍습은 헛되다. 그들의 우상은 목수가 숲의 나무를 잘라서 손과 연장으로 만든 것이고, 은과 금으로 꾸미고 망치로 못을 박아 고정시켜 흔들리지 않게 한 것이다. 그것은 오이 밭의 허수아비처럼 말도 못하고, 걸어다니지도 못하니 사람이 메고 다녀야 하고, 사람에게 재앙을 내릴 수도 없고 복도 내릴 수 없다. 그것을 두려워하지 마라."

예레미야가 말했다.

"주님, 주님과 같은 분은 없습니다. 주님은 위대하시며, 주님의 이름은 크시고 주님은 권능을 지니셨습니다. 누가 여러 민족의 왕이신 주님을 두려워하지 않겠습니까? 주님은 마땅히 공경받으실 분입니다. 이방 나라의 모든 지혜자와 모든 나라의 왕들 가운데 주님 같은 분은 없습니다. 그들은 모두 어리석고 미련해 나무로 만든 우상의 가르침을 따릅니다. 우상은, 주물공과 은장이가 손으로 만든 것이고, 다시스에서 들여 온 은과 우바스에서 들여 온 금으로 입힌 것이며, 그것에 청색 옷과 자주색 옷을 걸쳐 놓은 것이니, 모두가 기술자들이 만든 것입니다. 그러나 주님은 참된 하나님이시요 살아 계신 하나님이시며 영원하신 왕이십니다. 주님이 진노하시면 땅이 진동하니 이방 민족이 주님의 진노를 감당할 수 없습니다. (10:1-10)

너희는 그들에게 이렇게 말해라. '하늘과 땅을 만들지 않은 신은

이 땅과 하늘 아래에서 망할 것이다.' 권능으로 땅을 만들고, 지혜로 땅덩어리를 고정시키고, 명철로 하늘을 펼친 분은 주님이시다. 주께서 호령하시니, 하늘에 많은 물이 생기고 땅 끝에서 먹구름이 올라온다. 주님은 비가 내리도록 번개를 치게 하시고 창고에서 바람을 내보내신다. 그러나 사람은 모두 지식이 없어서 어리석고, 은장이는 모두 자기들이 만든 신상 때문에 수치를 당할 것이다. 그들이 금속을 부어서 만든 신상은 거짓된 것이어서, 그 속에는 영이 없다.[35] 그것들은 헛된 것이요 조롱거리에 지나지 않으니 징계의 날에 파괴될 것이다. 그러나 야곱의 유업이신 주님은 그런 것들과는 다르시니, 그분은 만물을 지으신 분이요, 이스라엘 지파를 자신의 소유로 삼으신 분이다. 그분의 이름은 '만군의 주'이시다. (10:11-16)

견고한 성에 사는 자들아, 이 땅에서 짐을 꾸려라. 주께서 말씀하시기를 '보라. 내가 이제 이 땅에 사는 자들을 내던져서 그들에게 고통을 주어 자신들의 상처[36]의 원인를 깨닫게 하겠다'고 하셨다. 아! 내 상처! 내가 중상을 입었구나. 그러나 이것은 내 고난이므로 나는 참아야 한다고 생각했다. 그래서 내 장막이 무너지고 내 모든 줄도 끊어졌으며, 내 자녀가 나를 떠나고 남아 있지 않아서 내 장막을 다시 쳐줄 사람이 없고 내 휘장을 달아 줄 사람도 없다. 이것은 목자들이 미련해서 주님을 찾지 않았기 때문이다. 그들이 지혜가 없어서 양떼가 모두 흩어지게 되었구나! 유다 성읍을 무너뜨려 여우떼의 소굴로 만들어 놓으려는 소식이 벌써 들린다. 북쪽 땅에서 들려

---

35. 하나님은 영이시다. 요 4:24; 합 2:19 참조.
36. 재난, 불행. LXX.

오는 요란한 소리다.

주님, 사람의 길이 그 사람 자신에게 달려 있지 않고, 아무도 자신의 걸음을 인도하지 못한다[37]는 것을 내가 깨달았습니다. 주님, 주님이 나를 없앨까 두려우니, 내게 진노하며 벌주지 마시고 너그럽게 징계하소서. 주님을 알지 못하는 이방인들과 주님의 이름을 부르지 않는 족속들에게 주님의 진노를 쏟으소서. 그들이 야곱 자손을 삼키고 멸망시켜 그 거처를 황폐하게 만들었기 때문입니다." (10:17-25)

예레미야가 목숨의 위협을 느껴 피신하다 (렘 26:1-24)

유다 왕 요시야의 아들 여호야김이 다스리기 시작할 무렵 주께서 말씀하셨다.

"주님의 말씀이다. 너는 주님의 성전 뜰에 서서, 유다 모든 성읍에서 주님의 성전에 예배[38]하러 오는 사람들에게 내가 네게 명령한 말을 모두 전해라. 한 마디도 빠뜨리지 마라. 혹시 그들이 듣고 각자 자신의 악한 길에서 돌이키면, 내가 그들의 악행 때문에 그들에게 재앙을 내리기로 작정한 뜻을 거두겠다. 너는 그들에게 이렇게 일러줘라. '주님이 말씀하셨다. 너희는 내가 너희에게 준 내 율법을 지키라는 내 말을 듣지 않고, 또 내가 내 종 예언자들을 너희에게 부지런히 보내어 너희가 그들의 말을 들으라고 했는데 너희가 듣지 않으면, 내가 이 성전을 실로처럼 만들고 이 도시를 세상 모든 민족의 저줏거리가 되게 하겠다.'" (26:1-6)

---

37. 잠 16:9.
38. BC 608년 3월의 유월절로 보인다.

예레미야가 주님의 성전에서 이렇게 말하는 것을 제사장들과 예언자들과 모든 백성이 들었다. 예레미야가 주님이 명령하신 것을 모든 백성에게 말하기를 마치자, 그들이 그를 붙잡고 말했다.

"너를 죽이고야 말겠다. 네가 어찌하여 '이 성전이 실로처럼 되고, 이 도시가 황폐해져서 아무도 살 사람이 없을 것이다'라고 주님의 이름으로 예언하느냐?"

온 백성이 예레미야를 치려고 주님의 성전으로 몰려들었다. 유다 지도자들이 이 소식을 듣고, 왕궁에서 주님의 성전으로 올라와서 주님의 성전 '새 문' 입구에 앉았다.[39] 제사장들과 예언자들이 지도자들과 온 백성에게 말했다.

"이 사람은 마땅히 사형선고를 받아야 합니다. 여러분이 직접 귀로 들은 것같이, 그는 이 도시가 멸망한다고 예언했기 때문입니다."

예레미야가 모든 지도자와 모든 백성에게 말했다.

"주께서 나를 보내어 이 성전과 이 도시에 관해 여러분이 들은 모든 말씀을 예언하라고 하셨습니다. 그러므로 이제 여러분은 여러분의 삶과 행위를 고치고 여러분의 주 하나님의 음성을 들으십시오. 그러면 주님이 여러분에게 재앙을 내리겠다고 말씀하신 뜻을 거두실 것입니다. 나는 여러분의 손에 잡혀 있으니, 여러분이 하고 싶은 대로 하십시오. 그러나 이것만은 분명히 알아 두십시오. 주님이 나를 여러분에게 보내어 여러분의 귀에 이 모든 말씀을 전하라 하셨으므로, 여러분이 나를 죽이면, 여러분은 죄없는 사람의 피를 흘리는

---

39. 재판석에 앉았다.

죗값을 여러분과 이 도시와 이곳 주민에게 돌리는 것입니다.'" (26:7-15)

지도자들과 모든 백성이 제사장들과 예언자들에게 말했다.

"이 사람은 우리 주 하나님의 이름으로 우리에게 말씀을 전했을 뿐이므로 이 사람에게 사형선고하는 건 부당하다."

그 지방의 장로 몇 사람이 일어나 백성의 모든 회중에게 말했다.

"유다 왕 히스기야 시대에 모레셋 사람 미가가 유다 모든 백성에게 예언하길 '만군의 주님이 말씀하셨다. 시온이 밭 갈듯 뒤엎어질 것이고, 예루살렘이 폐허가 되고, 성전이 있는 산은 수풀만 무성한 언덕이 되고 말 것이다'[40]라고 했습니다. 그때 유다 왕 히스기야와 모든 유다 백성이 그를 죽였습니까? 오히려 히스기야가 주님을 두려워해 주님께 간구하니, 주님도 그들에게 재앙을 내리겠다고 말씀하신 뜻을 거두지 않았습니까? 그런데 지금 우리는 그 큰 재앙이 우리 자신에게 내리게 하려고 하고 있습니다." (26:16-19)

당시 주님의 이름으로 예언한 사람이 또 한 명 있었다. 그는 기럇여아림 사람 스마야의 아들 우리야였다. 그도 예레미야와 같은 모든 말로 이 도시와 이 나라에 경고의 예언을 했다. 그런데 여호야김 왕이 자기의 모든 용사들과 모든 지도자들과 함께 그의 말을 들은 뒤 그를 죽이려고 했다. 우리야가 이 소식을 듣고 두려워 이집트로 도망가 버리자, 여호야김 왕이 악볼의 아들 엘라단[41]과 몇 사람을 이집트로 보냈다. 그들이 이집트에서 우리야를 붙잡아 여호야김 왕에게 데려오자, 왕은 그를 칼로 죽였다. 그리고 그 시체를 백성의 공동묘

---

40. 미 3:12.
41. 렘 36:12, 25.

지에 던지게 했다. 그러나 예레미야는 사반의 아들 아히감이 백성의 손에 내어주지 못하게 보호해 죽음을 모면했다.[42] (26:20-24)

하박국의 예언

요시야는 유다와 이스라엘 땅에서 우상숭배를 제거하고 정의와 공의를 행했으므로 그의 통치 31년 동안 나라가 평안했다. 그러나 그가 죽은 후 여호야김을 비롯한 유다 지도자들은 옛 삶으로 돌아가 공공연하게 우상숭배와 불의를 일삼았다. 그들은 공권력으로 폭력을 행하여 죄없는 자를 착취하고 죽였다. 악한 제사장들과 거짓 예언자들은 부패한 지도자들을 두둔하며 공의를 행하지 않아 백성은 고통을 당했다.

그래서 경건한 하박국 예언자는 타락한 유다 사회를 하나님께 고발하고, 하나님은 그에게 유다 심판 목적과 방법을 알려 주신다. ① 하나님이 여호야김 왕과 유다 지배층의 우상숭배와 악행을 심판하기 위해 바빌로니아를 일으켜 유다를 정복하게 하여 악한 지배층을 없애 버리실 것이다. ② 그후 바빌로니아도 자신의 무력을 신으로 믿고 폭력을 휘두른 죄 때문에 심판받을 것이다. ③ 하나님의 징계 목적은 멸망이 아니고 회개를 통한 구원과 회복이며, 의인은 오직 믿음으로 살게 된다. ④ 하나님은 자신이 예언자들을 통해 말한 것을 하나님의 때 곧 가장 적합한 시기에 지체하지 않고 이루실 것이므로 믿는 자는 평온한 마음으로 말씀이 성취되길 기다려야 하며, 그 시기를 육신적으로 판단하지 말아야 한다.

---

42. 예레미야가 여호야김의 박해를 피해 숨어 있는 동안 하박국 예언자가 예언활동을 했다.

그래서 하박국은 하나님이 세상 역사를 자신의 선하신 뜻대로 주관하심을 찬양하며, 임박한 심판과 구원을 믿음으로 받아들였다. 하박국은 먼저, 여호야김과 지배층이 공의를 행하지 않아서 악인이 의인을 학대하고 폭력과 착취, 살인과 다툼이 만연한데도 공의로우신 하나님이 내버려두시는 까닭을 하나님께 따지듯 묻는다. (합 1:1-17)

이것은 하박국 예언자가 계시로 받은 말씀이다.

하박국이 하나님께 아뢰었다.

"주님, 내가 부르짖어도 언제까지 듣지 않으시렵니까? 폭력 때문에 내가 부르짖어도 주님은 구해 주지 않으실 겁니까? 어찌하여 나로 고난과 고통을 보게 하십니까? 착취와 폭력이 내 앞에서 벌어지고, 다툼과 시비가 일어납니다. 율법이 해이해지고, 공의가 전혀 시행되지 않습니다. 악인이 의인을 지배하니, 공의가 왜곡되고 말았습니다."

하나님이 말씀하셨다.

"보라, 비웃는 자들아,[43] 보고, 놀라고 망해 버려라. 내가 너희 시대에 한 가지 일[44]을 행할 텐데, 누가 너희에게 그 일을 설명해 줄지라도 너희가 도무지 믿지 않을 것이다. 왜냐하면, 보라, 내가 갈대아 사람들을 일으켰기 때문이다. 그들은 사납고 성급한 민족이어서 광대한 땅을 돌아다니며 다른 사람들이 사는 땅을 정복할 것이다. 그들은 두렵고 무서우며, 자신들의 행위만이 정의라고 생각하고, 자신

---

43. LXX. 율법과 공의를 비웃는 유다 지배층.
44. 유다 왕국의 멸망. 하나님이 갈대아 이방 민족을 일으켜 유다 왕국을 멸망시키는 것은, 유다 왕국이 신정국가이고 하나님이 예루살렘 성전 안에 계신다고 믿는 유대인으로서는 도저히 믿을 수 없는 일이다(행 13:41 참조).

들의 권위만을 내세우는 자들이다. 그들의 말은 표범보다 빠르고 저녁 이리보다도 사납다. 그들의 기병은 쏜살같이 달리고, 먹이를 덮치는 독수리처럼 먼 곳에서 날쌔게 날아온다. 그들은 모두 폭력을 휘두르려고 오는데, 정면 돌격해 와서, 포로를 모래알처럼 많이 사로잡아 갈 것이다. 그들은 왕들을 업신여기고 지도자들을 우습게 여길 것이며, 모든 요새를 우습게 여기고 흙언덕을 쌓아서 정복할 것이다. 그러나 제 힘이 곧 하나님이라고 여기는 이 죄인들도 마침내 바람처럼 사라져 없어질 것이다." (1:1-11)

하박국이 아뢰었다.

"주 나의 거룩하신 하나님, 주님은 영원 전부터 살아 계시지 않습니까? 그러니 우리는 멸망하지 않겠지요. 주님, 주님은 우리를 심판하시려고 그[45]를 일으키셨고, 반석이신 주님은 우리에게 벌주시려고 그를 세우셨습니다. 하지만 주님은 눈이 맑으시니 악을 보고 참지 못하시고, 고통을 보고 참지 못하시는 분인데 어찌하여 멸시하는 자들[46]을 보고만 계시고, 악인이 자기보다 의로운 사람을 삼켜도 침묵하십니까? 주께서 백성을 바다의 고기처럼, 보호자가 없는 벌레처럼 만드시니, 그[47]가 백성을 낚시로 모두 낚아 올리고, 그물로 잡아 올리며, 투망으로 끌어 모으고는 좋아서 날뜁니다. 그는 그 그물 덕분에 소득이 풍부해지고 기름진 것을 먹게 되었다고 그물에 제사하고 투망에 분향합니다. 그가 그물을 털고 나서 곧 이어 많은 백성을

---

45. 갈대아 민족.
46. 각주 43번과 동일한 내용.
47. 여호야김.

무자비하게 죽이는데, 그가 이렇게 해도 됩니까?" (1:12-17)

하박국의 질문에 하나님이 대답하신다. 우상숭배하고 악한 유다 사회를 바빌로니아를 통해 심판하겠지만, 의인은 믿음으로 살고, 바빌로니아도 자신의 죄악 때문에 심판받을 것이라고 하셨다. (합 2:1-20)

내가 초소 위에 서고 망대 위에 서서 주님이 내게 무슨 말씀을 하실지, 또 내가 호소한 것에 주님이 어떻게 대답하실지 기다렸다. 주께서 내게 대답하셨다.[48]

"너는 이 계시를 판에 분명하게 기록해서, 달려가는 자도 읽을 수 있게 해라. 이 계시는 정한 때 마지막에 이뤄질 것이다. 이것은 거짓말이 아니다. 더디더라도 그때를 기다려라.[49] 그때는 반드시 올 것이고, 지연되지 않을 것이다. 오직 의인은 믿음으로 살 것이다.[50]

그러나 마음이 교만하고 영혼이 올바르지 않은 자[51]를 보라. 그는 포도주를 마시고 멸시하며, 교만한 남자로서, 평안히 집에 있지 못하고 스올처럼 목구멍을 넓게 벌리고 탐욕을 부리며, 죽음처럼 만족할 줄 모른다. 그는 모든 나라를 자기에게 모으고 모든 백성을 자기에게 모으지만, 모든 사람들이 빈정대는 노래를 지어서 그를 비웃고, 비웃는 시를 지어서 그를 욕하지 않겠느냐? 아! 자기 소유가 아닌 것을 긁어모으는 자야, 빼앗은 것으로 부자가 된 자야, 네가 언제까

---

48. 기도에 대한 하나님의 응답은 순종의 현장에서 들린다(겔 13:5; 22:30; 렘 18:5; 29:30; 요 7:17; 마 10:19-20).
49. 유다 왕국은 20년 후 멸망한다(벧후 3:9 참조).
50. 하나님의 말씀이 이루어질 줄 믿는 의인은, 하나님이 그의 믿음을 보고 그를 살려 주심으로 그는 살게 된다(렘 39:18).
51. 느부갓네살(바빌로니아).

지 그럴 거냐? 빚쟁이들이 갑자기 들이닥치지 않겠느냐? 너를 괴롭힐 자들이 잠에서 깨어나서 너를 약탈하지 않겠느냐? 네가 많은 민족을 약탈했으니, 남은 모든 민족이 너를 약탈할 것이다. 네가 사람들을 피 흘려 죽게 하고, 땅과 성읍과 그 안에 사는 모든 주민에게 폭력을 휘두른 탓이다. (2:1-8)

아! 자기 집을 부유하게 만들려고 부당한 이득을 탐내는 자[52]야, 네가 높은 곳에 둥지를 틀고 재앙을 피하려고 하지만, 네가 많은 백성을 꾀어서 망하게 했으니, 네가 네 집안에 치욕을 불러들였고, 네 영혼이 죄를 지었다. 담장 돌들이 소리치며 너를 고발하고, 들보가 증인으로 나설 것이다.

아! 피로 성을 짓고, 불의로 성읍을 건축하는 자[53]야, 백성이 수고를 했지만 불타 버릴 것이고, 그들이 애써 일한 것이 모두 헛수고가 될 것이다. 이것이 만군의 주가 하는 일이 아니겠느냐? 물이 바다를 덮음같이 주님의 영광을 아는 지식이 땅 위에 가득할 것이다.[54] (2:9-14)

아, 자기 이웃에게 술을 먹이고 술 취해 곯아떨어지게 하고는, 알몸을 헤쳐 보려는 자[55]야, 너는 영광 대신 수치나 실컷 당할 것이다. 이제는 너도 마시고 곯아떨어져 네 알몸을 드러낼 것이다. 주님의 오른손에 들린 심판의 잔이 네게 돌아와 수치가 네 영광을 가릴 것이다. 네가 레바논에서 저지른 폭력 곧 네가 사람들을 학살할 때,

---

52. 여호야김(렘 22:13 참조).
53. 각주 52번과 동일한 내용.
54. 사 11:9.
55. 각주 51번과 동일한 내용.

땅과 성읍과 거기 사는 주민에게 휘두른 폭력이 이제 네게로 되돌아갈 것이고, 네가 짐승을 잔인하게 죽였으니, 그 학살이 네게 돌아갈 것이다. (2:15-17)
우상이 무슨 쓸모가 있겠느냐? 사람이 새겨서 만든 것이 아니냐? 부어 만든 우상은 거짓 스승이다. 그것을 만든 자가 자신이 만든 것을 의지한다고 하지만, 그것은 말도 못하는 우상이 아니냐? 아! 나무더러 '깨어나라!'고 하고, 말 못하는 돌더러 '일어나라!'고 하는 자야, 그것이 너를 가르치겠느냐? 그것은 금과 은으로 입힌 것일 뿐, 그 안에는 결코 영이 없다.[56] 주님이 성전에 계시니 온 땅아, 그 앞에서 잠잠해라." (2:18-20)

하박국은, 천지와 역사를 다스리시는 하나님이 악한 유다 사회를 바빌로니아를 통해 심판하심을 찬양하며, 두려운 심판의 환난이 닥쳐와도 주 안에서 믿음으로 즐거워하겠다고 노래한다. (합3:1-19)

이것은 시기오놋[57]에 맞춘 하박국 예언자의 기도이다.
"주님, 내가 주님의 소문[58]을 듣고 놀랐습니다. 그러나 주님의 일[59]을 몇 년 안에[60] 일으키시고 알려지게 하소서. 진노하시더라도 잊지 마시고 자비를 베푸소서. 하나님이 데만[61]에서 오시고 거룩하신 분

---

56. 렘 10:14; 요 4:24.
57. 수금(합 3:19).
58. 하나님이 바빌로니아를 통해 우상숭배와 폭력을 행하는 유다 왕국을 심판하신다는 것과 그후 악한 바빌로니아도 심판하신다는 말씀.
59. 각주 58번과 동일한 내용.
60. 신속한 예언 성취 또는 짧은 심판 기간.
61. 시내산을 상징하는 데만과 가나안 정복을 위해 출정했던 바란 산에 하나님이 임재하셨듯이 이제는 언약의 말씀대로 불의한 유대인을 심판하기 위해 오신다.

이 바람 산에서 오십니다. (셀라) 주님의 영광이 하늘을 덮고, 주님의 찬양이 땅에 가득합니다. 주님의 광채는 햇빛 같고, 주님의 손에서 광선이 나오니, 주님의 힘이 그 속에 감춰져 있습니다. 주님은 전염병을 앞장세우고 불 재앙을 뒤따라오게 하십니다.

주님이 서시니 땅이 흔들리고, 주님이 보시니 나라들이 떨고 있습니다. 영원할 것 같던 산들이 무너지고, 영원히 서 있을 것 같던 언덕들이 가라앉습니다. 주님은 옛날부터 그렇게 행하셨습니다. 내가 보니, 구산[62]의 장막이 재앙을 당하고, 미디안 땅의 휘장이 흔들립니다.

주님, 주께서 말을 타고[63] 구원의 전차로 오시니, 강들에게 분노하시는 것입니까? 주님이 강들에게 진노하시는 것입니까? 바다에 분노하시는 것입니까? 주께서 활시위를 당겨 화살을 남김없이 쏘셨습니다. (셀라) 주께서 땅을 강으로 쪼개시니, 산이 주님을 보고 흔들리고, 홍수가 넘쳐흐르며, 바다가 소리치며 파도가 높이 치솟습니다. (3:1-10)

주께서 쏘신 화살의 빛과 주께서 던지신 창의 광채 때문에 해와 달이 하늘에서 멈췄습니다. 주께서 격노하시어 땅을 주름잡으시고, 주께서 진노하시어 여러 나라를 짓밟으십니다. 주께서 주님의 백성을 구원하시려고, 기름 부으신 자를 구원하시려고 나오셔서, 악한 족속의 우두머리를 쳐부숴 그를 따르는 자들을 뿌리째 뽑아버리셨습니다. (셀라)

---

62. LXX에는 에티오피아.
63. 계 6:2 참조.

그들이 나[64]를 흩으려고 회오리바람처럼 밀려오고, 가난한 자를 은밀하게 삼키기를 즐거워하지만, 주님은 그들의 장군들의 머리를 그들의 창으로 꿰뚫으셨습니다. 주님은 말을 타고 바다를 밟으시고 큰 바다의 파도를 밟으셨습니다.

나는 무리[65]가 우리를 공격하러 올라오는 환난 날을 조용히 기다리고 있으므로, 그 소리[66]를 듣고 내 창자가 떨리고 내 입술이 떨리며, 내 뼈 속이 썩어 들어가고 내 다리가 떨립니다. 그러나 무화과나무가 열매 맺지 못하고, 포도나무에 열매가 없으며, 올리브나무에서 딸 것이 없고, 밭에서 거둘 것이 없고, 우리에 양이 없고, 외양간에 소가 없을지라도, 나는 주 안에서 즐거워하고 나를 구원하실 하나님 안에서 기뻐하겠습니다. 주 하나님은 나의 힘이시므로 내 발을 암사슴 발 같게 만들어 내가 높은 곳을 다니게 하실 것이기 때문입니다."

이 노래는 지휘자를 위해 수금에 맞춘 것이다. (3:11-19)

여호야김은 악한 제사장들과 거짓 예언자들의 말을 듣고 예레미야를 죽이려 했다. 그래서 여호야김의 박해 때문에 피신해 있던 예레미야에게 하나님이 유프라테스 강으로 두 번 갔다 오게 하며 허리띠와 가죽부대로 유다 왕국에 대한 심판을 확신시키신다. 하나님은 유다 백성을 허리에 동여 매어진 삼베 띠처럼 자신과 연합한 백성으로 만들려고 했으나, 그들은 자기 의를 믿고 스스로 교만해

---

64. 유다 백성. 하박국은 자신과 선민을 동일시했다.
65. 바빌로니아 군대.
66. 하나님이 바빌로니아를 통해 유다 왕국을 심판하신다는 말씀(합 3:2 참조).

져서 하나님을 버리고 우상숭배하며, 하나님의 음성을 듣지 않고 육신대로 살며 이웃에게 악을 행했으므로, 하나님의 버림을 받아 쓸모없게 되었음을 예레미야에게 확신시키신 것이다. 하나님은 예레미야를 바빌로니아로 보내어 유대인들이 3년 후 잡혀갈 바빌로니아 땅을 직접 보고 경험하게 하신다. (BC 608, 렘 13:1-11)

주께서 내게 이렇게 말씀하셨다.

"너는 가서 삼베 띠를 사서 네 허리에 두르고 물에 담그지 마라."

나는 주님의 말씀대로 삼베 띠를 사서 내 허리에 둘렀다. 주님의 말씀이 다시 내게 들렸다.

"네가 사서 네 허리에 두른 띠를 가지고 일어나 유프라테스 강으로 가서[67] 바위틈에 숨겨 둬라."

나는 주께서 내게 명령하신 대로 유프라테스 강으로 가서 그 띠를 숨겨 두었다.

여러 날이 지난 후, 주께서 내게 말씀하셨다.

"너는 일어나 유프라테스 강으로 가서, 내가 네게 숨겨 두라고 명령한 그 띠를 그곳에서 가져 오너라."

나는 유프라테스 강으로 가서, 띠를 숨겨둔 곳을 파고 그 띠를 꺼내 보니 썩어서 아무 쓸모없게 되었다. 그때 주님의 말씀이 내게 들렸다.

"나 주가 이렇게 말한다. 내가 유다의 교만과 예루살렘의 큰 교만을 그렇게 썩게 하겠다. 이 악한 백성은 내 말을 안 듣고 자기들 마음대로 고집 부리며 살고, 다른 신들을 좇아 섬기며 경배하니, 그 띠

---

67. 예루살렘에서 유프라테스 강까지는 약 1,100km. 왕복 3개월 소요.

처럼 아무 쓸모없게 되고 말 것이다. 띠가 사람의 허리에 동여지듯, 이스라엘 온 백성과 유다 온 백성을 내게 동여매어서[68] 그들이 내 백성이 되게 하여 내 이름을 빛내고 나를 찬양하며 내 영광이 되게 하려 했으나, 그들은 듣지 않았기 때문이다. 주님의 말씀이다." (13:1-11)

유다 백성을 가죽부대에 가득 찬 포도주로 취하게 하여 분열과 분쟁하다가 멸망하게 할 것이라고 하셨다. (렘 13:12-14)

"그러므로 너는 그들에게 '이스라엘의 주 하나님이 말씀하셨다. 모든 가죽부대에 포도주가 가득 채워질 것이다!'라고 말해라. 그러면 그들이 네게 묻기를 '모든 가죽부대에 포도주가 채워질 줄을 우리가 어찌 모르겠느냐?'라고 할 것이다. 그러면 너는 그들에게 대답해라. '주님이 이렇게 말씀하셨다. 보라. 내가 이 땅의 모든 주민과 다윗의 왕위에 앉아 있는 왕들과 제사장들과 예언자들과 예루살렘의 모든 주민을 술 취하게 해, 그들이 서로 싸우게 하겠다.[69] 심지어 아버지와 자녀도 서로 싸우게 하겠다. 나는 그들에게 인정을 베풀지도 않고 자비를 베풀지도 않고 그들을 불쌍히 여기지도 않겠다. 오히려 멸망시키겠다. 주님의 말씀이다.'" (13:12-14)

여호야김 왕과 예루살렘의 죄악에 대한 하나님의 심판 경고 (렘 13:15-27)

주께서 말씀하셨다. "너희는 들어라. 귀를 기울여라. 교만하지 마라. 주께서 어두워지게 하시기 전에, 너희 발이 어두운 산 속에서 넘

---

68. 요 14:20.
69. 분열과 분쟁은 공동체 멸망의 원인이다(마 12:25).

어지기 전에, 너희가 빛을 고대해도 주님이 빛을 사망의 그늘로 바꾸고 흑암으로 만드시기 전에, 너희 주 하나님께 영광을 돌려라. 너희가 듣지 않으면, 너희 교만 때문에 내 영혼은 숨어서 울 것이다. 주님의 양떼가 사로잡혀 갈 것이므로 나는 통곡할 것이며 내 눈에서 눈물이 흘러내릴 것이다."[70] (13:15-17)

하나님이 예레미야에게 말씀하셨다.

"너는 왕과 왕후에게 전해라. '너희는 낮은 자리에 앉아라. 너희 영광스러운 면류관이 너희 머리에서 벗겨졌기 때문이다'라고 해라. 네게브의 성읍이 봉쇄되었으나,[71] 뚫어 주는 사람이 없어 유다가 모두 사로잡혀 갈 텐데, 남김없이 사로잡혀 갈 것이다. 네 눈을 들어 북쪽에서 오는 자들을 봐라. 네게 맡겼던 양떼[72] 곧 아름다운 양떼는 어디 있느냐? (13:18-20)

네가 가르친 네 친구들[73]을 주께서 너를 다스리는 자로 임명하면, 네가 해산하는 여인처럼 고통당하겠지만, 네가 무슨 말을 하겠느냐? 그때 너는 마음속으로 '어찌하여 이런 일이 내게 일어났는가?' 하고 묻겠지만, 네 죄악이 많기 때문이다. 그래서 네 치마가 벗겨지고 네 발꿈치가 폭행당한 것이다. 에티오피아 사람이 자기 피부 색깔을 바꿀 수 있겠느냐? 표범이 그의 반점을 바꿀 수 있느냐? 바꿀 수 있다면, 죄악에 익숙해진 너희도 선을 행할 수 있을 것이다. 그러

---

70. 렘 14:17; 요 11:35; 눅 19:41 참조.
71. 유다 남쪽 네게브가 바빌로니아 군대에 의해 봉쇄되어 이집트 군대가 유다를 도우러 올 수 없게 됨.
72. 유다 백성.
73. 바빌로니아(왕하 20:12-19 참조).

므로 덤불이 바람에 광야로 흩날려 가듯 내가 너희를 흩어 놓겠다. 이것은 네가 받을 몫이고, 내가 네게 정해 준 분깃이다. 그 이유는 네가 나를 잊어버리고 거짓을 믿었기 때문이다. 주님의 말씀이다. 그래서 내가 네 치마를 네 얼굴까지 들어올려, 네 수치가 보이게 하겠다. 나는 네가 들판의 언덕 위에서 행한 간음과 음란하게 우는 소리와 음란한 음행 등 역겨운 행위를 보았다. 아! 예루살렘아, 네게 화가 미칠 것이다. 네가 얼마나 지나서야 정결하게 되겠느냐?" (13:21-27)

예레미야의 중보기도와 하나님의 구원 거부 응답 (렘 14:1-12)

가뭄[74]에 대하여 주님의 말씀이 예레미야에게 들렸다.

"유다가 슬퍼하며, 성문에 있는 사람들이 기력을 잃고 땅 위에서 탄식하니, 예루살렘이 울부짖는 소리가 치솟는다. 귀족들이 물을 구하려고 종들을 보냈지만, 종들이 우물에 갔어도 물이 없어 빈 그릇만 가지고 돌아와서 애태우며 어찌할 바를 몰라 머리를 가리운다. 땅에 비가 내리지 않아서 땅이 갈라지니, 농부들이 애가 타서 어찌할 바를 몰라 머리를 가리운다. 들판의 암사슴도 풀이 없어서 갓 낳은 새끼를 내버리고, 들나귀도 헐벗은 언덕 위에 서서 여우처럼 헐떡이며 풀이 없어 눈이 흐려진다." (14:1-6)

예레미야가 말했다.

"주님, 우리가 너무나 타락했고 주님께 죄를 지어, 우리의 죄악이 우리를 고발합니다. 그러나 주님의 이름을 생각해서라도 선처해 주

---

74. BC 608년 가을 우기로 추정됨.

소서. 주님은 이스라엘의 희망이시고 이스라엘이 환난당할 때 구원해 주시는 분이신데, 어찌하여 이 땅에서 나그네처럼 행하시고, 하룻밤 묵으러 들른 행인처럼 무관심하십니까? 어찌하여, 놀라서 어쩔 줄 모르는 사람 같으시고, 구원해 줄 힘을 잃은 용사같이 되셨습니까? 주님, 주님은 우리 가운데 계시고, 우리는 주님의 이름으로 불리는 백성이니 우리를 버리지 마소서." (14:7-9)

주께서 이 백성에 대해 이렇게 말씀하셨다.

"그들은 방황하기를 좋아하고 발을 한 곳에 멈추지 못하니, 나 주가 그들을 받아 주지 않겠고 그들의 죄를 기억하고 그들의 죄를 징계하겠다."

주께서 내게 말씀하셨다.

"너는 이 백성에게 복을 내려 달라고 기도하지 마라. 그들이 금식해도 나는 그들의 부르짖음을 듣지 않겠고, 그들이 번제와 곡식제물을 바쳐도 나는 그것을 받지 않겠다. 오히려 나는 전쟁과 기근과 전염병으로 그들을 멸망시키겠다." (14:10-12)

거짓 예언자들에 대한 하나님의 심판 (렘 14:13-18)

그래서 내가 아뢰었다.

"아! 주 하나님, 보소서. 예언자들이 백성들에게 말하기를 '너희에게 전쟁이 일어나지 않고, 기근도 오지 않을 것이다. 내가 이곳에서 너희에게 참된 평화를 주겠다'고 합니다."

주께서 내게 말씀하셨다.

"예언자들이 내 이름으로 거짓 예언을 하고 있다. 나는 그들을 보내지 않았고, 그들에게 지시하지도 않았고, 그들에게 말하지도 않았다. 그들은 너희에게 거짓 환상과 점술과 헛된 것과 자기들이 생각하고 있는 망상을 예언하는 것이다. 그러므로 나 주가 내 이름으로 예언하는 그 예언자들에 관해 이렇게 말한다. '내가 보내지 않았는데 '이 땅에는 전쟁과 기근이 없을 것이다'라고 내 이름으로 예언하는 자들은 전쟁과 기근으로 죽을 것이고, 그 예언을 받아들인 이 백성도 기근과 전쟁에 죽어서 예루살렘 거리에 내던져질 것인데, 그들을 묻어 줄 사람이 없을 것이다. 그들뿐만 아니라 그들의 아내들과 아들딸들도 그렇게 될 것이다. 이는 내가 그들이 저지른 죄악에 대한 대가를 그들 위에 부을 것이기 때문이다.' 너는 그들에게 이 말도 전해라. '처녀 딸 내 백성이 무서운 재앙을 당해 심한 부상을 입었으므로 내[75] 눈에서 눈물이 밤낮 흘러내릴 것이고 그치지 않을 것이다. 내가 들판으로 나가 보면 칼에 찔려 죽은 사람들이 있고, 성 안으로 들어가 보면 기근으로 고통받는 사람들이 있을 것이다. 예언자들과 제사장들은 자기들이 알지 못하는 땅으로 끌려갈 것이다.'" (14:13-18)

예레미야의 중보기도와 하나님의 유대인 구원 거부 (렘 14:19-15:9)

예레미야가 말했다.

"주님은 유다를 완전히 버리셨습니까? 주님의 마음이 시온을 미워하십니까? 어찌하여 주님은 우리를 치시고 치료해 주지 않으십니까? 우리가 평화를 바랐지만 좋은 일이 없고, 치료받기를 기다렸지

---

75. LXX에는 '너희'.

만 두렵기만 합니다. 주님, 우리는 우리의 사악함과 우리 조상의 죄악을 인정합니다. 우리가 주께 죄를 지었습니다. 그러나 주님의 이름을 생각해서라도 우리를 박대하지 마시고, 주님의 영광스러운 보좌가 치욕을 당하지 않게 하소서. 주께서 우리와 맺은 언약을 기억하시고, 그 언약을 깨뜨리지 마소서. 이방인의 우상 가운데 비를 내리는 자가 있습니까? 하늘인들 스스로 소나기를 내릴 수 있습니까? 주 우리 하나님, 그런 분은 주님이 아니십니까? 이 모든 일을 행하시는 분은 주님이시므로 우리는 오직 주님만 앙망합니다." (14:19-22)

주님이 내게 말씀하셨다.

"모세와 사무엘이 내 앞에 선다 해도, 내가 이 백성에게 마음을 기울이지 않겠다. 이 백성을 내 앞에서 내쫓아라! 그들이 네게 '우리가 어디로 갈까요?' 하고 묻거든, 너는 그들에게 대답하기를 '주께서 말씀하시기를 죽을 자는 죽고, 칼에 맞아 죽을 자는 칼에 맞아 죽고, 굶어 죽을 자는 굶어 죽고, 포로로 끌려갈 자는 포로로 끌려가라'고 해라. 주님의 말씀이다. 나는 그들에게 네 가지 벌을 줄 텐데, 칼에 맞아 죽게 하고 개에게 물려 뜯기게 하고 공중의 새에게 쪼아 먹히게 하고 들짐승에게 먹히게 하겠다. 유다 왕 히스기야의 아들 므낫세가 예루살렘에서 행한 죄 때문에 내가 그들을 세상 만국에 흩어 버리겠다. (15:1-4)

예루살렘아, 누가 너를 불쌍히 여기겠느냐? 누가 너를 생각하며 눈물을 흘리겠느냐? 누가 네 안부라도 물으려고 오겠느냐? 주님의 말씀이다. 네가 나를 버렸고 내게 등 돌렸으므로, 내가 직접 너를 멸망시키려고 손을 들었다. 나는 이제 너를 불쌍히 여기기도 지쳤다.

내 백성이 그릇된 길에서 돌이키지 않았으니 내가 이 땅의 모든 성문 앞에서 그들을 키질해 흩어 버리겠고, 그들은 자식을 잃고 멸절될 것이다. 내가 이 백성 가운데 과부를 바다 모래보다 더 많게 하겠다.[76] 내가 대낮에 침략군을 끌어들여서 젊은이들과 그들의 어머니들이 놀라고 두려워해 갑자기 쓰러지게 하겠다. 일곱 아들[77]을 둔 여인도 쇠약해져 기절할 것이므로, 그 여인은 아직 대낮인데도 해가 졌을 때 당하는 수치와 창피를 당할 것이다. 나는 그들의 살아남은 자식들을 그들의 원수들이 보는 앞에서 칼에 맞아 죽게 하겠다. 주님의 말씀이다." (15:5-9)

하나님의 격려와 구원 약속 (렘 15:10-21)

예레미야가 말했다.

"아, 어머니, 나는 원통합니다. 왜 나를 낳아서 내가 온 세상과 싸우고 다투는 사람이 되게 했습니까? 나는 아무에게도 돈을 빌려 준 일도 없고 빚진 일도 없는데 모두 나를 저주합니다."

주께서 말씀하셨다.

"내가 너를 정말로 강하게 해주고, 네가 복 받게 하겠다. 나는 네 원수가 재앙과 환난을 당했을 때, 네게 간청하게 하겠다. 쇠[78] 곧 북쪽에서 오는 쇠와 놋쇠를 누가 부술 수 있겠느냐? 나는 네[79] 모든

---

76. 남편들이 전쟁터에서 죽어 수많은 과부들이 생겨 아브라함에게 언약하신 자손의 복이 저주가 됨(창 22:17 참조).
77. 룻 4:15 참조.
78. 바빌로니아.
79. 유다 백성.

죄 때문에 네 나라 모든 곳에 있는 네 재산과 네 보물을 값도 못 받고 약탈당하게 하겠다. 너희를 향한 내 분노가 불처럼 타오르니, 나는 너를 네가 알지 못하는 땅에 있는 네 원수들의 노예가 되게 하겠다." (15:10-14)

예레미야가 말했다.

"주님, 주님은 나를 아시니, 나를 기억하시고 돌봐 주셔서, 나를 핍박하는 자들에게 원수를 갚아 주소서! 내가 주님을 위해 조롱당하는 것을 주께서 알아주셔서 나를 죽이지 마시고 오래 참으소서. 나는 만군의 주 하나님이신 주님의 이름으로 불리는 사람입니다. 내가 주님의 말씀을 발견하고 그 말씀을 받아먹었더니 주님의 말씀이 내게 기쁨이 되고 내 마음에 즐거움이 되었습니다. 그런데 주께서 내게 분노를 가득 채우셨으므로, 나는 노는 사람들과 어울려 즐거워하지도 않고, 주님의 손에 붙들려 외롭게 앉아 있습니다. 그런데 어찌하여 내 고통이 그치지 않고 내 깊은 상처가 낫지 않습니까? 주님은 물 없는 시내처럼 나를 속이셨습니다." (15:15-18)

주님이 말씀하셨다.

"네가 돌아오면, 내가 너를 인도해 내 앞에 서서 나를 섬기게 하겠다. 네가 천박한 말을 하지 않고 귀한 말을 선포하면, 너는 다시 내 대언자가 될 것이다. 그들이 네게로 돌아와야 하고, 네가 그들에게 돌아가서는 안 된다. 내가 너를 튼튼한 놋쇠 성벽으로 만들어 이 백성과 맞서게 할 테니, 그들이 너를 대항해도 너를 이길 수 없을 것이다. 내가 반드시 너와 함께해서, 너를 도와주고 너를 구원해 주겠다. 주님의 말씀이다. 내가 너를 악인들의 손에서 건져 내고, 포악한

자들의 손에서 구원하겠다."(15:19-21)

유다 심판과 이방인 구원 예언 (렘 16:1-21)

주께서 내게 말씀하셨다.

"너는 여기서 아내를 맞아들이거나 아들이나 딸을 낳지 마라.[80] 여기서 태어날 아들딸과 이 땅에서 아들딸을 낳은 어머니들과 아들딸을 낳게 한 아버지들이 어떻게 될지 나 주가 말해 주겠다. 그들이 죽을 병에 걸려 죽어도 애곡해 줄 사람이 없고, 묻어 줄 사람이 없어서 시체가 땅 위의 똥처럼 될 것이다. 칼과 기근으로 죽은 사람들의 시체는 공중의 새와 들짐승의 먹이가 될 것이다. (16:1-4)

그렇다. 나 주가 말한다. 너는 초상집에 들어가지 마라. 가서 곡하지도 말고 그들을 위로하지도 마라. 이는 내가 이 백성에게서 평화와 사랑과 자비를 거둬들였기 때문이다. 주님의 말씀이다. 이 땅에서는 높은 사람이나 낮은 사람이나 다 죽겠지만 매장되지는 못할 것이며, 그들을 위해 애곡하거나 슬프다고 자신의 몸에 상처를 내거나 머리카락을 밀 사람도 없을 것이다. 그때는 죽은 사람의 유가족을 위로하려고 그들과 음식을 나누는 사람도 없을 것이고, 부모를 잃은 사람에게 위로의 잔을 건넬 사람도 없을 것이다. (16:5-7)

너는 잔칫집에 들어가서 사람들과 함께 앉아서 먹고 마시지 마라. 나 만군의 주 이스라엘의 하나님이 말한다. '보라. 나는 너희가 보는 앞에서 너희 시대에 이곳에서 너희가 즐거워하는 소리와 기뻐하는

---

80. 예레미야의 독신생활은 유다 백성이 심판받아 모두 죽어 장례를 치러 줄 사람이 없는 참담한 미래의 삶(렘 16:3-4)을 예표한다.

소리와 신랑 신부의 목소리를 사라지게 하겠다.' (16:8-9)

네가 이 모든 말을 백성에게 전하면, 그들이 네게 묻기를 '주께서 왜 이토록 무서운 재앙을 우리에게 선포하시는가? 우리 죄가 무엇이며, 우리가 우리 주 하나님께 지은 죄가 뭔가?'라고 할 것이다. 너는 이렇게 대답해라. '주님의 말씀이다. 너희 조상들이 나를 버리고 다른 신을 따르며 그것을 섬기고 그것에게 경배하며, 나를 버리고 내 율법을 지키지 않았기 때문이다. 그런데 너희는 너희 조상보다 더 악을 행했다. 보라. 너희는 각자 자신의 악한 마음에서 나오는 고집대로 살아가고 내 음성을 듣지 않았다.[81] 그래서 내가 너희를 이 땅에서 쫓아내어, 너희나 너희 조상도 알지 못하던 땅으로 보내겠다. 거기서 너희가 밤낮 다른 신들을 섬길 것이므로, 나는 너희를 불쌍히 여기지 않겠다. (16:10-13)

그런데 보라, 주님의 말씀이다. 사람들이 더 이상 이스라엘 백성을 이집트 땅에서 이끌어 내신 주님의 살아 계심을 두고 맹세하지 않고, 이스라엘 백성이 쫓겨가서 살던 북쪽 땅과 그밖의 모든 땅에서 그들을 이끌어 내신 주님의 살아 계심을 두고 맹세할 날이 올 것이다.[82] 나는 그들을 그들의 조상에게 줬던 그들의 땅에 다시 데려놓겠다.

보라. 내가 많은 어부를 보내어 그들을 낚아 내게 하겠다.[83] 주님의 말씀이다. 그런 다음, 나는 많은 사냥꾼을 보내어 모든 산과 모

---

81. 삼상 15:22-23; 롬 8:13.
82. 출애굽 이후의 한 시대가 끝나고 포로 귀환 이후의 새 시대가 열린다(렘 23:7-8 참조).
83. 먼저 구원받을 자를 구원한 후 멸망받을 자를 멸망시키신다(마 13:47-48 참조).

든 언덕과 바위 틈 사이에 있는 그들을 사냥하게 하겠다. 내가 그들의 모든 행실을 보고 있으므로, 그들이 내 앞에서 숨을 수 없고, 그들의 죄악이 내 눈 앞에서 감춰질 수 없다. 그들이 내 땅을 시체 같은 우상으로 더럽히고, 내가 그들에게 물려준 땅을 역겨운 우상들로 가득 채워 놨으니, 나는 먼저 그들의 죄악과 허물을 두 배로 갚아 주겠다." (16:14-18)

예레미야가 말했다.

"주는 나의 힘이시요 요새이시며 내가 환난 당했을 때, 나의 피난처이십니다. 이방인들이 땅 끝에서 주님께 와서 말하길 '우리 조상이 물려준 것은 거짓되고 헛되고 아무 유익이 없다. 사람이 어찌 자기가 섬길 신을 만들 수 있겠나? 그런 것은 신이 아니다'라고 할 것입니다."

주님이 말씀하셨다.

"그러므로 이제 내가 그들에게 알려 주겠다. 이번에는 내가 그들에게 내 권세와 능력을 알려 줘서, 내 이름이 '주'라는 것을 그들이 깨닫게 하겠다." (16:19-21)

유대인의 죄와 하나님의 심판 (렘 17:1-11)

"유다의 죄는 금강석 촉으로 된 철필로 그들의 마음 판과 그들의 제단 뿔 위에 새겨져 있다. 그들의 자손이 높은 언덕 위에 있는 그들의 제단과 가지가 무성한 나무 옆에 있는 아세라 목상들을 기억할 것이다. 들에 있는 나의 산들아, 네 땅 어느 곳에나 있는 죄 때문에 내가 네 재산과 네 모든 보물과 네 산당들이 약탈당하게 하겠다. 너는 내가 네게 준 유업[84]을 잃게 될 것이고, 네가 알지 못하는 땅으로 끌려가서, 네 원수를 섬기게 될 것이다. 너희가 내 분노를 불처럼 타오르게 해, 그 불이 영원히 탈 것이기 때문이다. (17:1-4)

나 주가 말한다. '사람을 의지하며, 육체를 자기 힘으로 삼고 마음이 주님으로부터 떠난 자는 저주받을 것이다. 그는 사막에서 자라는 가시덤불 같아서 좋은 일이 오는 것을 보지 못하고, 소금기가 많아서 사람이 살 수 없는 땅 곧 메마른 광야에서 살게 될 것이다. 그러나 주님을 의지하는 자는 복 받을 것이고, 주님이 그의 소망이 될 것이다.[85] 그는 물가에 심은 나무 같아서 뿌리를 강가로 뻗으니 잘 자라고, 무더위가 닥쳐와도 걱정 없으며 가뭄이 심해도 걱정 없고 언제나 열매를 맺는다. 만물보다 거짓되고 썩은 것은 사람의 마음이다. 누가 그 속을 알 수 있겠느냐? 그러나 나 주는 각 사람의 마음을 살피고 심장을 감찰하며, 각 사람의 행실과 행동에 따라 각 사람에게 보상한다. 불의로 재산을 모은 사람은 자기가 낳지 않은 알을 품는 자고새 같아서, 인생 중년 때에 재산을 잃고, 말년에는 어리석은 자가 될 것이다.'" (17:5-11)

예레미야의 탄원 기도 (렘 17:12-18)

예레미야가 말했다.

"주님은 영광의 보좌요 처음부터 높은 곳인 우리의 성소에 계시고 이스라엘의 소망이십니다. 주님을 버린 자마다 수치를 당하고,

---

84. 가나안 땅.
85. LXX.

주님을 떠난 자마다 생수의 근원이신 주님을 버렸으니 흙에 기록될 것입니다.

주님, 주님을 찬양하오니 나를 고쳐 주소서. 그러면 내가 나을 것입니다. 나를 구원하소서. 그러면 내가 구원받을 것입니다. 사람들이 내게 '주님의 말씀이 어디 있느냐? 어디 그 말씀이 이뤄지게 해 보시라!' 하는 말을 들으소서.

그러나 나는 목자 직책을 버리지 않고 주님을 따랐으며, 재앙의 날도 바라지 않는다고 주님 앞에서 내 입술로 아뢰었음을, 주님은 알고 계십니다. 그러나 재앙의 날 주님은 내 피난처이시니 내가 주님을 무서워하지 않게 하소서.[86] 나를 박해하는 사람들이 수치를 당하게 하고 내가 수치를 당하지 않게 하소서. 그들이 무서워하게 하고, 내가 무서워하지 않게 하소서. 그들에게 재앙의 날이 오게 하고, 그들을 두 배의 형벌로 멸망시키소서." (17:12-18)

예레미야가 하나님의 보호하심을 믿고, 악한 유대인의 저항에 맞서며 예언직 수행 각오를 새롭게 다짐한 후, 여호야김이 죽을 때까지 다시 공적 예언활동을 한다.

안식일 준수 명령 (렘 17:19-27)

주께서 내게 말씀하셨다.

---

86. 예레미야는 대언자로서의 책임을 수행했지만, 하나님이 유다에 재앙을 내리는 것은 원하지 않는다고 하나님께 말했었다. 그러나 이제는 하나님의 유다 심판 계획을 받아들이고 자신은 그 재앙을 당하지 않게 해달라고 기도한다(합 3:16-19 참조).

"너는 가서, 유다 왕들이 출입하는 '백성의 문'과 예루살렘의 모든 성문에 서서 그들에게 전해라. '이 성문으로 들어오는 유다 왕들과 모든 유대인과 예루살렘에 사는 모든 사람들아, 너희는 주님의 말씀을 들어라. 주님이 이렇게 말씀하셨다. 너희가 목숨을 지키려거든, 안식일에 짐을 가지고 예루살렘 성문 안으로 들어오지 마라. 안식일에 너희 집에서 짐을 내어오지 말고, 어떠한 일도 하지 마라. 내가 너희 조상에게 명령한 대로 너희는 안식일을 거룩하게 지켜라. 너희 조상은 순종하지 않고 귀를 기울이지도 않고, 목을 곧게 세운 채 훈계를 듣지도 않고 받아들이지도 않았다. 주님의 말씀이다. 너희가 이제 내 말을 듣고 안식일에 이 성문 안으로 짐을 가져오지 않고, 안식일을 거룩하게 해 어떤 일도 하지 않으면, 다윗의 왕위에 앉은 왕들이 지도자들과 함께 전차와 말을 타고 이 성문 안으로 들어올 것이니,[87] 그 왕들이 그들의 지도자들과 유대인과 예루살렘 주민과 함께 이 성에서 영원히 살 것이고, 유다 성읍과 예루살렘 주변과 베냐민 땅과 평야지대와 산간지역과 네게브에서부터 사람들이 번제물과 희생제물과 곡식제물과 유향을 가지고 와서, 주님의 성전에서 감사 제물로 바칠 것이다. 그러나 안식일을 거룩하게 하라는 내 말을 너희가 듣지 않고, 안식일에 짐을 옮기고 짐을 예루살렘 성문 안으로 가지고 들어오면, 내가 그 성문에 불 질러 예루살렘 왕궁을 태워 버릴 텐데 그 불은 꺼지지 않을 것이다.'" (17:19-27)

---

87. 렘 22:4.

하나님의 절대주권을 예레미야에게 가르치심 (렘 18:1-17)

주께로부터 말씀이 예레미야에게 들렸다.

"너는 일어나 토기장이 집으로 내려가라. 거기서 내가 네게 내 말을 들려주겠다."

내가 토기장이 집으로 내려갔더니, 그가 물레로 일하고 있었다. 토기장이는 자기 손에서 진흙으로 된 그릇이 잘못 만들어지면, 자기 눈에 보기 좋게 다른 그릇을 만들었다. 그때 주님의 말씀이 내게 들렸다.

"이스라엘 백성아, 내가 이 토기장이처럼 너희를 다룰 수 없겠느냐? 주님의 말씀이다. 이스라엘 백성아, 보라, 진흙이 토기장이 손 안에 있듯 너희는 내 손 안에 있다.[88] 내가 어떤 민족이나 나라를 뽑아내거나 부수거나 멸망시키겠다고 했어도, 그 민족이 내가 경고한 죄악에서 돌이키면 나는 그들에게 내리려 한 재앙을 거두겠다. 그러나 내가 어떤 민족이나 나라를 세우고 심겠다고 했어도, 그 백성이 내 음성을 듣지 않고 내가 보기에 악을 행하면, 나는 그들에게 내리기로 약속한 복을 거두겠다. (18:1-10)

그러므로 너는 이제 유다 사람들과 예루살렘에 사는 사람들에게 말하기를 '주님이 이렇게 말씀하셨다. 보라, 내가 너희에게 내릴 재앙을 준비하여 너희를 칠 계획을 세우고 있다. 그러므로 너희는 각자 자신의 악한 길에서 돌이키고 너희 삶과 행위를 선하게 해라'고 전해라. 그러나 그들은 말하기를 '그럴 필요 없다. 우리는 우리 생각

---

88. 사 64:8; 롬 9:21.

대로 행하겠고, 각자 자신의 악한 마음에서 나오는 고집대로 살아 가겠다'[89]고 할 것이다.

그러므로 주님이 이렇게 말씀하셨다. 너희는, 누가 이런 말을 들어 보았는지 여러 민족에게 물어봐라. 처녀 이스라엘은 너무 역겨운 일을 저질렀다. 레바논의 바위 위에 눈이 없는 때가 있었느냐? 거기서 흘러내리는 차가운 물줄기가 마른 적이 있었느냐? 그러나 내 백성은 나를 잊어버리고 헛된 우상에게 분향하며, 예부터 걸어온 그들의 길을 벗어나서 닦이지 않은 곁길로 갔다. 그들은 자기들의 땅을 황폐하게 만들어 영영 비웃음거리가 되게 할 것이니, 그곳을 지나가는 사람마다 놀라서 머리를 흔들며 비웃을 것이다. 동쪽에서 불어오는 바람이 흩어 버리듯 내가 그들을 그들의 원수 앞에서 흩어 버릴 텐데, 그들이 재난을 당하는 날, 내가 그들에게 등을 돌리고 내 얼굴을 보이지 않겠다." (18:11-17)

예레미야가 공적 예언활동을 과감하게 다시 시작하자 악한 유대인들은 또다시 예레미야를 죽이려 했다. 그래서 예레미야가 자신의 살해 음모를 하나님께 **호소하며 보복을 간구한다.** (렘 18:18-23)

예레미야가 말했다.

"사람들이 말하기를 '가서, 예레미야를 죽일 계획을 세우자. 제사장이 율법을, 지혜자가 책략을, 예언자가 말씀을 우리에게 전해 주는 것이 사라지지 않을 것이므로, 가서 우리의 혀로 그를 비판하자.

---

89. 롬 8:13.

그가 말하는 것은 어떤 말도 듣지 말자'고 합니다. 주님, 내 말을 들으소서. 나와 싸우는 자들의 목소리를 들으소서! 선을 악으로 갚아도 됩니까? 그런데도 그들은 내 목숨을 노리며 함정을 팠습니다. 내가 주님 앞에 서서 그들에게 선을 베풀어 달라고 말씀드려 그들에게서 주님의 진노를 거두게 한 것을 기억하소서. 그러므로 그들의 자녀가 기근을 당하고 칼잡이에게 넘겨져, 그들의 아내들이 자식을 잃고 과부가 되게 하고, 남자들은 죽게 하고, 젊은이들은 전쟁에서 칼에 죽게 하소서. 그들이 나를 잡으려고 함정을 팠고 내 발을 걸리게 하려고 덫을 숨겨 놨으니, 주께서 그들에게 약탈자들을 갑자기 보내어, 그들의 집집마다 울부짖는 소리가 들리게 하소서. 주님, 주님은 나를 죽이려는 그들의 흉계를 모두 아시니, 그들의 죄악을 용서하지 마시고 그들의 허물을 주님 앞에서 지우지 마소서. 주께서 진노하시는 날에, 그들이 주님 앞에서 거꾸러지게 하소서." (18:18-23)

예레미야가 유다 파멸을 예언하고 바스훌에게 박해당하다 (렘 19:1-20:6)

주께서 이렇게 말씀하셨다.

"너는 가서 토기장이의 질그릇 하나를 사서, 백성의 장로 몇 사람과 나이든 제사장 몇 사람을 데리고 '하시드 문' 입구에 있는 '힌놈의 아들 골짜기'로 가거라. 거기서 내가 네게 일러주는 말을 선포해라. 너는 이렇게 말해라.

'유다 왕들과 예루살렘에 사는 사람들아, 주님의 말씀을 들어라. 만군의 주 이스라엘의 하나님이 말씀하신다. 보라, 내가 이곳에 재앙을 내릴 테니, 그 소식을 듣는 사람은 모두 귀가 떨릴 것이다. 그들이 재앙을 당하는 이유는 그들이 나를 버리고, 이곳을 나를 알지 못하는 곳으로 만들어 놓고, 이곳에서 그들 자신이나 그들의 조상이나 유다 왕들도 알지 못하던 다른 신들에게 분향하고, 이곳을 죄없는 사람들의 피로 채워 놨기 때문이다. 또 그들은 바알 산당을 지어서 자기 아들들을 바알에게 번제물로 불살라 바쳤기 때문인데, 이것은, 내가 그들에게 명령하거나 말한 적도 없고, 내가 생각조차 해 본 적도 없다. 그러므로 보라, 그날이 오면 사람들은 이곳을 더 이상 '도벳'이나 '힌놈의 아들 골짜기'라고 부르지 않고, '학살의 골짜기'라고 부를 것이다. 주님의 말씀이다. 내가 이곳에서 유다와 예루살렘의 계획을 쓸모없게 만들어 그들을 그들의 원수들과 그들의 목숨을 노리는 사람들의 손에 칼로 죽게 하고, 그들의 시체는 공중의 새와 들짐승의 먹이가 되게 하겠다. 또 내가 이 도시를 폐허로 만들고 비웃음거리가 되게 해 이곳을 지나가는 사람마다 이곳에 내린 모든 재앙을 보고 놀라며 비웃을 것이다. 나는, 그들이 그들의 원수들과 그들의 목숨을 노리는 자들에게 포위돼 곤경에 빠져, 제 자식들의 살을 먹게 하고, 이웃끼리도 서로 살을 먹게 하겠다.' (19:1-9)

너는 이렇게 말하고 나서 네가 데리고 간 사람들이 보는 앞에서 그 질그릇을 깨뜨리고, 그들에게 이렇게 전해라.

'만군의 주께서 말씀하셨다. 토기장이가 그릇을 다시 고쳐 쓸 수 없도록 깨뜨려 버리듯, 나도 이 백성과 이 도시를 깨뜨려 버리겠다. 그래서 사람들이 도벳에 더 이상 시체를 묻을 자리가 없을 때까지 시체를 묻게 하겠다. 내가 이곳과 이곳에 사는 주민을 이처럼 만들어 놓겠다. 주님의 말씀이다. 이 도시를 도벳처럼 만들어 놓겠다. 예루살렘의 집들과 유다 왕궁들이 도벳 땅처럼 부정하게 될 것이다. 사람들이 집집마다 지붕 위에서 온갖 천체에게 분향하고 이방 신들에게 술을 부어 제물로 바쳤기 때문이다.'"(19:10-13)

예레미야는, 주께서 자신을 보내어 예언하게 하신 도벳에서 돌아온 후 주님의 성전 뜰에 서서 모든 백성에게 말했다.

"만군의 주 이스라엘의 하나님이 말씀하시기를 '이 백성이 목을 세우고 고집을 부리며 내 말을 듣지 않았으니, 이제 내가 이미 선포했던 그 모든 재앙을 이 도시와 이곳에 딸린 모든 마을 위에 내리겠다'고 하셨다."(19:14-15)

예레미야가 이렇게 예언하는 말을 임멜의 아들이요 제사장이며 주님의 성전을 관리하는 바스훌 감독이 모두 듣고서, 예레미야 예언자를 때린 후 차꼬를 채워 주님의 성전 위쪽에 있는 '베냐민 대문'의 감옥에 가뒀다. 다음날 바스훌이 예레미야를 감옥에서 내보낼 때 예레미야가 그에게 말했다.

"주께서 당신의 이름을 바스훌이라 부르지 않고 마골밋사빕이라고 부르셨다. 주께서 이렇게 말씀하셨다. '보라, 내가 이제 너를 네 모든 친구와 함께 공포에 빠뜨리겠고, 너는 그들이 자기 원수들의 칼에 쓰러지는 것을 네 눈으로 볼 것이다. 또 내가 모든 유다 백성을 바빌로니아 왕의 손에 넘겨 주겠고, 그 왕은 그들을 바빌로니아로 사로잡아 가서 칼로 죽일 것이다. 또 내가 이 도시의 모든 재물과 모든 재산과 모든 귀중품과 유다 왕들의 모든 보물을 그들의 원수의 손에 넘겨 줘서, 그들이 그것을 약탈해 바빌로니아로 가져가게 하겠다. 그리고 너 바스훌과 네 집에 사는 모든 사람은 포로가 되어 바빌로니아로 끌려가겠고, 너는 네 거짓 예언을 들은 네 모든 친구와 함께 그곳에서 죽어 묻힐 것이다.'" (20:1-6)

예레미야가 하나님의 말씀을 대언하다가 매 맞고, 감옥에 갇혔다가 풀려나서 한탄하며 하나님께 하소연한다. (렘 20:7-18)

주님, 주님이 나를 속이셔서[90] 내가 속았고, 주님이 나보다 강하셔서 나를 이기셨으므로 내가 순종할 수밖에 없었는데, 모든 사람이 나를 조롱해 내가 날마다 조롱거리가 되었습니다. 나는 주님의 말씀을 대언하며 말할 때마다 파멸과 멸망을 외쳤으므로 날마다 모욕과 놀림감이 되었습니다. '나는 주님을 선포하지 않겠다. 다시는 주님의 이름으로 말하지 않겠다'고 결심해 보지만, 그때마다 내 마음이 불타올라[91] 내 뼛속까지 사무쳐서, 나는 견디다 못해 항복합니다. 많은 사람들이 수군거리기를 '예레미야가 사방에서 비난받아 두려워하고 있으니, 너희는 그를 고발해라. 우리도 그를 고발하겠다'고 말하는 소리를 내가 들었습니다. 내 모든 친구들도 내가 넘어지기만을 기다리며 '그가 혹시 꾀임을 받기라도 하면, 우리가 그를 제압할 수 있으니 복수하자'고 합니다.[92] 그러나 무서운 용사 같은 주님이 나와 함께하시니 나를 박해하는 자들이 쓰러지고 나를 이기지 못할 것입니다. 그들이 성공하지 못하고 큰 수치를 당할 텐데, 영원히 잊지 못할 수치를 당할 것입니다. 의인을 시험해 생각과 마음을 살펴보

---

90. 하나님은 예레미야를 강제로 설득해 예언 사역을 하게 하셨다. 하나님은 진실하시므로 거짓말을 하실 수 없다(히 6:18).
91. 고전 9:16 참조.
92. 시 41:9 참조.

시는 만군의 주님, 내가 주님께 내 억울한 사정을 아뢰었으니, 주께서 그들에게 보복하시는 것을 내가 보게 하소서. 주님은 가난한 사람들의 생명을 악인들의 손에서 건져 주시니, 주님께 노래해라! 주님을 찬양해라! (20:7-13)

내가 태어난 날이 저주받고, 내 어머니가 나를 낳은 날이 복 없는 날이었어야 했는데! 내 아버지에게 '아들이 태어났습니다' 하고 소식을 전해 아버지를 기쁘게 해드린 그 사람이 저주받았어야 했는데! 그 사람은 주님이 사정없이 무너뜨리신 성읍처럼 되어, 아침에는 울부짖는 소리를 듣고 낮에는 전쟁의 함성을 들었어야 했는데! 내가 모태에서 죽어 어머니가 내 무덤이 되었어야 했고, 내가 영원히 모태 속에 있었어야 했는데, 어찌하여 모태에서 나와서 이처럼 고통과 슬픔을 겪다가 내 인생을 수치스럽게 마감하게 되었는가![93] (20:14-18)

2년 후 유다 왕국이 바빌로니아의 지배를 받게 될 것이므로 하나님은 예레미야를 악독한 여호야김이 살고 있는 왕궁으로 보내어, 정의와 공의를 행하지 않고 우상숭배 한 여호야김과 유다 백성에게 하나님의 심판을 예언하게 하며 회개를 촉구하신다. (BC 607년경, 렘 22:1-12)

주께서 예레미야에게 말씀하셨다. "너는 유다 왕궁으로 내려가서 이 말을 그곳에서 선포해라. 다윗의 보좌에 앉은 유다 왕과 네 신하와 이 왕궁 문으로 들어오는 네 백성아, 주님의 말씀을 들어라. 주님

---

93. 욥 3:3-26 참조. 부유한 욥은 갑자기 열 명의 자식을 잃고 빈민층으로 떨어지고 극심한 피부병에 시달리자 자신을 저주했지만, 예레미야는 예언 사역을 하다가 죄 없이 20년 동안 고난받고 억울하게 매 맞고 감옥살이를 한 후 정신적·육체적 고통이 한계 상황에 이르자 자신을 저주한다.

이 이렇게 말씀하셨다. 너희는 정의와 공의를 행하여 억압하는 자들의 손에서 억압당하는 사람들을 구해 주고, 이방인과 고아와 과부를 억압하거나 학대하지 말며, 죄없는 사람의 피를 이곳에서 흘리지 마라. 너희가 이 명령을 진실로 행하면, 다윗의 보좌에 앉는 왕들이 전차와 군마를 타고, 신하와 백성을 거느리고, 이 왕궁 문 안으로 들어올 것이다. 그러나 너희가 이 말을 듣지 않으면, 내가 스스로 맹세하지만, 이 왕궁은 황폐하게 될 것이다. 주님의 말씀이다. 주님이 유다 왕실에 대해 이렇게 말씀하셨다. 네[94]가 내게 길르앗 같고 레바논 꼭대기 같았으나,[95] 이제는 내가 너를 반드시 황폐한 곳으로 만들어 사람이 살지 못하는 도시로 만들겠다. 내가 너를 파괴할 사람들을 모아서 그들 각자에게 무기를 줄 텐데, 그들이 가장 좋은 네 백향목을 찍어 불 속으로 던질 것이다. 그러면 많은 민족이 이 도시를 지나가면서 주께서 이 큰 도시를 이렇게 만드신 이유를 서로 묻겠고, 그들이 서로 대답하기를 스스로 자신들의 주 하나님과 맺은 언약을 깨뜨리고, 다른 신들을 경배하며 섬겼기 때문이라고 말할 것이다. (22:1-9)

   너희는 죽은 자를 위해 울지 말고,[96] 그를 위해 슬퍼하지 마라. 오히려 잡혀간 자[97]를 위해 슬피 울어라. 그는 다시 돌아오지 못하고 고향 땅을 보지 못할 것이기 때문이다. 주께서 유다 왕 요시야의 아

---

94. 예루살렘.
95. 귀하고 아름다웠으나.
96. 요시야 왕의 죽음 2주년(BC 607년 여름)에 백성들은 악독한 여호야김의 압제를 당해 요시야 왕을 그리워한 것으로 보인다.
97. 여호아하스(왕하 23:34; 대하 36:4).

들 곧 아버지 요시야를 이어서 왕이 되었다가 이곳에서 잡혀간 살룸[98]에 대해 말씀하신다. 그는 이곳으로 돌아오지 못하고 잡혀간 곳에서 죽을 것이며 이 땅을 다시는 보지 못할 것이다." (22:10-12)

여호아하스의 죽음 (왕하 23:34b)

여호아하스가 이집트에서 죽었다.

여호야김의 악행을 지적하며 회개를 촉구하다 (렘 22:13-23)

불의로 자기 집을 짓고 불법으로 2층 방을 지으며, 자기 이웃을 고용하고도 품삯을 주지 않는 자[99]에게 화가 있을 것이다. '내가 넓은 2층 방이 딸린 큰 집을 지어야지'라고 말하면서, 자기 집에 창문을 만들고 백향목 판자로 집을 단장하고 붉은 색을 칠하는 자여, 네가 백향목을 경쟁하듯 더 많이 쓴다고 왕노릇 할 수 있겠느냐? 네 아버지가 먹고 마시지 않았느냐?[100] 그러면서도 공의와 정의를 행하지 않았느냐? 그때 그가 형통했다. 그가 가난한 사람과 궁핍한 사람을 변호했을 때 그가 형통했다. 이것이 나를 아는 것이 아니겠느냐? 주님의 말씀이다.

그러나 네 눈과 마음은 선하지 않아서 오직 네 탐욕을 채우려고 죄없는 사람의 피를 흘리며 백성을 억압하고 폭력을 행하는 데에만 쏠려 있다. 그러므로 주께서 유다 왕 요시야의 아들 여호야김에 대

---

98. 대상 3:15.
99. 여호야김. 유다 백성은 이집트에 많은 조공을 바치며 궁핍하게 살고 있는데, 여호야김은 사치와 허영심에 사로잡혀 공권력을 이용해 백성의 돈으로 왕궁을 증축하는 불의를 행했다.
100. 요시야는 인간적이고 겸손하며 온화했다(칼빈).

해 이렇게 말씀하셨다. "여호야김이 죽어도 사람들이 그를 위해 '슬프다, 내 형제여! 슬프다, 내 자매여!' 하며 통곡하지 않을 것이고, 그를 위해 '슬픕니다, 주여! 슬픕니다, 군주여!' 하며 애곡하지 않을 것이다. 사람들은 그를 끌고 가서 예루살렘 성문 밖으로 내던지고 나귀처럼 묻어 버릴 것이다. (22:13-19)

너는 레바논에 올라가서 외치고, 바산에서 소리 지르고, 아바림에서 외쳐라. 너를 사랑하는 자가 모두 망했기 때문이다. 네가 평안했을 때 내가 네게 말했지만, 너는 '나는 듣지 않겠습니다!'라며 거부했다. 너는 어렸을 때부터 이런 버릇이 있어서 내 음성을 듣지 않았다. 그러므로 네 목자들은 모두 바람에 휩쓸려 가고, 네가 사랑하는 사람들은 포로가 되어 끌려갈 것이다.[101] 그때 네가 네 온갖 죄악 때문에 반드시 수치와 멸시를 당할 것이다. 레바논에 살면서 백향목 나무 위에 보금자리를 가진 자여, 해산하는 여인의 진통 같은 고통이 네게 오면 네가 매우 신음할 것이다." (22:20-23)

BC 605년에 바빌로니아 왕 나보폴라살이 쇠약해지자, 이집트 왕 느고 2세(BC 610-595)는 바빌로니아의 리더십 혼란을 틈타서 유프라테스 강 서편의 갈그미스까지 쳐들어갔다. 그러나 그는 나보폴라살의 맏아들 느부갓네살이 지휘하는 바빌로니아 군대에게 패배하고 퇴각한다. 전쟁에서 승리한 느부갓네살은 부친의 사망(BC 605년 8월 16일) 소식을 듣고 바벨론으로 급히 가서 부친의 장례식을 치르고 바빌로니아 왕위를 계승한 후 이집트가 지배하는 팔레스틴을 정

---

101. BC 605년 제1차 바빌로니아 포로.

복하려고 유다를 향해 온다. (렘 46:1-28)

이방 민족에 관한 주님의 말씀이 예레미야 예언자에게 들렸다. 이것은 요시야의 아들 유다 왕 여호야김 4년에, 이집트 왕 파라오 느고의 군대가 유프라테스 강 근처의 갈그미스까지 원정 갔다가 바빌로니아 왕 느부갓네살에게 격파된 것에 관한 말씀이다. (46:1-2)

"너희 바빌로니아 군대는 크고 작은 방패로 무장하고 싸우러 나가라! 기병들아, 말에 안장을 얹고 올라타서 투구를 쓰고 대열을 정돈해라. 창을 날카롭게 갈고 갑옷을 입어라. 주께서 말씀하신다. '내가 보니, 그들 이집트 군대이 놀라서 후퇴하고, 그들의 용사들이 격파되어 뒤돌아보지 않고 정신없이 도망하니 어떻게 된 일이냐? 사방에 공포가 있기 때문이다. 발 빠른 사람도 도망하지 못하고 용사도 도망하지 못한다. 그들은 북쪽 유프라테스 강가에서 비틀거리다가 쓰러졌다.'

나일 강물처럼 불어오르는 저것이 뭐냐? 범람하는 강물처럼 불어오르는 저것이 뭐냐? 이집트가 나일 강물처럼 불어오르고, 범람하는 강물처럼 불어올랐다. 그 이집트가 말하기를 '내가 강물처럼 불어올라서 땅을 덮고, 바빌로니아 성읍과 그 주민을 멸망시키겠다'고 했다. 말들아, 달려라. 전차들아, 미친 듯이 달려라. 용사들아, 진격해라. 방패를 든 에티오피아 군대와 리비아 군대와 활을 당기는 리디아 군대도 진격해라.

그러나 오늘은 만군의 주 하나님이 자기 원수들 이집트에게 원수 갚는 복수의 날이다. 주님의 칼이 이집트를 삼켜 배부를 것이며 그들의 피를 실컷 마실 것이다. 만군의 주 하나님이 북쪽 땅 유프라테스 강

가에서 희생제물을 잡으신다. 처녀 딸 이집트야, 길르앗으로 올라가서 유향을 가져와 봐라. 그러나 네가 아무리 많은 약을 써봐도 네 병은 낫지 못할 것이다. 네가 수치를 당했다는 소문이 여러 나라에 퍼졌고, 네가 울부짖는 소리가 땅에 가득하니 네 용사들이 서로 부딪쳐 넘어져서 함께 쓰러져 죽었기 때문이다." (46:3-12)

주께서 예레미야 예언자에게, 바빌로니아 왕 느부갓네살이 이집트 땅을 치러 올 것이라고 말씀하셨다.

"너희는 이집트에 선포하고 믹돌과 멤피스와 다바네스에서도 외쳐라. '사방에서 전쟁이 일어나 너희를 삼킬 것이니 너희는 빨리 방어 태세를 갖춰라'고 해라. 어찌하여 네 용사들이 거꾸러졌느냐? 주께서 그들을 메어치시니 그들이 설 수 없었기 때문이다. 주님이 많은 사람을 쓰러지게 하셨으므로 그들이 넘어지면서 서로 말하기를 '일어나서 우리 민족에게로 돌아가자. 포악한 자 바빌로니아의 칼을 피해 우리 고향 땅으로 돌아가자'고 한다. 그들은 거기서 '이집트 왕 바로는 허풍쟁이다. 그의 때는 지나갔다'고 말한다.

만군의 주요, 왕이라고 불리는 내가 살아 있음을 두고 맹세한다. 그 바빌로니아가 산 사이에 우뚝 솟은 다볼 산같이, 바닷가에 높이 솟은 갈멜 산같이 너를 공격하러 올 것이다.

딸 이집트 백성아, 너희는 짐을 꾸리고 잡혀갈 준비를 해라. 멤피스는 불에 타서 황무지가 되어 주민이 없을 것이다. 이집트가 예쁘디예쁜 암송아지이지만, 북쪽에서 쇠파리떼가 몰려오니, 이집트에 있던 그녀의 살진 송아지 같은 용병들도 버티지 못하고 돌아서서 다 함께 도망갈 것이다. 그들이 멸망할 날이 다가오고 벌 받을 때가 다가왔기 때문이다. 적군이 벌목하는 사람처럼 도끼를 들고 와서 이집트 숲의 나무를 잘라 버릴 것이다. 그들바빌로니아은 수를 헤아릴 수 없는 메뚜기떼보다 많으므로 이집트는 소리 내며 도망치는 뱀 같을 것이다. 주님의 말씀이다. 딸 이집트가 수치를 당하고 북쪽 백성의 손에 넘어갈 것이다. (46:13-24)

만군의 주 이스라엘의 하나님의 말씀이다. 보라, 내가 테에베의 신 아몬과 파라오와 이집트와 그 나라의 신들이나 왕들 곧 파라오와 그를 의지하는 사람들에게 벌을 내리겠다. 내가 그들을 그들의 목숨을 노리는 바빌로니아 왕 느부갓네살과 그 부하들의 손에 넘겨 주겠다. 그러나 그후 그 땅은 다시 옛날처럼 사람 사는 곳이 될 것이다. 주님의 말씀이다. (46:25-26)

그러나 내 종 야곱아, 너는 두려워하지 마라. 이스라엘아, 너는 무서워하지 마라. 보라, 내가 너를 먼 곳에서 구원하고, 네 자손을 포로로 잡혀간 땅에서 구원할 것이므로, 야곱이 돌아와서 조용하고 평안하게 살 것이며 너를 두렵게 할 자가 없을 것이다. 내 종 야곱아, 내가 너와 함께 있으니 너는 두려워하지 마라. 주님의 말씀이다. 너를 쫓아낸 모든 나라를 내가 멸망시키겠지만 너만은 멸망시키지 않겠다. 그러나 나는 너를 법에 따라 징계하겠고, 결코 벌을 면제해 주지는 않겠다." (46:27-28)

느부갓네살이 유다를 정복하기 전에 예레미야가 예언했다. 우상숭배하고 악한 유다 백성이 바빌로니아에 잡혀가서 70년 동안 포로생활 할 것이고, 70년이 지나면 악을 행한 바빌로니아도 심판받고 멸망할 것이라고 예언했다. (BC 605,

렘 25:1-14)

요시야의 아들 유다 왕 여호야김 4년 곧 바빌로니아 왕 느부갓네살 원년에, 예레미야가 모든 유다 백성에 관한 말씀을 받았다. 예언자 예레미야가 유다 모든 백성과 예루살렘의 모든 주민에게 이렇게 말했다.

"아몬의 아들 유다 왕 요시야 13년부터 오늘까지 23년째 주님의 말씀이 내게 들려서, 나는 그것을 여러분에게 열심히 전했습니다. 그러나 여러분은 듣지 않았습니다. 주님은 여러분에게 주님의 종 예언자들을 모두 끊임없이 보내셨으나, 여러분은 듣지 않고 들으려고 귀를 기울이지도 않았습니다. 주님이 말씀하시기를 '너희는 각자 자신의 악한 길과 악행에서 돌아오라. 그러면 나 주가 너희와 너희 조상에게 준 땅에서 너희가 영원히 살 것이다. 너희는 다른 신들을 쫓아다니며 섬기거나 경배하지 말고 너희 손으로 만든 우상으로 나를 분노하게 하지 마라. 그러면 나도 너희에게 재앙을 내리지 않겠다'고 하셨습니다. '주님의 말씀이다. 그런데도 너희는 내 말을 듣지 않고, 너희 손으로 만든 우상으로 나를 분노하게 해, 내가 너희 자신에게 재앙을 내리게 했다'고 하셨습니다. (25:1-7)

그러므로 만군의 주께서 이렇게 말씀하셨습니다.

'너희가 내 말을 듣지 않았으니, 보라. 내가 내 종 바빌로니아 왕 느부갓네살을 보내어 북쪽의 모든 민족을 데려오게 하겠다. 그래서 이 땅과 그 주민과 그 주위의 모든 민족을 쳐서 진멸해 경악과 조롱거리가 되게 하고, 이 땅을 영원히 폐허로 만들겠다. 내가 그들에게서 흥겨워하는 소리와 기뻐하는 소리, 신랑 신부가 즐거워하는 소리와 맷돌질하는 소리와 등불 빛을 사라지게 해, 이 땅은 모두 끔찍한 폐허가 되고, 이 민족은 70년 동안 바빌로니아 왕을 섬길 것이다.'102 (25:8-11)

주님의 말씀이다. 70년이 다 차면, 내가 바빌로니아 왕과 그 민족과 갈대아인의 땅을 그들의 죄악 때문에 벌주어 그곳을 영원히 폐허로 만들어 버리겠다. 내가 그 땅에 관해 한 내 모든 말 곧 예레미야가 모든 민족에 관해 예언하고 이 책에 기록한 것을 모두 그 땅에 이뤄지게 하겠다. 나는 그들의 행위와 그들의 손이 행한 대로 갚을 텐데, 그들이 여러 민족과 큰 왕들을 섬기게 될 것이다.'" (25:12-14)

유다와 열방의 멸망 예언 (렘 25:15-29)

이스라엘의 주 하나님이 내게 이렇게 말씀하셨다.

"너는 내 손에서 이 진노의 포도주 잔을 받아서, 내가 너를 보내는 모든 민족에게 그것을 주어서 마시게 해라. 그들은 그것을 마신 후에, 내가 그들 사이에 일으킨 전쟁 때문에 비틀거리며 미친 사람처럼 될 것이다."

내가 주님의 손에서 그 잔을 받아, 주께서 나를 보내신 모든 민족에게 마시게 했고, 예루살렘과 유다 성읍과 유다 왕들과 지도자들에게 마시게 해서 그 땅이 폐허와 황무지와 조롱받는 땅이 되게 했다.103 그리고 이집트 왕 파라오와 그의 신하들과 지도자들과 그의 모든 백성과 이집트에 사는 모든 족속과 우스 땅의 모든 왕과, 블레

---

102. 유다 왕국의 지도자들은 바빌로니아 왕을 배신하고 이집트 왕을 섬기려다 멸망한다.
103. LXX.

셋 땅의 아스글론, 가사, 에그론, 아스돗에 남아 있는 모든 왕과 에돔, 모압, 암몬 자손과 두로의 모든 왕, 시돈의 모든 왕, 지중해 건너편 해안지방의 왕들과 드단, 데마, 부스, 관자놀이의 머리카락을 깎은 모든 자와 아라비아의 모든 왕, 사막에 사는 족속의 모든 왕, 시므리의 모든 왕, 엘람의 모든 왕, 메대의 모든 왕, 북쪽에 있는 원근 각처의 모든 왕 곧 세상에 있는 모든 나라가 마시게 했다. 세삭[104] 왕이 마지막에 마시게 될 것이다. (25:15-26)

"너는 만군의 주 이스라엘의 하나님이 이렇게 말씀했다고 그들에게 말해라. '내가 너희 사이에 전쟁을 일으키니, 너희는 마시고 취하고 토하고 쓰러져서 다시는 일어나지 마라.'

그러나 그들이 네 손에서 그 잔을 받아 마시기를 거절하면 너는 그들에게 말해라. '만군의 주께서 말씀하셨다. 너희는 반드시 마셔야 한다. 보라, 내가 내 이름으로 불리는 저 도시에 재앙을 내리기 시작했으니, 너희가 벌을 면할 수 있겠느냐? 면할 수 없다. 이는 내가 세상 모든 주민에게 전쟁을 일으켰기 때문이다. 만군의 주님의 말씀이다.'" (25:27-29)

유다와 열방 심판의 참상 예언 (렘 25:30-38)

"너는 이 모든 말로 그들에게 예언해 말해라. '주께서 높은 곳에서 고함치시고, 자신의 거룩한 처소에서 큰소리를 내시며, 자신의 목장[105]에 크게 고함치시고, 세상 모든 주민에게 포도를 밟는 자들

---

104. 바빌로니아. 렘 51:41 참조.
105. 유다와 열방.

처럼 환호 소리를 내신다. 주께서 만민을 심판하실 것이므로, 그 요란한 소리가 땅 끝까지 퍼질 것이다. 그가 모든 사람을 심판하시고, 악인들을 칼에 맞아 죽게 하실 것이다. 주님의 말씀이다. (25:30-31)

만군의 주께서 말씀하셨다. '보라, 재앙이 이 민족에서 저 민족에게로 퍼져나가고, 큰 폭풍이 땅 끝에서 일어날 것이다. 그날에는 주님께 죽임 당한 시체들이 땅 이 끝에서 저 끝까지 널려 있겠지만, 그들을 위해 울어 줄 사람이 없고 시신을 모아다가 묻어 줄 사람도 없어서 그 시신이 땅 위의 오물처럼 될 것이다.

목자들아, 너희는 울부짖으며 통곡해라. 양떼의 인도자들아, 너희는 재 위에서 뒹굴어라. 너희가 학살당할 날이 다가왔다. 귀한 그릇이 떨어져 깨어지듯, 너희가 부서질 것이다. 목자들은 도피처도 없고, 양떼의 인도자들은 도망할 곳도 없을 것이다.

목자들이 울부짖는 소리와 양떼의 인도자들이 통곡하는 소리를 들어 보라. 주께서 그들의 목장을 파괴하셨기 때문이다. 주님의 맹렬한 진노 때문에 평화롭던 초장이 황무지가 되었다. 젊은 사자가 굴을 나서듯 주께서 나서셨으므로, 압제자의 칼과 주님의 분노 때문에 그들의 땅이 폐허가 되어 버렸다." (25:32-38)

느부갓네살의 1차 예루살렘 침략과 다니엘의 신앙 결단

BC 605년에 느부갓네살은 막강한 군대를 이끌고 유대로 쳐들어와서 여호야김에게 조공을 바칠 것을 요구했다. 만일 거부하면 무력을 사용할 것이라고 윽박질렀다. 이에 여호야김은 느부갓네살의 위협에 놀라서 돈을 주고 평화를 샀다. 느부갓네살이 예루살렘에 입성했다. 이집트의 지배를 받아 오던 유다가 바빌로니아의 지배를 받는 새로운 국제정치 질서가 형성되었다. 느부갓네살은 여호야김으로부터 충성 맹세와 예루살렘 성전 물건 등 조공을 받은 후 유대인 귀족출신 청소년들을 인질로 잡아갔다.

바빌로니아에 포로로 잡혀간 유대인 청소년들은 세상에 속하지 않으면서 세상 안에서 신앙생활하는 삶을 살게 되었다. 다니엘과 세 친구의 신앙 결단은 모범적이다. (단 1:1-17; 왕하 24:1a)

유다의 여호야김이 왕위에 오른 지 3년이 지난 해[BC 605]에, 바빌로니아 왕 느부갓네살이 예루살렘으로 쳐들어와서 성을 포위했다. 주님이 유다 왕 여호야김과 하나님의 성전 물건 얼마를 그의 손에 넘기셔서 그가 그 물건을 바벨론으로 가지고 가서 자기 신전의 보물 창고에 넣어 두었다.[106]

느부갓네살 왕은 아스부나스 환관장에게 명령해, 이스라엘 백성 중에서 특히 왕족과 귀족 자손 가운데서 흠 없고 용모가 잘 생기고 모든 지혜를 갖췄고 지식과 통찰력이 있어서 왕궁에서 왕을 섬길 능력 있는 소년들을 데려오게 해서,[107] 그들에게 바빌로니아의 학문과 언어를 가르치게 했다. 왕은 또 왕이 지정한 왕의 음식과 왕이 마시는 포도주에서 날마다 필요한 양식을 그들에게 주고, 3년 동안 그들을 교육시킨 뒤 그들 중에서 몇 명을 왕 앞에 서게 했다. 그들 가운데는 유다 자손인 다니엘과 하나냐와 미사엘과 아사랴

---

106. 왕하 20:17; 사 39:6 참조.
107. 왕하 20:18; 사 39:7 참조.

가 있었다. 환관장이 그들에게 이름을 새로 지어 주었는데, 다니엘은 벨드사살이라 하고, 하나냐는 사드락, 미사엘은 메삭, 아사랴는 아벳느고라고 하였다. 다니엘은 왕의 음식과 왕이 마시는 포도주로 자신을 더럽히지 않겠다고 결심하고,[108] 환관장에게 자신을 더럽히지 않게 해달라고 간청했다. 하나님은 다니엘이 환관장에게서 은혜와 자비를 얻게 해주셨다. 환관장이 다니엘에게 말했다.

"나는 내 주 왕을 두려워한다. 그분이 너희가 먹고 마실 것을 정하셨는데, 너희 얼굴이 너희와 같은 또래의 젊은이들보다 초췌해 있는 것을 왕이 보시게 될까 두렵다. 그렇게 되면, 너희 때문에 내 목숨이 왕 앞에서 위태롭게 될 것이다."

환관장이 다니엘, 하나냐, 미사엘, 아사랴를 감독하게 한 자에게, 다니엘이 가서 말했다.

"제발 이 종들을 10일 동안만 시험해 보시기 바랍니다. 우리에게 채소를 줘 먹게 하고, 물을 줘 마시게 한 후에, 우리의 얼굴빛과 왕의 음식을 먹는 소년들의 얼굴빛을 비교해 보시고, 이 종들의 요청을 처리해 주시기 바랍니다."

감독관은 그들의 말대로 10일 동안 시험해 보았다. 10일 후 그들의 얼굴빛이 왕의 음식을 먹은 소년들의 얼굴빛보다 좋고 건강해 보여서 그는 그들에게 지정된 음식과 마실 포도주 대신 채소를 줘서 먹게 했다. 하나님은 네 소년에게 책의 지식과 이해력을 주시고, 지혜를 주셨으며 다니엘은 모든 환상과 꿈까지 해석했다.

---

108. 다니엘은 우상에게 바쳐졌던 음식을 먹는 것은 우상을 섬기는 것이라 생각하고 단호하게 거부했다.

예레미야의 예언

한편, BC 605년에 느부갓네살이 바빌로니아 군대를 이끌고 예루살렘을 포위했을 때, 성 밖에서 천막 생활을 하고 있던 레갑 자손이 바빌로니아 군대를 피해 예루살렘 성 안으로 들어와서 임시로 머물고 있었다. 이때 하나님은 예레미야에게 이방인 레갑 사람들의 충성심과 금욕과 절제를 확인하게 하고, 유대인의 불순종과 변절과 세속화된 죄를 심판할 수밖에 없음을 깨닫게 하셨다. (렘 35:1-19)

요시야의 아들 여호야김이 유다 왕이었을 때, 주께서 예레미야에게 말씀하셨다.

"너는 레갑 사람들을 찾아가서 그들에게 말하고, 그들을 주님의 성전으로 데려와서 방 안으로 안내해 포도주를 마시게 해봐라."

나는 하바시냐의 손자요 예레미야의 아들인 야아사냐와 그의 형제와 그의 모든 아들과 모든 레갑 사람을 주님의 성전으로 데려와서, 익다랴의 아들이고 하나님의 사람인 하난의 아들들이 쓰는 방으로 안내했다. 그 방은 지도자들의 방 옆에 있었고, 문지기 살룸의 아들 마아세야의 방 위에 있었다. 나는 거기서 레갑 자손들에게 포도주가 가득 찬 술통과 잔을 주며 말했다.

"포도주를 마시세요."

"우리는 포도주를 마시지 않습니다. 우리 조상 레갑의 아들 요나답[109]이 우리에게 말씀하시길 '너희와 너희 자손은 영원히 포도주를 마시지 마라. 너희는 집도 짓지 말고 씨도 뿌리지 말고 포도원도 소

---

109. BC 840년경 북이스라엘 왕 예후의 신하(왕하 10:15).

유하지 마라. 너희는 언제까지나 천막에서만 살아라. 그래야 너희가 나그네로 사는 그 땅에서 오래오래 살 것이다'라고 명령했습니다. 그래서 우리는 우리 조상 레갑의 아들 요나답이 우리에게 명령한 모든 말에 순종해 우리와 우리 아내와 우리 아들과 딸이 평생 포도주를 마시지 않고 살 집도 짓지 않고, 포도원이나 밭이나 씨도 갖지 않고, 천막에서 살며 오직 우리 조상 요나답이 우리에게 지시한 모든 명령에 순종해 그대로 실천했습니다. 그런데 바빌로니아 왕 느부갓네살이 이 땅에 쳐들어왔을 때 '자, 우리가 갈대아 군대와 앗시리아'[110] 군대를 피해 예루살렘으로 들어가자'고 결정했습니다. 그래서 우리가 예루살렘에서 머물고 있는 것입니다." (35:1-11)

그때 주님의 말씀이 예레미야에게 들렸다.

"만군의 주 이스라엘의 하나님이 이렇게 말씀하셨다. 너는 가서, 유다 사람과 예루살렘 주민에게 이렇게 말해라. '너희는 내 말을 듣고도 교훈을 받지 않겠느냐? 주님의 말씀이다. 레갑의 아들 요나답이 그의 자손에게 '포도주를 마시지 마라'고 명령한 것이 이렇게 엄격히 지켜지고 있고, 그 자손은 조상의 명령에 순종해서, 오늘날까지 포도주를 마시지 않는다. 그런데 내가 너희에게 말하고 끊임없이 말했으나 너희는 내 말을 듣지 않았다. 내가 내 종 예언자들을 모두 너희에게 보내고 끊임없이 보내면서 권고하기를 '너희는 각자 자신의 악한 길에서 돌아서서 행실을 고치고 다른 신들을 섬기려고 쫓아다니지 마라. 그리하면 내가 너희와 너희 조상에게 준 이 땅에서

---

110. LXX.

너희가 살게 될 것이다'라고 했다. 그러나 너희는 내게 귀 기울이지 않고, 내 말을 듣지도 않았다. 레갑의 아들 요나답의 자손은 그들의 조상이 자기들에게 지시한 명령을 준수하는데, 이 백성은 내 말을 듣지 않았다. 그러므로 만군의 주 이스라엘의 하나님이 이렇게 말씀하셨다. '보라. 내가 유다와 예루살렘의 모든 주민에게 내리겠다고 한 모든 재앙을 그대로 내리겠다. 내가 그들에게 말해도 듣지 않고, 내가 그들을 불러도 대답하지 않았기 때문이다.'" (35:12-17)

예레미야가 레갑 사람들에게 말했다.

"만군의 주 이스라엘의 하나님이 이렇게 말씀하셨습니다. '너희는 너희 조상 요나답의 명령에 순종하고 그의 모든 명령을 지켜, 그가 너희에게 명령한 것을 모두 그대로 실천했다.' 그래서 만군의 주 이스라엘의 하나님이 이렇게 말씀하셨다. '레갑의 아들 요나답의 후손 가운데서 나를 섬길 사람이 영원히 끊어지지 않을 것이다.'" (35:18-19)

예레미야가 바룩에게 예언서를 받아쓰게 하다 (BC 605, 렘 36:1-4; 45:1-5)

유다 왕 요시야의 아들 여호야김 4년에, 주님으로부터 이 말씀이 예레미야에게 들렸다.

"너는 두루마리 책을 가져와서 내가 네게 말한 때 곧 요시야 때부터 오늘까지, 내가 이스라엘과 유다와 모든 이방 나라에 관해 네게 말한 모든 말을 두루마리에 기록해라. 내가 유다 백성에게 내리기로 작정한 모든 재앙을 그들이 듣고 저마다 자신의 악한 길에서 돌아서면, 내가 그들의 허물과 죄를 용서하겠다." (36:1-3)

예레미야가 네리야의 아들 바룩을 불렀다. 네리야의 아들 바룩은 주께서 예레미야에게 말씀하신 주님의 모든 말씀을 예레미야가 불러주는 대로 두루마리 책에 기록했다. 예레미야 예언자가 바룩에게 말했다.

"바룩아, 이스라엘의 주 하나님이 네게 이런 말씀을 하셨다. 네가 주님께 말하기를 '주께서 내 고통에 노동'[111]을 더하셔서, 나는 탄식하다가 기진맥진하여 평안을 찾지 못했으니, 나는 화를 당했습니다'라고 했다. 네가 주님께 이렇게 말할 때, 주님은 이렇게 말씀하셨다. '보라. 나는 세우기도 하고 허물기도 하며, 심기도 하고 뽑기도 한다. 내가 온 땅에 그렇게 한다. 네가 너를 위해 큰일을 찾고 있느냐? 찾지 마라.[112] 내가 이제 모든 사람에게 재앙을 내릴 것이기 때문이다. 그러나 네가 어디로 가든지 나는 네 목숨을 전리품처럼 건져 주겠다. 주님의 말씀이다.'" (36:4; 45:1-5)

예레미야가 바룩에게 두루마리를 성전에서 낭독하라고 지시하다 (BC 604, 렘 36:5-32).

유다 왕 요시야의 아들 여호야김 5년 9월에 예루살렘의 모든 주민과 유다 여러 성읍에서 예루살렘으로 들어온 모든 백성에게 주님 앞에서 금식이 선포되었다.[113] (36:9)

예레미야가 바룩에게 지시했다.

"나는 주님의 성전에 들어갈 수 없게 통제 당했으니, 네가 주님의 성전으로 들어가서, 내가 주님의 말씀을 불러 주는 대로 네가 기록

---

111. LXX.
112. 시 131:1 참조.
113. 예루살렘 1차 함락(BC 605) 1년 후 9월(BC 604년 12월 겨울)에 기근과 조공 등 국가적 재난을 극복하기 위해 임시로 시행한 금식일로 보인다.

한 두루마리를 금식일에 백성에게 낭독해 들려 줘라. 유다 성읍에서 온 모든 사람에게 그 말씀을 낭독해 들려 줘라. 혹시 그들이 주님 앞에 기도드리고, 저마다 자신의 악한 길에서 돌아올지도 모른다. 주께서 이 백성에게 쏟으시겠다고 말씀하신 진노와 노여움이 크기 때문이다." (36:5-7)

네리야의 아들 바룩은 예레미야 예언자가 자기에게 명령한 대로 주님의 성전에서 책에 있는 주님의 말씀을 낭독했다. (36:8)

바룩이 주님의 성전 '새 대문' 입구 위 뜰에 있는 서기관 사반의 아들 그마랴의 방에서 그 책에 기록된 예레미야의 말을 모든 백성에게 낭독했다. 그때 사반의 손자요 그마랴의 아들인 미가야가 그 책에 있는 주님의 말씀을 다 듣고 왕궁으로 내려가서 서기관의 방으로 들어갔다. 그곳에는 서기관 엘리사마와 스마야의 아들 들라야와 악볼의 아들 엘라단과 사반의 아들 그마랴와 하나냐의 아들 시드기야 등 모든 지도자들이 앉아 있었다. 미가야는, 바룩이 백성에게 책을 낭독해 들려줄 때 들은 말을 모두 그들에게 전했다. 그러자 모든 지도자들은 구시의 증손이요 셀레먀의 손자요 느다냐의 아들인 여후디를 바룩에게 보내며, "너는 백성에게 낭독해 들려준 그 두루마리를 가지고 오너라" 하고 말하게 했다. 네리야의 아들 바룩이 두루마리를 가지고 그들에게 가자, 지도자들이 바룩에게 말했다.

"자, 그 두루마리를 우리에게 다시 낭독해 주시오."

바룩이 그들에게 낭독하자, 그들은 그 말씀[114]을 모두 듣고 나서

---

114. 바빌로니아 왕이 다시 와서 이 땅을 멸망시키고 사람과 짐승을 땅에서 멸절시킬 것이라는 말씀(렘 36:29 참조).

두려워하며 바룩에게 말했다.

"우리가 이 말씀을 모두 왕께 꼭 아뢰겠소. 그런데 당신이 어떻게 이 모든 말씀을 기록했는지 우리에게 말하시오."

"예레미야가 자기 입으로 이 모든 말씀을 내게 불러 주었고, 나는 먹으로 이 책에 받아썼습니다."

"가서 예레미야와 함께 숨고, 당신들이 어디 있는지 아무도 모르게 하시오." (36:10-19)

지도자들은 그 두루마리를 엘리사마 서기관의 방에 보관해 두고, 왕궁 뜰로 들어가서 왕에게 이르러, 그 말을 모두 왕에게 보고했다. 왕은 여후디를 보내어 그 두루마리를 가져오게 했다. 여후디가 서기관 엘리사마의 방에서 그 두루마리를 가져와서 왕과 왕 옆에 서 있던 모든 지도자 앞에서 낭독했다. 그때는 9월[115]이어서 왕이 겨울 별관에 머물고 있었으며, 왕 앞에는 불 피운 난로가 놓여 있었다. 그런데 여후디가 그 두루마리에서 서너 줄 읽어 내려갈 때마다, 왕은 읽은 부분을 서기관의 칼로 잘라 내어 난로불에 던져 넣었다. 이렇게 왕은 모든 두루마리를 난로불에 태워 버렸다. 왕과 그의 신하가 모두 이 말씀을 다 듣고도 두려워하지 않고 자기들의 옷을 찢지도 않았다. 엘라단과 들라야와 그마랴가 왕에게 그 두루마리를 불태우지 말라고 간청했으나, 왕은 그들의 말을 듣지 않았다. 왕은 오히려 왕자 여라므엘을 비롯해 아스리엘의 아들 스라야와 압디엘의 아들 셀레먀에게 명령해, 바룩 서기관과 예레미야 예언자를 체포하라고 했

---

115. 오늘날의 12월.

다.[116] 그러나 주께서 그들을 숨기셨다. (36:20-26)

예레미야가 불러 주고 바룩이 받아쓴 두루마리를 왕이 불태운 후, 주님의 말씀이 예레미야에게 들렸다.

"너는 다시 다른 두루마리를 가져와, 그 위에 유다 왕 여호야김이 불태워 버린 처음 두루마리에 기록했던 먼젓번 말씀을 모두 다시 적고, 유다 왕 여호야김에게 이렇게 말해라.

주님이 이렇게 말씀하셨다. 네가 두루마리를 불태우면서 '예레미야 너는 왜 바빌로니아 왕이 틀림없이 와서 이 땅을 멸망시키고 사람과 짐승을 이 땅에서 멸절시킬 것이라고 두루마리에 기록했느냐?'고 말했다. 그러므로 주님이 유다 왕 여호야김에 관해 이렇게 말씀하셨다. '그의 자손 가운데는 다윗의 왕좌에 앉을 사람이 없을 것이요, 그의 시체는 바깥에 버려져 낮에는 더위와 밤에는 추위를 당할 것이다. 나는 여호야김과 그의 자손과 그의 신하들에게도 그들의 죄에 대해 벌주겠고, 그들뿐만 아니라 예루살렘 주민과 유다 사람들도 내가 경고했으나 내 말을 듣지 않았으니, 내가 말한 모든 재앙을 그들에게도 내리겠다.'"

그래서 예레미야가 다른 두루마리를 가져와 네리야의 아들 바룩 서기관에게 주었다. 바룩은 예레미야가 불러주는 대로, 유다 왕 여호야김이 불태운 책의 모든 말씀을 기록했는데, 이번에는 그와 비슷한 말씀이 더 많이 추가되었다. (36:27-32)

---

116. 요시야는 말씀을 듣고 옷을 찢으며 회개했지만(왕하 22:11), 여호야김은 금식 기간에 죄를 지적받고도 회개하지 않고 오히려 죄를 지적한 바룩과 예레미야를 지명수배하다가 멸망한다.

여호야김이 BC 609년에 예레미야를 죽이려 했으나 아히감이 보호해 주어 죽음을 모면한 적이 있었다. 그런데 4년이 지나서 이제 다시 예레미야와 바룩을 죽이려고 체포 명령을 내렸으므로 여호야김이 죽을 때까지 예레미야는 6년 동안 외부 활동을 중단하고 숨어 지내며 바룩을 통해 예레미야서를 두루마리에 기록했다.

다니엘과 세 친구의 신앙생활

한편, 다니엘과 세 친구가 바빌로니아로 잡혀온 지 3년째가 되어 느부갓네살 왕 앞에 나아갔고, 선택을 받아 왕을 섬기게 되었다. (BC 603, 단 1:18-20)

왕이 소년들을 데리고 오라고 말한 기한이 되었을 때, 환관장은 그들을 느부갓네살 앞으로 데리고 갔다. 왕이 그들과 말해 보니, 모든 사람 가운데 다니엘과 하나냐와 미사엘과 아사랴만 한 자가 없어서, 그들이 왕을 섬기게 했다. 왕이 그들에게 모든 것을 물어보고서 그들의 지혜와 총명이 나라의 모든 마법사나 주술가보다 10배나 더 낫다는 것을 알았다.

다니엘의 느부갓네살 꿈 해몽 (BC 603, 단 2:1-49)

느부갓네살 왕 2년에 왕이 꿈을 꾸고서 마음이 답답했지만, 다시 잠이 들었다. 그런 후 왕은 그 꿈을 알아내려고 마술사와 주술가와 점쟁이와 점성가들을 불러들이라고 명령했다.

그들이 왕 앞에 와서 섰다. 왕이 그들에게 말했다.

"내가 꿈을 꾸었는데, 그 꿈을 알 수 없어서 내 마음이 답답하구나."

그들이 왕에게 아람 말로 말했다.

"왕이시여, 만수무강하소서. 그 꿈을 종들에게 말씀해 주시면, 저희가 해몽해 드리겠습니다."

"내가 분명히 명령한다. 너희가 그 꿈과 해몽을 내게 알게 해주지 못하면, 너희 몸은 토막 날 것이고 너희 집은 폐허가 될 것이다. 너희가 그 꿈과 해몽을 알게 해주면, 내가 너희에게 선물과 상과 큰 명예를 주겠다. 그 꿈과 해몽을 내게 말해라."

"왕께서 그 꿈을 종들에게 말씀해 주시면, 저희가 해몽해 드리겠습니다."

"과연 내가 생각한 대로구나! 너희가 내 명령이 확고한 것을 알고서 시간을 지연시키려고 하는구나. 내가 분명히 말하지만 너희가 그 꿈을 사실대로 내게 알려주지 못하고 그 해몽을 밝히지 못하면, 너희는 처형될 것이다.[117] 너희가 내 앞에서 거짓말을 하고 사기 치는 말을 꾸며 말하면서 상황이 바뀔 때까지 기다리려 하는구나. 먼저 그 꿈을 내게 말해라. 그러면 너희가 해몽도 해줄 수 있을 것으로 알겠다."

"왕의 꿈을 왕께 알려줄 수 있는 사람은 세상에 아무도 없습니다. 그 어떤 위대한 왕이나 통치자도 이런 것을 마법사나 주술가나 갈대아 사람들에게 물어본 적이 없습니다. 왕께서 물으신 것은 너무

---

117. LXX.

어려워서, 육체를 가진 사람과 함께 살지 않는 신 외에는 아무도 그것을 왕께 알려드릴 수 없습니다."

왕은 이 말을 듣고 화가 나서 매우 분노해, 바빌로니아의 모든 지혜자들을 죽이라고 명령했다. 왕의 명령이 공포되자, 지혜자들은 죽게 되었고, 사람들은 다니엘과 그의 친구들도 죽이려고 찾아다녔다. 다니엘은 바빌로니아의 지혜자들을 죽이려고 나온 왕의 경호대장 아리옥에게 가서, 지혜로운 말로 조심스럽게 물었다.

"왕의 명령이 왜 이렇게 가혹합니까?"

아리옥이 다니엘에게 그 일을 설명해 주었다. 다니엘은 즉시 왕에게 가서 왕께 꿈을 해몽해 드릴 시간을 달라고 했다. 그리고 다니엘은 집으로 돌아가서, 자기 친구 하나냐와 미사엘과 아사랴에게 그 사실을 알려 주었다. 그리고, 다니엘과 그의 친구들이 하늘에 계신 하나님께 그 비밀을 알려 달라고 기도했고, 다른 바빌로니아 지혜자들과 함께 죽지 않게 해달라고 자비를 구했다. 바로 그날 밤 그 비밀이 다니엘에게 환상으로 나타났다. 다니엘은 하늘에 계신 하나님을 찬양했다.

"지혜와 능력이 주님의 것이니, 하나님의 이름을 영원토록 찬양드립니다. 주님은 때와 계절을 바꾸시고, 왕들을 폐하기도 하고 세우기도 하시며, 지혜자들에게 지혜를 주시고, 총명한 자들에게 지식을 주십니다. 주님은 심오한 것과 숨겨진 것을 드러내시고, 어둠 속에 있는 것을 아시니 빛이 주님과 함께 있습니다. 내 조상의 하나님이 내게 지혜와 능력을 주셔서 우리가 주님께 간구한 것을 알게 해주셨고 왕의 일을 알게 해주셨으니, 주님께 감사와 찬양을 드립니다."

다니엘이 바빌로니아의 지혜자들을 죽이라는 왕명을 받은 아리옥에게 가서 말했다.

"바빌로니아의 지혜자들을 죽이지 말고, 나를 왕께 데려가 주십시오. 내가 왕께 꿈을 해몽해 드리겠습니다."

아리옥은 다니엘을 왕 앞으로 급히 데리고 가서 왕께 아뢰었다.

"왕께 꿈을 해몽해 드릴 사람을 유다 포로 가운데서 찾았습니다."

그러자 왕이 벨드사살이라고도 하는 다니엘에게 물었다.

"내가 보았던 꿈과 그 해몽을 네가 내게 알려 줄 수 있느냐?"

"왕께서 물으신 비밀은, 어떤 지혜자나 마술사나 마법사나 점성가도 왕께 알려 드릴 수 없습니다. 오직 하늘에 계신 하나님만 그 비밀을 알려 주실 수 있습니다. 하나님은 느부갓네살 왕께 앞으로 일어날 일을 알게 하셨는데, 왕의 꿈 곧 왕이 침대 위에 있을 때 머리 속에 나타난 환상이 그것입니다. 왕이시여, 왕이 침대 위에 누워 앞날의 일을 생각하고 있을 때, 비밀을 드러내시는 분이 앞으로 일어날 일을 왕께 알려 주신 것입니다. 하나님이 내게 이 비밀을 드러내신 까닭은, 내가 다른 사람보다 더 지혜가 있어서가 아니라, 왕께 그 꿈을 해몽해 드려서, 왕이 고민하고 있는 생각을 왕이 알게 하려는 것입니다.

왕이시여, 왕은 어떤 거대한 신상을 보셨습니다. 그 신상이 왕 앞에 서 있는데, 그것은 크고, 광채가 매우 찬란하며, 모양이 무시무시했습니다. 그 신상의 머리는 순금이고, 가슴과 두 팔은 은이고, 배와 넓적다리는 구리이고, 종아리는 쇠이고, 발의 어떤 부분은 쇠이고 어떤 부분은 진흙이었습니다. 왕이 보고 있는 동안, 아무도 손대지 않은 돌 하나가 신상의 쇠와 진흙으로 된 발을 쳐서 부숴 버렸습니다. 그때 쇠와 진흙과 구리와 은과 금이 다 부서졌고, 여름 타작마당의 겨같이 바람에 날려가서 흔적도 없게 되었습니다. 하지만 그 신상을 친 돌은 큰 산이 되어 온 땅에 가득 찼습니다.'[118]

이것이 그 꿈인데, 이제 우리가 왕께 해몽해 드리겠습니다. 왕이시여, 왕은 여러 왕 중의 왕이셔서 하늘의 하나님이 왕께 나라와 권세와 능력과 영광을 주셨습니다. 하나님은 사람과 들짐승과 공중의 새가 어디에 살든지 모두 왕의 손에 넘기셨고, 왕이 그것을 모두 다스리게 하셨으니, 왕은 금으로 된 머리이십니다.

왕 뒤에는 왕의 나라보다 못한 다른 나라가 일어날 것이며, 그후에 구리로 된 셋째 나라가 일어나서 온 땅을 다스릴 것이고, 넷째 나라는 쇠처럼 강할 것입니다. 쇠가 모든 것을 부수고 박살내듯이 그 나라는 모든 나라를 부수고 으깰 것입니다. 그러나 왕이 보신 발과 발가락의 어떤 부분은 진흙으로 만든 토기이고, 어떤 부분은 쇠였던 것같이, 그 나라는 나눠질 것입니다. 왕이 진흙과 쇠가 섞인 것을 보신 것같이, 그 나라는 쇠처럼 강한 면도 있지만, 발가락의 어떤 부분은 쇠이고 어떤 부분은 진흙인 것같이, 그 나라의 어떤 부분은 강하고 어떤 부분은 쉽게 부서질 것입니다. 왕께서 진흙과 쇠가 섞인 것을 보신 것같이, 그들이 다른 민족과 섞여 살겠지만, 쇠와 진흙이 결합하지 못하듯, 그들은 결합하지 못할 것입니다.

이 왕들의 시대에, 하늘의 하나님이 한 나라를 세우실 것인데, 그

---

118. 단 2:44 참조.

나라는 영원히 멸망하지 않을 것이고, 다른 백성에게 넘어가지도 않을 것이며, 도리어 다른 모든 나라를 쳐서 멸망시키고 영원히 설 것입니다. 아무도 손대지 않은 돌 하나가 산에서 날아와서 쇠와 구리와 진흙과 은과 금을 부수는 것을 왕께서 보신 것은, 위대하신 하나님이 앞으로 일어날 일을 왕께 알려 주신 것입니다. 이 꿈은 정확하고, 이 해몽은 확실합니다."

느부갓네살 왕이 다니엘에게 엎드려 절하고, 예물과 향품을 주도록 명령했다. 왕이 다니엘에게 말했다.

"너희 하나님은 진실로 신 중의 신이고, 왕 중의 주이시다. 네가 이 비밀을 드러냈으니, 네 하나님은 비밀을 드러내는 분이시구나!"

왕은 다니엘의 지위를 높여 주고, 그에게 귀한 선물을 많이 주며, 그를 바빌로니아 전국의 통치자로 삼고 바빌로니아 모든 지혜자의 우두머리로 삼았다. 또 왕은 다니엘의 요청을 받아들여, 사드락과 메삭과 아벳느고를 세워 바빌로니아 지방의 일을 다스리게 했다. 다니엘은 왕궁에 머무르게 되었다.

느부갓네살의 2차 예루살렘 침략

느부갓네살은 BC 601년 이집트를 정복하기 위해 원정 갔으나, 델타와 시나이반도 사이에 있는 국경 믹돈에서 이집트 군대에게 패하고 바빌로니아로 퇴각했다. 여호야김은 이 기회를 틈타서 이집트를 의지하고 느부갓네살을 배신하여 조공 바치기를 거부했다. 그러자 느부갓네살은 전차와 말을 무수히 모아 군사력을 증강시킨 후 BC 598년 바빌로니아 군대를 유다로 보내고, 유다 주변 속국인 시리아와 모압과 암몬 군대를 동원하여 여호야김을 치게 했다. 그런 후 느부갓네살은 직접 와서 예루살렘 성을 함락시켰다. (BC 601, 왕하 24:1b)

여호야김 왕이 느부갓네살을 3년 동안 섬기다가 배신하고 돌아섰다.

느부갓네살의 2차 침입과 여호야김의 죽음 (BC 598, 왕하 24:2-7; 대하 36:6-8)

주님은 바빌로니아 군대와 시리아 군대와 모압 군대와 암몬 자손의 군대를 보내어 여호야김과 싸우게 하셨다. 주께서 그들을 보내신 목적은 자기 종 예언자들을 통해 말씀하신 대로 유다를 쳐서 멸망시키려는 것이었다. 이것은 므낫세가 지은 모든 죄 때문에 주께서 유대인들을 자기 앞에서 내쫓겠다고 말씀하신 것이 유다에서 성취된 것이다. 그가 죄 없는 사람을 죽여 예루살렘을 죄없는 사람들의 피로 가득 채운 죄를 주님은 결코 용서할 수 없으셨다.

바빌로니아 왕 느부갓네살이 올라와서 여호야김을 치고 쇠사슬로 묶어 바빌로니아로 잡아갔다.[119] 또 느부갓네살은 주님의 성전 안에 있는 온갖 기구를 바빌로니아로 가지고 가서, 바벨론에 있는 자기 궁전에 들여놨다. 여호야김의 아들 여호야긴이 그의 뒤를 이어 왕이 되었다. 바빌로니아 왕이 이집트의 골짜기에서부터 유프라테스 강까지 이집트 왕에게 속한 땅을 모두 정복했으므로, 이집트 왕은 다시는 국경 밖으로 나오지 못했다.

---

119. 여호야김은 바빌로니아로 잡혀가 감옥에 갇혀 있다가 죽었다(겔 19:9 참조).

여호야긴 왕의 통치

여호야김이 바빌로니아로 잡혀가자, 유다 왕실은 여호야김 대신 그의 아들 여호야긴을 세워 유다 왕위를 계승하게 했다. 그러나 여호야긴도 자기 아버지처럼 하나님을 버리고 우상숭배하며 악행을 저질렀다. (BC 598, 왕하 24:8-9; 대하 36:9)

여호야긴은 왕이 되었을 때 18세였다. 그는 예루살렘에서 3개월 10일 동안 다스렸다. 그의 어머니 느후스다는 예루살렘 출신인 엘라단의 딸이다. 여호야긴은 자기 아버지의 행위를 모두 본받아, 주께서 보시기에 악을 행했다.

여호야긴이 바빌로니아로 사로잡혀 갈 거라고 예언하다(렘 22:24-30)

"주님의 말씀이다. 내가 살아 있음을 두고 맹세한다. 여호야김의 아들 유다 왕 고니야[120]야, 네가 내 오른손의 옥새 반지라고 하더라도, 내가 너를 빼내어 버리겠다. 내가 너를 네 목숨을 노리는 사람들의 손과 네가 무서워하는 사람들의 손 곧 바빌로니아 왕 느부갓네살의 손과 갈대아인들의 손에 넘겨 주겠다. 너와 네 친어머니를 너희가 태어나지 않은 다른 나라 땅으로 쫓아내어 거기서 죽게 하겠다. 너희는 그토록 돌아오고 싶어 하던 땅으로 돌아오지 못할 것이다. 이 사람 고니야는 깨어져 버려진 항아리인가? 아무도 거들떠보지 않는 질그릇인가? 어찌하여 그는 그의 자손과 함께 그들이 알지 못하는 낯선 땅으로 내팽겨쳐졌는가? 땅이여, 땅이여, 땅이여, 주님

---

120. 여호야긴(왕하 24:6). '여고니야'라고도 불렸다(대상 3:16; 렘 24:1).

의 말씀을 들어라. 주님이 이렇게 말씀하셨다. 너희는 이 사람을 두고 '그는 자녀도 없고, 한평생 성공하지 못할 사람'이라고 기록해라. 그의 자손 중에는 성공해 다윗의 왕위에 앉아서 유다를 다스릴 자가 없을 것이기 때문이다."[121]

유다 백성의 귀환 및 메시아 왕국 도래 예언 (렘 23:1-8)

"아! 내 목장의 양떼를 멸망시키고 흩어 버리는 목자들아, 저주받아라. 주님의 말씀이다. 이스라엘의 주 하나님이 내 백성을 다스리는 목자들에게 말씀하신다. 너희는 내 양떼를 흩어서 쫓아냈고 돌보지 않았다. 내가 이제 너희 악행 때문에 너희에게 벌주려 한다. 주님의 말씀이다. (23:1-2)

이제는 내가 내 양떼를 쫓아냈던 모든 땅에서, 살아남은 내 양떼를 모아다가 다시 목장으로 데려올 텐데, 그들이 번성해 수가 많아질 것이다. 내가 그들을 돌봐 줄 목자들을 세울 테니, 그들이 다시는 두려워하거나 놀라거나 잃어버려지지 않을 것이다. 주님의 말씀이다. 보라, 내가 다윗에게서 의로운 가지 하나를 일으킬 날이 올 텐데, 그는 왕이 되어 지혜롭게 다스리며 세상에서 공의와 정의를 실현할 것이다.[122] 주님의 말씀이다. 그때 유다가 구원받고, 이스라엘이 평안히 살며, 사람들이 그의 이름을 '주님은 우리의 의'라고 부를 것이다. (23:3-6)

---

121. 여호야긴은 18세에 바빌로니아로 잡혀가서 55세까지 37년 동안 구속된 생활을 했고, 7명의 자녀를 가졌지만(대상 3:17-18) 유다 왕위를 계승할 자녀가 없었다. 그러나 그의 손자 스룹바벨은 유다 총독이 되어 유다 백성을 이끌고 예루살렘으로 귀환한다.
122. 삼하 7:12-16; 골 1:13 참조.

그러므로 보라, 그날이 오고 있다. 주님의 말씀이다. 그때는 사람들이 다시는 '이스라엘 백성을 이집트 땅에서 이끌어 내신 주님'의 살아 계심을 두고 맹세하지 않고, '이스라엘 집의 자손을 북쪽 땅 곧 내가 그들을 쫓아낸 모든 나라에서 그들을 이끌어 내어 그들의 땅에서 살게 하신 주님'의 살아 계심을 두고 맹세할 것이다." (23:7-8)

사악한 거짓 예언자들에 대한 심판 선언 (렘 23:9-32)

"예언자들에 관한 말씀이다. 주님 때문에, 주님의 거룩하신 말씀 때문에 내 마음이 내 속에서 부서지고 내 모든 뼈가 떨려서, 내가 술 취한 사람 같고 포도주에 취한 사람처럼 되었다. '이 땅은 간음하는 자들로 가득 차서 저주 받아 슬퍼했고, 사람들의 행위가 악하고, 그들이 노력하는 일이 옳지 못하므로 광야의 풀밭이 메말라 버렸다. 예언자도 제사장도 사악한데, 나는 내 성전 안에서도 그들의 악행을 보았다.' 주님의 말씀이다. 그들이 벌 받을 해가 되면 내가 그들에게 재앙을 내릴 텐데, 그들의 길이 그들에게 암흑 속의 미끄러운 길이 되고, 그들이 그곳에서 떠밀려 넘어질 것이다. 주님의 말씀이다. (23:9-12)

나는 사마리아 예언자들에게서 잘못된 행위를 보았는데, 그들은 바알의 이름으로 예언해 내 백성 이스라엘을 잘못된 길로 인도했었다. 그런데 예루살렘의 예언자들에게서 나는 더 끔찍한 행위를 보았다. 그들은 더 음란하고 더 거짓되게 살며 더 악한 자들을 도와줘서, 아무도 자기 죄악에서 돌아서지 않게 했다. 내가 보기에 예루살렘 사람들은 모두 소돔 사람같이 되었고, 고모라 사람같이 되었다. 그러므로 이런 예언자들에 관해 만군의 주께서 이렇게 말씀하셨다. '보라, 죄악이 예루살렘의 예언자들에게서 나와서 온 땅에 퍼졌으니, 내가 그들에게 쓴 쑥을 먹이고 독극물을 마시게 하겠다.'" (23:13-15)

만군의 주께서 말씀하셨다. "너희는 너희에게 예언하는 예언자들의 말을 듣지 마라. 그들은 헛된 말로 너희를 속이고 있다. 그들이 말하는 계시는 자신들의 마음에서 나온 것일 뿐, 주님의 입에서 나온 것이 아니다. 그들은 주님의 말씀을 멸시하는 자들에게 말하기를 '너희가 평안할 것이다' 하고, 자기 생각을 고집하며 살아가는 모든 사람에게도 '너희에게 재앙이 내리지 않을 것이다'라고 말한다. 그러나 그 예언자들 가운데서 누가 주님의 회의'[123]에 참석하여 주님을 보고 주님의 말씀을 들었느냐? 누가 귀 기울여 주님의 말씀을 들었느냐? 보라, 주님의 분노가 폭풍처럼 나오고, 회오리바람처럼 밀려와서 악인들의 머리를 칠 것이다. 주님이 마음속에 계획한 것'[124]을 행하고 이룰 때까지 주님의 분노가 그치지 않을 텐데, 마지막 날[125]이 오면 너희가 이것을 분명히 깨달을 것이다. 이런 예언자들은 내가 보내지 않았는데 스스로 달려나갔고, 내가 그들에게 말하지 않았는데 스스로 예언했다. 그들이 내 회의에 참석했다면, 내 백성에게 내 말을 들려줘서 내 백성을 악한 길과 악한 행위에서 돌아서게 했을 것이다. (23:16-22)

내가 가까운 곳에만 있는 하나님이고, 먼 곳에 있는 하나님은 아

---

123. 왕상 22:19-22; 욥 1:6; 2:1; 렘 49:14 참조.
124. 유다 왕국 심판.
125. 유다 왕국 멸망의 날.

닌 줄 아느냐? 주님의 말씀이다. 사람이 제아무리 은밀한 곳에 숨는다고 해도, 내가 볼 수 없겠느냐? 주님의 말씀이다. 나는 하늘과 땅 어디에나 있지 않느냐? 주님의 말씀이다. (23:23-24)

예언자들이 내 이름을 팔아 거짓말로 '내가 꿈을 꾸었다. 내가 꿈을 꾸었다'고 예언하는 것을 내가 들었다. 이런 예언자들이 언제까지 거짓 예언하며, 언제까지 자신들의 마음속에서 꾸며 낸 것으로 예언하겠느냐? 그들의 조상들이 바알 때문에 내 이름을 잊어버린 것 같이, 그들이 자신들의 꿈을 서로 이야기해 내 백성이 내 율법[126]을 잊어버리게 하려고 한다. 꿈을 꾼 예언자가 꿈 이야기를 하더라도, 내 말을 받은 예언자는 내 말만 충성되게 전해라. 알곡을 쭉정이와 어떻게 비교하겠느냐? 주님의 말씀이다. 내 말이 불 같지 않으냐? 바위를 부수는 망치 같지 않으냐? 주님의 말씀이다. 그러므로 보라, 나는 내 말을 서로 도둑질[127]이나 하는 이런 예언자들을 대적하겠다. 주님의 말씀이다. 보라. 혀를 놀려 제멋대로 말하는 예언자들을 내가 대적하겠다. 주님의 말씀이다. 보라, 거짓된 꿈을 예언하는 자들을 내가 대적하겠다. 주님의 말씀이다. 그들은 자신들의 거짓말과 방종을 내 백성에게 전해 내 백성이 그릇된 길로 빠지게 했다. 나는 그들을 보내지 않았고 그들에게 명령하지도 않았으니, 그들은 이 백성에게 아무런 유익이 없다. 주님의 말씀이다. (23:23-32)

---

126. LXX. 하나님의 율법은 하나님의 말씀이다(렘 23:28). 맛소라 사본에는 '이름'.
127. 서로 모의하여 고안해 낸 말을 하나님으로부터 받은 말씀인 것처럼 은밀하게 공표하면 다른 사람이 그 말을 또 선포하여 각자가 사람들을 선동하며 속이는 행위(칼빈).

거짓 예언자들의 조롱에 대한 심판 선언 (렘 23:33-40)

이 백성이나 예언자나 제사장이 네게 '부담스러운 주님의 말씀이 뭐냐?'고 묻거든, 너는 그들에게 대답하길 '너희가 내게 부담이 되니 내가 너희를 버리겠다'고 해라. 주님의 말씀이다.

또 '부담스러운 주님의 말씀'이라고 말하는 예언자나 제사장이나 백성이 있으면, 내가 그 사람과 그 집안에 벌을 내리겠다. 이웃이나 형제끼리 말할 때는 '주님이 무슨 대답을 하셨느냐?' '주님이 무슨 말씀을 하셨느냐?'고 묻고 '부담스러운 주님의 말씀'이라는 말을 더 이상 하지 마라. 그렇게 말하는 것은 그런 말을 하는 사람에게 부담이 될 것이고, 살아 계신 하나님, 만군의 주 우리 하나님의 말씀을 왜곡하는 것이기 때문이다. (23:33-36)

예언자에게 물을 때는 '주님이 당신에게 무슨 대답을 하셨느냐? 주님이 무슨 말씀을 하셨느냐?'고 물어라. 내가 너희에게 사람을 보내어 '부담스러운 주님의 말씀'이라는 말을 하지 말라고 했는데도 너희가 내 명령을 어기고 '부담스러운 주님의 말씀'이라는 말을 한다면, 너는 그들에게 말하기를 '너희가 부담스러운 주님의 말씀이라고 했으니, 내가 반드시 너희를 뽑아 버리겠고 너희와 너희 조상에게 준 이 도시도 버리겠으며, 너희가 잊지 못할 영원한 수치와 영원한 모욕을 당하게 하겠다'고 전해라." (23:37-40)

2차 바빌로니아 포로

유다 왕 여호야긴이 다스린 지 3개월 되었을 때 바빌로니아 왕 느부갓네살 군대가 예루살렘을 공격하려고 포위했다. 하나님이 예레미야를 통해 여호야긴 왕과 유다 지도자들과 거짓 예언자들을 심판하시겠다고 예언한 말씀(렘 22:24-25; 23:1-2; 23:15, 39-40)이 이루어진 것이다. 유대 역사가 요세푸스는, 여호야긴이 아버지 여호야김의 원수를 갚으려고 반역할까봐 느부갓네살이 의심했기 때문에 예루살렘을 공격했다고 기록했다. (BC 598, 왕하 24:10-16; 대하 36:10)

바빌로니아 왕 느부갓네살의 군대가 예루살렘을 치러 올라와서 성을 포위하고 있을 때, 바빌로니아 왕 느부갓네살이 그 성에 도착했다. 그때 유다 왕 여호야긴은 그의 어머니와 신하들과 지휘관들과 내시들과 함께 바빌로니아 왕을 맞으러 나갔다. 그러나 바빌로니아 왕은 여호야긴을 사로잡아 버렸다. 때는 바빌로니아 왕 8년[128]이었다. 느부갓네살은 주님의 성전 안에 있는 보물과 왕궁 안에 있는 보물을 모두 탈취해 바빌로니아에 있는 자기 궁전에 들여놨고, 이스라엘 왕 솔로몬이 만든 주님의 성전의 금그릇을 모두 산산조각내어 버렸다. 이것은 주께서 말씀하신 대로[129] 된 것이다. 더욱이 그는 예루살렘의 모든 주민과 관리와 용사 1만 명뿐만 아니라 모든 기술자와 대장장이를 사로잡아 갔다.[130] 느부갓네살은 여호야긴을 바빌로니아

---

128. BC 598년.
129. 왕하 20:17; 사 39:6; 렘 20:5 참조.
130. 요세푸스는 10,832명이 포로로 잡혀갔다고 기록했다.

로 사로잡아 갔고,[131] 그의 어머니와 왕비들과 내시들과 그 땅의 지도자들을 모두 예루살렘에서 바빌로니아로 사로잡아 갔다. 또 7천 명의 용사와 1천 명의 기술자와 대장장이를 바빌로니아로 사로잡아 갔는데, 이들은 모두 전쟁을 잘하는 용사들이었다. 그래서 그 땅에는 가난한 사람 외에는 하나도 남지 않았다.

---

131. 여호야긴은 예레미야의 예언대로 바빌로니아에 잡혀갔으나, 회개한 후 포로생활에 잘 적응했으므로 37년 후(BC 562) 55세 때에 느부갓네살의 아들 에윌 므로닥 왕에 의해 석방되었다(왕하 25:27). 여호야긴의 손자 스룹바벨은 메시아 계열에 속한다(마 1:11-12; 스 3:8; 대상 3:17-19).

:●:●:●:●:

"너희 삶과 너희 행실을 고쳐라. 그러면 내가 너희를 이곳에서 살게 하겠다. '이것이 주님의 성전이다. 주님의 성전이다. 주님의 성전이다'라는 거짓말을 믿지 마라"(렘 7:3b-4)

유대인들이 일상생활에서는 불의를 행하면서도 성전에 와서는 제사에 열심을 냈으므로, 하나님이 예레미야를 통해 '너희가 삶과 행실을 고쳐야 바빌로니아로 잡혀가지 않고 유다 땅에서 살게 해주겠다'고 말씀하신 것이다.
왜 유대인들이 일상생활에서는 불의를 행하면서도 성전 제사에는 열심이었나?
유대인들은 예루살렘 성전을 하나님의 임재 장소로 믿고, 성전만 그들에게 있다면 전능하신 하나님이 그들과 함께하는 것이므로 적군이 공격해 와도 그들은 하나님의 보호를 받아서 안전할 것이라고 믿었다. 그래서 성전 건물을 중요하게 여겼고 성전 제사 행위에 집착했던 것이다. 이러한 잘못된 믿음은 율법 순종에 의한 정의롭고 공의로운 삶을 경시하게 했다. 그래서 하나님은 불의를 행하는 유대인들에게 '너희 삶과 행실을 고치라'고 말씀하신 것이다. 하나님은 유대인들의 불의한 삶과 행실을 심판해 유다 왕국을 멸망시키려 하시는데도, 탐욕스런 제사장들과 거짓 예언자들은 백성이 성전 건물 중심 생활을 하게 하려고 '이것이 주님이 임재하시는 성전이다'라고 거짓 구호를 외치고 있으니 그들을 믿지 말라고 하셨다(계 21:22; 고전 3:16; 엡 2:21-22 참조).
그러나 유대인들은 하나님의 말씀을 듣지 않고 성전 건물 중심의 제사 행위만 중요하게 여기며 불의와 악행의 일상생활을 계속했으므로, BC 587년에 유다 왕국이 멸망하고 예루살렘 성전은 불타서 파괴되어 버렸다.

:●:●:●:●:

"내 이름으로 불리는 이 건물이 너희 눈에는 강도의 소굴로 보이느냐?"
(렘 7:11a)

유대인들은 바알 신과 여러 우상을 숭배하고 도둑질, 간음, 거짓 맹세, 살인 등으로 예루살렘을 피의 도시로 만들었으면서도(겔 24:6) 예루살렘 성전에 들어와서는 많은 제물을 드리며 종교생활을 했다. 이 모습을 보신 하나님이 '내 이름으로 불리는 이 건물'을 '강도들이 활개치는 소굴'로 만들었다고 한탄하셨다. 하나님은 예레미야를 통해 유대인들의 회개를 촉구하시며 40년 동안 참으셨으나, 유대인들이 끝까지 회개하지 않았으므로 마침내 유다 왕국을 멸망시키셨다.

:●:●:●:●:

"내가 처음으로 내 이름을 뒀던 내 처소 곧 실로에 있는 내 처소로 너희가 가서 봐라. 내 백성 이스라엘의 죄악 때문에 내가 그곳을 어떻게 했는지!"(렘 7:12)

실로는 이스라엘 백성이 출애굽 후 가나안 땅을 정복하고 정착할 때부터 330년 동안 정치와 종교의 중심지였고, 실로에 있던 성막의 지성소 안에 있는 법궤는 하나님의 임재의 상징이었다. 그런데 BC 1075년 이스라엘이 블레셋과 전쟁하다가 이스라엘 군인 2천 명이 죽고 전쟁에서 패배하자, 미신에 사로잡힌 이스라엘 장로들은 하나님이 전쟁에서 이스라엘 군대와 함께하지 않았기 때문에 패배한 줄 알고, 실로의 성막 안에 있던 법궤를 꺼내 전쟁터에 가져와서 전쟁을 이기려고 했다. 이때는 이스라엘 백성이 하나님을 시험하고 하나님께 대항하며 율법을 지키지 않고 악을 행하고 우상숭배했으므로 하나님이 실로를 떠나 버린 때였다(시 78:56-60 참조). 하나님이 떠나 버린 법궤를 이스라엘 백성이 자기들의 욕망을 이루려고 전쟁터에 가져왔으나 하나님은 여전히 그들과 함께하지 않으셨다. 그 결과 이스라엘 군인 3만 명이 죽고 전쟁은 패배했으며 이스라엘은 블레셋의 식민지가 되었고, 법궤는 블레셋에게 빼앗기고 말았다. 그후 법궤가 없는 성막은 실로에서 기브온으로 옮겨졌고 실로는 황폐해져 버렸다.

:●:●:●:●:

"오직 의인은 믿음으로 살 것이다"(합 2:4)

70인역에는 "그가 뒤로 물러가면, 내 마음이 그를 기뻐하지 않을 것이다. 오직 의인은 나의 신실함으로 살 것이다"라고 쓰여 있다. 히브리서는 70인역을 인용하며 "나의 의인은 믿음으로 말미암아 살리라. 또한 [그가] 뒤로 물러가면 내 마음이 그를 기뻐하지 아니하리라"(히 10:38)고 표현했다. 문장이 앞 뒤로 바뀌고, '나의'의 위치가 바뀌고 '나의 신실함'이 '나의 의인'으로 인용되어, 하나님의 '신실함'이 의인의 '믿음'으로 표현되어 문장의 해석이 달라졌다.

맛소라 사본은 '나의'를 생략하여 '의인은 믿음으로 살 것이다'라고 표현했다. 여기서 사용된 히브리어 '믿음'(에무나)은 견고함, 변함없음, 성실함, 신실함이란 뜻이다. 더욱이 70인역의 '그가 뒤로 물러가면, 내 마음이'를 맛소라 사본에는 '그의 마음이 교만하며'로 표현했고, '그를 기뻐하지 않을 것이다'를 '그 속에서 정직하지 못하리라'로 표현했다. 그래서 맛소라 사본은 "보라, 그의 마음은 교만하며 그 속에서 정직하지 못하나 의인은 믿음으로 말미암아 살리라"로 번역했다. 하지만 갑자기 앞에 나온 '그의'가 무슨 뜻인지 문맥상 모호하다. 그 결과 많은 의역과 불필요한 해석이 등장하는 실정이다.

본문의 의미는, 하나님이 바빌로니아를 통해 불의한 유다 왕국의 지도층을 심판하실 때가 올 것이고, 비록 더디 오는 것처럼 보여도 하나님이 정하신 때에 반드시 올 것인데, 그 심판의 환난 속에서도 하나님을 신뢰하여 하나님의 말씀이 이뤄질 줄 믿는 의인의 생명은 하나님이 신실하게 지켜 주실 것이므로 그는 그의 믿음으로 말미암아 영원히 생명을 얻을 것이라는 뜻이다. 70인역의 "(하나님의 말씀을 믿는) 의인은 나의 신실함으로 살 것이다"가 옳은 표현이라고 여겨진다. 칼빈도 "하박국 선지자는 여기서 …하나님의 말씀을 신뢰하는 것보다 더 좋은 것이라곤 없음을 보여주려고 의도했다"고 했다.

율법행위가 아니라 믿음으로 의롭게 된다는 사도 바울의 글(롬 1:17; 갈 3:11)과 본문은 강조점이 분명히 다르다. 칼빈도 "하박국 선지자는 이 주제(믿음으로 말미암아 생명을 얻게 됨)를 정면으로 다루고 있는 것이 아니기 때문에 값없이 주어지는 의에 대해서는 전혀 언급하고 있지 않다"고 했다. 그러나 칼빈은, 바울이 하박국 선지자의 말을 인용하여 영원한 생명은 오직 믿음에 의해 얻어진다는 자신의 가르침을 적절하게 확증했다고 했다.

:◉:◉:◉:◉:

"주께서 내 고통에 노동을 더하셔서, 나는 탄식하다가 기진맥진하여 평안을 찾지 못했으니, 나는 화를 당했습니다"(렘 45:3)

청년 바룩의 직업은 서기관이다. 율법을 기록하거나 역사와 사건을 기록하는 지성인이다. 그는 예레미야가 불러 주는 예언을 두루마리에 받아썼다. 예레미야가 불러주는 예언의 내용은 유다 백성의 죄와 하나님의 심판이었으므로 바룩은 그 예언을 기록하면서 마음이 고통스러웠다. 젊은 지성인 바룩은 유다 사회에서 인정받는 큰 일을 해내고 출세하고픈 야망이 있었다. 그런데 멸망할 사회에서 인정받을만한 위대한 업적을 이루려는 것은 쓸데없는 일이기 때문에, 그는 유다 사회가 멸망할 것이라는 예언을 받아쓰면서 자신의 꿈과 비전을 송두리째 포기할 때까지 마음이 고통스러웠다.

여기에 예레미야가 불러 주는 예언의 분량이 너무 많아서, 바룩은 다 받아쓴다고 오랫동안 육체적 노동에 시달렸으므로 기진맥진했다. 그래서 그는 정신적 고통과 육체적 노동으로 평안을 얻지 못했으니 자신이 화를 당한 결과라고 하나님께 하소연했다. 그러나 하나님은 앗시리아를 세우기도 하고 멸망시키기도 했듯이 유다 왕국도 세웠으나 멸망시킬 것이므로 헛되이 큰 일을 찾지 말라고 예레미야를 통해 일러주셨고, 유다 왕국이 멸망하더라도 바룩의 목숨을 지켜 주겠다고 약속하셨다.
청년 바룩은 육신의 정욕을 좇아 야망을 이루려다 40대 중년의 예레미야를 만나서 하나님이 주신 예언 기록의 소명을 깨닫고 그 소명에 평생 헌신했다. 그 결과 바룩의 수고로 예레미야서가 만들어지고 오늘날까지 전해졌으니, 우리는 그의 소명 생활에 감사할 따름이다.
젊음이란, 자신이 아직 아무것도 되지 못했다는 불안을 겪으면서 동시에 한없는 자유를 누리는 시기이다. 그러나 젊을 때 가장 두려워해야 할 것은 자기 정체성을 깨닫지 못하고 정신적으로 방황하는 것이다. 예레미야는 청년 때 부름받아 40년 넘게 예언직 소명에 충성한 후, 청년들에게 "젊을 때 하나님이 각자에게 주신 멍에를 짊어지는 것이 좋다"(애 3:27-28)고 충고했다.

:●:●:●:●:

"다니엘은 왕의 음식과 왕이 마시는 포도주로 자신을 더럽히지 않겠다고 결심하고, 환관장에게 자신을 더럽히지 않게 해달라고 간청했다"(단 1:8)

하나님을 대적하는 세상은 하나님을 위해 믿음으로 살려는 사람을 대적하므로 이 세상에서 영적 전쟁이 일어나는 것이다. 다니엘은 "내가 거룩하니 너희도 거룩하라"고 말씀하신 하나님을 본받아 우상숭배하는 이방 나라에서 우상에게 바친 제물로 자신을 더럽히지 않겠다고 결심하고 시련을 감수하며 성결을 추구한다. 거룩한 삶이란 살인, 간음, 음란, 도적질, 거짓말, 훼방, 사기, 악한 생각, 탐욕, 어리석음, 비방, 방탕, 교만, 질투, 위선, 우상숭배를 거부하며 하나님 뜻대로 사는 것이다.
유다 지도자들이 거룩을 버리고 세상 방식으로 왕국을 보존하려다 하나님의 심판을 받아 바빌로니아에 정복되고 유다 청소년들이 바벨론에 인질로 잡혀 왔음을 다니엘은 알고(단 9:3-19), 세상 방식으로 세상 왕 느부갓네살에게 인정받으려는 삶을 거부하고 하나님의 방법으로 하나님께 인정받는 삶을 믿음으로 선택한 것이다. 하나님은 다니엘의 믿음을 보시고 다니엘과 세 친구에게 은혜와 자비를 베푸셨다. 그리스도인이 거룩을 희생시키면서까지 성공, 지위, 명예, 쾌락, 안전을 추구하는 것은 느부갓네살 왕의 우상 제물을 먹으면서 출세하려는 것과 같고, 그 결국은 영적 전쟁의 패배와 멸망을 결실할 뿐이다.

:●:●:●:●:

"이 왕들의 시대에, 하늘의 하나님이 한 나라를 세우실 것인데, 그 나라는 영원히 멸망하지 않을 것이고, 다른 백성에게 넘어가지도 않을 것이며, 도리어 다른 모든 나라를 쳐서 멸망시키고 영원히 설 것입니다"(단 2:44)

바빌로니아, 페르시아, 헬라, 로마 시대에 하나님은 하나님의 나라를 세우겠다고 예언자 다니엘을 통해 느부갓네살 왕 앞에서 선언하셨다. 하나님의 나라는 하나이고 영원할 것이며 멸망하거나 다른 백성에게 넘어가지 않고 오히려 다른 모든 나라를 쳐서 멸망시킬 것이라고 선언하셨다.

하나님은 이 예언대로 바빌로니아의 느부갓네살 왕과 페르시아의 다리우스 왕 앞에서 다니엘을 통해 여러 번 하나님의 나라를 증언하셨고, 그 왕들이 하나님의 나라를 찬양했다(단 4:3, 34; 6:26). 그래서 하나님은 예언대로 하나님의 나라를 헬라 시대에 준비하셨고, "그에게 권세와 영광과 나라를 주고 모든 백성과 나라들과 다른 언어를 말하는 모든 자들이 그를 섬기게 하였으니 그의 권세는 소멸되지 아니하는 영원한 권세요 그의 나라는 멸망하지 아니할 것이니라"(단 7:14)고 말씀하신 대로 로마 시대에 예수 그리스도에 의해 하나님의 나라를 건설하셨다.

:●:●:●:●:

"보라, 내가 다윗에게서 의로운 가지 하나를 일으킬 날이 올 텐데, 그는 왕이 되어 지혜롭게 다스리며 세상에서 공의와 정의를 실현할 것이다"(렘 23:5)

예레미야는, 다윗의 후손으로 오실 '의로운 가지 하나' 곧 메시아가 세상에서 공의와 정의를 실현하실 왕이라고 예언했다. 예레미야의 이 예언은 하나님이 다윗에게 약속하신 "네 수한이 차서 네 조상들과 함께 누울 때에 내가 네 몸에서 날 네 씨를 네 뒤에 세워 그의 나라를 견고하게 하리라. 그는 내 이름을 위하여 집을 건축할 것이요, 나는 그의 나라 왕위를 영원히 견고하게 하리라"(삼하 7:12-13) 라는 말씀과 함께 유대인의 메시아 대망 사상의 근거가 된다.

그러나 기독교적 메시아 대망 사상의 근거는 모세의 예언 곧 "네 하나님 여호와께서 너희 가운데 네 형제 중에서 너를 위하여 나와 같은 선지자 하나를 일으키시리니 너희는 그의 말을 들을지니라"(신 18:15; 행 7:37 참조)와 하나님이 아브라함에게 말씀하신 "네 씨로 말미암아 천하 만민이 복을 받으리니"(창 22:18)라는 약속에까지 거슬러 올라간다. 사도 바울은 "이 약속들은 아브라함과 그 자손에게 말씀하신 것인데 여럿을 가리켜 그 자손들이라 하지 아니하시고 오직 한 사람을 가리켜 네 자손이라 하셨으니 곧 그리스도라"(갈 3:16)고 결론지으며, 예수 그리스도가 메시아이심을 입증했다.

:●:●:●:●:

"누가 주님의 회의에 참석하여 주님을 보고 주님의 말씀을 들었느냐?"(렘23:18)
"그들이 내 회의에 참석했다면, 내 백성에게 내 말을 들려줘서 내 백성을 악한 길과 악한 행위에서 돌아서게 했을 것이다"(렘 23:22)

예레미야는, 거짓 예언자들이 하나님의 부르심을 받지 못해 하나님의 회의에 참석하지 못했으므로 하나님의 마음(뜻)을 알지 못하여 멸망 직전의 유다 왕국을 다스리는 악한 지도자들에게 "너희가 평안할 것이다" "너희에게 재앙이 내리지 않을 것이다"(렘 23:17)라고 말하며 그들을 자만에 빠뜨렸고, 예레미야 자신의 심판 예언과 상반되는 거짓을 예언한다고 주장한다. 참 예언자와 거짓 예언자에 대한 분별의 중요성을 성경 전체에서 예레미야서만큼 실천적으로 강조하는 곳은 없다.

사도 요한도 "사랑하는 자들아 영을 다 믿지 말고 오직 영들이 하나님께 속하였나 분별하라. 많은 거짓 예언자들이 세상에 나왔기 때문이라"(요일 4:1)고 예언 분별의 중요성을 강조했다.

참 예언자와 거짓 예언자를 분별하는 기준은 첫째, 진실성(신실성 또는 성실성)이다. 예언자의 일상생활에서 말과 삶의 도덕성과 진실성과 성실성이 분별 기준이다. 둘째는, 악인을 회개시키지 못하고 오히려 도덕적 자만에 빠지도록 부추기는 자는 거짓 예언자다. 특히 공권력을 가진 사회 지도층이나 부자 가운데 악한 자를 부추기고, 그들이 성전에서조차 지도적 행세를 하도록 방임하여 성전이 강도의 소굴이 되게 방치하는 자는 거짓 예언자다. 셋째는, 하나님의 회의에 참석하지 못해 예언(설교)의 출처가 자기 생각인 사람은 거짓 예언자다.

첫째와 둘째 분별 기준은 적용하기에 그다지 어렵지 않다. 그러나 하나님의 회의 참석 여부를 분별하기란 쉽지 않다. 하나님의 회의 참석 여부는 눈으로 볼 수 없고, 과학적으로 증명할 수 없으며, 경험적 관찰이 가능하지 않기 때문인데, 더우기 예언(설교)자들이 모두 하나님의 이름으로 말하기 때문이다. '하나님의 회의 참석'은 매우 개인적이고 주관적 체험에 근거하며, 객관적으로 증명할 증거 제시가 불가능하다(왕상 22:19-22; 욥 1:6;2:1; 사 6:1-13; 렘 49:14 참조). 그리고 예언자가 '하나님의 부르심을 받았다'고 하는 체험의 고백조차도 객관적 진실임을 검증하기가 불가능한 것이다. 그래서 하나님의 회의에 참석했다는 것은 특별한 체험의 문제가 아니라 부르심을 받은 사람이 백성을 향해 품으신 하나님의 뜻에 마음을 열고 그 뜻에 천착하며 그 뜻에 반응하는 자세를 갖는 것이라며 특별성을 약화시키는 주장도 있다.

참 예언자와 거짓 예언자 분별에 대하여 '기다려 보면 안다' 외에 다른 방법이 없다면서, 아래 성경 구절을 인용하며 시간이 지난 뒤에 살펴보는 것만이 유일한 분별 기준이라고 주장하는 학자들도 있다.

"평화를 예언하는 예언자는, 그가 예언한 말이 성취된 뒤에야, 비로소 주께서 그를 사람들에게 보내신 참 예언자로 인정받게 될 것이오"(렘 28:9). "만일 어떤 선지자가 내가 전하라고 명령하지 아니한 말을 제 마음대로 내 이름으로 전하든지 다른 신들의 이름으로 말하면 그 선지자는 죽임을 당하리라 하셨느니라. 네가 마음속으로 이르기를 그 말이 여호와께서 이르신 말씀인지 우리가 어떻게 알리요 하리라. 만일 선지자가 있어 여호와의 이름으로 말한 일에 증험도 없고 성취함도 없으면 이는 여호와께서 말씀하신 것이 아니요 그 선지자가 제 마음대로 한 말이니 너는 그를 두려워하지 말지니라"(신 18:20-22). "거짓 선지자들을 삼가라. 양의 옷을 입고 너희에게 나아오나 속에는 노략질하는 이리라. 그들의 열매로 그들을 알지니"(마 7:15-16a). 결과를 보고 판단하는 것이 가장 확실한 방법이다. 그러나 당장 분별해서 어느 쪽이든 선택해야 하는 급한 상황에서는 이런 주장은 아무런 길잡이를 제공하지 못한다는 약점이 있다.

사도 바울은 예언과 같은 영적인 일은 성령을 따라 분별해야 한다고 말했다. "우리가 이것을 말하거니와 사람의 지혜가 가르친 말로 아니하고 오직 성령께서 가르치신 것으로 하니 영적인 일은 영적인 것으로 분별하느니라. 육에 속한 사람은 하나님의 성령의 일들을 받지 아니하나니 이는 그것들이 그에게는 어리석게 보임이요, 또 그는 그것들을 알 수도 없나니 그러한 일은 영적으로 분별되기 때문이라"(고전 2:13-14). 칼빈은 '하나님의 회의에 참석함'을 '하나님이 계시하신 율법의 내용을 앎'으로 해석한다. 그리고 하나님의 법을 신실하게 해석하는 자와 신실하지 않게 해석하는 자로 참 예언자와 거짓 예언자를 구분한다. 그는 율법과 예언서와 복음서의 규칙을 따라 가르치는 자만이 하나님이 보내신 자로 보고, 율법과 예언서와 복음서를 근거로 자기 주장을 증명하지 못하는 자는 거짓 예언자로 여겨야 한다고 주장했다.

:●:●:●:●:

"그들의 조상들이 바알 때문에 내 이름을 잊어버린 것같이 그들이 자신들의 꿈을 서로 이야기하여 내 백성이 내 율법을 잊어버리게 하려고 한다"

(렘 23:27)

유대인의 조상들이 '바알'신을 숭배하며 땅의 것을 추구하다가 하나님을 찾지 않아서, 하나님을 잊어버렸다. "내 백성은 나를 잊었나니 그 날 수를 셀 수 없거늘"(렘 2:32)이라고 하나님이 말씀하셨다. 그러나 유대인들은 하나님의 이름이 너무나 거룩해서 함부로 부를 수 없으므로 오랫동안 부르지 않다 보니 마침내 하나님의 이름을 잊어버렸다고 주장한다. 그들은 하나님의 이름을 잊어버리고 엘로힘(하나님), 엘샤다이(전능하신 하나님), 아도나이(주님), 큐리오스(주님) 등으로 부르다가 2000년이 지나서 16세기 이후 여호와, 예호바, 제호바, 야훼, 야웨라고 불렀다. 예수님과 바울은 하나님을 '아바, 아버지'라고 친근하게 불렀다(막 14:36; 롬 8:15). 예레미야 시대에는 거짓 예언자들이 하나님을 섬기게 하는 율법 설교는 안 하고 자신들의 육신적인 꿈 이야기만 설교했으므로, 백성이 하나님의 율법을 잊어버리고 거짓을 믿게 되었다(렘 13:25 참조).

1. 바알숭배의 유래와 결과

가나안 땅에서의 바알숭배는 아모리인들이 가나안에 들어온 BC 2000년쯤부터 시작되었고 마침내 가나안 여러 민족의 토착 종교가 되었다. 이스라엘 민족이 가나안을 정복한 BC 1400년쯤에는 이스라엘의 여호와 신앙과 가나안 여러 민족의 바알숭배가 공존했지만, 여호수아를 비롯하여 광야 세대가 죽은 후에는 이스라엘 민족이 가나안의 토착 종교인 바알숭배에 동화되어 버렸다.
"그[여호수아] 세대의 사람도 다 그 조상들에게로 돌아갔고 그후에 일어난 다른 세대는 여호와를 알지 못하며 여호와께서 이스라엘을 위하여 행하신 일도 알지 못하였더라. 이스라엘 자손이 여호와의 목전에 악을 행하여 바알들을 섬기며 애굽 땅에서 그들을 인도하여 내신 그들의 조상들의 하나님 여호와를 버리고 다른 신들 곧 그들 주위에 있는 백성의 신들을 따라 그들에게 절하여 여호와를 진노하시게 하였으되"(삿 2:10-12).
하나님은 바알숭배에 빠진 이스라엘 백성을 돌아오게 하려고 이웃 나라의 침략에 맡기셨으므로 이스라엘 백성은 고통을 호소하며 하나님의 도우심을 찾았고, 그때마다 하나님은 그들을 구원하셨다. 그래서 그들은 여호와 신앙을 회복했고 평안을 누렸다. 그러나 이스라엘 백성은 '구원-회복-평안-동화(세속화)-바알숭배-이방민족의 억압-호소-구원'의 역사를 수없이 반복하다가 남북 왕국으로 분열되었고, 마침내 BC 722년 북이스라엘이 앗시리아에 멸망하고 BC 587년에는 남유다가 바빌로니아에 멸망했다.

2. 바알숭배 사상의 개념
바알신앙은 바알신상을 산당과 가정에 세워 두고 제사지내며 현세의 복을 추구하는 미신이다. 모세가 시내산에서 40일 동안 하나님과 대면하며 십계명을 받는 동안, 이스라엘 백성은 산 아래에서 금송아지를 만들어 우상숭배하며 "이스라엘아, 이는 너희를 애굽 땅에서 인도하여 낸 너희의 신이로다"라고 외쳤는데, 금송아지 우상숭배와 바알숭배는 허상과 허무를 추구하는 자연인의 이기적인 심성의 발로로서 실상과 생명을 추구하는 하나님 신앙과 상반되는 개념이다.
바알숭배로 현세적인 물질적 번영과 이기적인 쾌락을 추구한 결과 육체의 음란에 치우쳐 바알 산당에서는 남창과 여창이 성행했다. 바알숭배가 유다 왕국에 만연했을 때는 예루살렘 성전 안에도 바알신상과 남창이 있었다(왕하 23:7 참조).

3. 바알숭배 사상의 사회 경제적 영향
여호와 신앙은 하나님을 사랑하고 이웃을 사랑하는 생명과 평안의 종교이고, 토지 소유주는 하나님이시며(레 25:23) 백성은 토지 경작자로 기업을 배정받았다. 따라서 빚 갚을 능력이 없는 이웃을 종으로 삼아도 6년이 지나서 7년째 안식년이 되면 자유하게 하여 그가 다시 새로운 삶을 시작할 수 있게 하고, 다른 사람의 토지를 구입했어도 50년째 희년이 되면 원래의 소유주에게 되물려주어 그가 다시 경작할 수 있도록 함으로써 더불어 함께 사는 정의로운 사회를 구현했다.
반면 바알숭배 사회는 왕과 지도층의 종과 토지 소유를 영구적으로 인정한다. 그래서 이스라엘과 유다 왕국의 부패한 기득권층은 지배층 신분을 유지하려고 바알숭배 사상을 추구했고 안식년과 희년 제도를 부정했다. 그 결과 기득권층의 부익부와 빈민층의 빈익빈을 촉진시켜 계층간 갈등을 심화시켰고, 공동체성을 약화시켰다. 유다 왕 중에는 히스기야처럼 희년을 지키는 왕도 있었지만(왕하 20:18; 사 39:8), 므낫세와 여호야김 왕처럼 바알숭배에 빠져 희년을 지키지도 않고, 지방 산당뿐만 아니라 예루살렘 성전 안에도 바알신상을 세우고 바알숭배 제사장을 임명해 백성들의 바알숭배를 장려한 왕도 있었다. 그 결과 유다 왕국은 멸망의 길로 간 것이다.

:●:●:●:●:

여호야김의 죽음
"바벨론 왕 느부갓네살이 올라와서 그[여호야김]를 치고 그를 쇠사슬로 결박하여 바벨론으로 잡아가고"(대하 36:6)
"여호야김이 그의 조상들과 함께 자매 그의 아들 여호야긴이 대신하여

왕이 되니라"(왕하 24:6)

대하 36:6과 왕하 24:2의 기록에 의하면 BC 598년 느부갓네살이 바빌로니아 군대와 시리아 군대와 모압 군대와 암몬 군대를 동원해 예루살렘을 공격하고, 자신이 직접 예루살렘에 올라와서 전군을 진두지휘하며 여호야김과 유다 군대를 공격해 예루살렘 성을 함락시키고 여호야김을 바벨론으로 사로잡아 갔다.
이 사건 발생 6년 후, 바빌로니아에서 포로 생활하고 있던 에스겔은 여호야김이 바빌로니아로 사로잡혀 와서 감옥에 갇혔다고 다음과 같이 기록했다.
"그러자 이방 민족들이 그를 치려고 사방 여러 지역에서 와서, 그의 위에 그물을 치고 함정을 파서 잡아 갈고리로 그의 코를 꿰어 철창에 넣어서, 바빌로니아 왕에게로 데리고 갔다. 그들은 그의 으르렁대는 소리가 다시는 이스라엘의 모든 산에 들리지 않게, 그를 감옥에 가두었다."(겔 19:8-9, 표준새번역)
그러나 왕하 24:6에 의하면 예루살렘 성이 바빌로니아 군대에 포위되어 있을 때, 여호야김이 갑자기 죽고 조상의 묘지에 장사된 후, 그의 아들 여호야긴이 왕위를 계승하고, 3개월 후 예루살렘 성이 함락된 것처럼 보인다.
여호야김이 예루살렘에서 갑자기 죽었다고 주장하는 학자들은 겔 19:8-9의 바빌로니아 왕에게로 사로잡혀간 자가 여호야긴이라고 주장한다. 그러나 여호야긴은 바빌로니아 왕을 배반한 적도 없고 백성들에게 으르렁댄 적도 없어서 느부갓네살의 공격 대상이 아니다.
한편 유대 역사가 요세푸스는 느부갓네살이 여호야김을 죽였다고 다음과 같이 기록했다.
"바벨론 왕이 여호야김을 공격하기 위해 군대를 이끌고 오자, 여호야김은 선지자가 예언했던 것으로 인해 두려움이 생겨 바벨론 왕을 영접하였다. 이렇게 했던 것은 자기가 성문을 굳게 닫지 않고 전쟁을 하지 않으면 아무런 해를 받지 않으리라고 생각했던 것이다. 그러나 바벨론 왕은 도시로 들어오자 자기의 맹약을 지키지 않은 여호야김 왕을 예루살렘 안에 있는 가장 원기왕성하고 훌륭한 주민들과 함께 죽여 버렸다. 그리고 여호야김을 성벽 앞에 매장하지 말고 버리라고 하였다."
이 책에서는 역대하 36:6의 기록과 에스겔의 증언을 근거로 여호야김이 바빌로니아로 사로잡혀 갔다고 썼다. 여호야김은 바빌로니아에서 죽었으므로 그의 시체는 들판에 버려졌고, 예레미야가 '그의 시체는 바깥에 버려져서 낮에는 더위와 밤에는 추위를 당할 것이다'(렘 36:30)라고 예언한 것이 이뤄졌다. 여호야김이 예루살렘에서 갑자기 죽었다면 그의 아들 여호야긴이 아버지 여호야김의 장례를 엄숙하게 거행하고 시신을 정중하게 모셨을 것이며, 바깥에 버려지도록 방치하지 않았을 것이다.

3
시드기야 왕의 통치

시드기야의 불순종과 유다 왕국의 멸망

시드기야 왕 즉위 (BC 598, 왕하 24:17-18a; 대하 36:11a; 렘 37:1)

바빌로니아 왕 느부갓네살은 여호야김의 아들 여호야긴 대신 요시야의 아들이자 여호야긴의 삼촌 맛다니야를 왕으로 세우고 그의 이름을 시드기야로 바꾸게 했다. 시드기야가 왕이 될 때 21세였다.

하나님이 무화과 환상을 보여 주심 (BC 598, 렘 24:1-10)

주께서 무화과 광주리 두 개가 주님의 성전 앞에 놓여 있는 것을 내게 보여 주셨다. 이것은 바빌로니아 왕 느부갓네살이 유다 왕 여호야김의 아들 여고니야와 유다 지도자들과 기술자들과 대장장이들을 예루살렘에서 사로잡아 바빌로니아로 데려간 뒤에 있은 일이다. 한 광주리에는 처음 익은 듯한 아주 좋은 무화과가 담겨 있었고, 다른 한 광주리에는 상해서 먹을 수 없는 아주 나쁜 무화과가 담겨 있었다. 주께서 내게 물으셨다.

"예레미야야, 네가 무엇을 보고 있느냐?"

"무화과입니다. 좋은 무화과는 아주 좋고, 나쁜 무화과는 상해서 먹을 수 없을 정도로 아주 나쁩니다." (24:1-3)

주님의 말씀이 내게 들렸다.

"나 주 이스라엘의 하나님이 이렇게 말한다. 내가 이곳에서 갈대아 사람들의 땅으로 내쫓은 유다 포로들을 이 좋은 무화과처럼 잘 돌봐 주겠다. 내가 그들을 지켜보면서 잘되게 하고 다시 이 땅으로 돌아오게 하겠다. 내가 그들을 세우겠고 허물지 않겠으며, 그들을 심겠고 뽑지 않겠다. 이제는 내가 그들에게 나를 주님으로 아는 마음을 주겠다. 그러면 그들이 온전한 마음으로 내게 돌아와서 내 백성이 되고, 나는 그들의 하나님이 될 것이다. (24:4-7)

그러나 유다 왕 시드기야와 그의 장관들을 비롯해 예루살렘에 남은 사람들과 이 땅에 남은 사람들과 이집트 땅으로 간 사람들은 상해서 먹을 수 없는 나쁜 무화과처럼 만들어 버리겠다. 나 주가 이렇게 말한다. 내가 그들을 세계 만국으로 흩어놓아 혐오의 본보기가 되게 하겠고, 내가 쫓아보낸 모든 곳에서 그들이 수치와 조롱을 당하고 비웃음과 저주를 받게 하겠다. 그리고 내가 그들과 그들의 조상에게 준 땅에서 그들이 멸절될 때까지, 나는 그들에게 계속 전쟁과 기근과 전염병을 보내겠다." (24:8-10)

예레미야가 포로생활 중인 유대인들에게 편지를 보내다 (BC 597, 렘 29:1-23)

느부갓네살이 예루살렘에서 바빌로니아로 잡아간 포로 가운데 살아 남은 장로들과 제사장들과 예언자들과 모든 백성에게 예레미야 예언자가 예루살렘에서 편지를 보냈다. 이때는 여고니야 왕과 그의 어머니와 내시들과 유다와 예루살렘의 지도자들과 기술자들과 대장장이들이 예루살렘에서 떠난 뒤였다. 이 편지는, 유다 왕 시드기야가 바빌로니아 왕 느부갓네살에게 보낸 사반의 아들 엘라사와 힐기야의 아들 그마랴를 통해 바빌로니아로 전달되었다. (29:1-3)

"만군의 주, 이스라엘의 하나님이 말씀하신다. 내가 예루살렘에서 바빌로니아로 잡혀가게 한 모든 포로에게 말한다. 너희는 그곳에서 집을 지어 살고, 과수원을 만들어 그 열매를 따 먹어라. 그리고 아내를 맞이해 아들딸을 낳고, 너희 아들들도 아내를 맞이하고 너희 딸들도 시집보내어 아들딸을 낳게 해라. 그래서 그곳에서 번성하고 인구가 줄어들지 않게 해라. 또 너희는, 내가 너희를 사로잡혀 가게 한 그 도시가 평안하도록 노력하고, 그 도시를 위해 나 주께 기도해라. 그 도시가 평안해야 너희도 평안할 것이기 때문이다.[1]

만군의 주, 이스라엘의 하나님이 이렇게 말씀하셨다. 너희 가운데 있는 예언자들과 점쟁이들에게 속지 말고, 그들의 꿈 이야기도 곧이 듣지 마라. 그들은 내 이름을 이용해 너희에게 거짓 예언을 하고 있을 뿐이다. 나는 그들을 보내지 않았다. 주님의 말씀이다. (29:4-9)

주님이 이렇게 말씀하셨다. 너희가 바빌로니아에서 70년을 채우면, 내가 너희를 돌아봐 이곳으로 돌아오게 하겠다고 한 내 선한 말[2]

---

1. 하나님이 바빌로니아 이방 문화 안에 교회 공동체를 세우신 목적은 그곳에 하나님의 영광과 샬롬을 이루기 위한 것이다(딤전 2:2 참조).
2. 렘 25:12; 3:18; 24:6.

을 너희에게 이루어 주겠다. 너희를 향한 내 생각을 내가 알고 있다. 그것은 평안이요, 재앙이 아니다. 너희에게 희망찬 미래를 주는 것이다. 주님의 말씀이다. 너희가 나를 부르고 내게 와서 기도하면, 내가 너희 기도를 들어주겠다.³ 너희가 나를 찾으면 나를 만날 것이고, 너희가 마음을 다하여 나를 찾으면 내가 너희를 만나 주겠다. 주님의 말씀이다. 내가 너희 포로를 돌아오게 하겠고, 너희를 쫓아보낸 모든 나라와 모든 곳에서 너희를 모아서 사로잡혀 떠났던 이곳으로 돌아오게 하겠다. 주님의 말씀이다. (29:10-14)

너희가 '주님은 바빌로니아에서도 우리를 위해 예언자들을 일으키셨다'⁴고 말했다. 그러나 주께서 다윗의 왕위에 앉아 있는 왕과 그 도시에 살고 있는 모든 백성 곧 너희와 함께 사로잡혀 오지 않은 너희 형제들에 대하여는 이렇게 말씀하신다. '만군의 주께서 말씀하셨다. 보라, 내가 그들에게 전쟁과 기근과 전염병을 보내어, 그들을 상해서 먹을 수 없는 썩은 무화과처럼 만들겠다. 내가 전쟁과 기근과 전염병이 그들을 뒤쫓게 해서, 그들이 세상 모든 나라에서 학대받게 하고, 그들이 쫓겨 간 모든 민족 가운데서 저주와 공포와 야유거리와 조소거리가 되게 하겠다. 주님의 말씀이다. 그 이유는, 그들이 내 말을 듣지 않았기 때문이다. 내가 그들에게 내 종 예언자들을 부지런히 보냈으나, 그들은 내 말을 듣지 않았다. 주님의 말씀이다. (29:15-19)

3. 하나님은 말씀으로 자신의 뜻을 알리고, 성도들이 그 뜻을 깨닫고 이루어 달라고 기도할 때 그 뜻을 이루신다(마 6:10 참조).
4. 바빌로니아에 와 있는 거짓 예언자들은 '바빌로니아가 곧 멸망하고, 유다 왕과 예루살렘 사람들은 곧 회복될 것'이라는 꿈 같은 거짓 예언을 했다(렘 29:8).

내가 예루살렘에서 바빌로니아로 쫓아보낸 모든 포로들아, 주님의 말씀을 들어라. 만군의 주, 이스라엘의 하나님이 말씀하신다. 골라야의 아들 아합과, 마아세야의 아들 시드기야가 내 이름으로 너희에게 거짓 예언을 하고 있는데, 내가 이제 그들을 바빌로니아 왕 느부갓네살의 손에 넘겨서, 그가 그들을 너희가 보는 앞에서 죽일 것이다.

그래서 바빌로니아에 사는 모든 유다 포로 사이에 그들 때문에 '주께서 너를 바빌로니아 왕이 불태워 죽인 시드기야와 아합처럼 만드시리라'는 속담이 생길 것이다. 이것은, 그들이 이스라엘 사람으로서 해서는 안 될 어리석은 일을 했기 때문인데, 그들은 자기 이웃의 아내들과 간음했고, 내가 시키지도 않은 거짓말을 내 이름으로 말했기 때문이다. 나는 이것을 알고 있고, 내가 바로 그 증인이다. 주님의 말씀이다." (29:20-23)

바빌로니아에서 포로생활하고 있는 유대인들이 예레미야의 편지를 읽었다. 그런데 그 사람들 중에 거짓 예언자 스마야가 예레미야를 모함하는 편지를 예루살렘에 있는 스바냐 제사장에게 보냈다. 그때 하나님이 예레미야에게 말씀하셨다. (렘 29:24-32)

너는 느헬람 사람 스마야에게 말해라. "만군의 주 이스라엘의 하나님이 이렇게 말씀하셨다. 너 스마야는 네 이름으로 예루살렘에 있는 모든 백성과 마아세야의 아들 스바냐 제사장과 모든 제사장에게 편지를 보냈다. 그 내용은 '예언자 행세를 하는 미친 자들을 다 붙잡아 차꼬를 채우거나 목에 칼을 씌우게 하려고 주께서 당신을 여호야다 제사장 대신 주님의 성전 감독관으로 세웠는데, 어찌하여 아나돗 사람 예레미야가 지금 여러 사람들 앞에서 예언하는 것을 책망하지 않습니까? 그가 바빌로니아에 있는 우리에게 편지를 보냈는데, 포로 기간이 길어질 것이니, 너희는 집을 지어서 살고, 과수원도 만들어 과일을 따 먹으라고 합니다'라고 했다." (29:24-28)

스바냐 제사장은 그 편지를 예레미야 예언자에게 읽어 주었다. 그때 주님의 말씀이 예레미야에게 들렸다.

"너는 바빌로니아에 있는 모든 포로에게 전달해라. 주님이 느헬람 사람 스마야에 관해 이렇게 말씀하셨다. '나는 스마야를 예언자로 보내지 않았는데, 그는 너희에게 예언했고 너희가 그 거짓말을 믿게 했다.' 그러므로 주님이 이렇게 말씀하셨다. '보라, 내가 느헬람 사람 스마야와 그의 자손에게 벌을 줘, 그들이 이 백성 가운데 살아남지 못하게 하고, 내가 내 백성에게 베풀 선한 일을 보지 못하게 하겠다. 스마야가 주님께 거짓말을 했기 때문이다.' 주님의 말씀이다." (29:29-32)

엘람 멸망 예언 (렘 49:34-39)

시드기야가 유다 왕이 되어 다스리기 시작할 무렵, 엘람에 대한 주님의 말씀이 예레미야 예언자에게 들렸다.

"만군의 주께서 이렇게 말씀하셨다. 보라. 내가 엘람의 주력 무기인 활을 부수고, 하늘 사방에서 바람이 엘람으로 불어오게 해, 그들을 사방으로 흩어 버리겠다. 그러면 엘람에서 쫓겨난 사람들이 쫓겨가지 않은 나라가 없을 것이다. 나는 엘람을 그들의 원수 곧 그들의 목숨을 노리는 자들 앞에서 두려워 떨게 하겠고, 그들에게 나의 타오르는 분노로 재앙을 내리고, 그들 뒤에 군대를 보내어 그들을 멸망시키겠다. 주님의 말씀이다. 나는 엘람에 내 보좌를 놓고 왕과 지도자들을 그 땅에서 멸절시키겠다. 주님의 말씀이다. 그러나 마지막 날에는 내가 엘람의 포로를 돌아오게 하겠다. 주님의 말씀이다."

모압 멸망 예언 (렘 48:1-47)

만군의 주 이스라엘의 하나님이 모압에 대해 이렇게 말씀하셨다. "아, 느보산가 파괴되었구나. 기랴다임이 수치를 당하고 점령되었으며, 그 요새가 수치를 당하고 파괴되었다. 모압의 영화는 이제 사라졌다. 사람들은 헤스본에서 모압을 멸망시킬 계획을 세우며 '가자, 우리가 모압을 멸망시켜서 나라를 세우지 못하게 하자'라고 했다. 맛멘아, 칼이 네 뒤를 쫓아갈 것이니 너도 망할 것이다. 호로나임에서 파괴와 큰 파멸의 울부짖는 소리가 들려오고, 어린아이들이 '모압이 멸망되었다'고 소리쳐 외친다. 사람들이 울면서 루힛 언덕을 올라가고, 호로나임 비탈길에서 파멸의 고통 소리가 들린다.

너희는 도망해 목숨을 건져라. 광야의 떨기나무같이 되어라. 네가 네 업적과 재물을 의지했으니, 너는 정복당할 것이다. 그모스 신이 자기를 섬기던 제사장들과 지도자들과 함께 포로로 끌려갈 것이다. 멸망시키는 자가 성읍마다 쳐들어올 것이니, 어떤 성읍도 피할 수 없을 것이고, 골짜기는 폐허가 되고 평지도 황폐하게 될 것이다. 주님이 말씀하신 대로 너희는 모압에게 날개를 달아줘 마음껏 도망치게 해라. 모압의 성읍들은 황폐하게 되어 그곳에 사는 자가 아무도 없을 것이다. 주님의 일을 게으르게 하는 자는 저주받을 것이고,

칼로 모압을 죽이지 않는 자는 저주받을 것이다. (48:1-10)

모압은 어릴 적부터 평화롭게 살았고, 포로로 끌려가 본 적이 없다. 이 그릇 저 그릇에 옮겨 담지 않아서 찌꺼기가 가라앉은 포도주처럼, 그 맛이 그대로 남아 있고 향기가 변하지 않았다. 그러나 이제 내가 술을 옮겨 담을 사람들을 그에게 보낼 날이 온다. 주님의 말씀이다. 그들은 포도주를 뒤집어 그릇을 비우고, 항아리를 부술 것이다. 이스라엘 백성이 벧엘을 의지하다가 수치를 당했듯,[5] 모압이 그모스 신을 의지하다가 수치를 당할 것이다.

너희 모압가 어떻게 '우리는 용사요, 전쟁 잘하는 군인들이다'라고 말할 수 있느냐? 모압과 그 성읍을 멸망시킬 자가 쳐들어오면, 모압의 젊은이들 가운데서 뽑힌 용사들이 학살당할 것이다. 이름이 '만군의 주'이신 왕의 말씀이다. 모압의 멸망이 가까이 왔고, 재앙이 다가왔다. 모압 주위에 있는 모든 자들아, 모압을 위해 애도해라. 모압의 명성을 아는 모든 자들아, 부르짖어라. 어찌하여 강한 지팡이가 부러졌고 화려하던 지휘봉이 꺾이고 말았는가!' (48:11-17)

딸 디본의 주민아, 너희는 영광스러운 곳에서 내려와 메마른 땅에 앉아라. 모압을 멸망시키는 자가 너를 쳐서, 네 요새를 파괴했다. 아로엘 주민아, 너희는 길가에 서서 살펴보다가 도망하는 자와 달아나는 자에게 무슨 일이 일어났는지 물어보아라. 모압이 패배하고 수치를 당했으니 너희는 아르논 강 가에서 통곡하고 울부짖으며, 모압이 멸망했다고 알려라. 재앙이 닥친 곳은 평지와 홀론과 야사와 메

---

5. 북이스라엘의 멸망(왕상 12:33 참조).

바앗과 디본과 느보와 벳디불라다임과 기랴다임과 벳가물과 벳므온과 그리욧과 보스라와 모압 땅의 멀고 가까운 모든 성읍이다. 모압의 뿔이 잘리고, 그의 팔이 부러졌다. 주님의 말씀이다.

  모압이 주께 자만했으니, 그를 술 취하게 하고, 자기가 토한 것 위에서 뒹굴게 하여 조롱거리가 되게 해라. 이제까지 네가 이스라엘을 조롱하지 않았느냐? 네가 그에 관해 말할 때마다 머리를 흔들며, 그가 마치 도둑질이나 하다가 들킨 것처럼 조롱하지 않았느냐? 모압 주민들아, 너희는 성읍을 떠나서 바위 틈 속에서나 살아라. 비둘기처럼 구덩이 입구에서 둥지를 틀고 살아라. (48:18-28)

  우리는 모압이 교만하다는 소문을 들었다. 모압이 매우 교만해 우쭐대고 뻐기며 오만하고 거만을 떤다고 들었다. 주님의 말씀이다. 나는 모압의 교만을 안다. 그의 자랑은 허풍뿐이고, 그가 이뤘다는 것도 거짓말이다.

  그러므로 내가 모압을 위해 통곡하고, 모든 모압 백성을 위해 부르짖으며, 길헤레스 사람들을 위해 소리내어 울 것이다. 십마의 포도나무야, 네 덩굴이 사해를 건너 야셀까지 뻗어 나갔는데, 파멸시키는 자가 네 여름 과일과 포도송이에 들이닥쳤으므로, 나는 야셀을 위해 우는 것보다 너를 위해 더 많이 울고 있다. 과수원 같은 모압 땅에는 기쁨과 즐거움이 사라졌다. 내가 포도주 틀에서 포도주를 끊어지게 할 테니 아무도 환호성을 지르며 포도를 밟는 자가 없다. 외치는 소리는 있지만 더 이상 환호소리는 아니다. 헤스본과 엘르알레에서 부르짖는 소리가 야하스에까지 들리고, 소알에서부터 호로나임에 이르기까지, 또 에글랏셀리시야에 이르기까지 들린다.

니므림 샘물도 황폐하게 되었다. 나는 모압의 산당에서 신들에게 제물을 바치며 분향하는 자들을 완전히 없애 버리겠다. 주님의 말씀이다. (48:26-35)

모압이 소유한 재물이 사라졌으므로 내 마음이 모압 때문에 피리 소리처럼 탄식하며, 내 마음이 길헤레스 주민 때문에 피리 소리처럼 탄식한다. 모압 사람들이 모두 머리카락을 밀고 수염을 자르고 손마다 상처를 내고 허리에 베옷을 걸치고 있구나. 내가 마음에 들지 않는 그릇을 깨뜨리듯 모압을 깨뜨려 버렸으니, 모압의 모든 지붕 위와 모든 광장에서 슬피 우는 소리가 들린다. 주님의 말씀이다. 어쩌다가 모압이 망했는가! 어쩌다가 모압이 통곡하는가! 모압이 수치스럽게 등을 돌리고 달아났으니, 모든 이웃에게 조롱과 공포의 본보기가 되어 버렸다. (48:29-39)

주님이 이렇게 말씀하셨다. 보라, 적군이 독수리처럼 날아와서 모압 위에 두 날개를 펼칠 것이니, 성읍이 점령되고 산성이 함락될 것이다. 그날에는, 모압 용사들의 마음이 해산하는 여인처럼 두려움에 사로잡힐 것이다. 모압이 주님을 거슬러 자만했으니, 멸망해 다시는 나라를 세우지 못할 것이다. 모압 백성아, 두려움과 함정과 올가미가 네게 닥칠 것이다. 주님의 말씀이다. 두려움을 피해 도망하는 자는 함정에 빠지고, 함정에서 기어 나온 자는 올가미에 걸릴 것이다. 내가 모압 백성에게 벌을 내릴 해가 올 것이다. 주님의 말씀이다. 도피하는 자들이 기진해 헤스본 성벽의 그늘 아래 머물러 선다 해도, 헤스본 성 안에서 불이 나오고 시혼 가운데서 불꽃이 나와서, 모압 사람들의 이마와 소란 피우는 자들의 정수리를 살라 버릴 것이다.

모압아, 네게 화가 미쳤고, 그모스의 백성이 망했다. 네 아들들은 포로로 끌려가고, 네 딸들도 사로잡혀 간다. 그러나 마지막 날에 나는 모압의 포로가 돌아오게 하겠다. 주님의 말씀이다." 여기까지가 모압의 심판이다. (48:40-47)

암몬 멸망 예언 (렘 49:1-6)

하나님이 암몬 백성에 대해 이렇게 말씀하셨다.

"이스라엘은 자식이 없느냐? 상속자가 없느냐? 어찌하여 밀곰신이 갓[6]을 차지하고, 밀곰의 백성이 갓 성읍에서 사느냐? 보라, 그날이 온다. 주님의 말씀이다. 내가 암몬 백성이 사는 랍바에 전쟁의 함성이 들리게 할 때 랍바가 폐허 더미로 변하고, 그 성읍은 불타 버리고, 이스라엘은 빼앗겼던 자기 땅을 다시 빼앗을 것이다. 주님의 말씀이다.

아이 성이 멸망했으니, 헤스본아, 통곡해라. 랍바의 딸들아, 울부짖어라. 베옷을 몸에 걸치고 애곡하고, 울타리에서 이리저리 다녀라. 밀곰이 포로로 끌려가고, 밀곰의 제사장들과 지도자들도 함께 포로로 끌려갈 것이다.

방종한 딸 암몬아, 네가 어찌하여 골짜기 곧 물 흐르는 네 골짜기들을 자랑하느냐? 네가 어찌하여 재물을 의지하며 '누가 나를 치러 오겠느냐?'라고 하느냐? 보라, 내가 네 사방에서 무서운 적들을 데려와서 너를 치겠다. 만군의 주 하나님의 말씀이다. 그러면 네 백성

---

6. 요단 강 동북쪽 갓 지파의 땅.

이 그 앞에서 도망할 것이고, 아무도 도망하는 사람들을 모으지 못할 것이다. 그러나 그렇게 한 뒤에는, 내가 암몬 자손의 포로를 돌아오게 하겠다. 주님의 말씀이다."(49:1-6)

에돔 멸망 예언 (렘 49:7-22)

만군의 주께서 에돔에 대해 이렇게 말씀하셨다.

"데만에 더 이상 지혜가 없느냐? 명철한 사람들에게서 책략이 사라졌느냐? 그들의 지혜가 없어졌느냐? 드단의 주민아, 돌아서서 도망해라. 깊은 곳에 숨어라. 내가 에서에게 내린 재앙을 그에게 내려 그를 징계할 때가 되었다. 포도를 도둑질하는 사람들이 와도 남기는 것이 있고, 도둑이 밤에 들어와도 마음에 드는 것만 가져가지 않느냐? 그러나, 나는 에서를 샅샅이 뒤지고, 그가 숨을 곳을 들춰냈으니, 그는 숨을 수 없을 것이다. 그의 자손과 형제와 이웃이 멸망하고, 에돔마저 없어질 것이다.

네 고아들을 내버려 둬라. 내가 그들을 돌봐 주겠다. 네 과부들도 나를 의지할 것이다. 주님이 이렇게 말씀하셨다. '보라, 이 잔을 마시도록 판결받지 않은 자들도 꼼짝없이 이 잔을 마셨는데, 하물며 네 에돔가 벌을 면하겠느냐? 너는 벌을 면할 수 없다. 너는 반드시 그 잔을 마셔야만 한다. 내가 나를 두고 맹세한다. 주님의 말씀이다. 보스라[7]는 폐허가 되어 비난거리와 조소와 저주의 대상이 되고, 거기에 딸린 모든 성읍도 영원히 폐허가 될 것이다.'"(49:7-13)

---

7. 사해 남동쪽으로 32km 떨어져 있는 요새. 데만과 합쳐서 에돔 전체를 뜻함.

주께서 여러 나라에 특사를 보내시면서 말씀하시는 것을 내[8]가 들었다. "너희는 모여서 에돔을 치러 가라. 일어나서 싸워라. 보라, 이제 내가 너를 여러 나라 가운데서 작은 나라로 만들어 사람들에게 멸시받게 하겠다. 네가 바위 틈에 살며 산꼭대기를 차지한다고 해서, 누구나 너를 무서워한다고 생각하지 마라. 네 교만한 마음이 너를 속였을 뿐이다. 네가 독수리처럼 높은 곳에 네 보금자리를 만들어 놓아도, 내가 너를 거기서 끌어내리겠다. 주님의 말씀이다.

에돔이 황폐하게 되어, 그곳을 지나가는 사람마다 그곳의 모든 재앙을 보고 놀라며 비웃을 것이다. 소돔과 고모라와 그 이웃 성읍이 멸망했을 때와 마찬가지로, 그 땅에 사는 사람이 없을 것이며, 그 땅에 머무르는 사람도 없을 것이다. 주님의 말씀이다.

보라, 사자가 요단 강 가의 숲 속에서 나와서 푸른 목장으로 달려들듯, 나도 갑자기 그곳 에돔에서 그들 주민을 쫓아내고, 내가 택한 자[9]를 그곳에 세우겠다. 나 같은 자가 누구냐? 나와 다툴 자가 누구냐? 내 앞에 설 목자가 누구냐? 그러므로 너희는 나 주가 에돔에 관해 세운 계획을 듣고, 데만 주민에 대한 내 생각을 들어라. 양떼 가운데 가장 작은 자도 반드시 끌려 나올 것이고, 그들의 거주지가 반드시 황폐하게 될 것이다.[10] 그래서 에돔이 쓰러지는 소리에 땅이 흔들리고, 그들의 울부짖는 소리가 홍해까지 들릴 것이다. 보라, 그[11]가 독수리처럼 날아와서 보스라 위에 두 날개를 펼칠 것이니, 그날

---

8. 예레미야.
9. 느부갓네살은 BC 582년에 에돔을 멸망시킨다.
10. LXX.
11. 각주 9번과 동일한 내용.

시드기야 왕의 통치

에는 에돔 용사들의 마음이 해산하는 여인처럼 공포에 사로잡힐 것이다." (49:14-22)

다마스쿠스, 게달, 하솔 멸망 예언 (렘 49:23-33)

주님이 다마스쿠스에 대해 말씀하셨다.

"하맛과 아르밧이 불길한 소문을 듣고 낙담해 당황한다. 걱정이 파도처럼 몰아치니 그들이 평안할 수가 없다. 다마스쿠스가 용기를 잃고 몸을 돌이켜 달아나려 하지만, 공포가 그를 사로잡고, 고통과 진통이 해산하는 여인을 사로잡듯 그를 사로잡았다. 칭찬받던 도성, 내 기쁨이었던 성읍이 어찌하여 버림받았느냐? 그날에는 그 도시의 젊은이들이 광장에서 쓰러져 죽고, 모든 군인이 전멸당할 것이다. 만군의 주님의 말씀이다. 그때 내가 다마스쿠스의 성벽에 불을 질러 벤하닷의 궁궐을 태워 버릴 것이다." (49:23-27)

바빌로니아 왕 느부갓네살이 멸망시킬 게달과 하솔 왕국에 대해 주께서 이렇게 말씀하셨다. "너희는 일어나 게달로 쳐올라가, 동방 백성을 멸망시켜라. 그들의 장막과 양떼를 빼앗고, 휘장과 모든 기구와 낙타도 빼앗아라. 그리고 그들에게 '사방에 두려움이 있다'고 말해라.

하솔 주민아, 너희는 도망해 멀리 가서 깊은 곳에 들어가 살아라. 주님의 말씀이다. 바빌로니아 왕 느부갓네살이 너희를 칠 계획을 세웠고, 너희를 칠 뜻을 굳혔기 때문이다. 바빌로니아야, 너는 마음 놓고 태평하게 살아가는 민족을 치러 일어나 올라가거라. 그들은 성문도 없고 문빗장도 없이 홀로 살고 있다. 주님의 말씀이다.

그들의 낙타떼가 노략당하고, 그들의 많은 가축은 탈취를 당할 것이다. 내가 관자놀이의 머리카락을 깎은 자들을 사방으로 흩어 버리고, 사방에서 재난을 그들에게 가져다 주겠다. 주님의 말씀이다. 하솔은 이리떼의 소굴이 되어 영원히 황폐한 곳이 되게 할 것이니, 그곳에 사는 사람이 없을 것이고, 그곳에 머무르는 사람도 없을 것이다." (49:28-33)

바빌로니아 멸망과 유다 회복 예언 (렘 50:1-51:58)

주께서 바빌로니아 곧 갈대아인의 땅에 관해 예레미야 예언자를 통해 말씀하셨다.

"너희는 여러 나라에게 외쳐라. 깃발을 들고 외쳐라. 숨기지 말고 말해라. '바빌로니아가 함락되고 벨 신이 수치를 당하며 마르독 신이 깨어지니, 그 신상들이 수치를 당하고, 우상들이 부서진다'고 해라. 그 이유는 북쪽에서 한 나라[12]가 바빌로니아로 쳐들어와 그 땅을 황무지로 만들어 그곳에 사는 사람이 없고, 사람과 짐승이 모두 사라질 것이기 때문이다. (50:1-3)

주님의 말씀이다. 그날과 그때,[13] 이스라엘 자손이 돌아오고 유다 자손이 그들과 함께 돌아올 것이다. 그들은 울면서 돌아와 그들의 주 하나님을 찾을 것이다. 그들은 시온으로 가는 길을 묻고, 그 길을 바라보며, 가서 영원히 잊지 못할 언약[14]을 맺고, 주님과 연합할 것이

---

12. 메대-파사.
13. 페르시아 건국 때.
14. 새 언약. 렘 31:31; 겔 16:60 참조.

다. 내 백성은 길 잃은 양떼다. 목자들이 그들을 잘못된 길로 인도해 그들이 산 속에서 헤맸고, 산과 언덕에서 방황하며 쉴 곳을 잊어버렸다. 그들을 만나는 자마다 그들을 삼켰다. 그들의 원수들이 말하기를 '그들이 그들의 주 곧 의로운 처소이시며 그들의 조상의 희망이신 주님께 범죄했기 때문이고, 우리에게는 죄가 없다'고 했다. 너희는 바빌로니아 가운데서 도망쳐라. 갈대아인들의 땅에서 떠나라. 양떼 앞에서 걸어가는 숫염소처럼 되어라. (50:4-8)

보라, 내가 북쪽 땅에서 강대국의 연합군[15]을 일으켜 바빌로니아로 쳐들어가게 하겠다. 그들이 전열을 정비해 진을 치고 있다가 바빌로니아를 정복할 것이다. 그들의 화살은 노련한 용사 같아서 헛되이 돌아오지 않을 것이다. 갈대아인들이 약탈당할 텐데 그들을 약탈하는 자들이 모두 만족할 것이다. 주님의 말씀이다. (50:9-10)

내 소유 백성를 약탈한 자[16]야, 너희가 즐거워하고 기뻐 날뛰며, 타작하는 송아지처럼 뛰어다니고, 힘센 말처럼 소리를 지르는구나. 그러므로 너희 어머니[17]가 큰 수치를 당하고, 너희를 낳은 여인이 치욕을 당할 것이다. 보라, 이제 바빌로니아는 온 세상에서 가장 뒤떨어진 나라, 메마르고 황량한 사막이 될 것이다. 주님의 분노 때문에 바빌로니아는 아무도 살 수 없는 땅이 되고, 온 나라가 황무지로 바뀔 것이다. 그러면 그곳을 지나가는 사람마다 그 모든 재앙을 보고 놀라며 조롱할 것이다. 활을 당기는 모든 사람들아, 너희는 바빌로

---

15. 각주 12번과 동일한 내용.
16. 바빌로니아.
17. 바빌로니아의 수도 바벨론.

니아를 에워싸고 진을 쳐라. 화살을 아끼지 말고 그곳에 쏘아라. 그곳이 주께 범죄했다. 너희는 그곳을 에워싸고 함성을 올려라. 그곳이 항복했고, 요새는 함락되었으며, 성벽이 허물어졌다. 이것은 주님이 복수하는 것이니, 너희도 그곳에 복수해라. 그곳이 행한 대로 너희도 복수해라. 바빌로니아에서 씨뿌리는 자와 추수 때 낫을 든 자를 멸절시켜라. 그러면 각 사람들이 압제자의 칼이 무서워 자기 백성에게 돌아가고, 각 사람들이 자기 땅으로 도망할 것이다. (50:11-16)

이스라엘은 사자들에게 쫓겨서 흩어진 양이다. 처음에는 앗시리아 왕이 이스라엘을 잡아먹었고, 그다음에는 바빌로니아 왕 느부갓네살이 그 뼈까지 먹어치웠다. 그러므로 만군의 주, 이스라엘의 하나님이 이렇게 말씀하신다. '보라. 내가 앗시리아 왕에게 벌을 내렸듯, 바빌로니아 왕과 그의 땅에도 벌을 내리겠다. 그러나 이스라엘은, 내가 그의 초장으로 돌아오게 할 것인데, 그들이 갈멜과 바산에서 풀을 뜯고 에브라임과 길르앗 산에서 마음껏 먹을 것이다. 그날 그때, 내가 남겨둔 사람들을 용서할 것이므로 사람들이 이스라엘의 죄악을 찾아도 찾지 못할 것이고, 유다의 죄를 찾아도 찾지 못할 것이다.' (50:17-20)

주님의 말씀이다. 너는 남쪽 므라다임 땅으로 쳐 올라가서, 동쪽 브곳 주민을 뒤쫓아가 죽이고 진멸시켜라. 주님의 말씀이다. 내가 네게 명령한 대로 모두 행해라. 그 땅에 전쟁 소리와 큰 파멸이 있다. 온 세상을 쳐부수던 쇠망치가 어쩌다가 깨지고 부서졌는가? 바빌로니아가 어쩌다가 여러 나라 가운데서 황무지가 되었는가? 바빌로니아야, 내가 너를 잡으려고 올무를 놨는데 네가 모르고 걸렸구나. 네가 주님께 대항하다가 발각되어 붙잡혔구나. 주님이 자기 창고를 열고 분노의 무기를 꺼냈으니, 만군의 주 하나님이 갈대아 땅에서 하실 일이 있기 때문이다.

너희는 멀리서부터 그곳으로 와서, 그곳의 창고를 열고 그곳 사람들을 곡식더미처럼 쌓아놓고 전멸시켜라. 아무도 살아남지 못하게 해라. 그곳의 수소들을 모두 죽이고, 도살장으로 내려보내라. 그들의 날, 그들이 벌받을 때가 닥쳐왔기 때문에 그들에게 화가 미친 것이다.

바빌로니아 땅에서 도망해 빠져나온 사람들이 '우리 주 하나님이 복수하셨고, 그분의 성전을 부순 자들에게 복수하셨다'고 시온에 전하는 소리가 들린다. (50:21-28)

너희는 활 쏘는 사람들을 불러다가 바빌로니아를 쳐라. 바빌로니아가 주님 곧 이스라엘의 거룩하신 분께 오만하게 행동했으니, 활 쏘는 자여, 너희는 모두 바벨론 성을 포위하고 쳐라. 아무도 피하지 못하게 해라. 그들의 행위대로 보복하고, 그들이 행한 대로 그들에게 갚아 줘라. 그날에는 바빌로니아의 젊은이들이 광장에서 쓰러지고, 모든 군인이 전멸당할 것이다. 주님의 말씀이다.

보라, 오만한 자야, 내가 너를 치겠다. 주 곧 만군의 주님의 말씀이다. 너의 날 곧 내가 네게 벌줄 때가 왔다. 오만한 자가 넘어져 쓰러져도 그를 일으켜 줄 사람이 없을 것이다. 그때 내가 바빌로니아 성읍에 불 질러, 그 주변까지 다 태워 버리겠다.

만군의 주님이 이렇게 말씀하신다. 이스라엘 자손과 유다 자손이 함께 억압받고, 그들을 포로로 잡아간 자들이 모두 그들을 붙잡아 두고, 보내 주길 거절했다. 그러나 그들의 구원자는 강하시니, 그 이름은 '만군의 주'다. 그가 반드시 그들의 탄원을 들어줘 그 땅에 평화를 주겠지만, 바빌로니아 주민은 불안하게 하겠다. (50:28-34)

칼이 갈대아인과 바빌로니아 주민과 그곳의 지도자들과 지혜 있는 자들 위에 떨어질 것이다. 주님의 말씀이다. 칼이 거짓 예언자들을 치니 그들이 어리석게 될 것이고, 칼이 그곳의 용사들을 치니 그들이 공포에 떨 것이며, 칼이 그들의 말과 전차와 그들 가운데 있는 모든 외국 군대를 치니 그들이 여자같이 무기력해질 것이고, 칼이 그곳의 보물 위에 떨어지니 보물이 약탈당할 것이다. 가뭄이 그곳의 물을 치니 물이 말라 버릴 것이다. 그 땅은 우상의 땅이므로, 그들이 그 끔찍한 우상 때문에 미쳐 버릴 것이다. 그러므로 그곳에는 들짐승이 이리와 함께 살고, 타조도 그 안에서 살 것이므로, 사람이 그곳에는 더 이상 살지 못할 것이고, 머무르는 사람이 영영 없을 것이다. 하나님이 소돔과 고모라와 그 이웃 성읍을 멸망시켰을 때와 같이, 그곳에도 사람이 살지 못할 것이고, 머무르는 사람도 없을 것이다. 주님의 말씀이다. (50:35-40)

보라, 한 민족이 북쪽에서 올 텐데, 큰 나라와 수많은 왕들이 땅 끝에서 일어났다. 그들은 활과 창으로 무장했고, 잔인하고 무자비하다. 그들은 성난 바다의 파도 소리를 내며, 군마를 타고 전열을 갖추고 전쟁 용사같이 너를 치러 온다. 딸 바빌로니아야, 바빌로니아 왕이 그 소문을 듣고 손에 맥이 풀려 해산의 진통을 겪는 여인처럼 고통에 사로잡혔다.

보라, 사자가 요단 강가의 숲 속에서 나와서 푸른 목장으로 달려들듯, 나도 갑자기 그곳 바빌로니아에서 그들 주민을 몰아내고 내가 택한 자[18]를 그곳에 세우겠다. 나 같은 자가 누구냐? 나를 불러 낼 자가 누구냐? 내게 맞설 지도자가 누구냐? 그러므로 너희는, 나 주가 바빌로니아에 관해 세운 계획을 듣고, 갈대아인들의 땅에 관해 생각하신 구상을 들어라. 듣지 않으면, 어린 양떼들이 끌려갈 것이고, 그들 때문에 목장이 황폐하게 될 것이다. 바빌로니아가 함락되는 소리에 땅이 흔들리고, 그들의 부르짖음이 여러 나라에 들릴 것이다. (50:41-46)

주님이 이렇게 말씀하신다. 보라, 내가 바빌로니아 곧 갈대아인을 치려고 멸망시키는 불 바람을 일으키겠고, 키질하는 외국 군대를 바빌로니아로 보내어서 그 땅을 키질해 쓸어 낼 것이므로, 재앙의 날에, 그들이 사방에서 몰려와서 그 땅을 칠 것이다. 활 쏘는 자는 활을 쏘고, 갑옷을 입고 대열에 서라. 너희는 바빌로니아의 젊은이들을 불쌍히 여기지 말고 그 군대를 전멸시켜라. 갈대아인들이 자기 땅에서 쓰러져 시체로 있을 것이고, 자기들이 사는 거리에서 창에 찔려 죽을 것이다. (51:1-4)

이스라엘과 유다가 이스라엘의 거룩하신 분을 거역해 그 땅에 죄가 가득 찼으나, 그들이 자기들의 하나님 만군의 주께 버림받지 않았다. 너희 유다 백성는 바빌로니아에서 도망해 각자 자기 목숨을 건져라. 바빌로니아의 죄악 때문에 너희까지 죽지 마라. 이제는 주께서 바빌로니아에게 보복하실 때이니, 주님이 그녀에게 복수하실 것이

---

18. 고레스 왕.

다. 바빌로니아는 주님 손에 잡힌 금잔인데, 거기 담긴 포도주를 온 세상이 마시고 모든 민족이 취해 미쳐 버렸다. 바빌로니아가 갑자기 쓰러져서 망할 것이니 너희는 그녀를 위해 통곡하고, 그녀의 상처에 유향을 발라줘 봐라. 혹시 그녀가 나을지도 모른다. '우리 유다 백성가 바빌로니아를 치료해 봐도 낫지 않으니, 그녀를 내버려두고 각자 고향 땅으로 돌아가자. 그녀에 대한 심판이 하늘에 닿았고 창공에까지 미쳤다. 주께서 우리의 의로움을 밝혀 주셨으니, 시온으로 가서 우리 주 하나님이 하신 일을 선포하자.' (51:5-10)

너희는 화살촉을 갈고 방패를 잡아라. 주님이 메대 왕들의 마음을 움직여서 바빌로니아를 멸망시키기로 뜻을 세우셨다.[19] 이것은 주님의 복수 곧 그들이 주님의 성전을 무너뜨린 것에 대한 복수이다. 너희는 바벨론 성벽을 향해 공격 신호의 깃발을 올리고, 경계를 강화하고, 경비병을 세우고, 복병을 매복시켜라. 주님은 바빌로니아 백성에 관해 말씀하신 계획을 그대로 이루실 것이다. 큰 물 가에서 살고, 많은 보물을 가진 자여, 네 종말이 다가왔고, 네가 멸망할 때가 되었다. 만군의 주께서 생명을 걸고 맹세하시길 '내가 메뚜기떼처럼 많은 군대로 너를 공격하게 할 것이니, 그들이 너를 향해 함성을 지를 것이다'라고 하셨다. (51:11-14)

주님은 능력으로 땅을 만드시고, 지혜로 세계를 세우셨으며, 명철로 하늘을 펼치셨다. 주께서 호령하시면 하늘에 많은 물이 생기고, 땅 끝에서 구름이 올라오게 하시며, 비를 내리려고 번개가 치게 하

---

19. 바빌로니아는 BC 539년 메대와 파사의 연합군에 의해 멸망한다.

시며, 바람 창고에서 바람을 내보내신다.

그러나 사람은 누구나 어리석고 무식하다. 모든 은장이들은 자기들이 만든 신상이 거짓이요 그 속에 영[20]이 없으므로 그 신상 때문에 수치를 당한다. 신상들은 헛된 것이요 조롱거리에 지나지 않아서, 벌받을 때는 멸망할 것이다.

그러나 야곱의 분깃이신 주님은 그런 것들과 같지 않으시니, 그분은 만물을 만드신 분이시요 이스라엘 지파를 자기 소유로 삼으신 분이시다. 그분의 이름은 '만군의 주'이시다. (51:15-19)

너 바빌로니아는 내 철퇴요 무기이다. 나는 네가 여러 민족을 부수고 여러 나라를 멸망시키며, 말과 기병들을 부수고, 전차와 전차 부대를 부수며, 남자와 여자를 부수고, 늙은이와 어린아이도 부수고, 청년과 처녀도 부수고, 목자와 양떼도 부수고, 농부와 소도 부수고, 총독과 지방장관들도 부수게 하겠다. 그러나 바빌로니아와 갈대아 모든 백성이 시온에 와서 저지른 모든 죄악을 너희 유다 백성가 보는 앞에서, 내가 그들에게 갚아 주겠다. 주님의 말씀이다. 보라, 온 세상을 파괴한 멸망의 산 바빌로니아아, 내가 너를 치겠다. 주님의 말씀이다. 내가 내 손을 네게 뻗쳐서 너를 바위에서 굴려 내리고, 너를 불탄 산[21]으로 만들어 버리겠다. 그러면 네가 영원히 황무지가 되어 사람들이 네게서 모퉁잇돌 하나, 주춧돌 하나도 얻을 수 없을 것이다. 주님의 말씀이다. (51:20-26)

너희는 그 땅에 깃발 공격 신호을 세우고 열방에 나팔을 불어, 바

---

20. LXX. 겔 36:26 참조.
21. 계 8:8.

빌로니아를 치는 전쟁에 열방을 동원해라. 아라랏과 민니와 아스그나스[22]와 같은 나라들을 불러서 바빌로니아를 쳐라. 바빌로니아를 칠 사령관을 세우고, 군마를 메뚜기떼처럼 몰고 오게 해라. 여러 민족을 동원해 바빌로니아를 쳐라. 메대의 왕들과 그 땅의 총독들과 모든 지방장관들과 그들이 지배하는 모든 속국을 동원해 바빌로니아를 쳐라. 주님이 바빌로니아 땅을 아무도 살지 못할 황무지로 만드시려는 계획이 그대로 이루어지니, 땅이 진동하고 뒤틀린다. 바빌로니아 용사들은 전쟁을 포기하고 산성에 들어앉았다. 그들은 힘이 빠져서 여인처럼 되어 버렸다. 바빌로니아의 집들은 불타고 성문 빗장들도 부셔졌다.

사신은 사신을 맞으려고 달려가고, 전령은 전령을 맞으려고 달려가서, 바빌로니아 왕에게 보고하기를 '왕의 성 사방이 함락되었고, 강나루 터도 점령되었고, 갈대밭도 불탔으며, 군인들은 겁에 질려 있다'고 한다. (51:27-32)

만군의 주 이스라엘의 하나님이 이렇게 말씀하신다. 딸 바빌로니아는 타작할 때가 된 타작마당과 같아서 조금만 더 있으면 그들을 짓밟을 추수 때가 올 것이다." (51:33)

이스라엘이 호소한다.

바빌로니아 왕 느부갓네살이 나를 먹었고, 나를 멸망시켰습니다. 그가 나를 빈 그릇처럼 만들었고, 바다의 괴물처럼 나를 삼켰습니다. 그가 나를 맛있는 음식을 먹듯 먹고 제 배를 채우고는 나를 토

---

22. 현재의 아르메니아 지역에 속한 나라들로, 당시 메데의 속국들.

해 냈습니다. 시온의 주민이 말하기를 '내가 당한 폭행과 내가 받은 학대를 바빌로니아에 갚아 주소서'라고 호소하고, 예루살렘이 말하기를 '내 피를 흘린 죄값을 바빌로니아 백성에게 돌아가게 하소서'라고 호소할 것이다. (51:34-35)

"그러므로 주님이 이렇게 말씀하신다. 보라, 내가 네 호소를 들어주고 네 원수를 갚아 주겠다. 내가 바빌로니아의 바다를 말리고 그 땅의 샘도 말려 바빌로니아가 폐허 더미로 변하고 여우떼의 소굴이 되어, 아무도 살지 못할 곳이 될 것이고, 혐오 대상과 조롱거리가 될 것이다. 바빌로니아 사람들은 모두 젊은 사자처럼 으르렁거리고 사자 새끼들처럼 부르짖을 것이다. 그래서 그들이 목이 탈 때 나는 그들에게 마실 것을 줘 그들이 취하게 하니, 그들이 기뻐 날뛰지만 영원히 잠들어 깨어날 수 없게 하겠다. 주님의 말씀이다. 내가 그들을 어린 양처럼, 숫양이나 숫염소처럼 도살장으로 끌고 가겠다.

어쩌다가 세삭[23]이 함락되었는가! 어쩌다가 온 세상의 자랑거리가 없어지게 되었는가! 어쩌다가 바빌로니아가 여러 나라 가운데서 황폐하게 되었는가! 바닷물이 바빌로니아 위로 넘쳐 올라와 바빌로니아가 많은 파도 속에 잠기고 말았구나. 바빌로니아 도시들이 황무지로 변해 메마른 땅과 사막이 되니, 아무도 살지 못하고 지나다니는 사람도 없는 땅이 될 것이다. 내가 바빌로니아의 신 벨에게 벌을 내리고, 그가 삼켰던 것을 그의 입으로 토해 내게 할 것이니, 여러 민족이 다시는 그에게 몰려들지 않을 것이고, 바빌로니아의 성벽

---

23. 바빌로니아(렘 25:26 참조).

도 무너질 것이다. (51:36-44)

내 백성아, 너희는 바빌로니아에서 나와서 주님의 무서운 진노로부터 각자 자기 목숨을 건져라. 너희는 그 땅에서 들리는 소문에 낙담하거나 두려워하지 마라. '온 땅에 폭력이 있고, 통치자가 통치자와 싸운다'는 소문이 금년에도 들리고, 내년에도 들릴 것이다. 그러므로 보라, 내가 바빌로니아의 우상들에게 벌을 내릴 날이 다가왔다. 그날 바빌로니아 온 땅이 수치를 당할 것이고, 바빌로니아 한가운데에 칼에 찔려 죽은 사람들이 모두 쓰러져 있을 것이다. 바빌로니아를 멸망시키는 자들이 북쪽에서 올 것이니, 하늘과 땅과 그 안에 있는 모든 것이 바빌로니아의 멸망 때문에 기뻐 외칠 것이다. 주님의 말씀이다.

세상 모든 사람이 바빌로니아의 칼에 죽어 쓰러졌듯, 이제는 바빌로니아가 이스라엘 사람을 칼로 죽였기 때문에 쓰러질 것이다. 칼을 피한 이스라엘 사람들아, 서성거리지 말고 떠나라. 너희는 끌려간 먼 곳에서 주님을 기억하고, 예루살렘을 너희 마음에 둬라." (51:45-50)

예레미야가 말했다.

"이방인들이 주님의 거룩한 성전에 들어갔으므로, 우리는 비난 듣고 모욕당했으며 수치스러워 얼굴을 들 수 없었습니다."

하나님이 말씀하셨다.

"그러므로 보라, 그날이 오고 있다. 주님의 말씀이다. 그날에 내가 바빌로니아의 우상들에게 벌을 내릴 것이며, 칼에 찔린 자들이 바빌로니아 온 땅에서 신음할 것이다. 바빌로니아가 비록 하늘까지 올라가서 그 높은 곳에 자기 요새를 쌓는다 해도, 내가 파괴자들을 바

빌로니아로 보내겠다. 주님의 말씀이다." (51:51-53)

"바빌로니아에서 울부짖는 소리가 들려오고, 갈대아인들의 땅에서 큰 파멸이 들려온다. 주께서 바빌로니아를 파괴하여, 그들에게서 큰 소리를 없애고, 그들의 원수들이 거센 파도처럼 밀려와 요란한 소리를 내기 때문이다. 주님은 보응하시는 하나님이시고 반드시 보복하시므로 바빌로니아를 파괴하는 자가 바빌로니아로 쳐들어와 바빌로니아의 용사들을 사로잡고 그들의 활을 부순다.

내가 바빌로니아의 지도자들과 지혜 있는 자들과 총독들과 지방 장관들과 용사들을 술 취하게 해, 그들이 영원히 잠들어 깨어나지 못할 것이다. '만군의 주'라는 이름을 가지신 왕의 말씀이다. 만군의 주님이 이렇게 말씀하신다. 바벨론의 성벽이 허물어지고, 높은 성문들도 불타니 백성의 수고가 헛되고, 여러 민족의 수고가 불타니 그들의 힘은 쇠퇴할 것이다." (51:54-58)

바빌로니아의 멸망을 기록한 예언책을 증거물로 삼음 (BC 594, 렘 51:59-64a)

이것은 유다 왕 시드기야 제4년에 스라야(마세야의 손자요 네리야의 아들)가 시드기야 왕과 함께 바빌로니아로 갈 때, 예레미야 예언자가 시드기야 왕의 보좌관인 스라야에게 한 말이다. 예레미야는 바빌로니아에 닥쳐올 모든 재앙 곧 바빌로니아에 관한 이 모든 말씀을 한 권의 책으로 기록하고 스라야에게 말했다.

"그대가 바빌로니아로 가거든, 이 말씀을 다 읽고 '주님, 주님이 이곳에 관해 말씀하시기를, 이곳을 멸망시켜 사람부터 짐승까지 아무것도 살지 못하게 영원히 폐허로 만들겠다고 말씀하셨습니다'라고 하십시오.[24] 그대가 이 책을 다 읽은 후에는 이 책에 돌을 매달아 유프라테스 강 가운데 던지십시오. 그리고 '내가 바빌로니아에 내릴 재앙 때문에 이곳이 이렇게 몰락하여 다시는 일어나지 못하고 쇠퇴할 것이다'라고 말하십시오."

이즈음 이집트 왕 프삼메티쿠스 2세(BC 595-589)가 즉위했고, 바빌로니아에는 내부 반란(BC 596-595)이 있었다. 이때 거짓 예언자들은 '바빌로니아가 가져간 예루살렘 성전의 기구들이 곧 예루살렘으로 되돌아올 것이므로 유다왕국이 바빌로니아로부터 독립해야 한다'며 백성을 선동했다. 그래서 유다 왕 시드기야는 이집트를 의지하고 바빌로니아로부터 독립하려고 (겔 17:7 참조), 에돔, 모압, 암몬, 두로, 시돈 등의 이웃 나라 사신들을 예루살렘에 초청하여 바빌로니아에 대한 반역을 모의했다. 이때 하나님의 말씀이 예레미야에게 들렸다. (BC 594, 렘 27:1-22)

유다 왕 요시야의 아들 시드기야[25]가 다스릴 때, 주님의 말씀이 예레미야에게 들렸다. 주께서 내게 이렇게 말씀하셨다.

"너는 나무 멍에를 여러 개 만들고 밧줄을 달아, 네 목에 메어서, 유다 왕 시드기야를 만나려고 예루살렘에 와있는 사신들에게 그것을 나눠 주고, 에돔 왕과 모압 왕과 암몬 사람의 왕과 두로 왕과 시돈 왕에게 전달하게 해라. 너는 또 그들에게 다음과 같이 명령해, 각

---

24. 하나님은 예정하신 것을 성도의 기도로 이루신다(렘 29:12; 단 9:23).
25. Calvin, E. J. Young, NIV, RSV. 70인역에는 생략되었다. 렘 27:3, 12, 20은 시드기야 시대임을 증거한다. 렘 27장의 나무 멍에 이야기는 렘 28장에 계속되므로 렘 27장은 28:1과 같은 시드기야 통치 4년째의 사건이다. 맛소라 사본과 KJV에는 '여호야김'으로 되어 있으나 사본 복사 과정에서 발생한 실수로 여겨진다.

자 자기 주인에게 전하게 해라. '만군의 주, 이스라엘의 하나님이 이렇게 말씀하신다. 너희는 너희 주인에게 이렇게 전해라. 내가 내 큰 능력과 편 팔로 땅과 땅에 있는 사람과 짐승을 만들었고, 그 땅을 내 눈에 드는 사람에게 맡겼다. 나는 지금 이 모든 땅을 내 종 바빌로니아 왕 느부갓네살의 손에 맡겼고, 들짐승도 그에게 맡겨 그를 섬기게 했다. 그래서 모든 민족이 그와 그의 아들과 그의 손자를 섬길 것[26]이고, 그 땅의 기한이 올 때까지 많은 민족과 위대한 왕들이 그를 섬길 것이다. 바빌로니아 왕 느부갓네살을 섬기지 않고, 그 왕의 멍에를 목에 메지 않는 민족이나 나라는, 그 왕의 손에 멸망될 때까지 내가 전쟁과 기근과 전염병으로 처벌하겠다. 주님의 말씀이다. (27:1-8)

그러므로 너희 예언자들과 점쟁이들과 해몽가들과 무당들과 마술사들이 너희에게 '너희는 바빌로니아 왕을 섬기지 않게 될 것이다'라고 하는 것을 너희는 듣지 마라. 그들은 너희에게 거짓말을 예언해, 너희가 너희 땅에서 멀리 떠나게 하고, 내가 너희를 쫓아내게 하며, 너희가 멸망하게 할 것이다. 그러나 바빌로니아 왕의 멍에를 목에 메고 그를 섬기는 민족은 내가 그들의 땅에 남아 있게 해, 그곳에서 일하며 그곳에서 살게 하겠다. 주님의 말씀이다.'" (27:9-11)

나는 유다 왕 시드기야에게도 이와 똑같이 말했다.

"여러분은 바빌로니아 왕의 멍에를 목에 메고 그와 그의 백성을

---

26. 3대 70년(렘 29:10 참조).

섬기시오. 그러면 살아남을 것입니다. 주께서 바빌로니아 왕을 섬기지 않는 백성은 전쟁과 기근과 전염병으로 죽이겠다고 말씀하셨는데, 어찌하여 왕과 왕의 백성은 그렇게 죽으려고 합니까? 그러므로 여러분에게 '너희는 바빌로니아 왕을 섬기지 않게 될 것이다'라고 예언하는 자들의 말을 듣지 마십시오. 그들이 여러분에게 거짓 예언을 하고 있기 때문입니다. '주님의 말씀이다. 나는 그들을 보내지 않았는데, 그들이 내 이름으로 거짓 예언하는 것을 너희가 듣는다면 내가 너희를 쫓아낼 것이므로, 너희와 너희에게 거짓 예언하는 그 예언자들이 망할 것이다'라고 하셨습니다." (27:12-15)

그리고 나는 제사장들과 모든 백성에게 말했다.

"주님이 이렇게 말씀하셨다. 보라, 너희는 주님의 성전 기구가 바빌로니아에서 이제 곧 되돌아올 것이라고 하는 너희 예언자들의 말을 듣지 마라. 그들이 너희에게 거짓 예언을 하고 있기 때문이다. 너희는 그들의 말을 듣지 말고 바빌로니아 왕을 섬겨라. 그러면 살아남을 것이다. 어찌하여 이 도시가 폐허가 되게 하려느냐? 만일 그들이 참된 예언자들이고 주님의 말씀을 받은 자들이라면, 만군의 주께 간구해서 주님의 성전과 유다 왕궁과 예루살렘에 아직 남아 있는 기구가 바빌로니아로 옮겨지지 않게 해야 할 것이다. 만군의 주께서 기둥과 놋바다와 받침대와 이 도시에 아직 남아 있는 기구 곧 바빌로니아 왕 느부갓네살이 유다 왕 여호야김의 아들 여고니야와 유다와 예루살렘의 모든 귀족을 예루살렘에서 바빌로니아로 잡아갈 때 남겨 뒀던 것들에 관해 말씀하신다. 만군의 주 이스라엘의 하나님이 주님의 성전과 유다 왕궁과 예루살렘에 아직 남아 있는 기구에 관해 이렇게 말씀하셨다. '그것이 바빌로니아로 옮겨지고, 내가 그것을 다시 이곳으로 옮겨놓을 때까지 그곳에 남아 있을 것이다. 주님의 말씀이다.'"(27:16-22)

거짓 예언자 하나냐의 죽음 (BC 594, 렘 28:1-17)

그해 곧 시드기야가 유다 왕이 되어 다스리기 시작한 지 4년이 되던 해 5월에 기브온 사람 앗술의 아들 하나냐 예언자가 주님의 성전에서 제사장들과 모든 백성이 보는 앞에서 내게 말했다.

"만군의 주, 이스라엘의 하나님이 이렇게 말씀하신다. '내가 바빌로니아 왕의 멍에를 꺾어 버렸다. 바빌로니아 왕 느부갓네살이 이곳에서 바빌로니아로 빼앗아 간 주님의 성전 기구를, 모두 내가 2년 안에 다시 이곳으로 가져오겠다.[27] 또 유다 왕 여호야김의 아들 여고니야와 바빌로니아로 잡혀간 유다의 모든 포로도 내가 다시 이곳으로 데려오겠다. 내가 바빌로니아 왕의 멍에를 꺾어 버리겠다.' 주님의 말씀이다."(28:1-4)

그러자 예레미야 예언자가 주님의 성전에 서 있던 제사장들과 모든 백성이 보는 앞에서 하나냐 예언자에게 말했다.

"아멘. 주께서 그렇게 해주시길 바랍니다. 당신이 예언한 말을 주께서 이루어 주셔서, 주님의 성전 기구와 모든 포로가 바빌로니아에서 이곳으로 되돌아 올 수 있길 바랍니다. 그러나 당신은 내가 당신

---

27. 2년(BC 592) 안에 아무 일도 일어나지 않는다. 오히려 하나냐가 두 달 만에 죽는다.

의 귀와 온 백성의 귀에 하는 이 말을 들으시오. 옛날부터 나와 당신 이전에 살았던 예언자들은 많은 땅과 큰 왕국에 전쟁과 기근과 전염병이 닥칠 것이라고 예언했소. 평화를 예언하는 예언자는, 그가 예언한 말이 성취된 뒤에야, 비로소 주께서 그를 사람들에게 보내신 참 예언자로 인정받게 될 것이오."(28:5-9)

하나냐 예언자가 예레미야 예언자의 목에서 나무 멍에를 빼앗아 꺾어 버리며 모든 백성이 보는 앞에서 말했다.

"주님이 이렇게 말씀하신다. 내가 2년 안에 바빌로니아 왕 느부갓네살의 멍에를 모든 민족의 목에서 이와 같이 꺾어 버리겠다."(28:10-11)

예레미야 예언자는 그 자리를 떠나 버렸다. 하나냐 예언자가 예레미야 예언자의 목에서 나무 멍에를 꺾어 버린 뒤에, 주님의 말씀이 예레미야에게 들렸다.

"너는 가서 하나냐에게 말해라. '주님이 이렇게 말씀하신다. 네가 나무 멍에를 꺾어 버렸으나, 그 대신 내가 쇠 멍에를 만들어 놓겠다. 진실로 만군의 주 이스라엘의 하나님이 이렇게 말씀하신다. 내가 이 모든 민족의 목에 쇠 멍에를 메워 바빌로니아 왕 느부갓네살을 섬기게 했으니, 그들이 그를 섬길 것이다. 나는 들짐승도 그에게 넘겨주었다.'"(28:12-14)

예레미야 예언자가 하나냐 예언자에게 말했다.

"하나냐는 들으시오. 주님은 당신을 보내지 않으셨는데도, 당신은 이 백성에게 거짓말을 믿게 했소. 그러므로 주께서 이렇게 말씀하셨소. '보라. 내가 너를 땅 위에서 없애 버릴 테니, 네가 금년에 죽을 것이다. 네가 주님께 거짓말을 했기 때문이다.'"

하나냐 예언자가 그해 7월에 죽었다. (28:15-17)

거짓 예언자 하나냐가 예레미야에게 대항하며 '나무 멍에' 예언을 부정했지만 예레미야의 예언대로 죽었으므로 여섯 나라의 바빌로니아 반역 모의는 실행되지 못했다. 하나님을 버리고 악한 유다 왕국을 회개시켜 구원하려고 하나님은 예언자들을 보내셨지만, 유대인들은 하나님의 말씀을 무시하고 예언자들을 조롱하며 박해했으므로 하나님은 유대인을 심판하기로 확정하신다. (왕하 24:18b-19; 대하 36:11b-16)

시드기야는 21세에 왕이 되어 예루살렘에서 11년 동안 다스렸다. 그의 어머니 하무달은 립나 출신이고 예레미야의 딸이다. 그는 여호야김이 행했던 것과 똑같이 그의 주 하나님이 보시기에 악을 행했고, 주님의 입에서 나오는 말씀을 선포하는 예레미야 예언자 앞에서 겸손하지 않았다. 느부갓네살 왕은 시드기야에게 하나님의 이름으로 충성을 맹세하게 했지만, 시드기야는 마침내 느부갓네살에게 반역하고 고집을 부리며 이스라엘의 주 하나님께로 돌아오지 않았다. 지도자들인 제사장들과 일반 백성도 이방 나라의 모든 역겨운 행위대로 행하며 큰 죄를 지어, 주께서 자신의 것으로 거룩하게 구별하신 예루살렘 성전을 더럽혔다. 그들의 조상의 주 하나님이 자기 백성과 자신이 머무는 성전을 불쌍히 여기셔서, 자기 백성에게 자기 사신들을 통해 말씀을 보내셨지만, 그들은 하나님의 사신들을 조롱하고 하나님의 말씀을 무시하며 하나님의 예언자들을 비웃었으므로, 마침내 주님의 진노가 자기 백성에게 미쳤으니 회복할 수 없을 때까지 그렇게 하셨다.

에스겔의 예언 활동

하나님은 유다 왕국을 멸망시키기로 확정하신 후, 바빌로니아 군대가 예루살렘 성을 포위할 때(BC 589)까지 6년 동안 예레미야를 통해 유대인들을 설득시키려는 말씀을 하지 않으신다. 그 대신 바빌로니아에 잡혀와 있는 에스겔을 유대인의 죄(우상숭배와 폭력)에 대한 증인이 되게 하고, 바빌로니아에 함께 잡혀와 있는 유대인들에게 증거하게 하시며, 그 죄에 대한 하나님의 심판과 유다 왕국의 멸망 및 회복을 예언하게 하신다.

느부갓네살이 유다 왕 여호야긴을 예루살렘에서 바빌로니아로 잡아갈 때(BC 598), 에스겔도 25세에 포로로 잡혀가서 5년 후 30세인 BC 593년부터 571년까지 22년 동안 예언 활동을 했다.

예루살렘 함락 6년 전 에스겔 예언

에스겔이 계시를 받다 (BC 593, 겔 1:1-3)

나는 30세가 되는 해 4월 5일에 포로로 잡혀온 사람들과 함께 그발 강[28]가에 있었는데, 하늘이 열리고 하나님이 보여 주시는 환상을

---

28. 메소포타미아 중부의 닙푸르 동쪽에 있는 티그리스 강의 지류.

보았다. 여호야긴 왕이 포로로 잡혀 온 지 5년(BC 593)이 되는 그 달 5일에, 주님의 말씀이 갈대아 땅의 그발 강가에서 부시의 아들인 에스겔 제사장에게 들렸고, 주님의 능력이 나를 사로잡았다. (1:1-3)

네 생물 환상 (겔 1:4-14)

내가 보니 북쪽에서 폭풍과 큰 구름이 오는데, 그 속에서 불빛이 계속 번쩍였고, 그 구름 둘레에는 광채가 났으며, 불빛 가운데서는 금붙이의 광채 같은 것이 반짝였다. 광채 한가운데서 네 생물의 형상이 나타났다. 그 모습은 사람의 형상 같았고, 얼굴이 각각 넷이요 날개도 각각 넷이었다. 다리는 곧고, 발바닥은 송아지 발바닥 같고 광낸 구리같이 반짝거렸다. 생물의 네 면에 달린 날개 밑에는 사람 손이 있고, 네 생물에게는 얼굴과 날개가 있었다. 날개 끝은 서로 연결되어 있고, 그 생물이 나아갈 때는 몸을 돌리지 않고도 각각 자기 얼굴이 향하는 쪽으로 곧게 나아갔다. 얼굴 모양은, 앞쪽은 사람 얼굴이고, 오른쪽은 사자 얼굴이고, 왼쪽은 황소 얼굴이고, 뒤쪽은 독수리 얼굴이었다. 날개는 위로 펼쳐져 있었는데, 두 날개 끝은 서로 맞닿아 있고 또 두 날개는 몸을 가리고 있었다. 영이 가고자 하는 곳으로 그 생물들이 갈 때는, 각각 몸을 돌리지 않고 앞으로 곧게 나아갔다. 생물들의 모양은 타는 숯불 같았는데, 횃불 같은 것이 그 생물들 사이를 다니며 빛을 냈고, 불 속에서 번개가 나오고 있었다. 생물들은 번개처럼 들락날락 했다. (1:4-14)

네 바퀴 환상 (겔 1:15-21)

내가 생물들을 보니, 생물들에는 바퀴가 있었다. 바퀴는 네 얼굴마다 하나씩 있었다. 바퀴의 모양과 구조를 보니, 모양은 빛나는 녹주석 같고 네 바퀴의 모양이 같았다. 모양과 구조는 바퀴 안에 바퀴가 있는 것 같았다. 그들은 사방 어디로 가든지, 방향을 돌리지 않고 앞으로 나아갔다. 바퀴의 둘레는 높고, 보기에도 무서우며, 네 둘레에 눈이 가득했다. 생물들이 나아가면 바퀴들도 함께 나아갔고, 생물들이 땅에서 떠오르면 바퀴들도 함께 떠올랐다. 영이 가고자 하면, 생물들은 어디든지 그 영이 가고자 하는 곳으로 갔다. 생물들의 영이 바퀴 속에 들어 있었으므로 바퀴들이 그들과 함께 떠올랐다. 생물들이 나아가면 바퀴들도 나아갔고, 생물들이 서면 바퀴들도 섰고, 생물들이 땅에서 떠오르면 바퀴도 그들과 함께 떠올랐는데, 생물들의 영이 바퀴들 속에 들어 있기 때문이었다. (1:15-21)

수정 창공과 네 생물의 이동 및 음성 환상 (겔 1:22-25)

생물들의 머리 위에는 수정 빛을 내는 창공 모양의 덮개가 펼쳐져 있었다. 보기에 심히 두려웠다. 다른 창공 모양의 덮개 밑에는 그 생물들이 펼친 두 날개가 서로 맞닿아 있었고, 다른 두 날개는 각각 자기 몸을 가리고 있었다. 그 생물들이 움직일 때 날개 치는 소리를 내가 들었는데, 많은 물소리 같기도 하고, 전능하신 분의 천둥소리 같기도 하고, 군인들의 함성 같기도 했다. 그 생물들은 설 때 날개를 내렸다. 그 생물들이 날개를 내리고 설 때 그들의 머리 위에 있는 창공 모양의 덮개 위에서 소리가 들렸다. (1:22-25)

영광의 하나님이 에스겔에게 소명을 주심 (겔 1:26-3:3)

그 생물들의 머리 위에 있는 창공 모양의 덮개 위에, 사파이어 보석 모양 같은 것이 있었고, 그 보좌 형상 위에는 사람 모양 같은 형상[29]이 있었다. 또 나는 그의 허리처럼 보이는 곳 위쪽에 구리 광채 같은 것이 불꽃처럼 그곳 주위에 있는 것을 보았다. 그의 허리처럼 보이는 곳 아래쪽에서도, 불꽃 모양을 보았고, 그 주위에 광채가 있는 것을 보았다. 그곳 주위에 있는 광채 모양은 비 오는 날 구름 속에 나타나는 무지개처럼 보였다. 그 모양은 영광스러운 주님의 모습이었다. 나는 그 모습을 보고 얼굴을 땅에 대고 엎드렸다. 그때 나는 그가 말씀하시는 음성을 들었다. 그가 내게 말씀하셨다.

"사람의 아들아, 네 발로 일어서라. 내가 네게 할 말이 있다." (1:26-2:1)

그가 이 말씀을 하실 때, 영이 내게 와서 내 발을 일으켜 세웠다. 나는 그가 말씀하시는 것을 들었다. 그가 내게 말씀하셨다.

"사람의 아들아, 내가 너를 이스라엘 자손 곧 내게 반역한 민족에게 보낸다. 그들은 그들의 조상처럼 오늘날까지 내게 죄를 짓고 있다. 내가 너를 얼굴이 뻔뻔하고 마음이 완고한 자손에게 보내니 너는 그들에게 '주 하나님이 이렇게 말씀하신다'고 말해라. 그들은 반역하는 족속이니 그들이 듣든지 말든지 너는 말해라. 그러면 그들이 자기들 가운데 예언자가 있다는 것을 알게 될 것이다. 너, 사람의 아들아, 가시와 찔레가 너를 둘러싸고, 전갈 떼 가운데서 네가 살게

---

29. 그리스도.

되더라도 그것들을 두려워하지 말고, 그것들 앞에서 무서워하지 마라. 그들이 반항하는 족속일지라도 너는 그들의 말을 두려워하지 말고 그들 앞에서 무서워하지 마라. 그들은 반항하는 족속이니 그들이 듣든지 말든지 너는 내 말을 그들에게 전해라. 너, 사람의 아들아, 너는 내가 네게 말하는 것을 듣고, 반역하는 그 족속처럼 반항하지 말고, 네 입을 벌려, 내가 네게 주는 것을 먹어라." (2:2-8)

내가 보니, 손 하나가 나를 향해 내밀어져 있었고, 그 손에는 두루마리 책이 있었다. 그가 그 두루마리 책을 내 앞에 펼쳤는데, 앞뒤로 글이 적혀 있었다. 애가와 탄식과 재앙의 글이었다. 그가 내게 말씀하셨다.

"사람의 아들아, 네가 보는 것을 먹어라. 너는 이 두루마리를 먹고, 가서 이스라엘 족속에게 말해라."

내가 입을 여니, 그가 그 두루마리를 내게 먹인 후 말씀하셨다.

"사람의 아들아, 내가 네게 주는 이 두루마리를 먹고, 네 배를 불리고 네 속을 그것으로 채워라."[30]

내가 그것을 먹었더니, 그것이 입에 꿀같이 달았다.[31]

에스겔의 소명 강조 (겔 3:4-15)

그가 내게 말씀하셨다.

"사람의 아들아, 이스라엘 족속에게 가서 내 말을 그들에게 전해라. 내가 너를 말이 다르거나 언어가 어려운 민족에게 보내는 게 아

---

30. 렘 1:9.
31. 계 10:10.

니고 이스라엘 족속에게 보낸다. 네가 못 알아들을 말과 이해 못할 언어를 사용하는 민족에게 내가 너를 보내는 것이 아니다. 차라리 내가 너를 그런 사람들에게 보낸다면, 그들은 네 말을 들을 것이다. 그러나 이스라엘 족속은 이마가 딱딱하고 마음이 굳어서 내 말을 들으려 하지 않기 때문에 네 말도 들으려 하지 않을 것이다.[32] 내가 이제 네 얼굴을 그들의 얼굴과 맞먹도록 딱딱하게 만들고, 네 이마를 그들의 이마와 맞먹도록 딱딱하게 만들었다. 내가 네 이마를 바윗돌보다 더 딱딱한 금강석처럼 만들었으니[33] 그들이 비록 반역하는 족속일지라도, 너는 그들을 두려워하지 말고 그들 때문에 무서워하지 마라." (3:4-9)

그리고 그가 내게 말씀하셨다.

"사람의 아들아, 내가 네게 말하는 것을 모두 네 마음속에 받아들이고, 네 귀로 들어라. 너는 포로인 네 민족에게 가서, 그들에게 전해라. 그들이 듣든지 말든지 너는 그들에게 '주 하나님이 이렇게 말씀하신다' 하고 말해라."

그때 주님의 영이 나를 들어 올리셨다. '주님의 영광이 주님의 처소에서 나오니, 찬양하여라'라는 소리가 큰 지진 소리처럼 내 뒤에서 들렸다. 그 소리는 생물들의 날개가 서로 부딪히는 소리와 그 생물들의 곁에 있는 바퀴들의 소리가 크게 울리는 소리였다. 주님의 영이 나를 들어 올려 데리고 가시는데, 나는 화가 나고 마음이 아팠

---

32. 삼상 8:7 참조.
33. 렘 1:18; 15:20.

지만, 주님의 능력[34]이 내 위에 강하게 임재했다. 나는 텔아비브 포로들이 살고 있는 그발 강 가로 가서 앉았고, 그 사람들 가운데서 7일 동안 얼빠진 사람처럼 앉아 있었다. (3:10-15)

파수꾼의 임무 강조 (겔 3:16-27)

7일 후 주님의 말씀이 내게 들렸다.

"사람의 아들아, 내가 너를 이스라엘 족속의 파수꾼으로 세웠으니, 너는 내 말을 듣고 나 대신 그 사람들에게 경고해라. 가령 내가 악인에게 '너는 반드시 죽을 것이다'고 말할 때, 네가 그 악인에게 경고하지 않거나, 네가 말로 타일러서 악인이 자기의 악한 길을 버리고 자신을 구원하게 하지 않으면, 그 악인은 자신의 죄악 때문에 죽겠지만, 그가 죽은 책임을 나는 네게 묻겠다. 그러나 네가 악인에게 경고했는데도, 그가 자신의 죄악과 자신의 악한 길에서 돌아서지 않으면, 그는 자신의 죄악 때문에 죽겠지만, 너는 네 목숨을 보존할 것이다. 또 만약 의인이 지금까지 걸어 온 자기 의에서 떠나 악을 행하면, 내가 그 앞에 올무를 놓아 그 의인을 죽게 할 것인데, 네가 그에게 경고하지 않으면, 그는 자기 죄 때문에 죽겠고 그가 행한 의로운 행위는 하나도 기억되지 않겠지만, 그 사람이 죽은 책임은 내가 네게 묻겠다. 그러나 의인이 범죄하지 않도록 네가 경고해 그가 범죄하지 않으면, 그는 경고를 받아들였으니 반드시 살겠고 너도 네

---

34. 원문은 손(hand). 에스겔은 타락한 유다 백성에 대해 분노하고 마음 아파하시는 하나님과 영적으로 같은 마음이 되었으나, 성령의 강권적 임재로 달리 어찌할 수가 없었다(렘 6:11; 7:19; 15:17 참조).

목숨을 보존할 것이다." (3:16-21)

주님의 능력이 거기서 내 위에 내렸다. 주께서 내게 말씀하셨다. "일어나서 들로 나가라. 내가 그곳에서 네게 말하겠다."

내가 일어나 들로 나가 보니, 그곳에 주님의 영광이 머물러 있었다. 내가 그발 강 가에서 보았던 영광과 똑같았다. 나는 얼굴을 땅에 대고 엎드렸다. 그때 주님의 영이 내게 와서 내 발을 일으켜 세우고, 내게 말씀하셨다.

"네 집 안으로 들어가서 문을 닫아라. 너, 사람의 아들아, 사람들이 너를 밧줄로 묶어 놓아[35] 너는 그 사람들에게서 나가지 못할 것이다. 내가 네 혀를 네 입천장에 붙일 것이므로 너는 말을 못하고 그들을 꾸짖지도 못할 것이다. 그들은 반역하는 족속이다. 그러나 내가 네게 다시 말할 때 네 입을 열어줄 테니,[36] 너는 '주 하나님이 이렇게 말씀하신다. 들을 사람은 듣고, 듣기 싫은 사람은 듣지 마라'고 그들에게 말해라. 그들은 반역하는 족속이기 때문이다. (3:22-27)

예루살렘 멸망에 관한 네 가지 상징 (겔 4:1-5:4)

너, 사람의 아들아, 너는 흙벽돌을 가져와서 네 앞에 놓고, 그 위에 한 성 곧 예루살렘을 새겨라. 그리고 그 성 주위에 포위망을 치고, 사다리를 세우고, 흙언덕을 쌓고, 진을 치고, 성벽을 부수는 무기를 설치해라. 또 철판을 가져와서 너와 그 성 사이에 철벽을 세우고, 그 성을 지켜보고, 그 성을 포위하고 있어라. 이것이 이스라엘 족

---

35. 에스겔이 예언 사역을 하다가 유대인들로부터 박해당하고 결박되어 출입이 제한되었다.
36. 에스겔은 6년 동안 하나님이 명하신 말만 했다(겔 24:27; 33:22 참조).

속에게 징조가 될 것이다. (4:1-3)

너는 또 왼쪽으로 누워 이스라엘 족속의 죄악을 떠맡아라. 네가 옆으로 누워 있는 날 수만큼, 그들의 죄악을 떠맡는 것이다. 나는 그들이 범죄한 햇수를 날 수로 정했으니 네가 390일 동안 이스라엘 족속의 죄악을 떠맡아야 할 것이다. 네가 이 기간을 다 채운 다음에는, 다시 오른쪽으로 누워 유다 족속의 죄악을 40일 동안 떠맡아라. 나는 네게 1년을 하루씩 계산해 주었다. 그런 후에 너는 포위당한 예루살렘을 응시하면서, 네 팔을 걷어붙이고 그 성에 예언해라. 내가 너를 밧줄로 묶어, 네가 묶여 있는 기한이 끝날 때까지, 몸을 이쪽저쪽으로 돌려 눕지 못하게 하겠다. (4:4-8)

너는 밀, 보리, 콩, 팥, 조와 귀리를 가져와서 한 그릇에 담고, 그것으로 빵을 만들어 네가 옆으로 누워 있는 390일 동안 먹어라. 하루에 20세겔씩 음식을 달아서 시간을 정해 놓고 먹어라. 그것을 보리빵처럼 구워 먹되, 사람들이 보는 앞에서 사람의 똥으로 불을 피워 빵을 구워라. 물도 하루에 6분의 1힌[37]씩 무게를 재어서, 시간을 정해 놓고 따라 마셔라."

주께서 또 말씀하셨다.

"내가 이스라엘 자손을 여러 민족 가운데로 내쫓으면, 그들이 거기서 이와 같이 더러운 빵을 먹을 것이다."

"오, 주 하나님, 나는 나 자신을 부정하게 한 적이 없습니다. 나는 어려서부터 지금까지 저절로 죽거나 다른 짐승에게 물려 죽은 고

---

37. 약 0.5리터.

기를 먹은 적이 없고, 부정한 고기를 내 입에 넣은 적도 없습니다."

"보라! 사람 똥 대신 소똥을 사용해도 좋다. 소똥으로 불을 피워 빵을 구워라."

주께서 또 내게 말씀하셨다.

"사람의 아들아, 내가 예루살렘에서 사람들이 의지하는 빵을 끊어 버리겠다. 그들이 걱정되어 빵을 무게로 달아서 먹고, 두려워서 물을 무게로 재어서 마시다가 빵과 물이 부족해서 서로 두려워하며 떨고, 자기들의 죄악 때문에 말라 파리해질 것이다. (4:9-17)

너 사람의 아들아, 날카로운 칼 한 자루를 가져와 그 칼을 삭도 삼아 네 머리카락과 수염을 깎고 그 털을 저울로 달아 나눠 놓아라. 그리고 그 성이 포위되어 있는 기간이 끝난 다음에, 그 털의 3분의 1을 그 성 한가운데서 불로 태우고, 또 3분의 1은 그 성 둘레를 돌면서 칼로 내려치고, 또 3분의 1은 바람에 날려 보내라. 그러면 내가 칼을 빼어 들고 그 뒤를 쫓아가겠다. 그러나 그 털 가운데 조금 남겨 뒀다가 네 옷자락으로 싸고 또 그 가운데 얼마를 꺼내 불 속으로 던져서 살라 버려라. 그 속에서 불이 나와서 온 이스라엘 족속에게 번질 것이다." (5:1-4)

기근, 전염병, 전쟁으로 심판 예언 (겔 5:5-17)

주 하나님이 말씀하셨다.

"이것이 예루살렘이다. 내가 그 도시를 이방인들 가운데 두고, 그 주위에 여러 나라가 있게 했다. 그런데 그 도시는 내 율례를 거역해 이방 민족보다 더 악했고, 그 주위에 있는 이방인들보다 더 내 율법을 지키지 않았다. 그들은 내 율례를 거역하고, 내 율법을 지키지 않았다. 그러므로 나 주 하나님이 이렇게 말한다. '너희는 너희 주위에 있는 이방인들보다 더 거역하는 사람이 되어, 내 율법을 따르지 않고, 내 율례를 지키지도 않고, 심지어는 너희 주위에 있는 이방인들의 선한 율례도 행하지 않았다.' (5:5-7)

그러므로 주 하나님이 말씀하신다. 이제 내가 너를 친히 대적해, 이방인들이 보는 앞에서 네게 벌을 내리겠다. 나는 네 모든 역겨운 행위 때문에 전에도 없었고 앞으로도 없을 벌을 네게 내리겠다. 네 가운데서 아버지가 자식을 잡아먹고, 자식이 아버지를 잡아먹을 것이다. 나는 네게 벌을 내려 너희 가운데 살아남은 자를 모두 사방으로 흩어 버리겠다. 내가 살아 있음을 두고 맹세한다. 주 하나님의 말씀이다. 네가 네 모든 혐오스러운 것과 역겨운 것으로 내 성소를 부정하게 했으니, 나도 너를 거절하겠고, 내 눈이 너를 아까워하지 않겠으며 불쌍히 여기지도 않겠다. 너희 가운데 3분의 1은 전염병으로 죽거나 굶어죽고, 3분의 1은 성 주위에서 칼에 맞아 쓰러질 것이며, 나머지 3분의 1은 내가 사방으로 흩어 버리고 칼을 빼어 그 뒤를 쫓아가겠다. (5:8-12)

내가 이렇게 내 진노를 다 쏟아야 그들에게 품었던 분이 풀려 내 마음이 평안하게 될 것이다. 내가 그들에게 내 진노를 다 쏟을 때, 그들은 비로소 나 주가 질투하기 때문에 그렇게 말한 줄 알게 될 것이다. 또 내가 너를 황폐하게 해서, 네 주위에 있는 이방인 가운데 너를 지나다니는 사람마다 너를 비웃게 하겠다. 그래서 내가 분과 노를 품고 무서운 형벌로 너를 심판할 때, 너는 네 주위에 있는 이방인들에게 수치와 조롱거리와 경고와 두려움이 될 것이다. 나 주가 말한다. 내가 너희를 멸망시키려고 독화살같이 기근을 보내고 또 기근을 보내어 마침내 너희가 의지하는 빵을 끊어 버리겠다. 내가 너희에게 기근과 사나운 짐승을 보내어 너희 자식을 빼앗아 가고, 전염병과 학살이 너희 가운데 일어나게 하고, 전쟁이 너희에게 일어나게 하겠다. 나 주가 말했다." (5:13-17)

우상숭배에 대한 심판 예언 (겔 6:1-14)

주님의 말씀이 내게 들렸다.

"사람의 아들아, 너는 네 얼굴을 이스라엘 산[38] 쪽으로 향하고 그것들에게 대언하여 말해라. 이스라엘의 산들아, 주 하나님의 말씀을 들어라. 주 하나님이 산과 언덕과 계곡과 골짜기에게 이렇게 말씀하신다. 보라, 내가 너희에게 전쟁을 일으켜 너희 산당을 없애 버리겠다. 너희 제단이 폐허가 되고, 너희 분향제단이 부서질 것이며, 너희 가운데 죽은 자들을 내가 너희 우상 앞에 던져 버리겠다. 또 나는 이스라엘 자손의 시체를 그들의 우상 앞에 놓고, 너희 해골을 너희 제단 주위에 흩어 놓겠다. 너희가 거주하는 도시가 모두 황폐하게 되고, 산당도 황폐하게 될 것이다. 이는 너희 제단이 무너져 못쓰게 되고, 너희 우상들이 부서져 끝장나고, 너희 분향제단이 파괴되고, 너희가 만든 것들이 제거될 것이며, 살해된 자들이 너희 가운데 널려 있을 것이기 때문이다. 그때 비로소 너희는 내가 주님인 줄

---

38. 이스라엘의 모든 산 위에는 우상숭배 산당이 있었다.

알게 될 것이다. (6:1-7)

그러나 너희가 여러 나라로 흩어질 때, 나는 너희 가운데 얼마를 전쟁을 피해 살아남게 해서, 여러 민족 가운데서 살아가게 하겠다. 그들은 포로로 잡혀가 이방인들 속에서 살면서, 비로소 그들이 음란한 마음으로 나를 떠났고, 음욕을 품은 눈으로 그들의 우상을 따라가서, 내 마음이 얼마나 상했는지 깨닫게 될 것이다.[39] 그때 그들은 자신들의 모든 역겨운 죄악 때문에 자기 자신을 미워할 것이다.[40] 그때 비로소 그들이 나 주가 그들에게 이런 재앙을 내리겠다고 한 것이 헛 말이 아니었음을 알게 될 것이다. (6:8-10)

주 하나님이 이렇게 말씀하신다. 너는 손뼉을 치고 발을 구르면서[41] 말해라. 아, 이스라엘 족속이 온갖 흉악한 행위 때문에 전쟁과 기근과 전염병으로 망할 것이다. 멀리 있는 자는 전염병에 죽고, 가까이 있는 자는 전쟁에 쓰러지고, 남은 자는 포위되어 굶어죽어서, 내가 내 분노를 그들에게 쏟아 놓겠다. 그래서 너희가 높은 언덕 위에마다 제단을 만들고 그 제단 주위에 우상들을 설치했는데, 그 우상 가운데 내가 너희 시체를 둘 때, 그리고 가지가 무성한 나무 아래마다 너희가 온갖 우상에게 분향했는데, 그곳에 내가 너희 시체를 둘 때, 그때 비로소 너희는 내가 주님인 줄 알게 될 것이다. 내가 내 손을 그들 위에 펴서 그 땅 곧 남쪽의 광야에서부터 북쪽의 디블라[42]까지, 그들이 거주하는 곳을 모두 황무지로 만들어 버리겠다. 그때 비

---

39. 단 9:4-19; 스 9:7-15; 느 9:16-37.
40. 겔 20:43; 눅 14:26.
41. 탄식하면서.
42. '리블라'로 번역되기도 한다.

로소 그들은 내가 주님인 줄 알게 될 것이다."(6:11-14)

심판받을 날이 다가왔다는 예언 (겔 7:1-13)

주님의 말씀이 내게 들렸다.

"너, 사람의 아들아, 나 주 하나님이 이스라엘 땅에 대해 이렇게 말한다. '끝이 왔다. 이 땅 사방에 끝이 왔다. 이제는 네게 끝이 왔다. 내가 내 분노를 네게 쏟고, 네 행위대로 너를 심판하며, 네 모든 역겨운 행위대로 네게 보응하겠다. 내 눈이 너를 아까워하지도 않고 불쌍히 여기지도 않겠다. 나는 네 행위대로 네게 벌주고, 네가 저지른 역겨운 행위대로 네게 벌줄 것이기 때문이다. 그때 비로소 너희는 내가 주님인 줄 알게 될 것이다.'"(7:1-4)

주 하나님이 이렇게 말씀하신다.

"재앙이다. 보라. 두 번 다시 없을 재앙이다. 끝이 왔다. 네 끝이 왔다. 보라, 끝이 왔다. 이 땅에 사는 사람들아, 네게 예정된 재앙이 왔다. 그때가 왔고, 그날이 다가왔다. 산에서 즐거운 소리가 들리는 날이 아니라 혼란의 그 날이 가까이 왔다. 나는 이제 곧 내 분노를 네게 쏟고 내 분을 네게 풀어, 네 행위대로 너를 심판하며, 네 역겨운 행위대로 네게 갚아 주겠다. 내 눈이 너를 아까워하지 않고, 불쌍히 여기지도 않겠다. 나는 네가 행한 행위대로 네게 벌주고 네가 저지른 역겨운 행위대로 네게 벌줄 것이기 때문이다. 그때 비로소 너희는 나 주가 이렇게 치는 것임을 알게 될 것이다.(7:5-9)

보라, 그날이다. 보라, 그날이 왔다. 예정된 멸망이 닥쳐왔다. 심판할 몽둥이가 꽃을 피우고 교만이 싹터 나왔다.[43] 폭력이 일어나서 유다의 죄악을 징벌할 몽둥이가 되었으니, 그들이나 그들의 백성이나 그들의 재물 중에 아무것도 남지 않을 것이고, 그들의 소유 가운데 어떤 소중한 것도 남지 않을 것이다. 그때가 왔고, 그날이 되었다. 이 땅의 모든 사람에게 진노가 내릴 것이므로, 물건을 사는 사람도 기뻐하지 말고, 파는 사람도 슬퍼하지 마라.[44] 판 사람이 아직 살아 있다 해도, 팔린 것을 도로 가지려고 돌아갈 수 없을 것이니, 모든 사람에게 보여 준 계시는 결코 돌이킬 수 없고, 죄를 짓고서는 아무도 자기 생명을 보존할 수 없기 때문이다. (7:10-13)

이스라엘 백성이 겪어야 할 심판의 참상 (겔 7:14-27)

사람들이 나팔을 불고 모든 전투 장비를 갖춘다 해도, 전쟁에 나갈 사람이 없는 이유는, 내 진노가 모든 사람에게 미쳤기 때문이다. 밖에는 전쟁이 있고 안에는 전염병과 기근이 있어, 들에 있는 자는 칼에 죽고, 성 안에 있는 자는 기근과 전염병으로 죽을 것이며, 산으로 피해 도망한 자들은 각자 골짜기의 비둘기처럼 자신의 죄 때문에 슬피 울 것이다. 사람들은 모두 손에 맥이 풀리고 무릎은 물같이 흐느적거릴 것이며, 베옷을 입고 두려움에 싸이고, 모든 얼굴에는 부끄러움이 있고, 모든 머리는 대머리가 될 것이다. (7:14-18)

주님이 진노하시는 날, 은과 금이 그들을 구원할 수 없을 것이므로, 그들은 은을 길거리에 내던지고, 금을 오물 보듯 할 것이다. 은

---

43. 유다를 멸망시킬 느부갓네살의 세력이 전성기를 이루었다.
44. 고전 7:30 참조.

과 금이 그들의 영혼을 만족시켜 주지 못하고, 그들의 배를 채워주지 못할 것이다. 오히려 은과 금은 그들을 걸려 넘어지게 하고, 죄를 짓게 할 뿐이다. 그들은 화려한 보석 때문에 교만해졌고, 그것으로 역겹고 보기 싫은 우상을 만들었으니, 내가 그 보석을 그들에게 오물이 되게 하고 이방인들에게 넘겨줘 약탈당하게 하고, 그 땅의 악인들에게 넘겨줘 약탈당하게 하고 더럽혀지게 하겠다. 내가 내 얼굴을 그들에게서 돌릴 것이므로 이방인들이 내 은밀한 성소[45]를 더럽히고, 포악한 자들이 그곳에 들어가서 더럽히게 하겠다. 이 땅에 살인죄가 가득하고, 이 도시에 폭력이 가득하기 때문에 너는 바벨론으로 끌려갈 때 사용할 쇠사슬을 만들어라. 내가 악한 이방인들을 데려와 강한 자들[46]의 집을 차지하게 하고 그들의 교만을 꺾고 그들의 성소를 더럽히게 하겠다. (7:19-24)

그들이 멸망하게 되었으므로 평안을 찾지만, 평안은 없을 것이다. 환난에 환난이 겹치고, 불길한 소문에 소문이 더 들려올 때, 사람들이 예언자에게서 계시를 구하겠지만 얻지 못할 것이다. 제사장에게서 율법이 사라지고, 장로들에게서는 지혜가 사라질 것이다. 왕은 통곡하고, 지도자들은 절망하고, 이 땅의 백성은 무서워 손을 떨 것이다. 내가 그들의 행위대로 그들에게 갚아 주고, 그들이 받아야 할 심판대로 그들을 심판하겠다. 그때 비로소 그들이 내가 주님인 줄 알게 될 것이다." (겔 7:25-27)

---

45. 지성소.
46. 유다 지배층.

예루살렘 함락 5년 전 에스겔 예언

하나님은 에스겔의 영을 환상 속에서 예루살렘으로 데려가 유대인들이 예루살렘 성전에서 담무스 신과 태양신 등 각종 우상을 숭배하는 현장을 목격하게 하신다. (BC 592, 겔 8:1-18)

여호야긴 포로 6년 6월 5일에 나는 내 집에 앉아 있었고, 유다 장로들이 내 앞에 앉아 있을 때, 주 하나님의 능력이 거기서 내게 내렸다. 내가 보니 사람 모습[47]이 보였는데, 허리 아래는 불 같고, 허리 위는 광채가 나서 쇠 같았다. 그가 손처럼 생긴 것을 뻗쳐서 내 머리채를 잡았다. 하나님이 보여 주신 환상 속에서, 주님의 영이 나를 하늘과 땅 사이로 들어 올려 예루살렘으로 데려왔고, 북쪽을 향한 성전 안뜰 문 입구에 내려놨다. 그곳은 질투를 일으키는 질투의 우상이 앉아 있는 곳이다. 거기에 이스라엘 하나님의 영광이 있었는데, 내가 전에[48] 들에서 본 모습과 같았다. 그가 내게 말씀하셨다.

"사람의 아들아, 너는 눈을 들어 북쪽을 봐라."

내가 눈을 들어 북쪽을 보니, 문 북쪽에 제단이 있고 문 입구에 질투의 우상이 있었다. 그가 내게 말씀하셨다.

"사람의 아들아, 이스라엘 족속이 무슨 일을 하고 있는지 보이느냐? 그들은 여기서 너무나 역겨운 짓을 해서 내가 내 성소를 멀리 떠나게 했다. 너는 더 역겨운 짓을 보게 될 것이다." (8:1-6)

그는 나를 뜰 입구로 데려갔다. 내가 보니, 벽에 구멍이 있었다. 그

---

47. LXX. 그리스도(겔 1:26 참조).
48. 1년 전(겔 1:27-28).

가 내게 말씀하셨다.

"사람의 아들아, 그 벽을 뚫어라."

내가 그 벽을 뚫었더니, 문이 있었다. 그가 내게 말씀하셨다.

"들어가, 그들이 거기서 하고 있는 흉악하고 역겨운 짓을 봐라."

내가 들어가서 보니, 온갖 벌레들과 불결한 짐승들과 이스라엘 족속의 모든 우상이 벽 사면에 그려져 있었다. 그런데 이스라엘 족속의 장로 가운데 70명이 그 우상 앞에 서 있었고, 사반의 아들 야아사냐[49]가 그들 가운데 서 있었다. 그들은 각각 손에 향로를 들고 있었는데, 그 향의 연기가 구름처럼 올라가고 있었다. 그가 내게 말씀하셨다.

"사람의 아들아, 이스라엘 족속의 장로들이 각각 자기 우상이 있는 어두운 방에서 하는 짓을 보았느냐? 그들은 '주님이 우리를 돌보지 않고 이 땅을 버렸다'고 말하고 있다." (8:7-12)

그가 내게 말씀하셨다.

"너는 그들이 하고 있는 더 역겨운 짓을 또 보게 될 것이다."

그가 나를 북쪽에 있는 주님의 성전 문 입구로 데리고 가셨다. 그곳에는 여인들이 앉아서 담무스 신을 위해 울고 있었다. 그가 내게 말씀하셨다.

"사람의 아들아, 보았느냐? 너는 이것보다 더 역겨운 짓을 또 보게 될 것이다." (8:13-15)

---

49. 서기관 사반은 요시야 왕의 종교개혁을 추진한 신하였다. 그의 아들 아히감은 아버지의 신앙을 계승해 예레미야의 생명을 지켜 주었지만(렘 26:24), 다른 아들 야아사냐는 우상숭배자가 되었다.

그가 나를 주님의 성전 안뜰로 데리고 가셨다. 주님의 성전 입구 곧 현관과 제단 사이에 25명쯤 되는 사람들이 있었다. 그들은 주님의 성전을 등지고 동쪽을 향해 서서, 동쪽 태양에게 절하고 있었다. 그가 내게 말씀하셨다.

"사람의 아들아, 보았느냐? 유다 족속이 여기서 행한 역겨운 짓이 시시한 거라고 하겠느냐? 그들은 이 땅을 폭력으로 채워 다시 나를 분노하게 했고, 이제는 그들이 나를 비웃고 있다.[50] 그러므로 나도 그들에게 내 분노를 쏟을 텐데, 내 눈이 그들을 불쌍히 여기지 않겠고, 아까워하지도 않겠다. 그들이 큰소리로 내 귀에 부르짖어도, 내가 그들의 말을 듣지 않겠다." (8:16-18)

심판 계시가 에스겔에게 환상으로 보여짐 (겔 9:1-11)

그가 큰소리로 내 귀에 외치셨다.

"이 도시를 징벌할 자들[51]아, 각자 살인 무기를 손에 들고서 나오너라."

그러자 여섯 사람이 북쪽으로 향한 윗문 길에서 오는데, 각자 철퇴 무기를 손에 들고 있었다. 그들 가운데 한 사람은 모시옷을 입고, 허리에는 서기관의 먹통을 차고 있었다. 그들이 들어와서 놋 제단 곁에 섰다. (9:1-2)

그룹에 머물러 있던 이스라엘 하나님의 영광이 떠올라 성전 문지

---

50. LXX. 우상숭배하고 있다.
51. 천사들.

방으로 옮겨 갔다.[52] 하나님이 모시옷을 입고 허리에 서기관의 먹통을 찬 사람을 불러서 말씀하셨다.

"너는 예루살렘 성을 돌아다니며 그 안에서 일어나는 모든 역겨운 짓 때문에 탄식하며 우는 사람들의 이마에 표[53]를 그려 놓아라."

내가 듣고 있는 데서 하나님이 남은 자들에게 말씀하셨다.

"너희는 저 사람 뒤를 따라 성 가운데로 돌아다니면서 사람들을 쳐라. 불쌍히 여기지 말고 동정하지도 마라. 노인과 젊은이와 처녀와 어린아이와 여자들을 모두 죽여라. 그러나 이마에 표가 있는 사람들에게는 누구에게도 가까이 가지 마라. 너희는 내 성소에서부터 시작해라."[54]

그들은 성전 앞에 있던 장로들부터 죽이기 시작했다. 하나님이 그들에게 말씀하셨다.

"너희는 성전을 부정하게 만들고 시체로 성전 뜰을 채우고 나가거라."

그들이 성 가운데로 나가서 사람들을 죽였다. (9:3-7)

그들이 학살하는 동안, 나는 남아서 엎드려 얼굴을 땅에 대고 부르짖으며 말했다.

"오, 주 하나님, 예루살렘에 주님의 진노를 쏟으셔서, 이스라엘의 남은 자들을 다 죽이시렵니까?"

"이스라엘과 유다 족속의 죄악이 너무 커서, 이 땅은 피로 가득하

---

52. 민 12:9-10.
53. 하나님의 소유와 보호를 상징 (출 11:7; 12:13; 계 7:3; 14:1 참조).
54. 벧전 4:17 참조.

고, 이 성은 사악함으로 가득하다. 그들은 '주님이 이 땅을 버렸고, 돌보지 않는다'는 말이나 하고 있다. 그래서 나도 그들을 불쌍히 여기지 않고, 동정하지도 않겠다. 나는 그들의 행위대로 그들의 머리 위에 갚아 주겠다."

그때 모시옷을 입고 허리에 먹통을 찬 사람이 보고했다.

"주께서 내게 명령하신 대로, 내가 행했습니다." (9:8-11)

내가 보니, 그룹들의 머리 위에 있는 공간에는 청옥 같은 보좌의 형상이 있었다. 하나님이 모시옷 입은 사람에게 말씀하셨다.

"너는 그룹 밑에 있는 바퀴 사이로 들어가 숯불을 두 손 가득 쥐고 이 도시 위에 뿌려라."

그 사람은 내가 보는 앞에서 그곳으로 들어갔다. 그 사람이 들어갈 때, 그룹들은 성전의 오른쪽에 서 있었고 안뜰에는 구름이 가득했다. 그때 주님의 영광이 그룹에서 떠올라 성전 문지방으로 옮겨갔고 성전에는 구름이 가득했다. 안뜰은 주님의 영광의 광채로 가득했다. 그룹들이 날개 치는 소리가 바깥뜰까지 들렸다. 그 소리는 전능하신 하나님이 말씀하시는 음성과 같았다. (10:1-5)

하나님이 모시옷 입은 사람에게 명령하셨다.

"바퀴들 사이 곧 그룹들 사이에서 불을 가져가라."

그는 들어가서 바퀴 옆에 섰다. 그때 한 그룹이 자기 손을 그룹들 사이에서 내뻗어, 그룹들 사이에 있는 불을 집어 모시옷 입은 사람의 두 손에 주니, 그는 그것을 받아 들고 나갔다. 그룹들의 날개 밑에서 사람 손 같은 것이 보였다. (10:6-8)

하나님을 호위하는 네 그룹의 변모 (겔 10:9-17)

또 내가 보니, 네 바퀴가 그룹들 곁에 있는데 이 그룹 곁에 바퀴가 하나 있고, 저 그룹 곁에도 바퀴가 하나 있었다. 바퀴들의 모습은 녹주석 같았다. 바퀴 안에 다른 바퀴가 있는 것 같았고, 바퀴 네 개의 모양은 똑같았다. 그룹들이 갈 때는 네 방향으로 나아갔는데, 몸을 돌리지 않고서도 머리가 향하는 곳으로 갔으므로 어느 방향으로 가든지 몸을 돌릴 필요가 없었다. 그들의 온 몸과 등과 손과 날개에는 눈이 가득했고, 바퀴 곧 네 그룹의 바퀴 둘레에도 눈이 가득했다. 내가 들으니, 그 바퀴는 '도는 바퀴'라고 불렸다.

그룹마다 네 얼굴을 가졌는데, 첫째 얼굴은 그룹의 얼굴이요, 둘째 얼굴은 사람 얼굴이요, 셋째 얼굴은 사자 얼굴이요, 넷째 얼굴은 독수리 얼굴이었다. (10:9-14)

그때 그룹들이 위로 날아올랐다. 그들은 내가 그발 강 가에서 보았던 그 생물이었다.[55] 그룹들이 나아가면 바퀴들도 그 곁에서 함께 갔고, 그룹들이 땅에서 떠오르려고 날개를 펼칠 때, 바퀴들이 그룹들 곁에서 떠나지 않았다. 그룹들이 서면 바퀴들도 서고, 그룹들이 날아오르면 바퀴들도 함께 떠올랐다. 생물의 영이 바퀴들 속에 있었기 때문이다. (10:15-17)

하나님의 영광이 성전 동문으로 이동 (겔 10:18-22)

주님의 영광이 성전 문지방을 떠나[56] 그룹 위로 가서 머물렀고, 그

---
55. 겔 1:5.
56. 하나님의 영광이 떠나면 심판이 시작된다.

룹들이 내가 보는 데서 날개를 펴고 땅에서 올라갔다. 그들이 떠날 때 바퀴들도 함께 떠났다. 그룹들은 주님의 성전 동문 입구에 머물렀고, 이스라엘 하나님의 영광이 그들 위에 머물렀다. (10:18-19)

그들은 내가 그발 강가에서 환상으로 보았던 것이고, 이스라엘 하나님을 떠받들고 있던 생물들이었다. 나는 그들이 그룹이라는 것을 알았다. 그룹마다 얼굴이 넷이요, 날개가 넷이며, 그들의 날개 밑에는 사람 손 같은 것이 있었다. 그들의 얼굴 형상은, 내가 그발 강가에서 본 그 얼굴이었고, 그들의 모습도 그 모습이었다. 그들은 각각 자기 얼굴이 향하는 쪽으로 똑바로 나아갔다. (10:20-22)

거짓 평안을 선포하는 25인에 대한 심판 선언 (겔 11:1-13)

그리고 주님의 영이 나를 들어 올리셔서, 주님의 성전 동쪽으로 향한 동문으로 데리고 가셨다. 내가 보니 문 입구에는 스물다섯 사람이 있었다. 나는 그들 가운데 백성의 지도자인 앗술의 아들 야아사냐와 브나야의 아들 블라댜가 있는 것을 보았다. 그가 내게 말씀하셨다.

"사람의 아들아, 이 사람들은 이 도시에서 불의를 품고 악을 계획하며,[57] '지금은 집을 지을 때가 아니다. 이 성은 가마솥이고, 우리는 고기다'라고 말하는 자들이다. 그러므로 너는 그들에게 대언해라. 사람의 아들아, 대언해라." (11:1-4)

주님의 영이 내 위에 내리셔서 내게 말씀하셨다.

---

57. 겔 11:6.

"너는 나 주의 말을 이렇게 전해라. '이스라엘 족속아, 너희가 그렇게 말하는 것과 너희 마음속에 품은 생각을 나는 다 안다. 너희는 이 성에서 수많은 사람을 죽여 시체로 거리를 채워 놓았다.' 그러므로 주 하나님이 이렇게 말씀하셨다. 너희가 이 성 가운데서 죽인 시체들은 고기요, 이 성은 가마솥이다. 나는 너희를 이 성에서 내쫓겠다. 너희가 두려워하는 것이 전쟁이므로 내가 전쟁을 너희에게 보내겠다. 주 하나님의 말씀이다. 내가 너희를 이 성 가운데서 끌어내어 이방인의 손에 넘겨 너희에게 형벌을 내릴 테니, 너희가 칼에 쓰러질 것이다. 내가 너희를 이스라엘 국경에서 심판하겠다. 그때 비로소 너희는 내가 주님인 줄 알게 될 것이다. 이 성은 너희를 보호하는 가마솥이 되지 않을 것이고, 너희도 그 속에서 보호받는 고기가 되지 않을 것이다. 내가 너희를 이스라엘 국경에서 심판하겠다. 그때 비로소 너희는 내가 주님인 줄 알게 될 것이다. 너희는 내 율례대로 행하지 않고, 내 규례를 지키지 않았으며, 너희 주위에 있는 이방인들의 규례를 따라 행했다." (11:5-12)

내가 대언하는 동안 브나야의 아들 블라댜가 죽었다. 내가 엎드려 얼굴을 땅에 대고 큰소리로 부르짖으며 말했다.

"오, 주 하나님, 주께서 이스라엘의 남은 자를 모두 없애 버리시렵니까?" (11:13)

이스라엘의 회복 약속 (겔 11:14-21)

그때 주님의 말씀이 내게 들렸다.

"사람의 아들아, 예루살렘 주민이 포로로 잡혀가 있는 네 형제와 친척과 네 모든 이스라엘 족속에게 말하길 '너희는 주님에게서 멀리 떠나라. 이 땅은 우리 소유로 주신 것이다'라고 했다. 그러므로 너는 그들[58]에게 말해라. '주 하나님이 이렇게 말씀하신다. 내가 그들[59]을 멀리 이방인 가운데로 쫓아 버리고, 여러 나라에 흩어 놨지만, 그들이 가 있는 그 땅에서 내가 잠시 그들의 성소가 되어 주겠다'고 해라.

그러므로 너는 말해라. '주 하나님이 말씀하신다. 내가 너희를 여러 민족으로부터 모으고, 너희가 흩어져 살고 있는 그 땅에서 너희를 모아, 이스라엘 땅을 너희에게 주겠다'고 해라. 그들이 그곳[60]으로 가서, 그곳에 있는 혐오스러운 것과 역겨운 것을 다 없애 버릴 것이다. 그때 내가 그들에게 한마음[61]을 주고 그들 속에 새 영을 넣어 그들의 몸에서 돌같이 굳은 마음을 없애고 살같이 부드러운 마음을 주겠다. 그래서 그들은 내 율례를 행하고 내 규례를 지키고 실천해, 그들은 내 백성이 되고 나는 그들의 하나님이 될 것이다. 그러나 자신들의 혐오스러운 것과 가증한 것을 마음으로 따르는 자들에게는 내가 그들의 행위대로 그들의 머리 위에 갚아 주겠다. 주 하나님의 말씀이다." (11:14-21)

---

58. 예루살렘 주민.
59. 바빌로니아에 잡혀온 에스겔의 형제와 친척과 유다 백성.
60. 이스라엘 땅.
61. LXX에는 '다른 마음'. 우상숭배하는 마음과 다른 마음. 《메시지 성경》에는 '새 마음'. 렘 32:39 참조. 혐오스러운 우상과 가증한 것을 따르는 마음(겔 11:21)을 가진 유대인들이 포로로 잡혀갔고, 70년(또는 62년 또는 52년)이 지나 유다 땅으로 돌아왔을 때는 하나님이 '다른 마음' 곧 우상숭배하지 않는 마음이 되게 하므로, 고집 부리는 돌 같은 굳은 마음이 아니라 하나님의 말씀과 인도하심에 순종하는 살 같은 부드러운 마음을 갖게 되었다.

에스겔의 영이 바빌로니아로 귀환 (겔 11:22-25)

그때 그룹들이 날개를 펼쳤고 바퀴들이 그들 곁에 있었는데, 이스라엘 하나님의 영광이 그들 위에 머물러 있다가 그 성 가운데서 떠올라, 그 성 동쪽에 있는 산 위에 머물렀다.

주님의 영이 나를 들어올려, 하나님의 영의 환상 속에서 갈대아에 사로잡혀 온 사람들에게로 데리고 오셨다. 내가 본 환상이 나를 떠나 올라갔다. 그래서 나는, 주께서 내게 보여 주신 것을 모두 사로잡혀 온 사람들에게 이야기해 주었다. (11:22-25)

반역하는 유다 민족에 대한 심판 예언 (겔 12:1-20)

주님의 말씀이 내게 들렸다.

"사람의 아들아, 너는 반역하는 백성 가운데 살고 있다. 그들은 반역하는 족속이므로, 보는 눈이 있어도 보지 못하고 듣는 귀가 있어도 듣지 못한다.[62] 그러니 사람의 아들아, 너는 그들이 보는 앞에서 대낮에 짐을 싸 가지고 포로로 끌려가거라. 그들이 보는 앞에서 네가 살고 있는 곳에서 다른 곳으로 떠나면, 그들이 그것을 보고서 비록 자신들이 반역하는 백성이라도 깨달을 수 있을 것이다. 너는 대낮에, 그들이 보는 앞에서, 네 짐을 포로의 짐처럼 내다놓고, 저녁때 그들이 보는 앞에서 포로로 끌려가는 사람처럼 나가거라. 너는 그들이 보는 앞에서 성벽에 구멍을 뚫고, 네 짐을 그곳으로 내다놓고, 어두울 때 그들이 보는 앞에서 어깨에 짐을 메고 나가거라. 얼굴을 가

---

62. 바빌로니아에 포로로 잡혀 온 유대인들은 고난당하면서도 아직 자신들의 반역죄를 깨닫지 못하고 있다.

리고 땅을 보지 마라. 내가 너를 이스라엘 족속의 상징으로 삼았다."

나는 명령대로 했다. 대낮에 내 짐을 포로의 짐처럼 내다놓고, 저녁때 내 손으로 성벽에 구멍을 뚫고, 어두울 때 그들이 보는 앞에서 어깨에 짐을 메고 나갔다. 이튿날 아침 주님의 말씀이 들렸다.

"사람의 아들아, 이스라엘 족속 곧 반역하는 족속이 네게 '뭐 하고 있는 거냐?' 하고 묻지 않더냐? 너는 그들에게 말해라. '주 하나님이 이렇게 말씀하신다. 이것은 예루살렘의 통치자와 이스라엘 모든 족속에 대한 경고의 말씀이다. 나는 너희 상징이다. 내가 행한 대로 그들이 행하여 포로로 사로잡혀 갈 것이다. 사람들이 성벽에 구멍을 뚫고 짐을 내다놓을 것이고, 그들의 왕도 어두울 때 어깨에 짐을 메고 성 밖으로 나가게 될 것이며, 눈으로 땅을 안 보려고 자기 얼굴을 가릴 것이다. 그러나 내가 그물을 그의 위에 쳐서 그는 내 올가미에 잡힐 것이고, 내가 그를 갈대아 땅 바벨론으로 끌고 가겠지만, 그는 그 땅을 보지도 못하고 거기서 죽을 것이다.[63] 내가 그의 주위에 있는 그의 경호원과 경호부대를 모두 사방으로 흩어 버리고, 그들 뒤에서 칼을 빼어 그들을 이방인 가운데로 쫓아내고, 여러 민족 가운데로 흩어 버릴 때, 비로소 그들이 내가 주님인 줄 알게 될 것이다. 그러나 나는 그들 가운데서 몇 사람을 전쟁과 굶주림과 전염병에서 살아남게 해서, 그들이 자기들의 역겨운 행위를 그들이 잡혀간 이방인 가운데서 모두 자백하게 하겠다.[64] 그때 비로소 그들이

---

63. 5년 후 시드기야 왕은 두 눈이 뽑혀 바빌로니아로 잡혀가고, 바빌로니아 땅을 보지 못하고 죽는다.
64. 단 9:4-20.

내가 주님인 줄 알 것이다.'" (12:1-16)

주님의 말씀이 내게 들렸다.

"사람의 아들아, 너는 떨면서 빵을 먹고, 두려워하고 근심하면서 물을 마셔라. 그리고 너는 그 땅의 백성에게 말해라. '주 하나님이 예루살렘과 이스라엘 땅의 주민에게 이렇게 말씀하신다. 그들이 근심하면서 빵을 먹고, 두려워하면서 물을 마실 것이다. 왜냐하면 그 땅이 모든 주민의 폭행으로 가득 차서 황폐하게 되었기 때문이다. 사람들이 거주하던 성읍이 적막해지고 땅은 황폐하게 될 것이다. 그때 비로소 너희는 내가 주님인 줄 알 것이다.'" (12:17-20)

예언의 신속한 실현 (겔 12:21-28)

주님의 말씀이 내게 들렸다.

"사람의 아들아, 이스라엘 땅에서 너희가 속담으로 말하기를 '세월이 많이 흘러서 계시가 사라졌다'[65]고 하니 어찌 된 것이냐? 너는 그들에게 말해라. '주 하나님이 이렇게 말씀하신다. 내가 이 속담을 그치게 할 테니, 사람들이 이스라엘에서 다시는 이 속담을 말하지 못할 것이다'라고 해라. 오히려 너는 그들에게 말하길 '모든 계시의 말씀이 이루어질 날[66]이 가까웠으니, 이스라엘 족속 가운데서 다시는 헛된 계시나 아첨하며 점치는 일이 없을 것이다. 나는 주다. 내가 말하니 내가 말한 것은 이루어지고, 더 이상 지체되지 않을 것이

---

65. LXX.
66. 유다 왕국 심판의 날.

다.⁶⁷ 반역하는 족속들아, 너희가 살아 있는 동안 나는 내가 말한 것을 그대로 이루겠다. 주 하나님의 말씀이다.'"

주님의 말씀이 내게 들렸다.

"사람의 아들아, 이스라엘 족속이 너를 두고 말하기를 '그가 보는 계시는 먼 훗날에나 이루어질 것이고, 그가 먼 훗날에 관해 예언한다'고 한다. 그러므로 너는 그들에게 말해라. '주 하나님이 이렇게 말씀하신다. 내가 말한 내 모든 말은 더 이상 지체되지 않고 이루어질 것이다.' 주 하나님의 말씀이다.'" (12:26-28)

거짓 예언자들에 대한 심판 (겔 13:1-16)

주님의 말씀이 내게 들렸다.

"사람의 아들아, 너는 예언한다는 이스라엘의 예언자들에게 대언해라. 자기 마음대로 예언하는 자들에게 말해라. '너희는 주님의 말씀을 들어라. 주 하나님이 이렇게 말씀하신다. 본 것 없이 마음대로⁶⁸ 예언하는 어리석은 예언자들에게 화가 있을 것이다. 이스라엘아, 네 예언자들은 황무지에 있는 여우 같아서, 성벽 무너진 곳에 올라가지도 않고, 주님의 날에 이스라엘 족속을 위해 전쟁에 대비하려 성벽을 보수하지도 않았다.⁶⁹ 더구나 나 주가 그들을 보내지도 않았는데 그들은 헛되고 거짓된 점을 치며 '주님이 말씀하셨다'고 하면서 사람들에게 그 말이 확실히 이루어지길 바라게 하고 있다. (13:1-6)

---

67. 5년이 지나면 유다 왕국은 멸망한다.
68. LXX.
69. 합 2:1; 겔 22:30 참조.

나는 말하지도 않았는데, 주님의 말씀이라고 하는 자들아, 너희가 헛된 환상을 보고 거짓 점괘를 말한 것이 아니냐? 그러므로 주 하나님이 이렇게 말씀하신다. 너희가 헛된 것을 말하고 거짓된 것을 보았으니 내가 너희를 치겠다. 주 하나님의 말씀이다. 내 손이 헛된 환상을 보고 거짓 점을 친 예언자들을 쳐서, 그들이 내 백성의 공동체에 들어오지 못하게 하고, 이스라엘 민족의 호적에 기록되지 못하게 하며, 이스라엘 땅으로 들어오지 못하게 하겠다. 그때 비로소 너희는 내가 주 하나님인 줄 알게 될 것이다. (13:7-9)

내가 이렇게 그들을 치는 까닭은, 평안이 없는데도 평안하다고 내 백성을 속이는 말을 했기 때문이다. 내 백성이 성벽을 쌓으면, 그들은 그 위에 회칠이나 한다.[70] 너는 회칠하는 자들에게 말하기를 '그 성벽이 무너질 것이다. 소나기가 퍼붓고, 우박이 쏟아지고, 폭풍이 몰아쳐서, 그 성벽이 무너질 때, 사람들이 너희에게 너희가 발랐던 그 회칠이 어디 있느냐고 비난하지 않겠느냐?'라고 해라. 그러므로 주 하나님이 말씀하신다. 내가 분노해 폭풍을 일으키고, 내가 진노해 폭우를 퍼붓고, 내가 분노해 우박을 쏟아서, 그 성벽을 무너뜨리겠다. 너희가 회칠한 성벽을 내가 허물어서 땅바닥에 넘어뜨리면, 기초가 드러날 것이다. 그 성벽이 무너지면, 너희가 그 밑에 깔려 죽을 것이다. 그때 비로소 너희는 내가 주님인 줄 알 것이다. 내가 이렇게 그 성벽과 회칠한 자들에게 내 분노를 다 쏟고 나서 너희에게 말하기를 '성벽은 없어졌고, 회칠한 자들 곧 예루살렘에 평안이 없는데

---

70. 겔 22:28 참조.

도 평안의 계시를 보았다고 예언한 이스라엘의 예언자들도 없어졌다'고 할 것이다. 주 하나님의 말씀이다.'" (13:10-16)

백성의 영혼을 사냥하는 거짓 여성 예언자들에 대한 심판 예언 (겔 13:17-23)

"너, 사람의 아들아, 네 백성 가운데서 자기 마음대로 예언하는 여자들을 주목해 보고, 그 여자들에게 대언해라. 너는 말해라. '주 하나님이 이렇게 말씀하신다. 사람의 영혼을 사냥하려고 팔목마다 부적을 매고 모든 사람의 머리에 너울을 만들어 주는 여자들에게 화가 있을 것이다. 너희가 내 백성의 영혼을 사냥하면서, 너희 자신의 영혼은 살아남기를 바라느냐? 너희는 보리 몇 움큼과 빵 몇 조각을 얻으려고[71] 거짓말을 곧이 듣는 내 백성에게 거짓말을 해, 죽어서는 안 될 영혼은 죽이고 살아서는 안 될 영혼은 살려서 내가 내 백성에게서 욕먹게 했다. (13:17-19)

그러므로 주 하나님이 이렇게 말씀하신다. 새 잡듯 영혼을 사냥하는 너희 부적을 내가 너희 팔목에서 찢어 내고, 너희가 새 잡듯 사냥한 영혼을 풀어주겠다. 또 내가 너희 너울을 찢어서, 너희 손에서 내 백성을 구해 내고, 그들이 다시는 너희 손에 사냥감이 되지 않게 하겠다. 그때 비로소 너희는 내가 주님인 줄 알 것이다. (13:20-21)

나는 의인의 마음을 아프게 하지 않았으나, 너희는 거짓말로 그를 괴롭혔다. 너희가 악인의 손을 강하게 만들어 줘, 그가 자신의 악한 길에서 돌아서지 못하게 하여 생명을 얻지 못하게 했으니, 나는 너

---

71. 삼상 2:36 참조.

희 여자들이 다시는 헛된 환상을 보지 못하게 하고 더 이상 점을 치지 못하게 해 너희 손에서 내 백성을 구해 내겠다. 그때 비로소 너희는 내가 주님인 줄 알 것이다.'"(13:22-23)

우상과 하나님을 동시에 숭배하는 자들에 대한 경고 (겔 14:1-11)

이스라엘의 장로 몇 사람이 내게 와서 내 앞에 앉았다. 그때 주님의 말씀이 내게 들렸다.

"사람의 아들아, 이 사람들은 자기 마음속에 우상을 만들어 섬기며[72] 죄악의 올가미를 자기 앞에 둔 사람들인데, 내가 이런 사람들의 질문에 대답하겠느냐? 그러므로 네가 그들에게 말해라. '주 하나님이 이렇게 말씀하신다. 이스라엘 민족 가운데서 누구든지, 자기 마음속에 우상을 만들어 섬기며, 죄악의 올가미를 자기 앞에 두고서 예언자에게 나오면, 나 주가 직접 그 많은 우상의 수만큼 그들에게 보복하겠다. 이스라엘 민족이 모두 자신들의 우상 때문에 나를 떠났으니, 그들이 마음먹은 대로 되게 하겠다'고 해라. (14:1-5)

그러므로 너는 이스라엘 민족에게 말해라. 주 하나님이 이렇게 말씀하신다. 너희는 회개하고, 너희 우상에게서 돌아서라. 너희 모든 역겨운 것에서 너희 얼굴을 돌려라. 이스라엘 민족 가운데서나 이스라엘 안에 머무는 외국인들 가운데서 어떤 사람도, 나를 떠나서 자기 마음속에 우상을 만들어 섬기며 죄악의 올가미를 자기 앞에 두고 예언자에게 와서 나를 구하면, 나 주가 직접 그에게 보복하겠다.

---

72. LXX에는 '자신의 생각을 자기 마음에 둔 사람들'. 이들은 육신적인 자기 신념(이해, 통찰, 깨달음)이나 판단대로 살고 하나님의 뜻대로 살지 않는 사람들이다.

내가 그 사람을 정면으로 보고, 그를 내 백성 가운데서 끊어버려 표징과 속담거리로 만들겠다. 그때 비로소 너희는, 내가 주님인 줄 알 것이다. 그런데 어떤 예언자가 만약 유혹을 받아서 어떤 말을 하면, 나 주도 그 예언자를 유혹받게 내버려두고, 내 손을 그에게 뻗쳐, 그를 내 백성 이스라엘 가운데서 멸망시키겠다. 그 예언자에게 물어 보는 사람의 죄나 그 예언자의 죄가 같아서, 저마다 자기 죄값을 치를 것이다. 그래서 이스라엘 민족이 다시는 유혹받아서 나를 떠나는 일이 없게 하고, 다시는 온갖 죄악으로 더러워지지도 않게 해, 그들은 내 백성이 되고, 나는 그들의 하나님이 되려는 것이다. 주 하나님의 말씀이다." (14:5-11)

구원의 개인성과 남은 자를 통한 심판의 정당성 (겔 14:12-23)

주님의 말씀이 내게 들렸다.

"사람의 아들아, 어떤 나라가 걸려 넘어져서 내게 죄를 지으면, 내가 그곳 위에 내 손을 펴서 그들이 의지하는 양식을 끊어 버리고, 그 나라에 기근을 보내 그곳에서 사람과 짐승을 멸절시키겠다. 노아와 다니엘과 욥, 이 세 사람이 그곳에 있다 해도, 그들은 자신의 의로 자신의 목숨만 건질 것이다. 주 하나님의 말씀이다.

내가 그 나라에 사나운 짐승들이 돌아다니게 해, 그 짐승들 때문에 그 땅에 사는 사람이 감소하고, 돌아다니는 사람이 없어 그 땅이 황폐해질 때, 내가 살아 있음을 두고 맹세하건대, 비록 이 세 사람이 그 가운데 있다 해도 그들은 자기 아들이나 딸도 건져 내지 못하고, 그들 자신만 건질 것이며, 그 땅은 황폐하게 될 것이다. 주 하나님의 말씀이다.

내가 그 나라에 전쟁이 일어나게 하고, '칼아, 그 땅을 돌아다니며 휘둘러라'고 명령해, 내가 그곳에서 사람과 짐승을 멸절시킬 때, 비록 이 세 사람이 그 가운데 있다 해도, 내가 살아 있음을 두고 맹세하건대, 그들은 자기 아들이나 딸도 건져 내지 못하고 그들 자신만 건질 것이다. 주 하나님의 말씀이다.

내가 그 땅에 전염병을 퍼뜨리고, 내 분노를 그 땅에 쏟아 부어, 사람과 짐승을 멸절시킬 때, 비록 노아와 다니엘과 욥이 그 가운데 있다 해도, 내가 살아 있음을 두고 맹세하건대, 그들은 자기 아들이나 딸도 건지지 못하고 그들 자신의 의로 자신들의 목숨만 건질 것이다. 주 하나님의 말씀이다. (14:12-20)

주 하나님이 이렇게 말씀하신다. 내가 예루살렘에 나의 네 가지 엄중한 벌 곧 전쟁과 기근과 사나운 짐승과 전염병을 보내어, 사람과 짐승을 멸절시킨다면 그 피해가 얼마나 크겠느냐? 그러나 그 속에서도 재앙을 피한 사람들이 남아 있어서 끌려 나올 텐데 곧 아들딸들이다. 그들이 너희에게로 나올 때, 너희가 그들의 삶과 행위를 보면, 내가 예루살렘에 내린 재앙 곧 내가 그곳에 내린 모든 것에 대해 너희가 위로받을 것이다.[73] 너희가 그들의 삶과 행위를 보면 너희가 그들로부터 위로받고, 내가 예루살렘에 행한 모든 것이 공연히 행한 것이 아님을 알게 될 것이다. 주 하나님의 말씀이다." (14:21-23)

---

73. 재앙을 피해 잠시 살아남은 예루살렘 사람들의 삶과 행위가 얼마나 가증스러운가를 너희가 눈으로 직접 보면, 내가 예루살렘을 심판한 것이 정당하다는 것을 알고 너희가 위로받을 것이다.

범죄한 예루살렘에 대한 심판 경고 (겔 15:1-8)

주님의 말씀이 내게 들렸다.

"사람의 아들아, 포도나무가 모든 나무보다 나은 점이 무엇이냐? 포도나무 가지가 숲속의 여러 나무 가운데서 나은 점이 무엇이냐? 그 나무를 가지고 무슨 물건을 만들 수 있겠느냐? 그것으로 어떤 물건을 걸 만한 나무 못을 만들 수 있겠느냐? 그것이 땔감으로 불 속에 던져져서 그 양쪽 끝은 타 없어지고, 가운데 부분도 그을렸는데, 그것이 무슨 물건을 만드는 데 소용이 되겠느냐? 그 나무가 온전할 때에도 어떤 물건을 만드는 데 쓰이지 못했는데, 하물며 그것이 불에 타서 그을렸으니 무슨 쓸모가 더 있겠느냐? (15:1-5)

그러므로 주 하나님이 이렇게 말씀하신다. 내가 숲속에 있는 포도나무를 땔감으로 불 속에 던지듯, 예루살렘 주민도 그렇게 하겠다. 그들이 불 속에서 나온다 해도, 내가 그들을 대적하니, 불이 그들을 삼킬 것이다. 내가 그들을 대적하면, 그때 비로소 너희는 내가 주님인 줄 알 것이다. 그들이 걸려 넘어졌으므로 내가 그 땅을 황폐하게 만들겠다. 주 하나님의 말씀이다." (겔 15:6-8)

에스겔 16장은 여인의 출생과 결혼, 음란, 심판, 회복 비유로 타락한 예루살렘을 경고한다.

예루살렘의 출생 (겔 16:1-5)

주님의 말씀이 내게 들렸다.

"사람의 아들아, 너는 예루살렘에게 그들의 역겨운 행위를 알려

줘라. 너는 말해 줘라. 주 하나님이 예루살렘에 관해 이렇게 말씀하신다. '네 고향, 네가 태어난 땅은 가나안이고, 네 아버지는 아모리 사람이고, 네 어머니는 헷 사람이다.[74] 네 출생에 관해 말하자면, 네가 태어나던 날, 아무도 네 탯줄을 잘라주지 않았고, 너를 깨끗하게 물로 씻어 주지 않았으며, 너를 소금물로 닦아 주지 않았고, 너를 포대기로 감싸 주지도 않았다. 너를 불쌍하게 여기고 너를 동정해 이런 것 가운데서 한 가지만이라도 네게 해준 사람이 아무도 없었다. 네가 태어나던 날, 너는 천대받아 들판에 내버려졌었다.' (16:1-5)

예루살렘의 결혼 (겔 16:6-14)

그때 내가 네 곁으로 지나가다가, 피투성이가 된 네가 발버둥치는 것을 보고, '네가 피투성이라도 살아만 다오. 네가 피투성이라도 살아만 다오'라고 말했다. 그러고서 내가 너를 들판의 풀처럼 무성하게 키웠더니, 네가 크게 자라서 아름다운 여인이 되었다. 네 젖가슴이 뚜렷하고, 네 머리카락도 자랐다. 하지만 너는 아직 벌거벗은 몸이었다. 내가 네 곁으로 지나가다가 너를 보니, 너는 한창 사랑스러운 때였다. 그래서 내가 내 옷으로 너를 덮어서 벌거벗은 몸을 가려 주고, 네게 맹세하고, 너와 언약을 맺어, 너는 내 사람이 되었다. 주 하나님의 말씀이다. 내가 너를 물로 씻겨서 네 몸에 묻은 피를 씻어 주고, 네게 기름을 발라 주었다. 나는 네게 수놓은 옷을 입혀 주고, 가죽신을 신겨 주고, 모시로 네 몸을 감싸 주고, 비단으로 덮어 주었다.

---

74. 선민 유대인도 본질상 원죄가 있고 진노받을 자로 태어났다(엡 2:3 참조).

내가 패물로 너를 단장시키고, 네 손에 팔찌를 끼워 주고, 목에 목걸이를 걸어 주고, 코에는 코걸이를 걸어 주고, 귀에는 귀고리를 달아 주고, 머리에는 화려한 왕관을 씌워 주었다. 그래서 너는 금과 은으로 단장하고, 모시옷과 비단 옷과 수놓은 옷을 입고, 고운 밀가루와 꿀과 기름을 먹어서 너무나 아름답게 되었으며, 아름답게 성장하여 왕비가 되었다. 내가 너를 완전히 아름답게 만들어 네 아름다움 때문에 네 명성이 열방에 퍼져 나갔다.[75] 주 하나님의 말씀이다. (16:6-14)

예루살렘의 음행 (겔 16:15-34)

그런데 너는 네 아름다움을 믿고 네 명성을 의지해 간음했다. 너는 지나가는 모든 남자와 음행해 네 몸이 그들의 것이 되게 했다. 너는 네 옷을 가져와서 너를 위해 여러 가지 색깔로 산당을 꾸미고 그 위에서 음행했는데, 이런 일은 전에도 없었고 앞으로도 없을 것이다. 너는, 내가 네게 준 내 금과 내 은으로 만든 장식품을 가져와서 너를 위해 남자의 우상을 만들고 그것들과 음행했다. 너는 수놓은 네 옷을 가져와서 우상에게 입혀 주고, 내 기름과 내 향을 그것들 앞에 가져다 놨다. 또 너는, 내가 네게 준 음식 곧 내가 너를 먹여 살린 고운 밀가루와 기름과 꿀을 그것들 앞에 가져다 놓고 향기 나는 제물로 삼았다. 주 하나님의 말씀이다. 또 너는 네가 나를 위해 낳은 네 자녀를 그 우상들에게 데려가 희생제물로 불태워 바쳤다. 이것이 음행보다 작은 일이냐? 네가 내 아들들을 불 속으로 지나가게

---

[75]. 다윗과 솔로몬 시대.

해 죽여 그 우상들에게 바쳤다. 너는 피투성이로 버둥거리며 벌거벗은 몸으로 지내던 네 어린 시절을 기억하지 않고, 온갖 역겨운 일과 음행을 저질렀다. (16:15-22)

주 하나님의 말씀이다. 네게 화가 있을 것이다. 화가 있을 것이다. 네가 그 모든 악을 행한 다음, 너는 너를 위해 누각을 짓고 길거리마다 너를 위해 높은 단[76]을 만들었다. 너는 길모퉁이마다 높은 단을 만들어 놓고 네 아름다움을 흉측하게 더럽히고, 지나가는 모든 남자에게 네 두 다리를 벌려 많은 음행을 했다. 너는 하체가 큰 네 이웃 이집트 남자들과 음행했는데, 너무나 음란해서 내 분노를 터뜨렸다. 그러므로 내가 내 손을 네게 뻗어, 네가 날마다 먹는 양식을 줄이고, 너를 미워하는 여자들 곧 네 음행을 보고 역겨워하는 블레셋 여자들에게 너를 넘겨 마음대로 하게 했다. 그런데도 너는 만족하지 못하고 앗시리아 남자들과 음행했다. 하지만 너는 그들과 음행한 다음에도 만족하지 않고, 장사꾼의 땅인 갈대아의 남자들과도 많은 음행을 했다. 그래도 너는 만족하지 않았다. (16:23-29)

주 하나님의 말씀이다. 네가 방자한 창녀같이 이 모든 일을 했으니, 내가 네게 얼마나 분노했던가! 네가 길모퉁이마다 누각을 만들어 놓고, 모든 광장에 높은 단을 세우고 몸을 팔면서도 몸값을 무시하고 받지 않으니, 너는 창녀 같지도 않구나! 너는 자기 남편 대신 다른 남자들과 간통하는 유부녀로구나! 모든 창녀는 몸값을 받는데, 너는 네가 사랑한 모든 자에게 선물을 주고, 너와 음행하려고

---

76. 우상숭배 제단.

사방에서 네게 오는 남자들에게 돈까지 주었다. 이렇게 너는 다른 여자들과는 반대로 음행했다. 남자들이 너를 따라다니며 음행하는 것이 아니고, 네가 몸값을 받지 않고 오히려 몸값을 주면서 음행하니, 정반대다."(16:30-34)

예루살렘 심판 (겔 16:35-58)

"그러므로 창녀야, 너는 주님의 말씀을 들어라. 주 하나님이 이렇게 말씀하신다. 네가 네 사랑하는 자와 음행할 때, 네 더러운 것을 쏟고 네 하체를 드러냈으며, 온갖 가증한 우상들에게 네 자식들의 피를 바쳤기 때문에, 네가 함께 즐기던 네 모든 사랑하는 자 곧 네가 좋아하던 모든 남자뿐 아니라 네가 미워하던 남자들도 내가 사방에서 모두 모아서 너를 치게 하고, 네 벌거벗은 몸을 그들에게 드러나게 해, 그들이 네 벌거벗은 몸을 모두 보게 하겠다. 그리고 간음하고 살인한 여인을 심판하듯 나는 너를 심판하고, 네게 분노하고 질투하며 살인죄의 벌을 내리겠다. 내가 너를 그들 손에 넘겨 주면, 그들이 네 누각을 헐고, 네 높은 단을 무너뜨릴 것이며, 네 옷을 벗기고 네 장식품을 빼앗은 다음, 너를 벌거벗은 몸으로 버려둘 것이다. 그들은 무리를 끌고 와서 너를 돌로 치고 칼로 죽일 것이고, 네 집을 불사르고, 많은 여인이 보는 앞에서 네게 벌을 내릴 것이다. 이렇게 해서 내가 네 음행을 그치게 하여, 너는 더 이상 돈을 주며 유혹하지 못할 것이다. 그제야 나는 너에 대한 내 분노를 풀고 너에 대한 내 질투가 사라져서, 내 마음이 평온해지고, 내가 더 이상 화를 내지 않게 될 것이다. 네가 네 어린 시절을 기억하지 않고, 이 모든 것으로 내 분노를 터뜨려 놨으니, 나도 네 행위대로 네게 갚겠다. 그래서 네가 다시는 네 모든 역겨운 짓우상숭배과 음행을 하지 못할 것이다. 주 하나님의 말씀이다. (16:35-43)

보라, 사람들이 모두 너를 비꼬아 '그 어머니에 그 딸'이라는 속담을 말할 것이다. 너는 남편과 자식들을 미워하던 네 어머니의 딸이고, 남편과 자식들을 미워하던 네 언니들의 동생이다. 네 어머니는 헷 사람이고, 네 아버지는 아모리 사람이고, 네 언니는 그 딸들과 함께 왼쪽에 사는 사마리아이고, 네 여동생은 그 딸들과 함께 오른쪽에 사는 소돔이다. 너는 그녀들의 행위를 따르고 그녀들의 역겨운 짓을 따를 뿐만 아니라, 네 모든 행위가 그녀들보다 더 타락했다. 주 하나님의 말씀이다. 내가 살아 있음을 두고 맹세한다. 네 동생 소돔 곧 그와 그 딸들은 너와 네 딸들처럼 행하지는 않았다. 보라, 네 동생 소돔의 죄악은 이렇다. 그녀와 그녀의 딸들은 교만했고, 양식이 풍족했지만 방탕해서, 가난하고 궁핍한 사람들의 손을 잡아 주지 않았으며, 교만해서 내 앞에서 역겨운 짓[77]을 했다. 그래서 내가 그것을 보고 그녀들을 없애 버렸다. 그러나 사마리아는 네 죄의 절반도 짓지 않았다. 네가 그녀들보다 역겨운 행위를 더 많이 했고, 네가 저지른 네 온갖 역겨운 행위 때문에 너는 네 언니와 아우가 마치 죄 없는 자처럼 여기게까지 했다. 네가 네 언니와 아우보다 더 역겨운 죄를 지었으므로, 네 언니와 아우가 유리한 판결을 받고, 너는 수치를 당해야 할 것이다. 너 때문에 네 언니와 아우가 마치 의로운 자

---

77. 레 18:22 참조.

처럼 보이게 했으니, 너는 부끄러운 줄 알고 수치를 당해라. (16:44-52)

내가 그들의 사로잡힘 곧 소돔과 그 딸들의 사로잡힘을 풀어 주고, 사마리아와 그 딸들의 사로잡힘을 풀어 주고, 그들 중에 있는 네 사로잡힘을 풀어 주어 네가 네 치욕을 감당하고, 네가 저지른 모든 죄를 부끄러워할 때, 네가 그들에게 위로가 될 것이다.[78] 네 아우 소돔과 그 딸들이 이전 상태로 회복되고, 사마리아와 그 딸들이 이전 상태로 회복될 때, 너와 네 딸들도 이전 상태로 회복될 것이다. (16:53-55)

네가 교만하던 시절에는, 네가 네 아우 소돔의 추문을 듣고 네 입으로 비웃지 않았느냐? 그러나 그것은 네 죄악이 드러나기 전에 있었던 일이다. 이제는 너를 멸시하는 아람의 딸들과 그녀의 모든 이웃과 블레셋 딸들이 사방에서 너를 조롱한다. 네가 네 음행과 네 역겨운 짓에 대해 벌 받아야 한다. 주님의 말씀이다." (16:56-58)

예루살렘의 회복 (겔 16:59-63)

"주 하나님이 이렇게 말씀하신다. 너는 네가 맹세한 것을 하찮게 여기고 언약을 깼으니, 나도 네가 행한 대로 네게 해주겠다. 그러나 네가 젊은 시절에 내가 너와 맺은 언약[79]을 기억해 나는 너와 영원한 언약[80]을 세우겠다. 내가 너보다 큰 네 언니와 너보다 작은 네 아우를 모두 네 딸로 주겠다. 이것은 너와 세운 언약은 아니지만, 너는

---

78. LXX. 사마리아와 소돔 사람들은 유대인들이 자신들보다 더 심하게 수치당하는 것을 보고 위로받을 것이다.
79. 옛 언약, 시내산 언약(레 26:40-45).
80. 새 언약(렘 31:33; 50:5).

네 행위를 기억하고 부끄러워할 것이다. 이렇게 내가 직접 너와 언약을 세우면, 그때 비로소 너는 내가 주님인 줄 알 것이다. 내가 네 모든 행위를 용서하면 네가 이 일을 기억하고 부끄러워 네 수치 때문에 더 이상 입을 열지 못할 것이다. 주 하나님의 말씀이다." (16:59-63)

시드기야는 BC 598년에 바빌로니아 왕 느부갓네살에게 충성을 맹세하고 유다 왕이 되었지만, 4년 후 BC 594년에 6개국의 반바빌로니아 모의 후 BC 592년에 이집트를 의지하고 바빌로니아를 배신했다. 그는 이집트 왕 프삼메티쿠스 2세에게 사신을 보내 바빌로니아 군대가 쳐들어오면 이집트 왕이 기병과 많은 군대를 파병해 달라고 청했다. 하나님을 배반하니 사람을 배반하고 멸망 길을 가게 된다. 그래서 하나님은 시드기야가 바빌로니아로 잡혀가서 죽을 거라고 에스겔을 통해 예언하게 하셨다.

유다 멸망과 회복 예언 (BC 592, 겔 17:1-24)

주님의 말씀이 내게 들렸다.

"사람의 아들아, 너는 이스라엘 족속에게 수수께끼를 내고 비유로 말해라. 너는 그들에게 말해라. '주 하나님이 이렇게 말씀하신다. 큰 날개, 긴 깃, 알록달록한 깃털이 가득한 큰 독수리 한 마리[81]가 레바논으로 가서 백향목 꼭대기를 차지하고 가지 끝을 꺾어[82] 상인[83]의 땅으로 가져가 상인들의 성에 놔두었다. 그리고 그 땅에서 난 씨

---

81. 느부갓네살 왕.
82. 여호야긴 왕이 18세 때 포로로 끌려감.
83. 갈대아인들.

앗을 가져다가 옥토에 심었다.[84] 버드나무를 심듯, 물이 많은 시냇가 풀밭에 그 씨앗을 심었다. 그 씨앗은 자라서 퍼지고, 키가 낮고 굵은 가지와 가는 가지가 있는 포도나무가 되었고, 그 가지들은 독수리에게 뻗어 올라갔으며, 그 뿌리는 독수리 밑에 있었다. 그런데 날개가 크고 깃털이 많은 다른 큰 독수리 한 마리[85]가 나타났다. 보라, 이 포도나무가 그 독수리에게서 물을 받으려고, 심겨진 화단에서 뿌리를 그 독수리에게 뻗고, 가지도 그 독수리에게 뻗었다.[86] 그 포도나무를 물이 많은 옥토에 심은 것은, 가지를 내고 열매를 맺어 아름다운 포도나무가 되게 하려는 것인데…'

너는 그들에게 말해라. '주 하나님이 이렇게 말씀하신다. 그 포도나무가 무성해질 수 있겠느냐? 뿌리가 뽑히지 않겠느냐? 열매가 떨어지지 않겠느냐? 새 싹이 모두 시들지 않겠느냐?[87] 그 독수리[88]가 그 뿌리를 뽑아 버리는 데는, 큰 힘이나 많은 백성을 동원하지 않아도 될 것이다. 그러므로 보라, 그것이 심겨졌다고 무성해질 수 있겠느냐? 동쪽 열풍[89]이 불어오면 곧 마르지 않겠느냐? 자라던 그 밭에서 말라 버릴 것이다." (17:1-10)

주님의 말씀이 내게 들렸다.

"너는 저 반역하는 족속에게 '이 비유가 무슨 뜻인지 알지 못하겠느냐?'고 물어보고, 그들에게 말해 주어라. 보라, 바빌로니아 왕이

---

84. 시드기야를 유다 왕으로 세웠다.
85. 이집트 왕 프삼메티쿠스 2세(BC 595-589)가 즉위했다.
86. 이집트 왕과 동맹.
87. 왕자들이 처형당함.
88. 각주 81번과 동일한 내용.
89. 바빌로니아 군대.

예루살렘에 와서, 왕[90]과 지도자들을 바빌로니아로 잡아갔고, 그 나라 왕족 가운데서 한 사람을 선택해[91] 그와 언약을 맺고, 그에게 맹세시킨 다음, 그 나라의 유능한 사람들을 붙잡아 갔다. 이것은 바빌로니아가 이 나라를 굴복시켜 독립하지 못하게 하고, 그 언약을 지켜야만 명맥을 유지하게 하려는 것이다. 그런데도 그는 바빌로니아 왕에게 반역하고, 이집트로 사신을 보내 자기에게 말과 많은 군대를 보내 달라고 요청했는데, 그가 성공할 수 있겠느냐? 그런 일을 한 사람이 죽음을 피할 수 있겠느냐? 언약을 어긴 사람이 죽음을 피할 수 있겠느냐? (17:11-15)

주 하나님의 말씀이다. 내가 살아 있음을 두고 맹세한다. 바빌로니아 왕이 그를 왕으로 세웠는데 그가 맹세를 무시하고 언약을 깨뜨렸으니, 왕의 땅 바빌로니아에서 왕과 함께 있다가 죽을 것이다. 바빌로니아 군대가 많은 예루살렘 사람을 죽이려고 흙언덕을 쌓고 사다리를 세울 때, 이집트의 파라오가 큰 군대와 많은 군인이 있는데도 그 전쟁에서 그를 돕지 않을 것이다. 그가 손을 내밀고 느부갓네살에게 맹세했으나 그 맹세를 무시하고 언약을 깨뜨리며 이 모든 일을 했으니, 그는 죽음을 피할 수 없을 것이다. 그러므로 주 하나님이 이렇게 말씀하신다. '내가 살아 있음을 두고 맹세한다. 그는 내 맹세를 업신여기고 내 언약을 깨뜨렸으니, 내가 그 죄를 그의 머리로 돌리겠다. 그가 나를 배신한 그 배신에 대해, 내가 그 위에 그물을 쳐서 그를 망으로 옭아 바빌로니아로 끌고 가서 그를 심판하겠다. 그의 군대에

---

90. 여호야긴.
91. 각주 84번과 동일한 내용.

서 도망한 사람들은 모두 칼에 쓰러질 것이고 살아남은 사람들은 사방으로 흩어질 것이다. 그때 비로소 너희는 이렇게 말한 자가 나 주님인 줄 알게 될 것이다.'" (17:16-21)

"주 하나님이 이렇게 말씀하신다. 내가 백향목 꼭대기에서 높은 가지[92]를 꺾어다가 심겠다. 내가 그 나무 꼭대기 끝에 있는 연한 가지[93]를 꺾어, 높이 우뚝 솟은 산 위에 심겠다. 내가 그 가지를 이스라엘의 높은 산 위에 심어 놓으면, 거기서 가지가 뻗어 나오고 열매를 맺으며 아름다운 백향목이 될 것이다. 그때는 온갖 새들이 그 나무에 깃들이고, 그 가지 그늘에서 살 것이다. 그때 들판의 모든 나무가, 나 주님이 높은 나무는 낮추고 낮은 나무는 높이고, 푸른 나무는 시들게 하고 마른 나무는 무성하게 하는 줄 알게 될 것이다. 나는 내가 말한 것을 이루는 주님이다." (17:22-24)

죄에 대한 책임은 자신에게 있다 (겔 18:1-20)

주님의 말씀이 내게 들렸다.

"너희가 이스라엘 땅에 관해 속담으로 '아버지가 신 포도를 먹었으므로 아들의 이가 시다'[94]라고 하니 어찌된 것이냐? 주 하나님의 말씀이다. 내가 살아 있음을 두고 맹세한다. 너희가 이스라엘에서 이런 속담을 다시는 쓰지 못하게 하겠다. 모든 영혼은 내 것이고, 아버지의 영혼이나 아들의 영혼이 똑같이 내 것인데, 범죄하는 영혼

---

92. 다윗 가문.
93. 그리스도.
94. 아버지의 죄 때문에 아들이 벌 받음.

은 죽기 때문이다. (18:1-4)

어떤 사람이 의로워서 공의와 정의를 행하고 산 위에서 우상에게 바친 제물을 먹지 않고, 이스라엘 족속의 우상들에게 눈을 팔지 않고, 이웃의 아내를 범하지 않고, 월경하고 있는 여자를 가까이하지 않고, 사람을 학대하지 않고, 빚진 사람의 저당물을 돌려주고, 강제로 빼앗지 않고, 굶주린 사람에게 먹을 것을 주고, 헐벗은 사람에게 옷을 입혀 주고, 이자를 받기 위해 돈 빌려주는 일을 하지 않고, 이자를 받지 않고, 불의한 일에서 손을 떼고, 사람과 사람 사이를 정의롭게 판결하고, 내 규례를 행하고, 내 율례를 지켜 행하면, 그는 의인이므로 반드시 살 것이다. 주 하나님의 말씀이다.

그런데 그 의인가 아들을 낳았다고 하자. 그 아들이 이런 선을 하나도 행하지 않고, 이 죄악 가운데서 하나를 범해 포악하거나, 살인하거나, 산 위에서 우상 제물을 먹거나, 이웃의 아내를 범하거나, 가난하고 궁핍한 사람을 학대하거나, 강제로 빼앗거나, 저당물을 돌려주지 않거나, 우상에게 눈을 팔아 역겨운 짓을 하거나, 이자를 받고 돈을 빌려주거나, 이자를 받으면, 그가 살 수 있겠느냐? 그는 결코 살지 못할 것이다. 그가 이 모든 역겨운 짓을 했으니 그는 반드시 죽을 것이고, 자기 피[95]가 자기에게 돌아갈 것이다. (18:5-13)

그런데 불의한 그가 아들을 낳았다고 하자. 그 아들이 자기 아버지가 지은 죄를 모두 보고 두려워해, 그대로 따라 하지 않고, 산 위에서 우상 제물을 먹지 않고, 이스라엘 족속의 우상에게 눈을 팔지 않고,

---

95. 마 27:24-25; 행 5:28.

이웃의 아내를 범하지 않고, 사람을 학대하지 않고, 저당 잡지 않고, 강탈하지 않고, 굶주린 사람에게 먹을 것을 주고, 벗은 사람에게 옷을 입혀 주며, 가난한 자를 압제하지 않고, 돈놀이를 하거나 이자를 받지 않고, 내 율례를 행하고 내 규례대로 살면, 그는 자기 아버지의 죄악 때문에 죽지 않고 반드시 살 것이다. 그의 아버지는 심히 포악해 동족의 것을 강탈하고 자기 민족 가운데서 불의를 행했으므로 자신의 죄악 때문에 죽을 것이다. (18:14-18)

그런데 너희는 '왜 그 아들이 아버지의 죄에 대한 벌을 받지 않느냐?'고 묻는다. 그러나 그 아들이 정의와 자비[96]를 행하며 내 율법을 다 지키고 행하면, 그는 반드시 살 것이다. 죄 지은 영혼, 바로 그가 죽을 것이고, 아들은 아버지의 죄에 대한 벌을 받지 않을 것이며, 아버지가 아들의 죄에 대한 벌도 받지 않을 것이다.[97] 의인의 의가 자신에게 돌아가고, 악인의 악도 자신에게 돌아갈 것이다. (18:19-20)

하나님은 악인이 회개하고 구원받기를 원하신다 (겔 18:21-32)

그러나 악인이 자기의 모든 죄악에서 돌이켜 내 계명을 다 지키고 정의와 자비[98]를 행하면, 그는 반드시 살고 죽지 않을 것이다. 그가 지은 모든 죄악을 내가 기억하지 않겠고, 그는 자신이 행한 정의 때문에 살 것이다.

주 하나님의 말씀이다. 악인이 죽는 것을 내가 정말 기뻐하겠느

---

96. LXX.
97. 신 24:16 참조.
98. LXX.

냐? 악인이 자신의 길에서 돌이켜 사는 것을 내가 진정으로 기뻐하지 않겠느냐? 그러나 의인이 자신의 의를 버리고 돌아서서 불의를 행하고, 악인이 저지르는 모든 역겨운 일을 똑같이 행하면, 그가 살 수 있겠느냐? 그가 행한 모든 의는 기억되지 않을 것이고, 그는 자신이 행한 잘못과 자신이 지은 죄 때문에 죽을 것이다. (겔 18:21-24)

그런데 너희는 '주님의 길이 바르지 않다'고 하는구나. 이스라엘 족속아, 잘 들어라. 내 길이 바르지 않느냐? 바르지 않은 것은 너희 길이 아니냐? 의인이 자신의 의를 버리고 돌아서서 불의를 행하다가 그것 때문에 죽는다면, 그는 자신이 행한 불의 때문에 죽는 것이다. 그러나 악인이 자신이 행한 죄에서 돌이켜 공의와 정의를 행하면 그는 자기 영혼을 보전할 것이다. 그가 스스로 깨닫고 자신이 지은 모든 죄에서 돌아서면, 그는 반드시 살 것이요 죽지 않을 것이다. 그런데도 이스라엘 족속은 '주님의 길이 바르지 않다'고 하는구나. 이스라엘 족속아, 내 길이 바르지 않느냐? 바르지 않은 것은 너희 길이 아니냐? (18:25-29)

주 하나님의 말씀이다. 이스라엘 족속아, 나는 너희 각 사람의 행위대로 너희를 심판하겠다. 너희는 회개하고 너희 모든 죄에서 돌이켜라. 그리하면 너희가 죄 때문에 형벌 받지 않을 것이다. 너희가 지은 죄를 모두 너희에게서 떨쳐 버리고, 너희 자신을 위해 새 마음과 새 영을 가져라. 이스라엘 족속아, 너희가 왜 죽으려고 하느냐? 죽을 죄를 지은 사람이라도, 그가 죽는 것은 내가 기뻐하지 않는다. 너희는 회개하고 살아라. 주 하나님의 말씀이다." (18:25-32)

여호아하스와 여호야김과 시드기야의 몰락을 예언 (겔 19:1-14)

"너는 이스라엘 지도자들을 위해 애가를 지어 불러라.

'네 어머니는 누구냐? 그녀는 사자 가운데 엎드려, 젊은 사자 중에서 제 새끼를 기르던 암사자[99]이다. 제 새끼 가운데 하나를 키웠더니, 그가 젊은 사자[100]가 되었다. 그가 먹이를 물어뜯는 것을 배워 사람을 잡아먹으니, 이방 민족들이 그 소식을 듣고 함정을 파서 그를 잡아 갈고리로 꿰어 이집트 땅으로 끌고 갔다. 암사자는 그 젊은 사자를 기다리다가 희망이 끊어진 것을 알고, 제 새끼 가운데 또 하나를 골라서 젊은 사자[101]로 키웠다. 그가 사자 가운데 돌아다니며 젊은 사자가 되었고, 먹이를 물어뜯는 것을 배워 사람을 잡아먹고, 자기 왕궁을 파괴하고, 도시를 황폐하게 하며, 으르렁거리며 소리지르니 나라 안의 모든 것이 황폐해졌다. 그러자 이방 민족들이 그를 치려고 사방 여러 지역에서 와서, 그의 위에 그물을 치니 그가 함정에 잡혔다. 그들이 그를 갈고리로 꿰어 철창에 넣어 바빌로니아 왕에게로 잡아 갔고, 그의 으르렁거리는 소리가 다시는 이스라엘 산에 들리지 않게 하려고 그를 감옥에 가뒀다. (19:1-9)

네 어머니는 네 포도원의 물가에 심겨진 포도나무 같았다. 물이 많아 그 나무는 열매가 많고 가지가 무성했었다.[102] 그리고 그 가지 가운데 가장 센 가지가 통치자의 홀이 되었다.[103] 그 가지가 키

---

99. 요시야.
100. 여호아하스.
101. 여호야김.
102. 요시야 시대는 평안하고 풍족했다.
103. 시드기야가 왕위를 계승했다.

가 큰 가지보다 더 높이 자라 많은 가지 가운데 뛰어나 보였다. 그러나 그 포도나무가 진노 받아 뽑혀 땅바닥에 던져지니, 그 열매가 동풍에 마르고, 그 튼튼한 가지들은 꺾이고 말라서 불타 버렸다. 이제는 그 나무가 물이 없고 메마른 광야 땅에 심겨지고, 큰 가지에서 불이 나와 열매를 태워 버리니, 통치자들의 홀이 될 만한 튼튼한 가지가 없다.'"[104]

이것이 애가인데, 그후에도 애가가 되었다. (19:10-14)

예루살렘 함락 4년 전 에스겔 예언

하나님이 장로들의 질문에 대한 대답을 거부하시다 (BC 591, 겔 20:1-32)

여호야긴 포로 7년 5월 10일에 이스라엘의 장로 몇 사람이, 주님께 물어보려고 와서 내 앞에 앉았다. 그때 주님의 말씀이 내게 들렸다. "사람의 아들아, 이스라엘 장로들에게 말하고 전해라. 주 하나님이 이렇게 말씀하신다. 너희가 내게 물어보려고 왔느냐? 내가 살아 있음을 두고 맹세한다. 나는 너희가 내게 묻는 것을 허락하지 않겠다. 주 하나님의 말씀이다. 사람의 아들아, 네가 그들과 논쟁하려느냐? 네가 그들과 논쟁하려느냐?[105] 너는 다만 그들의 조상이 저지른 역겨운 일을 그들에게 알려 주어라. (20:1-4)

---

104. 왕위 계승자가 없다.
105. 칼빈은 "장로들은 우상숭배하면서도 경건한 채 가장 위선자들이므로 그들과 논쟁하는 것은 헛수고다"라고 말했다.

주 하나님이 이렇게 말씀하신다. 내가 옛날에 이스라엘을 선택하고, 야곱 족속의 자손에게 내 손을 들어 맹세하고, 이집트 땅에서 나 자신을 그들에게 나타내 주고, 그들에게 내 손을 들고 맹세하며 '나는 너희 주 하나님이다'라고 말했다. 그날 나는 그들을 이집트 땅에서 이끌어 내려고 그들에게 내 손을 들어 맹세하며, '나는 너희에게 주려고 찾아 냈던 땅 곧 젖과 꿀이 흐르는 땅이요, 모든 땅 가운데서 가장 아름다운 땅으로 너희를 인도하겠다'고 했다. 내가 또 그들에게 말했다. '너희 각 사람은 자기 눈을 끄는 혐오스러운 것을 버리고, 이집트의 우상으로 자신을 더럽히지 말라. 나는 주 너희 하나님이다'라고 말했다. 그러나 그들은 나를 거역하고, 내 말을 들으려 하지 않았다. 어느 누구도 자기들의 눈을 끄는 혐오스러운 것을 버리지 않고, 이집트의 우상들을 버리지 않았다. 그래서 나는 내 분노를 그들 위에 쏟아 이집트 땅 가운데서 내 진노로 그들을 끝장내겠다고 했다. 그러나 나는 그들과 함께 살고 있던 이방 민족이 보는 앞에서 내 이름을 더럽히지 않으려고 그들을 이집트 땅에서 이끌어내어, 나 자신을 그들에게 알게 해주었다. (20:5-9)

그래서 나는 그들을 이집트 땅에서 이끌어 내어 광야로 데리고 나갔고, 그들에게 내 율례와 내 규례 곧 사람이 그것을 행하면 그로 말미암아 살 수 있는 것을 알려 주었다. 또 나는, 내가 그들을 거룩하게 하는 주님인 줄 알게 해주려고 그들에게 안식일도 정해 주어서, 이것이 나와 그들 사이의 징표가 되게 했다. 그러나 이스라엘 족속은 광야에서 내게 반역해, 내 율례를 지키지 않고 내 규례를 무시했는데, 사람이 그것을 행하면 그로 말미암아 살 수 있는 것이다. 그들은 내 안식일도 너무나 더럽혀 놓았다. 그래서 나는 광야에서 내 분노를 그들 위에 쏟아 그들을 멸망시키겠다고 했다.[106] 하지만 나는 내 이름을 위해 그렇게 하지 못했다. 내가 그들을 이끌어 내는 것을 본 이방 민족들이 보는 앞에서 내 이름을 더럽히지 않으려고 나는 그렇게 하지 못한 것이다. 또 그들이 내 규례를 거부하고, 내 율례를 지키지 않으며, 내 안식일을 더럽히고, 자기들 마음대로 우상을 따라갔으므로, 나는 광야에서 그들에게 내 손을 들어 맹세하기를, 내가 그들에게 주기로 한 땅 곧 젖과 꿀이 흐르는 땅이요 모든 땅 가운데 가장 아름다운 땅으로, 그들을 데리고 들어가지 않겠다고 했다.[107] 그런데도 나는 그들을 불쌍히 여겨, 그들을 죽이지 않고 광야에서 그들을 끝장내지도 않았다. (20:10-17)

나는 광야에서 그들의 자손에게 말하기를 '너희는 너희 조상의 율례를 따르지 말고, 그들의 규례를 지키지 말며, 그들의 우상으로 너희 자신을 더럽히지 마라. 나는 너희 주 하나님이다. 너희는 내 율례를 따르고, 내 규례를 지켜 그대로 행해라. 너희는 내 안식일을 거룩하게 해라. 그것이 나와 너희 사이의 징표가 되어, 내가 너희 주 하나님인 줄 너희가 알게 하겠다'고 했다. 그러나 그 자손도 내게 반역했다. 그들도 내 율례를 따르지 않고, 내 규례를 지키지 않았는데, 사람이 그것을 행하면 그로 말미암아 살 수 있는 것이다. 그들은 내 안식일도 더럽혔다. 그래서 나는 광야에서 내 분노를 그들 위에 쏟아 부어, 내 진노로 그들을 끝장내겠다고 했다. 하지만 나는

---

106. 출 32:10 참조.
107. 민 14:28, 38.

내 이름을 위해 그렇게 하지 못했다. 내가 그들을 이끌어내는 것을 본 이방 민족 앞에서 내 이름을 더럽히지 않으려고 나는 내 손을 거뒀다. (20:18-22)

그러나 그들이 내 규례를 행하지 않고 내 율례를 배척하며 내 안식일을 더럽혔고, 그들의 눈이 자기 조상의 우상을 따랐으므로 나는 그들을 이방 민족 가운데 흩어 버리고 여러 나라 가운데 분산시키겠다고 광야에서 내 손을 들어 맹세했다.[108] 그래서 내가 그들에게 그들이 만든 옳지 않은 율례와 지켜도 살 수 없는 규례를 주어[109] 모든 맏아들을 불 가운데로 지나가는 제물로 바치게 해 자신을 더럽히게 했다.[110] 내가 그렇게 한 목적은 그들을 망하게 해 내가 주님인 줄 그들이 알게 하려는 것이었다. (20:23-26)

그러므로 사람의 아들아, 이스라엘 족속에게 말해라. 그들에게 일러 주어라. 주 하나님이 이렇게 말씀하신다. 너희 조상은 내게 이렇게 범죄하여 나를 모독했지만, 나는 그들에게 주겠다고 내 손을 들어 맹세한 땅으로 그들을 데리고 들어왔다. 그러나 그들은 높은 언덕과 가지가 무성한 나무를 보고, 그 모든 곳에서 짐승을 잡아 우상에게 제사드리며, 거기서 나를 분노하게 하는 제물을 바쳤는데, 거기서 향을 피워 제물을 바치고 술 제물도 바쳤다. 그래서 내가 그들에게 '너희가 찾아다니는 그 산당이 무엇이냐?'고 꾸짖었다. (그런 곳의 이름을 오늘날까지 바마[111]라고 부른다.) (20:27-29)

---

108. 레 26:33.
109. 롬 7:7-8, 12 참조.
110. 롬 1:28 참조.
111. 산당.

그러므로 너는 이스라엘 족속에게 말해라. 주 하나님이 이렇게 말씀하신다. 너희가 너희 조상의 행위를 따라 너희 자신을 더럽히고, 그들의 역겨운 것을 따라 다니며 음행하느냐? 너희는 너희 아들들을 불 가운데로 지나가게 해 우상에게 제물로 바치고, 오늘날까지 우상숭배로 너희 자신을 더럽히고 있다. 이스라엘 족속아, 그런데도 너희가 내게 묻는 것을 내가 허락하겠느냐? 내가 살아 있음을 두고 맹세한다. 나는 너희가 내게 묻는 것을 허락하지 않겠다. 주 하나님의 말씀이다."

너희가 말하기를 '우리가 이방 여러 나라 족속처럼 나무와 돌을 섬기자'라고 하지만, 너희 마음에 품고 있는 것이 절대로 이루어지지 않을 것이다. (20:27-32)

이스라엘 백성을 정결하게 하겠다고 예언하심 (겔 20:33-44)

"내가 살아 있음을 두고 맹세한다. 주 하나님의 말씀이다. 내가 반드시 강한 손과 편 팔로 분노를 쏟아 너희를 다스리겠다. 내가 강한 손과 편 팔로 분노를 쏟아, 너희를 여러 나라에서 나오게 하고, 너희가 흩어져 살고 있는 여러 나라에서 너희를 모아, 너희를 여러 나라의 광야로 데리고 가서, 거기서 너희와 대면해 너희를 심판하겠다. 내가 이집트의 광야 땅에서 너희 조상을 심판한 것같이 너희를 심판하겠다. 주 하나님의 말씀이다. (20:33-36)

내가 너희를 막대기 아래로 지나가게 하고 언약의 띠로 맬 것이다.[112] 나는 너희 가운데서 내게 반역하고 범죄한 자들을 모두 없애 버리겠다. 그들이 지금 거주하는 땅에서 내가 그들을 데리고 나오기는 하겠으나, 그들이 이스라엘 땅으로 들어가지는 못할 것이다. 그때 비로소 너희는, 내가 주님인 줄 알게 될 것이다. 주 하나님의 말씀이다. 너희 이스라엘 족속아, 너희가 내 말을 듣지 않으려면 각자 자기 우상을 섬겨라. 그러나 나중에는 너희가 너희 예물과 우상으로 내 거룩한 이름을 더럽히지 않을 것이다. (20:37-39)

주 하나님의 말씀이다. 내 거룩한 산, 이스라엘의 높은 산에서 이스라엘 온 족속 곧 그 땅에 사는 모든 사람이 나를 섬길 것이다. 내가 거기서 그들을 기쁘게 맞아들이고, 내가 거기서 너희 제물과 가장 좋은 예물을 너희 모든 거룩한 제물과 함께 요구하겠다. 내가 여러 민족 속에서 너희를 데리고 나오고, 너희가 흩어져 살던 여러 나라에서 너희를 모아올 때, 나는 아름다운 향기로 너희를 기쁘게 맞이하겠고, 이방인들이 보는 앞에서 너희를 통해 내 거룩함을 드러내겠다. 내가 너희를 이스라엘 땅 곧 내가 너희 조상에게 주겠다고 손을 들어 맹세한 땅으로 데리고 들어가면, 그때 비로소 너희는 내가 주님인 줄 알게 될 것이다. 거기서 너희가 자신을 더럽히며 살아온 삶과 모든 행위를 기억하고, 너희가 저질렀던 온갖 악행 때문에 너희 자신을 미워하게[113] 될 것이다. 그리하면 내가 내 이름을 위해 너희를 용서하겠고 너희 악한 삶과 타락한 행위대로 너희에게 갚지 않겠

---

112. 목자가 지팡이 아래로 양을 지나가게 하며 양의 수를 세고 건강 상태를 살피듯, 하나님이 이스라엘 백성 한 사람 한 사람을 살피고 보호하시겠다는 의미.
113. 겔 6:9; 눅 14:26.

다. 그때 비로소 너희는, 내가 주님인 줄 알게 될 것이다. 이스라엘 족속아, 주 하나님의 말씀이다." (20:40-44)

불타는 남쪽 삼림 비유에 의한 유다 심판 예언 (겔 20:45-49)

주님의 말씀이 내게 들렸다.

"사람의 아들아, 네 얼굴을 남쪽으로 돌리고, 남쪽을 규탄해 외치고, 남쪽 네게브의 숲에 대언해라. 너는 네게브의 숲에 말해라. '너는 주님의 말씀을 들어라. 주 하나님이 이렇게 말씀하신다. 보라, 내가 네게 불을 지르겠다. 그 불은 네 모든 푸른 나무[114] 와 모든 마른 나무[115]를 태울 것이다. 맹렬한 불꽃이 꺼지지 않아서 남쪽에서 북쪽까지 모든 사람의 얼굴이 그 불에 달아오를 것이고, 그 불은 꺼지지 않을 것이다. 그때 비로소 모든 육체는, 나 주가 그 불을 붙였다는 것을 알게 될 것이다.'"

내가 말했다.

"오! 주 하나님, 그들은 나를 가리켜 말하기를 '그는 비유나 말하는 자가 아니냐?'라고 합니다."[116] (20:45-49)

칼 비유로 바빌로니아에 의한 유다 심판 예언 (겔 21:1-17)

주님의 말씀이 내게 들렸다.

"사람의 아들아, 네 얼굴을 예루살렘을 향하게 해놓고, 성전에 외

---

114. 겔 18:24.
115. 악인.
116. 에스겔은 유대인으로부터 조롱받았다.

치고, 이스라엘 땅에 대언해라. 이스라엘 땅에 말해라. '주님이 이렇게 말씀하신다. 보라, 내가 너를 치려고 내 칼을 칼집에서 뽑았으니, 네 가운데 있는 불의한 자와 사악한 자를 멸절시키겠다.[117] 내가 네 가운데서 불의한 자와 사악한 자를 멸절시키려고 내 칼을 칼집에서 뺏으니, 남쪽에서 북쪽까지 모든 육체를 치겠다. 그때 비로소 모든 육체가 나 주가 내 칼을 칼집에서 뺀 줄 알 것이다. 그 칼은 칼집에 다시 들어가지 않을 것이다.'

너, 사람의 아들아, 탄식해라. 그들이 보는 앞에서 허리가 끊어지듯 괴로워하면서 탄식해라. 사람들이 네게 묻기를 '네가 왜 탄식하느냐?'고 하면, 너는 대답하기를 '재앙이 온다는 소식 때문이다'라고 말해라. 사람마다 간담이 녹고, 모두 손에 맥이 빠지며, 사람마다 넋을 잃고, 모든 무릎이 물처럼 흐느적거릴 것이다. 보라. 재앙이 올 것이다. 반드시 재앙이 일어날 것이다. 주 하나님의 말씀이다." (21:1-7)

주님의 말씀이 내게 들렸다.

"사람의 아들아, 대언하여 말해라. '주님이 이렇게 말씀하셨다'고 말해라. 칼이다! 칼이 날카롭게 번쩍거린다. 칼이 사람을 죽이려고 날카롭게 되었고, 번개처럼 번쩍인다. 그 칼이 모든 나무[118]를 업신여기듯 내 아들의 지팡이[119]도 업신여겼으니, 우리[120]가 어찌 기뻐할 수 있겠느냐? 내가 그 사람[121] 손에 쥐어 주려고 칼에 광을 냈고, 학살

---

117. LXX.
118. 열방 모든 왕들의 왕홀(지팡이).
119. 시드기야의 왕권.
120. 창 1:26; 3:22; 11:7 참조.
121. 느부갓네살.

자의 손에 넘겨주려고 칼을 날카롭게 하고 광을 냈다. 사람의 아들아, 부르짖고 울부짖어라. 그 칼이 내 백성을 치고, 이스라엘의 모든 지도자를 칠 것이기 때문이다. 지도자들이 내 백성과 함께 그 칼에 죽을 것이다. 그러므로 너는 네 허벅지를 치며 통곡해라. 이것은 시험이다. 업신여기는 지팡이[122]가 없어지면, 어찌 되겠느냐? 주 하나님의 말씀이다. 너, 사람의 아들아, 대언해라. 손뼉을 쳐서, 그 칼이 두세 번 반복해서 휘두르게 해라. 그것은 죽이는 칼이요, 큰 무리를 학살하는 칼이며, 사람들 주위를 빙빙 도는 칼이다. 많은 사람들이 간담이 녹고 쓰러져 죽을 것이다. 내가 그들의 모든 성문을 치려고 학살하는 칼을 주었다. 아! 번개처럼 번쩍이는 칼, 사람을 죽이는 날카로운 칼이여, 오른쪽을 함께 치고 왼쪽으로 방향을 돌려라. 네 칼날이 향하는 쪽을 쳐라. 나도 내 손뼉을 치며 내 분노를 풀겠다. 나 주가 말한다.'" (21:8-17)

바빌로니아에 의한 유다와 암몬 심판 예언 (겔 21:18-32)

주님의 말씀이 내게 들렸다.

"너, 사람의 아들아, 바빌로니아 왕의 칼이 올 수 있는 길 두 개를 그려라. 두 길이 한 나라에서 나오게 그리고, 길이 나뉘는 곳에 안내판을 세워라. 칼이 암몬 자손의 랍바로 갈 수 있는 길과 유다의 견고한 성 예루살렘으로 갈 수 있는 길을 그려라. 바빌로니아 왕이 그 두 길이 나뉘는 갈림길에 서서, 어느 길로 가야 할지 알아보려고 점을 칠

---

122. 각주 119번과 동일한 내용.

것이다. 화살통의 화살을 흔들어 드라빔[123]에게 묻거나, 희생제물의 간을 살펴보고 점을 칠 것이다. 점괘가 나올 텐데, 그의 오른손이 표시하는 예루살렘으로 가서, 공성퇴[124]를 설치하고, 입을 열어 '죽이라'고 명령을 내리며, 함성을 높이고, 성문을 부수려고 공성퇴를 설치하고, 흙언덕을 쌓고, 사다리를 세우라는 점괘가 나올 것이다. 그들[125]의 눈에는 이것이 헛된 점괘로 보이겠지만, 바빌로니아 왕은 그들의 죄악을 기억할 것이고, 그들을 포로로 잡아갈 것이다. (21:18-23)

그러므로 주 하나님이 이렇게 말씀하신다. '너희 죄악이 기억났고, 너희 범죄가 드러났으며, 너희 온갖 죄가 너희 행위에서 드러나 너희가 기억되었으니, 너희는 적의 손에 넘겨질 것이다. 너, 극악해서 천벌 받을 이스라엘 통치자[126]야, 네가 최후의 형벌을 받을 그날이 왔다.'

주 하나님이 이렇게 말씀하셨다. '두건을 벗기고 왕관을 제거해라. 있는 그대로 두지 말고, 낮은 자를 높이고 높은 자를 낮춰라. 내가 엎드러뜨리고 엎드러뜨리고 또 엎드러뜨릴 것이다. 마땅히 다스릴 자[127]가 와서 내가 그것 통치권을 그에게 넘겨주기 전까지는 그것이 다시는 회복되지 않을 것이다.'" (21:24-27)

"너, 사람의 아들아, 예언해 말해라. '주 하나님이 암몬 자손과 그들이 받을 조롱에 관해 이렇게 말씀하셨다. 너는 말해라. '칼이다.

---

123. 우상.
124. 성벽을 부수는 무기.
125. 예루살렘 주민들.
126. 시드기야.
127. 느부갓네살 또는 메시아.

칼이 뽑혔다. 죽이려고 칼이 뽑혔다. 번개처럼 휘두르려고 칼이 번쩍거린다. 점쟁이들이 네게 헛된 계시를 말하고 거짓 점을 쳐 네가 죄를 짓고 악을 행했으니, 그날이 온다. 천벌 받을 악인들처럼 칼이 네 목 위에 떨어질 날이 온다. 칼을 다시 칼집에 꽂아라. 네가 지음 받은 곳, 네가 자라난 곳에서 내가 너를 심판하겠다. 내 분노를 네게 쏟아 붓고, 내 진노의 불을 네게 내뿜고, 사람 죽이는 데 능숙한 짐승 같은 사람들의 손에 너를 넘겨주겠다. 너는 불의 땔감같이 될 것이고, 네 나라 가운데서 피를 쏟을 것이며 더 이상 기억되지 못할 것이다. 나 주가 말했다.'"(21:28-32)

예루살렘의 거짓 예언자들은 자신들의 생각을 말하면서도 '하나님이 이렇게 말씀하셨다'고 거짓말했고, 백성의 재산을 착취하며 살인했다. 예루살렘의 제사장들은 율법을 어기고 성전과 안식일을 더럽혔다. 지도자들은 불의한 이익을 얻으려고 살인까지 했다. 예루살렘이 우상숭배와 살인을 저지르고 노약자와 이방인을 학대하며, 성전을 멸시하고, 안식일을 지키지 않으며, 음란과 불의한 이익을 탐하고, 하나님을 잊어버렸으므로, 하나님은 예루살렘을 심판해 유다 왕국을 멸망시키고 유대인을 바빌로니아로 사로잡혀가게 해서, 고난을 통해 회개시켜 마침내 거룩하게 만들겠다고 말씀하셨다. (겔 22:1-31)

주님의 말씀이 내게 들렸다.

"너, 사람의 아들아, 심판할 준비가 되었느냐? 저 피 흘린 성을 심판할 준비가 되었느냐? 너는 먼저 그 성 사람들이 저지른 모든 역겨운 일을 그들에게 알려 주어라. 너는 말해라. '주 하나님이 이렇게 말씀하신다. 죄없는 자의 피를 흘리게 하는 죽이는 성아, 우상을 만들어 스스로를 더럽힌 성아, 네 심판 때가 오고 있다. 너는 살인죄를 지었고, 우상을 만들어 너 자신을 더럽혔다. 그러므로 네 심판 날이 다가왔고, 네 연한이 다 되었다. 내가 너를 이방인들의 치욕거리가 되게 하고 모든 나라의 조롱거리가 되게 했다. 이름을 더럽힌 성아, 혼란으로 가득 찬 성아, 네게 가까이 있든 멀리 있든 모든 사람이 너를 조롱할 것이다. (22:1-5)

보라, 네 안에 있는 이스라엘 지도자들은 제각기 자신의 권력으로 살인했고, 네 안에 살고 있는 아버지와 어머니를 업신여겼으며, 네 가운데 있는 나그네를 학대하고, 네 안에 있는 고아와 과부를 억압했다. 너는 내 거룩한 물건들을 멸시했으며 내 안식일을 더럽혔다. 네 안에는 살인하려고 남을 헐뜯는 자들이 있고, 네 안에는 산 위에서 우상 제물을 먹는 자들이 있다. 네 가운데는 음란한 자들이 있는데, 자기 아버지의 하체를 드러내는 자식이 있고, 월경하는 부정한 여자와 관계하는 자도 있으며, 또 어떤 사람은 이웃의 아내와 가증한 짓을 했고, 어떤 사람은 음행으로 자기 며느리를 부정하게 했으며, 어떤 사람은 아버지의 딸인 자기 누이를 욕보이는 아들도 있다. 네 안에는 돈 받고 살인하는 자도 있고, 선이자와 이자를 받는 자도 있고,[128] 이웃을 착취해 불의한 이익을 챙기는 자도 있다. 그래서 너는 나를 잊어버렸다. 주 하나님의 말씀이다. (22:6-12)

보라, 네가 불의하게 얻은 이익과 네 가운데서 벌어진 살인 때문에 내가 분노해 손뼉을 쳤다. 내가 네게 보응하는 날에 네 마음이 견

---

128. 신약시대에 예수님은 이자 수익과 금융업을 인정하셨다(눅 19:23).

디겠느냐? 네 두 손에 힘이 있겠느냐? 나 주가 말했으니, 내가 이룰 텐데, 내가 너를 이방인들 속으로 쫓아내고, 여러 나라로 흩어서 고난받게 하여 네게서 더러운 것을 없애 버리겠다. 네가 이방인들이 보는 앞에서 수치를 당할 그때 비로소 너는 내가 주님인 줄 알게 될 것이다.'" (22:13-16)

주님의 말씀이 내게 들렸다.

"사람의 아들아, 이스라엘 족속이 내게는 찌꺼기가 되었다. 그들은 모두 은의 찌꺼기 곧 용광로 속에 남은 구리와 주석과 쇠와 납과 같다. 그러므로 주 하나님이 이렇게 말씀하셨다. 너희가 모두 찌꺼기가 되었으니 내가 너희를 예루살렘 한가운데 모아놓고, 은과 구리와 쇠와 납과 주석을 용광로에 넣고 녹이려고 거기에 불을 붙이고 풀무질하듯, 너희를 모아서 그곳에 넣고 내 분노와 진노로 녹여 버리겠다. 내가 너희를 모아놓고 내 진노의 불을 너희에게 뿜어대면, 너희가 그 속에서 녹을 것이다. 은이 용광로 속에서 녹듯, 너희도 그 속에서 녹을 것이다. 그때 비로소 너희는, 나 주가 너희 위에 내 진노를 쏟아 부은 줄 알 것이다." (22:17-22)

주님의 말씀이 내게 들렸다.

"사람의 아들아, 너는 그 예루살렘에게 '너는 진노의 날에 물기도 없고, 비도 내리지 않는 땅이다'라고 말해라. 그 가운데 있는 지도자들은 음모를 꾸미고 그 가운데 있는 먹이를 찢어 삼키려고 으르렁거리는 사자처럼 사람의 생명을 죽이고, 재산과 보물을 탈취하고, 그 안에 과부들이 많아지게 했다. 제사장들은 내 율법을 어기고 내 거룩한 물건들을 더럽히며, 거룩한 것과 속된 것을 구별하지 않고, 부정한 것과 정결한 것을 구별하도록 가르치지도 않으며, 내 안식일에 대해서는 눈을 감아 버렸으니 나는 그들 가운데서 모욕당했다. 그 가운데 있는 그들의 지도자들도 먹이를 찢어 삼키는 이리떼같이 불의한 이익을 얻으려고 사람을 죽이고 생명을 파괴했다. 그의 예언자들은 그들을 두둔하며 회칠해 주고, 거짓 계시를 말하며 거짓된 점을 치며, 주님이 말씀하지 않았는데 '주 하나님이 이렇게 말씀하신다'라고 말한다. 그 땅의 백성은 포악하고 강탈하며, 가난하고 궁핍한 사람들을 억압하며 나그네를 부당하게 학대했다. 그래서 그들 가운데서 한 사람이라도 그 땅을 위해 성벽을 쌓고, 무너진 성벽 틈 사이에 서서,[129] 내가 그곳을 멸망시키지 못하게 할 사람을 찾아보았으나 나는 찾지 못했다. 그러므로 나는 그들 위에 내 분노를 쏟아 부어, 내 진노의 불로 그들을 끝장내겠다. 나는 그들의 행위대로 그들의 머리 위에 갚아 주겠다. 주 하나님의 말씀이다.'" (22:23-31)

예루살렘이 사마리아의 우상숭배를 본받은 죄에 대한 심판 예언 (겔 23:1-49)

주님의 말씀이 내게 들렸다.

"사람의 아들아, 두 여인이 있었는데, 그들은 한 어머니의 딸들이었다. 그들은 이집트에서부터 음행했고 젊은 시절에 이미 음행했다. 거기서 그들의 젖가슴은 남자들에 의해 짓눌렸고, 거기서 그 처녀들의 젖가슴은 남자들에 의해 어루만져졌다. 그들의 이름은 언니는 오홀라, 동생은 오홀리바다. 그들은 내 것이 되어 아들과 딸을 낳았

---

129. 공적 신앙생활의 중요성(렘 5:1; 합 2:1; 겔 13:5 참조).

다. 이름을 밝히자면, 오홀라는 사마리아이고, 오홀리바는 예루살렘이다. (23:1-4)

오홀라는 내게 속한 여인이면서도 음란해 그녀 이웃에 있는 앗시리아 사람들을 연애하고 사모했다. 그들은 모두 자주색 옷을 입은 총독들과 지휘관들이요, 매력 있는 젊은이들이요 말 타는 기사들이었다. 그들은 모두 앗시리아 사람들 가운데서도 빼어난 사람들이었는데, 그녀는 그들이 음행하도록 자신을 내어주었고, 그녀가 사모하는 자들마다 그들의 모든 우상으로 그녀 자신을 더럽혔다. 그녀는 젊은 시절에 이집트인들과 잠자리를 함께해서, 그들이 그녀의 처녀 젖가슴을 만졌고 그녀에게 음욕을 쏟아 부었는데, 그녀는 이집트에서부터 행한 음행을 버리지 않았다. 그래서 내가 그녀를 그녀의 연인 곧 그녀가 사모하는 앗시리아 사람들의 손에 주었더니, 그들이 그녀의 하체를 드러내고 그녀의 아들딸들을 붙잡아갔으며, 그녀를 칼로 죽였다.[130] 그래서 그들이 그녀를 심판한 것이 여인들에게 이야깃거리가 되었다. (23:5-10)

그녀의 동생 오홀리바는 이것을 보고도 언니보다 더 음란해서 더 많이 음행하고 타락했다. 그녀도 그녀의 이웃인 앗시리아 사람들을 사모했다. 그들은 화려한 옷을 입은 총독들과 지휘관들과 무장한 군인들과 말 타는 기사들이고, 모두 매력 있는 젊은이들이었다. 내가 보니 그녀는 부정했고, 그 두 자매가 똑같이 부정했지만, 오홀리바가 더 음탕했다. 그녀가 붉은 색으로 벽에 그려진 남자들 곧 갈대아

---

130. BC 722년 북이스라엘 멸망.

인들의 모습을 보니, 그들의 허리에는 띠를 두르고 머리에는 늘어진 두건이 있었다. 모두가 지휘관의 모습이고, 갈대아가 고향인 바빌로니아 사람들과 같은 모습이었다. 그녀는 그들을 보고 사모해 갈대아로 사람들을 보냈고, 바빌로니아 사람들이 그녀에게 와서 연애할 침실로 들어가 그녀를 음행하고 더럽혔다. 그녀는 더럽혀진 뒤에 그들을 싫어하는 마음이 생겼지만, 그녀가 이렇게 드러내 놓고 음행하며 자신의 하체를 드러냈으므로, 내 영혼이 그녀의 언니를 싫어한 것같이 그녀를 싫어했다. 그녀는 나귀 같은 육체의 정욕과 말 같은 유출물을 가진 사내들과 연애했는데, 이집트 땅에서 음란했던 자신의 젊은 시절을 기억하며 많은 음행을 했다. 너는 젊은 시절의 음란을 그리워했고, 네 처녀 시절 이집트 사내들이 네 어린 유방과 젖꼭지를 어루만지던 때를 그리워했다. (23:11-21)

그러므로 오홀리바야, 주 하나님이 이렇게 말씀하신다. 보라, 네가 한때는 사랑했지만 이제는 싫어하는 자들을 내가 충동질해 사방에서 네게로 데려와서 너를 치게 하겠다. 그들은 바빌로니아인과 갈대아의 모든 무리 곧 브곳, 소아, 고아 및 모든 앗시리아 사람들이다. 그들은 모두 매력 있는 젊은이들이요, 총독들과 지휘관들이요, 우두머리들과 귀족들이요, 말 타는 기사들이다. 그들이 전차와 수레를 타고 여러 나라의 연합군과 함께 네게 올 것이고, 크고 작은 방패와 투구로 무장하고 사방에서 너를 포위할 것이다. 나는 그들에게 심판권을 넘겨주겠고, 그들은 자기들의 법대로 너를 심판할 것이다. 내가 너를 향하여 질투하므로, 그들이 네게 분노하여 네 코와 귀를 잘라 내고, 남은 자들도 칼로 쓰러뜨릴 것이며, 네 아들과 딸을 붙잡아가고, 네 남은 자들을 불로 죽일 것이며, 네 옷을 벗기고, 네 장식품을 빼앗아 갈 것이다. 이렇게 해서 나는 네가 이집트 땅에서부터 행하던 음행을 그치게 하겠다. 그래서 네가 다시는 그들에게 눈을 들지 못하게 하고, 다시는 이집트를 기억하지 못하게 하겠다. (23:22-27)

주 하나님이 이렇게 말씀하신다. 보라, 네가 미워하는 자, 네가 마음으로 싫어하는 자들의 손에 내가 너를 넘겨주어, 그들이 너를 미워하는 마음으로 상대하게 하고, 네가 수고한 것을 모두 빼앗고, 너를 벌거벗은 몸으로 버려둬, 음행하던 네 알몸 곧 네 음행과 음탕한 생활을 드러낼 것이다. 그렇게 되는 이유는 네가 이방인들을 쫓아다니며 음행해, 그들의 우상으로 네가 더럽혀졌기 때문이다. 네가 네 언니의 길을 따라갔으므로, 네 언니가 마신 잔을 내가 네 손에 넘겨주겠다. 주 하나님이 이렇게 말씀하셨다. 네 언니가 마신 잔 곧 우묵하고 큰 잔이요, 가득 담긴 잔을 네가 마시고 웃음거리와 조롱을 당할 것이다. 너는 네 언니 사마리아가 마신 공포와 멸망의 잔으로 잔뜩 취해 근심에 싸일 것이다. 너는 그 잔을 다 마시고 비울 것이며, 깨어진 그 잔의 조각을 씹으며 네 젖가슴을 쥐어뜯을 것이다. 내가 이렇게 말했으니, 이루어질 것이다. 주 하나님의 말씀이다. 그러므로 주 하나님이 이렇게 말씀하셨다. 네가 나를 잊었고, 나를 네 등 뒤로 밀쳐 놓았으니, 너도 음란과 음행에 대한 벌을 받아야 한다." (23:28-35)

주께서 또 내게 말씀하셨다.

"사람의 아들아, 네가 오홀라와 오홀리바를 심판하려느냐? 네가 그녀들의 역겨운 행위를 그녀들에게 알려 주어라. 그녀들은 간음했고 손으로 피를 흘렸으며, 그녀들의 우상들과 간음했고, 그녀들이 내게 낳아 준 제 아들딸마저 불 속으로 지나가게 해 자기들의 제물로 삼았다. 더욱이 바로 그날, 그녀들은 내게까지 나쁜 짓을 했는데, 내 성소를 부정하게 하고 내 안식일을 더럽혔다. 그녀들이 자기 자식들을 죽여서 우상에게 바친 그날, 내 성소에 들어와서 더럽혔다. 보라, 그녀들이 내 성전 가운데서 그런 짓을 했다. 그녀들이 사람을 먼 곳에 보내어 사내들을 초청하자, 그들이 왔고, 너 오홀리바는 그들을 위해 목욕하고 눈썹을 그리고 패물로 장식하고, 화려한 방석에 앉아서 네 앞에 상을 차려놓고, 내 향과 내 기름을 그 상 위에 놓고, 그 사내들과 많은 말로 지껄이고 즐겼다. 또 광야에서 많은 사람을 술취한 채로 데려오니, 그들은 그 두 자매의 손에 팔찌를 끼워 주고, 머리 위에 아름다운 관을 씌워 주었다. (23:36-42)

그때, 나는 '두 자매가 음행으로 시들어 늙은 창녀인데도, 남자들이 그녀들과 음행하는구나' 하고 말했다. 그들은 창녀에게 드나들듯 두 음란한 여인 오홀라와 오홀리바에게 드나들었다. 그러나 의인들이 간음한 여인들과 살인한 여인들을 심판하듯 그 두 자매를 심판할 것이다. 그 두 자매가 간음했고, 그녀들의 손에 피가 있기 때문이다. 주 하나님이 이렇게 말씀하신다. 그 자매들에게 무리를 소집해서 그녀들이 겁에 질려 떨면서 약탈당하게 해라. 무리가 그 자매들에게 돌을 던지고, 칼로 죽이고, 그 자매들의 아들딸들도 죽이고, 그녀의 집도 불태울 것이다. 이렇게 해서 내가 이 땅에서 음행을 없애 버림으로 모든 여인이 경고 받아 너희 음행을 본받지 않게 하겠다. 그들이 너희 음행대로 너희에게 벌주고, 너희가 우상을 섬기다가 지은 죄에 대한 벌을 주면, 그때 비로소 너희는 내가 주 하나님인 줄

알게 될 것이다."(23:43-49)

예루살렘 함락 1년 6개월 전 에스겔과 예레미야 예언

BC 589년 이집트 왕 호브라(BC 589-570)가 즉위하여 유다에 군사 지원을 약속하며 바빌로니아를 배신하라고 선동했다. 유다 왕 시드기야와 유다 지도자들은 호브라의 지원 약속을 믿고 바빌로니아를 배신하며 조공을 거부했다. 그러자 느부갓네살은 BC 589년 말에 군대를 이끌고 유다로 쳐들어와 예루살렘을 포위했다. (BC 589년 12월, 렘 52:3b-5)

시드기야가 바빌로니아 왕을 반역했으므로 시드기야 왕 9년 10월 10일에 바빌로니아 왕 느부갓네살과 그의 모든 군대가 예루살렘으로 와서, 그 옆에 진을 치고 성을 포위했고 성벽 주위에 흙언덕을 쌓았다.

이때 바빌로니아에 있는 에스겔에게 하나님의 음성이 들렸다. 바빌로니아 군대의 예루살렘 포위를 녹슨 가마에 양고기를 삶는 비유로 말씀하셨다. (BC 589년 12월, 겔 24:1-14)

여호야긴 포로 9년 10월 10일에 주님의 말씀이 내게 들렸다.

"사람의 아들아, 오늘, 바로 이날의 이름을 기록해라. 오늘 바빌로니아 왕이 예루살렘을 포위했다. 너는 저 반역하는 족속에게 비유 하나를 말해 주어라. '주 하나님이 이렇게 말씀하셨다. 가마솥을 걸어라. 걸고 그 안에 물을 부어라. 그 속에 그녀예루살렘의 고깃살을 넣어라. 넓적다리와 어깨살 등 좋은 살코기를 골라서 모두 집어넣고, 가장 좋은 뼈를 가득 넣어라. 가장 좋은 양을 잡아라. 솥 아래 장작을 쌓고 고기를 삶되, 솥 안에 있는 뼈까지 푹 삶아라. (24:1-5)

그러므로 주 하나님이 이렇게 말씀하신다. 아! 죄없는 사람을 죽인 피의 도시야, 속이 녹슬고 녹이 없어지지 않는 가마솥아, 솥 안에 있는 고깃살을, 제비 뽑을 필요도 없이 하나씩 꺼내어라. 그녀의 죄 없는 사람을 죽인 피가 그 성읍 가운데 있고, 그녀가 그 피를 맨바위 위에 뒀다. 땅에 그 피를 쏟고 흙으로 덮지 않았다. 내가 그녀가 죽인 죄 없는 사람들의 피를 덮지 않고 맨바위 위에 둔 이유는 내가 분노해서 복수하려는 것이다. 그러므로 주 하나님이 이렇게 말씀하셨다. 아! 피의 도시야, 내가 장작더미를 높이 쌓겠다. 나무를 많이 쌓고 불을 지펴, 고기를 푹 삶고, 고기 국물을 끓이고, 뼈를 태워라. 그 빈 가마솥을 숯불 위에 올려놔 가마솥이 뜨거워지게 하고 놋쇠를 달궈 가마솥 안에서 그녀의 더러운 것을 녹여라. 그녀의 녹이 완전히 없어지게 해라. 그녀가 온갖 고생으로 지쳤으나, 그녀의 많은 녹이 그녀에게서 없어지지 않는다.[131] 불로 달구어도 녹이 없어지지 않을 것이다. 네 더러운 죄 가운데는 음행이 있다. 내가 너를 정결하게 하려 했으나, 네가 네 더러움에서 정결해지려고 하지 않으니, 내가 너에 대한 분노를 풀 때까지는 네가 다시 정결해지지 못할 것이다. 나 주가 말했으니 그때가 올 것이고, 내가 이루겠다. 내가 네 삶과 네 행위대로 심판하겠고, 돌이키지도 않고 불쌍히 여기지도 않으며 후회하지도

---

131. 렘 6:29 참조.

않겠다. 주 하나님의 말씀이다.'"(24:6-14)

예루살렘이 포위될 때 에스겔의 아내가 죽음 (BC 589년 12월, 겔 24:15-27)

주님의 말씀이 내게 들렸다.

"사람의 아들아, 보라, 네가 눈으로 보면서 귀하게 여기는 것[132]을 내가 단숨에 빼앗아 가겠다. 하지만 너는 애곡하거나 울거나 눈물 흘리지 마라. 죽은 자를 위해 조용히 탄식하고, 애곡하지는 마라. 오히려 너는 머리를 수건으로 두르고, 발에 신을 신어라. 슬프다고 수염을 가리지 말고, 사람들이 먹는 초상집 음식도 먹지 마라."

아침에 내가 이 말을 백성에게 했더니, 저녁에 내 아내가 죽었다. (24:15-18)

그다음 날 아침에 내가 지시받은 대로 하자 백성이 내게 물었다. "네가 하고 있는 이 일이 우리와 무슨 관계가 있는지 우리에게 가르쳐 주지 않겠느냐?"

내가 그들에게 대답했다.

"주님의 말씀이 내게 들렸다. '너는 이스라엘 족속에게 말해라. 주 하나님이 이렇게 말씀하셨다. 보라, 내 성소는 너희 자랑스러운 힘이요, 너희 눈에 기쁨이요, 너희 영혼이 사모하던 것이었다. 그러나 이제 내가 내 성소를 더럽히겠다.[133] 너희가 그 성예루살렘에 남겨 둔 너희 아들과 딸들도 칼에 쓰러질 것이다. 그때 에스겔이 행한 대로 너희도 수염을 가리지 말고, 사람들이 먹는 초상집 음식도 먹지 말고,

---

132. 에스겔의 아내. 예루살렘 성전의 성소를 상징하기도 한다(겔 24:21 참조).
133. 예루살렘 성전 파괴.

머리를 수건으로 두르고, 발에 신을 신어라. 애곡하지 말고 울지 말아야 한다. 오히려 너희는 너희 죄 때문에 망하는 것이므로 서로 바라보며 탄식해야 한다. 에스겔이 너희에게 표징이다. 그가 행한 대로 너희도 그대로 해야 한다. 이 일이 이루어질 때 비로소 너희는 내가 주 하나님인 줄 알게 될 것이다. (24:19-24)

너, 사람의 아들아, 내가 그들에게서 그들의 아들들과 딸들 곧 그들의 힘이요, 그들의 기쁨과 영광이요, 그들이 눈으로 보고 귀하게 여기는 것이요, 그들이 영혼을 다해 사랑하는 것을 빼앗는 날, 바로 그날 예루살렘에서 도망온 사람이 네게 와서, 네 귀에 예루살렘이 함락되었다는 소식을 전해 줄 것이다. 그날 네 입이 열려 네가 도망 온 그 사람에게 말할 것이고, 네가 더 이상 말 못하는 자로 있지 않게 될 것이다.[134] 네가 그들에게 이런 표징이 되면, 그때 비로소 그들이 내가 주님인 줄 알게 될 것이다.'" (24:25-27)

한편, 예루살렘에서는 바빌로니아 군대가 예루살렘 성을 포위하고 있어서, 불안해진 시드기야 왕이 예레미야에게 기도를 부탁하며 하나님이 기적을 베풀어 바빌로니아 군대가 물러가게 해달라고 한다.

예루살렘 함락 1년 6개월 전 (BC 588, 렘 21:1-14)

시드기야 왕이 말기야의 아들 바스훌과 마아세야의 아들 스바냐 제사장을 예레미야에게 보냈다. 그들이 와서 말했다.

---

134. 겔 3:26; 33:22 난하주 참조.

"바빌로니아 왕 느부갓네살이 우리를 공격하고 있다. 혹시 주께서 모든 기적을 우리에게 베푸시면, 그가 우리에게서 물러갈 것이니, 우리를 위해 주께 기도해 주시오."(21:1-2)

그때 주님의 말씀이 예레미야에게 들렸다. 예레미야가 그들에게 대답했다.

"시드기야 왕에게 가서 이렇게 전하시오. '이스라엘의 주 하나님이 이렇게 말씀하신다. 보라, 너희가 지금 너희를 포위하고 있는 바빌로니아 왕과 갈대아 군대에게 맞서서 성 밖에서 싸우려고 너희 손에 전쟁무기를 들고 있지만, 내가 그것을 모두 회수해 이 성 가운데 모아 놓고, 내가 직접 너희와 싸우겠다. 내가 화를 내고 분노하고 크게 진노해 나의 뻗은 손과 강한 팔로 사람이나 짐승을 가리지 않고 이 도시에 사는 것을 모두 칠 테니, 그들이 무서운 전염병에 죽을 것이다. 주님의 말씀이다. 그후, 내가 유다 왕 시드기야와 그의 신하들과 백성 곧 전염병과 칼과 기근에서 살아남은 이 도시 사람들을 바빌로니아 왕 느부갓네살의 손과 그들의 원수들의 손과 그들의 목숨을 노리는 사람들의 손에 넘겨주겠고, 그 느부갓네살는 그들을 불쌍히 여기지도 않고 동정하지도 않고 무자비하게 칼로 쳐 죽일 것이다. (21:3-7)

당신 시드기야은 이 백성에게 다음과 같이 말하시오. '주님이 이렇게 말씀하셨다. 보라, 내가 너희 앞에 생명의 길과 사망의 길을 둔다. 이 도시 안에 머물러 있는 사람은 칼과 기근과 전염병에 죽을 것이다. 그러나 너희를 포위하고 있는 갈대아인들에게 나아가 항복하는 사람은 살게 될 것이다. 전리품을 얻듯이 자기 목숨을 건질 것이다. 내가 이 도시를 바라보고 있는 것은 복이 아니라 재앙을 내리려는 것이다. 주님의 말씀이다. 이 도시는 바빌로니아 왕의 손에 넘겨질 것이고, 그는 이 도시를 불태워 버릴 것이다.'

유다 왕족들아, 주님의 말씀을 들어라. 다윗 가문아, 주님이 이렇게 말씀하신다. 아침마다 공의롭게 판결해 억압하는 자들의 손에서 압박당하는 사람들을 구해라. 그렇지 않으면 너희 악행 때문에 내 분노가 불처럼 일어서 불태울 것이므로, 아무도 끄지 못할 것이다. 주님의 말씀이다. 골짜기로 둘러싸이고, 평평한 바위 위에 사는 자들아, 너희가 말하기를 '누가 우리를 공격하러 내려오겠느냐? 우리가 살고 있는 곳까지 누가 쳐들어오겠느냐?'고 하지만, 보라, 내가 너희를 치겠다. 내가 너희 행위대로 너희에게 벌주겠다. 주님의 말씀이다. 내가 그 예루살렘 숲에 불 질러 그 주변까지 모두 태워 버리겠다." (21:8-14)

예루살렘 함락 1년 전 예레미야 예언

시드기야의 죽음을 예언하다 (BC 588, 렘 34:1-7)

바빌로니아 왕 느부갓네살이, 자신의 모든 군대와 자신의 통치를 받고 있는 땅의 모든 나라와 모든 백성을 이끌고 예루살렘과 그 유다 모든 성을 공격하고 있을 때, 주님의 말씀이 예레미야에게 들렸다.

"이스라엘의 주 하나님이 이렇게 말씀하셨다. 너는 유다 왕 시드기야에게 가서 말해라. 주님이 이렇게 말씀하셨다. 보라, 내가 이 성을 바빌로니아 왕의 손에 넘겨줘, 그가 이 성을 불태울 것이다. 너는 그의 손에서 도망하지 못하고 붙잡혀 그의 손에 넘겨질 것이고, 네 눈이 바빌로니아 왕의 눈을 볼 것이며, 그의 입이 네 입과 이야기할 것이고, 너는 바빌로니아로 끌려갈 것이다.[135] 유다 왕 시드기야야, 주님의 말씀을 들어라. 주님이 너에 대해 이렇게 말씀하셨다. 네가 순종하면 칼에 죽지 않고 평안히 죽을 것이고,[136] 사람들은 너보다 먼저 살았던 네 선왕들을 위해 향을 피웠던 것처럼, 너를 위해 향을 피우며 '아! 주시여'라면서 너를 위해 애곡할 것이다. 이것은 내가 친히 약속하는 말이다. 주 하나님의 말씀이다."

예레미야 예언자가 예루살렘에서 유다 왕 시드기야에게 이 모든 말씀을 전했다. 그때 바빌로니아 왕의 군대는 예루살렘과 유다의 남은 성 라기스와 아세가를 공격하고 있었는데, 그때 유다의 요새화된 성들 가운데 남은 성은 이것뿐이었다. (34:1-7)

바빌로니아 군대가 예루살렘 성을 포위하고 흙언덕을 쌓는 동안 유다 왕국의 모든 성읍은 초토화되었다. 이때, 시드기야 왕은 예레미야의 경고를 듣고 유다와 예루살렘의 지도자들과 군대 지휘관들과 제사장들과 의논한 후 각자가 소유한 종들을 율법대로 풀어주기로 약속했다. 그들은 그 약속을 신실하게 지키겠다는 증거로 예루살렘 성전 안에서 송아지를 둘로 쪼개어 놓고 그 사이로 지나가면서 맹세했다. 맹세를 어기는 자는 그 자신도 송아지처럼 둘로 쪼개짐을 당할 것

---

135. 시드기야는 예루살렘이 멸망하지 않는다는 거짓 예언자들과 유다 지도자들의 말을 듣고, 예레미야를 통해 들은 하나님의 말씀에 순종하지 않았다. 결국 자기 아들들이 칼에 죽는 것을 자기 눈으로 보고, 두 눈이 뽑힌 채로 쇠사슬에 묶여 바빌로니아로 끌려가 죽는다.
136. 렘 38:17 참조.

이란 서약을 하나님 앞에서 한 것이다(창 15:9-17 참조). 이는 국가 멸망 위기에 율법을 지키며 민족화합을 도모해 위기를 극복하려는 의도였을 것이다.

노예 해방 (BC 588, 렘 34:8-10)

그때 시드기야 왕이 예루살렘에 있는 모든 백성과 자유 선포에 관한 언약을 맺었다. 그 언약은 누구나 히브리 남종과 여종을 풀어 자유인이 되게 하고, 누구도 동족 유대인을 종으로 삼지 못한다는 것이었다. 모든 지도자와 백성은 그 언약에 동의해, 자기 남종과 여종을 풀어 자유인이 되게 하고, 다시는 그들을 종으로 삼지 말라는 말을 듣고 순종하며 풀어 주었다.[137] 그후 주님의 말씀이 예레미야에게 들렸다.

이집트 왕 호브라(BC 589-570)는 바빌로니아 군대가 예루살렘 성을 포위하고 있다는 소식을 듣고, BC 588년에 이집트 군대를 예루살렘에 파병했다. 이집트 군대가 예루살렘으로 진격해 온다는 소식을 들은 바빌로니아 군대는 예루살렘에서 철수했다. 자비로우신 하나님은 유다 왕국 멸망을 기뻐하지 않으시고, 유다 지도자들이 회개하고 하나님을 두려워하여 율법을 지키며 공의와 정의를 행하면 언제든지 구원해 주시려는 것이었다. 그러나 유다의 친이집트 지도자들은 물러간 바빌로니아 군대가 다시는 예루살렘을 공격하러 오지 못할 것이라고 큰소리치며 승리의 축배를 들었다. 그리고 해방시킨 종들을 다시 끌고와 부려먹었다. (BC 588, 렘 34:11-22)

---

137. 출 21:1-6; 레 25:10; 신 15:12-18 참조.

그러나 그 뒤 그들은 마음이 바뀌어, 자유인이 되게 풀어 준 남녀 종들을 다시 데려와서 남종과 여종으로 부렸다. 그때 주님의 말씀이 예레미야에게 들렸다.

"이스라엘의 주 하나님이 이렇게 말씀하셨다. 내가 너희 조상을 이집트 땅 곧 그들이 종살이하던 집에서 데리고 나올 때, 나는 그들과 언약을 맺으며 '너희 동족 히브리 사람이 너희에게 팔려 온 지 7년째가 되거든 그를 풀어 주어라. 그가 6년 동안 너를 섬겼으면, 네가 그를 풀어 줘서 자유인이 되게 해라'[138]고 명했다. 그러나 너희 조상은 내 말을 듣지 않고 귀를 기울이지도 않았다. 그런데 오늘날에 와서야 비로소 너희가 내 눈 앞에서 바르게 행하여, 각자 동족에게 자유를 선포하고 내 이름으로 불리는 이 성전 곧 내 앞에서 언약을 맺었었다. 그런데 너희가 스스로 자유인이 되게 한 너희 남종과 여종들을, 너희가 다시 데려와서 너희 남종과 여종으로 부려 내 이름을 더럽혀 놓았다. (34:8-16)

그러므로 주님이 이렇게 말씀하셨다. 너희는 각자 자기 형제와 이웃에게 자유를 선포하라는 내 말을 듣지 않았다. 그러므로 보라, 나도 전쟁과 전염병과 기근에게 너희를 대적하라고 자유를 선포하겠고, 너희를 세상 모든 나라에 흩어지게 하겠다. 주님의 말씀이다. 유다 지도자들과 예루살렘 지도자들과 지휘관들과 제사장들과 이 땅의 모든 백성이 송아지를 둘로 쪼개어 놓고, 갈라진 송아지 사이로 지나가며 내 앞에서 언약을 맺어 놓고서도, 그 언약을 지키지 않고

---

138. 출 21:2.

내 언약을 어긴 그 사람들을, 내가 그들의 원수들의 손과 그들의 목숨을 노리는 자들의 손에 넘겨 주겠다. 그러면 그들의 시체가 공중의 새들과 들짐승들의 먹이가 될 것이다. 또 내가 유다 왕 시드기야와 그의 지도자들을 그들의 원수들의 손과 그들의 목숨을 노리는 자들의 손과 너희에게서 떠나간 바빌로니아 왕의 군대의 손에 넘겨 주겠다. 보라, 내가 명령을 내려 바빌로니아 왕의 군대를 다시 이 성으로 오게 하겠고, 그들이 이 성을 공격해 점령하게 하고 불태우게 하겠다. 내가 유다의 도시들을 황폐하게 만들어 아무도 살 수 없는 곳으로 만들겠다. 주님의 말씀이다."(34:17-22)

예레미야가 시드기야 왕과 유다 지도자들과 제사장들과 예루살렘 사람들에게 그들의 언약 위반에 대해 바빌로니아 군대의 재침략과 유다 왕국의 멸망을 경고했으나 그들은 회개하지 않았다.

이집트 군대의 철수와 바빌로니아 군대의 재침략 예언 (BC 588, 렘 37:2-10)

시드기야 왕과 그의 신하들과 그 땅의 백성이 주께서 예레미야 예언자를 통해 말씀하신 주님의 말씀을 듣지 않았다.
시드기야 왕이 셀레먀의 아들 여후갈과 마아세야의 아들 스바냐 제사장을 예레미야 예언자에게 보내 '우리를 위해 우리 주 하나님께 기도드려 달라'고 부탁했다. 그때는 예레미야가 감옥에 갇히지 않았으므로[139] 백성 가운데 자유롭게 활동하던 때였고, 파라오의 군대

---

139. 이후 얼마 안 되어 예레미야는 감옥에 갇히고 유다 왕국이 멸망할 때까지 감옥생활을 한다.

가 이미 이집트에서 출동해, 예루살렘을 포위했던 갈대아인들은 그 소식을 듣고 예루살렘에서 퇴각한 때였다. 그때 주님의 말씀이 예레미야 예언자에게 들렸다.

"이스라엘의 주 하나님이 이렇게 말씀하셨다. 너희를 보내어 내게 물어보게 한 유다 왕에게 너희는 이렇게 말해라. '너희를 도우려고 출동한 파라오의 군대는 제 나라 이집트로 돌아가고, 갈대아인들이 다시 와서 이 성을 공격해 점령하고 불태워 버릴 것이다. 주님이 이렇게 말씀하신다. 너희는 갈대아인이 틀림없이 너희에게서 떠나갈 거라고 생각함으로써 너희 자신을 속이지 마라. 그들은 절대로 철수하지 않을 것이다. 너희가 너희를 공격하는 갈대아인의 군대를 모두 물리쳐 부상병들만 남긴다 해도, 그들은 각자의 장막에서 일어나 이 도시를 불태워 버릴 것이다.'" (37:2-10)

예레미야가 지하 감옥에 갇히다 (BC 588, 렘 37:11-15)

갈대아인의 군대가 파라오의 군대를 두려워해 예루살렘에서 철수했을 때, 예레미야는 집안 재산을 상속받기 위해 예루살렘을 떠나 베냐민 땅으로 가려고 '베냐민 성문'[140]으로 갔다. 그곳에 하나냐의 손자이며 셀레먀의 아들인 이리야라는 수문장이 있었는데, 그가 예레미야 예언자를 붙들고 말했다.

"너는 갈대아인들에게 항복하러 가는 거다."

"거짓말이다. 나는 갈대아인들에게 항복하러 가는 게 아니다."

---

140. 예루살렘 성문 중 하나(렘 38:7 참조).

그러나 이리야는 그 말을 듣지 않고, 예레미야를 체포해 지도자들에게 데려갔다. 지도자들은 예레미야에게 화를 내며 그를 때린 다음, 감옥으로 사용되고 있던 서기관 요나단의 집에 가뒀다. (37:11-15)

이집트 군대는 바빌로니아 군대가 철수했다는 소식을 듣고 이집트로 돌아가 버렸다. 그러자 바빌로니아 군대가 다시 와서 예루살렘을 포위했다. 불안해진 시드기야 왕은 요나단의 집 지하 감옥에 갇혀 있던 예레미야를 왕궁으로 불러와 하나님의 뜻을 물었다.

예레미야가 경호부대 뜰에 갇히다 (BC 588, 렘 37:16-21)

예레미야가 그곳 지하 감옥에 갇힌 후 여러 날이 지났을 때, 시드기야 왕이 사람을 보내 예레미야를 왕궁으로 데려와서 은밀히 물었다.

"주님으로부터 받은 말씀이 있느냐?"

"있습니다. 왕께서는 바빌로니아 왕의 손에 넘겨질 것입니다. 내가 왕이나 왕의 신하들에게나 이 백성에게 무슨 죄를 지었다고 나를 감옥에 가뒀습니까? 바빌로니아 왕이 이 땅으로 오지 않을 거라고 왕께 예언하던 왕의 예언자들은 지금 어디 있습니까?[141] 내 주 왕이시여, 이제 부디 내 말을 들으소서. 부디 내 간구를 받아 주셔서, 나를 서기관 요나단의 집으로 돌려보내지 마소서. 내가 거기서 죽을까 두렵습니다."

---

141. 왕의 예언자들은 거짓 예언자임이 밝혀져 숨어 버렸다. 신 18:20-22 참조.

시드기야 왕은 명령을 내려, 예레미야를 경호부대 뜰에 가두고, 그 성에서 양식이 모두 떨어질 때까지 빵 만드는 사람들의 거리에서 빵을 매일 한 덩이씩 예레미야에게 주게 했다. 그래서 예레미야는 경호부대 뜰 안에서 지내게 되었다. (37:16-21)

아나돗 땅 매입에 의한 유다 백성의 회복 예언 (BC 588, 렘 32:1-44)

유다 왕 시드기야 10년 곧 느부갓네살 18년에 주님의 말씀이 예레미야에게 들렸다. 그래서 예레미야가 예언했다.

"주께서 이렇게 말씀하셨다. 보라, 내가 이 성을 바빌로니아 왕의 손에 넘겨주어, 그가 이 도시를 점령할 것이고, 유다 왕 시드기야는 갈대아인들의 손에서 도망하지 못하고 바빌로니아왕의 손에 넘겨져 그와 입과 입으로 말하고 눈과 눈으로 볼 것이다. 그가 시드기야를 바빌로니아로 끌고 갈 것이고, 내가 시드기야를 찾아올 때까지 그는 그곳에 있을 것이다. 너희는 갈대아인들과 전쟁해도 승리하지 못할 것이다. 주님의 말씀이다."[142]

그때는 바빌로니아 왕의 군대가 예루살렘을 포위하고 있었고, 예레미야 예언자는 유다 왕궁의 경호부대 뜰 안에 갇혀 있었다. 그를 그곳에 가둔 유다 왕 시드기야가 그에게 말했다.

"네가 어찌하여 이런 예언을 했느냐?"

예레미야가 대답했다.

"주님의 말씀이 내게 들렸기 때문입니다. 주님이 말씀하시길 '보

---

142. 렘 34:2-3.

라, 네 숙부 살룸의 아들 하나멜이 네게 와서, 아나돗에 있는 자신의 밭을 사라고 하면서, 그 밭을 살 권리[143]가 네게 있다고 말할 것이다'라고 하셨습니다. 과연 주님의 말씀대로 내 숙부의 아들 하나멜이 경호부대 뜰 안으로 나를 찾아와서, '베냐민 땅 아나돗에 있는 내 밭을 사라. 그 밭을 소유할 권리가 네게 있고, 그 밭을 유산으로 살 의무도 네게 있으니 사라'고 했습니다. 그때 나는 이것이 주님의 명령임을 깨달았습니다. 나는 숙부의 아들 하나멜에게서 아나돗에 있는 그 밭을 사고, 그 값으로 은 17세겔을 그에게 달아 주었습니다. 그때 나는 매매계약서에 서명하고 도장을 찍은 후, 증인들을 세우고 은을 저울에 달아 주었습니다. 그리고 나는 법과 관례에 따라 도장 찍힌 매매계약서를 도장 찍히지 않은 계약서와 함께 받았고, 숙부의 아들 하나멜과 그 매매계약서에 서명한 증인들과 경호부대 뜰 안에 앉아 있던 모든 유대인이 보는 앞에서 그 매매계약서를 마세야의 손자이며 네리야의 아들인 바룩에게 넘겨주고, 그들이 보는 앞에서 바룩에게 이렇게 지시했습니다.

'만군의 주, 이스라엘의 하나님이 이렇게 말씀하셨다. 이 계약서 곧 도장 찍힌 매매계약서와 도장 찍히지 않은 계약서를 받아서 옹기그릇에 담아 여러 날 동안 보관해라. 이는 만군의 주 이스라엘의 하나님이 말씀하시길, 사람들이 이 나라에서 집과 밭과 포도원을 다시 사게 될 것이라고 하셨기 때문이다.' (32:1-15)

나는 네리야의 아들 바룩에게 그 매매계약서를 넘겨주고 나서 주

---

143. 유대 율법에 의한 유산 소유권. 하나멜은 국가 멸망 직전에 땅값이 폭락하자 구매자를 찾는다.

님께 기도드렸습니다.

'오, 주 하나님, 주님은 크신 능력과 펴신 팔로 하늘과 땅을 만드신 분이시니, 못하시는 일이 없으십니다. 주님은 은혜를 수천 대에 이르기까지 베푸시지만, 조상의 죄는 그 후손의 품에 갚으시니,[144] 위대하시고 전능하신 하나님이시요, 만군의 주가 주님의 이름이십니다. 주님은 계획이 크시고, 힘 있게 실행하시며, 모든 사람의 삶을 보고 계시고 각자 행한 대로 하나하나 갚아 주십니다. (32:16-19) 주님은 이집트 땅에서 이적과 기적을 행하셨고, 오늘날까지 이스라엘과 인류 가운데 그렇게 행하셔서, 오늘날과 같이 주님의 이름을 떨치셨습니다.[145] 주님은 이적과 기적과 강한 손과 편 팔과 큰 두려움으로 주님의 백성 이스라엘을 이집트 땅에서 이끌어 내셨고, 그들에게 주겠다고 그들의 조상에게 맹세하신 젖과 꿀이 흐르는 이 땅을 그들에게 주셨습니다. 그래서 그들이 들어와 이 땅을 차지했습니다. 그러나 그들은 주님의 목소리를 듣지 않고, 주님의 율법대로 살지 않고, 주께서 그들에게 행하라고 명령하신 것을 모두 행하지 않았습니다. 그래서 주님은 그들에게 이 모든 재앙을 내리셨습니다. 이 성을 점령하려고 쌓은 흙언덕을 보소서! 이 성은 칼과 기근과 전염병 때문에 이 성을 공격하고 있는 갈대아인의 손에 넘어가게 되었으니, 주님의 말씀대로 되었음을 주님이 친히 보고 계십니다. 주 하나님, 이 성이 갈대아인의 손에 들어가게 되었는데도, 주님은 어찌하여 내게 '은을 주고 밭을 사고 증인을 세우라'고 말씀하셨

---

144. 왕하 23:26; 애 5:7; 사 14:21; 삼상 15:2; 삼하 21:1 참조.
145. 단 9:15 참조.

습니까?' (32:20-25)

그때 주님의 말씀이 나 예레미야에게 들렸습니다.

'보라, 나는 모든 육체의 주 하나님이다. 내가 할 수 없는 일이 있겠느냐? 그러므로 나 주가 이렇게 말한다. 보라, 내가 이 성을 갈대아인들의 손과 바빌로니아 왕 느부갓네살의 손에 넘기겠다. 그가 이 성을 점령할 것이다. 지금 이 성을 공격하고 있는 갈대아인들이 들어와서 이 성을 불태울 것이고, 지붕 위에서 바알에게 분향하며 다른 신들에게 술 제물을 바쳐서 나를 노하게 했던 이 성 사람들의 집을 불태울 것이다. 그 이유는 이스라엘 자손과 유다 자손이 젊을 때부터 내 눈 앞에서 악을 행하고, 이스라엘 자손은 자기들의 손으로 만든 것으로 우상숭배하여 나를 너무나 화나게 했기 때문이다. 주님의 말씀이다. (32:26-30)

이 성은 건설된 날부터 오늘날까지 내 분노와 노여움을 일으켰으니 내가 이 성을 내 앞에서 치워 버리겠다. 이스라엘 자손과 유다 자손이 온갖 죄악을 저질러 나를 노하게 했기 때문이다. 그들 곧 그들의 왕들과 지도자들과 제사장들과 예언자들과 유다 사람들과 예루살렘 주민이 모두 나를 화나게 했다. 내가 그들을 쉬지 않고 가르치고 또 가르쳤으나, 그들은 듣지 않고 훈계를 받아들이지 않았으며, 내게 등을 돌리고 나를 외면했다. 심지어 그들은 내 이름으로 불리는 성전 안에 자기들의 역겨운 것우상을 세워 성전을 더럽혔다. 그뿐만 아니라 그들은 '힌놈의 아들 골짜기'에 바알 산당을 짓고 자기들의 아들딸들을 몰렉에게 바치며 불 속으로 지나가게 했다. 유다 백성을 죄짓게 한 이 역겨운 일은 내가 명령하지도 않았고, 생각조차

해본 적 없다. (32:31-35)

그러므로 이제, 이스라엘의 주 하나님이 이렇게 말씀하셨다. 너희가 말하기를 '이 도시가 칼과 기근과 전염병으로 바빌로니아 왕의 손에 넘어갈 것이다'라고 한다. 그러나 보라. 나는 화와 노여움과 큰 분노 때문에 유대인들을 내쫓아 버렸으나 그들이 쫓겨간 그 모든 땅에서 내가 그들을 모아 이곳으로 돌아오게 하고 안전하게 살게 하겠다. 그러면 그들이 내 백성이 되고, 나는 그들의 하나님이 될 것이다. 그때 내가 그들에게 한마음과 한 길[146]을 주어, 그들이 언제나 나를 경외하여 그들과 그들의 자손이 복 받게 하겠다. 그때는 내가 그들과 영원한 언약을 맺어 그들을 떠나지 않고 그들이 잘되게 하겠다. 그리고 그들에게 나를 경외하는 마음을 주어 그들이 내게서 떠나지 않게 하겠다. 나는 그들을 잘되게 함으로 기뻐하겠으며, 내 온 마음과 온 영혼을 다해 그들이 이 땅에 진실로 뿌리내리게 하겠다. (32:36-41)

주님이 이렇게 말씀하셨다. 내가 이 백성에게 이토록 큰 재앙을 모두 내렸으나, 이제는 내가 그들에게 말한 모든 복을 그들에게 내리겠다. 그래서 너희가 '황폐하여 사람과 짐승이 없고, 갈대아인의 손에 넘어간 땅'이라고 하지만, 이 땅에서 사람들이 다시 밭을 살 것이다. 베냐민 땅과 예루살렘 사방과 유다 성읍과 산간지역 마을들과 평지의 성읍과 네게브의 성읍에서 사람들이 은을 주고 밭을 사서 매매계약서에 서명하고 도장 찍고 증인들을 세울 것이다. 이는

---

146. LXX에는 '다른 마음과 다른 길'(우상숭배하는 마음과 다른 마음, 곧 하나님을 경외하는 마음. 혹은 아들을 불태워 몰렉에게 바친 삶과 다른 삶, 곧 그들과 그들의 자손이 복 받는 삶). 겔 11:19 참조.

내가 포로로 잡혀간 그들을 돌아오게 할 것이기 때문이다. 주님의 말씀이다." (32:42-44)

예레미야가 유다 백성에게 항복을 권유하다 죽게 되었으나 구원받음 (렘 38:1-28)

예레미야가 모든 사람에게 말했다.

"주님이 이렇게 말씀하신다. 이 성 안에 머물러 있는 사람은 칼과 기근과 전염병으로 죽을 것이다. 그러나 갈대아인들에게 나아가 항복하는 사람은 살게 될 것이다. 전리품을 얻듯이 자기 목숨을 건져서 살게 될 것이다. 주님의 말씀이다. 이 성은 반드시 바빌로니아 왕의 군대에게 넘어가고, 그가 이 성을 점령할 것이다."

예레미야가 사람들에게 이렇게 말하는 것을 맛단의 아들 스바댜와 바스훌의 아들 그달리야와 셀레먀의 아들 유갈과 말기야의 아들 바스훌이 듣고 왕에게 아뢰었다.

"이 사람은 마땅히 사형시켜야 합니다. 그가 이런 말을 해서, 아직도 이 성에 남아 있는 군인들과 온 백성의 사기를 떨어뜨리고, 백성의 평안을 구하지는 않고 재앙을 재촉하고 있기 때문입니다."

"보시오. 그가 여러분의 손 안에 있고, 왕인 나도 여러분의 뜻에 반대되는 일을 하고 싶지 않소."

그래서 지도자들이 예레미야를 붙잡아서 밧줄에 매달아 경호부대 뜰 안에 있는 말기야 왕자의 집 우물 속으로 달아 내렸다. 그 우물 속에는 물은 없고 진흙만 있어서, 예레미야는 진흙 속에 빠져 버

렸다.[147] (38:1-6)

왕궁에 에티오피아 사람 에벳멜렉이라는 내시가 있었다. 그는, 사람들이 예레미야를 우물 속으로 처넣었다는 소식을 들었다. 그때 왕은 '베냐민 성문'에 앉아 있어서, 에벳멜렉은 왕궁에서 바깥으로 나와 왕에게 가서 아뢰었다.

"경외하는 왕이시여, 사람들이 예레미야 예언자에게 행한 것은 모두 악할 뿐입니다. 그들이 예레미야를 우물 속에 넣었으니, 그가 그 속에서 굶어 죽을 것입니다. 그렇게 해도 됩니까? 성 안에는 더 이상 먹을 것이 없습니다."

"여기 있는 군인 가운데 30명을 데리고 가서, 예레미야 예언자가 죽기 전에 빨리 우물 속에서 끌어올려라."

에벳멜렉이 그 사람들을 데리고 왕궁 의복 창고로 들어가, 해어지고 찢어진 옷조각을 꺼내 밧줄에 매달아서, 우물 속에 있는 예레미야에게 내려 주었다. 에티오피아 사람 에벳멜렉이 예레미야에게 말했다.

"해어지고 찢어진 옷조각을 양쪽 겨드랑이 밑에 대고, 밧줄에 매달리십시오."

예레미야가 그대로 했다. 사람들이 밧줄을 끌어당겨 예레미야를 우물 속에서 끌어올렸다. 그래서 예레미야는 경호부대 뜰 안에서 지내게 되었다. (38:7-13)

시드기야 왕이 사람을 보내어, 예레미야 예언자를 주님의 성전 셋

---

147. 애 3:53-58 참조. 요세푸스는 "진흙이 목까지 차는 구덩이"라고 표현했다.

째 문 입구로 데려와 말했다.

"내가 그대에게 한 가지 묻겠는데, 내게 아무것도 숨기지 마라."

"내가 만일 숨김없이 말씀드린다면, 왕께서는 나를 죽이실 것입니다. 또 내가 왕께 말씀드려도, 왕께서는 내 말을 들어주시지 않을 겁니다."

시드기야 왕이 예레미야에게 은밀하게 맹세했다.

"우리에게 생명을 주신 주님의 살아계심을 두고 맹세한다. 나는 그대를 죽이지 않겠고, 그대의 목숨을 노리는 저 사람들의 손에 넘기지도 않겠다."

"만군의 주 하나님, 이스라엘의 하나님이 왕께 이렇게 말씀하십니다. '너는 바빌로니아 왕의 지휘관들에게 항복해야 한다. 그러면 너는 네 목숨을 구하고, 이 성은 불타지 않을 것이며, 너와 네 집안이 모두 살아남게 될 것이다. 그러나 네가 바빌로니아 왕의 지휘관들에게 항복하지 않으면, 이 성이 갈대아인의 손에 들어가고, 그들이 이 성을 불태울 것이며, 너는 그들의 손아귀에서 벗어날 수 없을 것이다.'"

"나는 갈대아인에게 항복한 유다 사람들이 두렵다. 갈대아인들이 나를 그들의 손에 넘겨주면, 그들이 나를 학대할지도 모르지 않느냐?"[148]

"갈대아인들은 왕을 유대인들의 손에 넘기지 않을 것입니다. 부디 내가 왕께 전해 드린 주님의 말씀에 순종하십시오. 그래야 왕의

---

148. 시드기야는 하나님의 말씀을 듣고도 믿지 않고 불안해하며 고집을 부렸다.

일이 잘 되고, 왕의 목숨도 구하실 수 있을 것입니다. 그러나 왕께서 항복하길 거부하면, 주님이 내게 보여 주신 일이 그대로 일어날 것입니다. 주님이 말씀하시기를 '보라, 유다 왕궁에 남아 있는 여인들이 모두 바빌로니아 왕의 지휘관들에게 끌려갈 것이고, 그 여인들이 네게 말하기를 '네 친구들이 너를 속이고 너를 이겼다. 그들은 네가 진창에 빠진 것을 보고 도망가 버렸다'라고 할 것이다. 네 모든 아내와 자녀들도 갈대아인들에게 끌려갈 것이고, 너도 그들 손에서 벗어나지 못하고 바빌로니아 왕의 손에 붙잡힐 것이다. 그리고 이 성도 불타버릴 것이다'라고 하셨습니다."

"이런 이야기를 아무에게도 말하지 마라. 그러면 그대는 죽임당하지 않을 것이다. 내가 그대와 이야기했다는 것을 지도자들이 알게 되면, 그들이 그대에게 와서 '네가 왕께 무슨 말을 했으며, 또 왕이 네게 무슨 말을 했는지 우리에게 아무것도 숨기지 말고 사실대로 말하라. 그러면 너를 죽이지 않겠다'고 할 것이다. 그러면 그대는, 그대가 요나단의 집으로 돌아가면 죽게 될 테니, 그곳으로 돌려보내지 말아 달라고 왕께 간청했다고만 대답해라."

과연 지도자들이 모두 예레미야에게 와서 물었다. 그때 예레미야는 왕이 자기에게 지시한 그 말대로만 그들에게 대답했다. 그래서 그 이야기는 탄로나지 않았고, 지도자들은 예레미야에게 더 이상 묻지 않았다. 예레미야는 예루살렘이 함락되는 날까지 경호부대 뜰 안에 머물러 있게 되었다. (38:14-28)

에벳멜렉 구원 약속 (렘 39:15-18)

예레미야가 경호부대 뜰 안에 갇혀 있을 때, 주님의 말씀이 그에게 들렸다.

"너는 에티오피아 사람 에벳멜렉에게 가서 말해라. 만군의 주, 이스라엘의 하나님이 이렇게 말씀하셨다. 보라, 내가 말한 대로 내가 이 성에 복이 아니라 재앙을 내리겠다. 그날, 그 일이 네 앞에서 일어나겠지만, 그날 내가 너를 건져 내어 네가 두려워하는 그 사람들의 손아귀에 네가 들어가지 않게 하겠다. 주님의 말씀이다. 내가 반드시 너를 구하고, 네가 칼에 죽지 않게 하겠다. 네가 나를 믿었으니 내가 네 목숨을 네게 전리품으로 주겠다. 주님의 말씀이다."

바빌로니아 군대가 예루살렘을 포위하고 있을 때 예레미야는 유다 왕궁의 경호부대 뜰 안에 갇혀 있었다. 그때 그는 유다 심판과 회복에 관한 하나님의 말씀을 들었다. 정죄와 심판이 예레미야서 전체의 기조이지만 렘 30-33장은 유다 멸망 이후의 구원과 회복을 예언한다. 하나님이 죄를 심판하시는 목적이 구원이기 때문이다. 하나님의 구원은 죄인의 징계 면제가 아니라 징계를 통한 회개와 구원이다. 유다 백성이 구원받아 회복된 모습은 ① 정든 옛 일상의 회복 ② 남유다뿐만 아니라 북이스라엘을 포함한 이스라엘 민족 전체의 통일 ③ 다윗같이 정의와 공의를 실천할 리더십 회복 ④ 하나님의 백성이 성령을 받아 율법이 마음판에 새겨지고 성령의 인도함을 받는 것이다.

유다 포로 귀환과 메시아 예언 (BC 588, 렘 30:1-24)

주님께로부터 말씀이 예레미야에게 들렸다. 이스라엘의 주 하나님이 이렇게 말씀하셨다.

"너는 내가 네게 말한 것을 모두 책에 기록해라. 주님의 말씀이다. 보라, 내가 내 백성 이스라엘과 유다 포로를 돌아오게 할 날이 올 것이다. 내가 그들을 그들의 조상에게 준 땅으로 돌아오게 해, 그들이 그 땅을 차지하게 하겠다. 주님의 말씀이다." (30:1-3)

주께서 이스라엘과 유다에게 말씀하신 것은 이렇다. "주님이 이렇게 말씀하셨다. 비명 소리가 들린다. 두렵고 평안이 없다. 너희는 남자가 아이를 낳는지 물어봐라. 어찌하여 모든 남자가 해산하는 여인처럼 손으로 배를 움켜잡고 있으며, 모두 얼굴빛이 새파랗게 변했느냐? 아! 그날이여! 그날같이 엄청난 날은 없을 것이다. 야곱이 환난을 당하는 때이지만, 야곱은 그 환난에서 구원받을 것이다. 만군의 주님의 말씀이다. 그날이 오면, 내가 그의 목에서 멍에를 꺾고 그의 사슬을 끊어서, 이방인들이 더 이상 그를 종으로 부리지 못하게 하겠다. 그러면 그들이 자기들의 주 하나님을 섬기고 또 내가 그들에게 세워 줄 자기들의 왕 다윗[149]을 섬길 것이다. 그러므로 내 종 야곱아, 두려워하지 마라. 주님의 말씀이다. 이스라엘아, 무서워하지 마라. 보라, 내가 너를 먼 곳에서 구원하고, 네 자손을 포로로 잡혀 있는 땅에서 구원할 것이니, 야곱이 돌아와서 조용하고 평안하게 살 것이며 그를 두렵게 할 자가 없을 것이다. 내가 너와 함께하고 너를 구원하겠다. 주님의 말씀이다. 내가 너를 여러 나라로 흩어 버렸는데, 이제는 내가 그 모든 나라를 멸망시키겠지만 너만은 멸망시키지 않겠다.

---

149. 다윗의 후손 예수 그리스도.

그러나 나는 너를 그냥 두지는 않겠고 법에 따라 징계하겠다. (30:4-11)

주님이 이렇게 말씀하셨다. 네 상처는 치료할 수 없다. 네가 위험한 부상을 당했지만, 네 송사를 변호해 줄 사람이 없다. 네 상처에는 약도 없고 처방도 없다. 네 죄악이 크고 네 허물이 많기 때문에, 내가 원수를 치듯 너를 치고 너를 잔인하게 징계해, 너를 사랑하던 사람들은 모두 너를 잊어버리고 너를 찾지 않는다. 그런데 너는 어찌하여 네 상처 때문에 부르짖느냐? 네 고통은 어쩔 수 없다. 네 죄악이 크고 네 허물이 많아 내가 그런 벌을 네게 내린 것이다. (30:12-15)

그러나 이제는 너를 삼켰던 사람들이 모두 삼킴을 당하고, 네 원수들이 모두 포로로 잡혀 갈 것이며, 너를 약탈한 사람들이 약탈당하고, 너를 탈취한 사람들은 내가 모두 노략물이 되게 하겠다. 비록 사람들이 너를 '쫓겨난 자'라고 부르고, '시온을 찾아오는 사람이 아무도 없다'고 할지라도, 내가 진정으로 네 건강을 회복시켜 주고, 네 상처를 치료해 주겠다. 주님의 말씀이다. (30:16-17)

주님이 말씀하셨다. 내가 야곱 장막의 포로들을 돌아오게 하고, 그가 살던 곳에 자비를 베풀어 황폐한 언덕에 다시 도시가 세워지고, 왕궁도 다시 제자리에 세워지게 하겠다. 그러면 그들로부터 감사하는 말과 기뻐하는 소리가 퍼져 나올 것이다. 내가 그들을 번성하게 할 것이니 그들의 인구가 줄지 않을 것이고, 내가 그들을 영화롭게 할 것이니 그들이 비천하게 되지 않을 것이다. 그 자손이 옛날같이 회복되고 그 회중이 내 앞에서 굳건해질 것이다. 그를 억압하는 자를 내가 모두 벌주겠다. 그들의 지도자가 그들 가운데서 나오고, 그들의 통치자가 그들 가운데서 나올 것이다. 내가 그를 내게 가까이 오게 할 것이니, 그는 내게 가까이 올 것이다. 누가 감히 담대한 마음으로 내게 가까이 올 수 있겠느냐? 주님의 말씀이다. 그래서 너희는 내 백성이 되고, 나는 너희 하나님이 될 것이다. (30:18-22) 주님의 진노가 회오리바람처럼 일어 악인들의 머리 위에서 회오리칠 것이다. 주님이 마음속에 뜻하신 것을 행하고 이루실 때까지 주님의 맹렬한 진노가 그치지 않을 것이다. 마지막 날에야 너희가 이것을 깨달을 것이다." (30:23-24)

이스라엘 포로 귀환과 회복 예언 (렘 31:1-40)

주님의 말씀이다. "그때가 오면, 나는 이스라엘 모든 지파의 하나님이 되고, 그들은 내 백성이 될 것이다. 주님이 이렇게 말씀하셨다. 전쟁에서 살아남은 이스라엘이 안식을 찾다가 광야에서 은혜를 입었으니, 나 주가 먼 곳에서 그에게 나타나 주었기 때문이다. 내가 영원한 사랑[150]으로 너를 사랑했기에 내가 네게 인자를 베풀었다. 처녀 이스라엘아, 내가 너를 다시 지을 테니, 네가 지어질 것이고, 너는 다시 네 작은 북을 들고 흥겨운 춤을 추며 나오게 될 것이다. 네가 다시 사마리아 산에 포도원을 만들고 포도를 심는 사람이 그 열매를 따 먹게 될 것이다. 에브라임 산에서 파수꾼들이 외치기를 '일어나라. 우리가 시온으로 올라가서 우리 주 하나님께 나아가자!'고 하는 날이 올 것이다. 이는 주님이 이렇게 말씀하시기 때문이다. 너희는 야곱을 위해 외치고 찬양하며 말하길 '주님, 주님의 백성을 구원하

---

150. 창 17:7.

소서. 이스라엘의 남은 자를 구원하소서'라며 기뻐 외치고, 여러 민족 앞에서 소리 높여 외쳐라. 보라. 내가 그들을 북쪽 땅에서 데려오고, 땅 끝에서 모아 오겠다. 그들 가운데는 눈 먼 사람과 다리 저는 사람과 임신한 여인과 해산하는 여인이 함께해 큰 공동체를 이루어 이곳으로 돌아올 것이다. 그들이 눈물 흘리며 돌아올 것이고, 그들이 간구할 때 내가 그들을 인도해 넘어지지 않게 평탄한 길로 인도하겠으며, 물 있는 시냇가로 오게 하겠다. 나는 이스라엘의 아버지이고, 에브라임은 내 맏아들이기 때문이다. (31:1-9)

이방 민족들아, 주님의 말씀을 듣고 멀리 있는 해안 지역 사람들에게 '이스라엘을 흩으신 분이 그를 다시 모으고, 목자가 자기 양떼를 지키듯이 그를 지키실 것이다'라고 전해라. 주님이 야곱을 속량하고, 야곱보다 강한 자의 손에서 그를 구원하셨다. 그들은 돌아와서 시온의 높은 곳에서 찬송을 부르고, 주님의 좋은 선물 곧 곡식과 새 포도주와 기름과 양떼와 송아지떼를 얻고 기뻐할 것이다. 그들의 영혼은 물댄 동산처럼 되고 다시는 근심하지 않을 것이다. 그때는 처녀가 춤을 추며 기뻐하고, 젊은이와 노인들이 함께 즐거워할 것이다. 내가 그들의 슬픔을 기쁨으로 바꿔 주고, 그들을 위로해 그들에게 슬픔 대신 기쁨을 줄 것이기 때문이다. 그리고 내가 제사장들의 영혼을 기름진 것으로 흡족하게 해줄 것이며, 내 백성은 내가 잘해 줘 만족할 것이다. 주님의 말씀이다. (31:10-14)

주님이 이렇게 말씀하셨다. '라마에서 슬피 울며 통곡하는 소리가 들린다. 라헬[151]이 자기 아이를 위해 우는데, 자식을 잃었으므로 위로받기를 거절하였다.'[152] 그러나 주님이 이렇게 말씀하셨다. 네 울음소리와 네 눈의 눈물을 거둬라. 네가 수고한 보람이 있을 것인데, 그들이 원수의 땅에서 돌아오고 네 아들딸들이 그들의 땅으로 돌아올 것이므로, 네 앞날에 희망이 있기 때문이다. 주님의 말씀이다. (31:15-17)

에브라임이 탄식하는 소리를 내가 분명히 들었다. '주께서 나를 징계하셨는데, 내가 길들지 않은 송아지 같아서 징계받았습니다. 주님은 내 주 하나님이시니, 나를 인도해 돌아가게 하소서. 내가 돌아가겠습니다. 내가 돌이킨 후 뉘우쳤고, 잘못을 깨달은 후 허벅지를 치며 뉘우쳤습니다. 나는 젊은 시절의 허물 때문에 부끄럽고 수치스러웠습니다'라고 하였다.

에브라임은 내가 사랑하는 아들, 내 기뻐하는 자식이 아니냐? 내가 그를 책망할 때마다 그를 생각하면 내 속에 애가 타니, 나는 그를 불쌍히 여기겠다. 주님의 말씀이다. (31:18-20)

처녀 이스라엘아, 표지판을 세우고 이정표를 만들어, 큰 길 곧 네가 전에 걸어갔던 길을 기억하고 돌아오너라. 네가 살던 도시로 돌아오너라. 반역한 딸아, 네가 언제까지 방황하려느냐? 주께서 새 일을 세상에 창조하셨으니, 여자가 남자를 에워쌀 것이다. (31:21-22)

만군의 주 이스라엘의 하나님이 말씀하신다. '내가 포로로 잡혀

---

151. 라헬은 요셉(에브라임과 므낫세의 아버지)과 베냐민의 어머니이며, 북이스라엘의 시조를 상징한다.
152. 마 2:18.

간 사람들을 돌아오게 할 때, 그들은 유다 땅과 유다 성읍에서 정의의 보금자리, 거룩한 산이여, 주님이 네게 복 주실 것이라는 말을 다시 하게 될 것이다. 그때는 농부들과 가축떼를 모는 자들이 유다와 그 모든 성읍에서 함께 살 것이다.[153] 나는 모든 목마른 영혼들에게 마실 것을 주고, 모든 굶주린 영혼들을 배불리 먹이겠다.'"

그때 내가 잠에서 깨어나 눈을 떠보니 내 잠이 단잠이었다.

"보라. 그때가 오면, 내가 이스라엘 집과 유다 집에 사람의 씨와 짐승의 씨를 뿌리겠다. 주님의 말씀이다. 내가 전에는 그들을 뽑아내고 부수고 무너뜨리고 멸망시키고 재앙을 내리려고 지켜보았으나, 이제는 내가 그들을 세우고 심으려고 지켜보겠다.[154] 주님의 말씀이다. 그때가 오면, 그들이 더 이상 '아버지가 신포도를 먹어 자식들의 이가 시게 되었다'는 말을 하지 않을 것이다. 신포도를 먹는 사람마다 자신의 이가 신 것같이, 사람마다 자기 죄악 때문에 죽을 것이다. (31:23-30)

보라. 그때가 오면, 내가 이스라엘 집과 유다 집에 새 언약을 세우겠다. 주님의 말씀이다. 이것은 내가 그들의 조상의 손을 붙잡고 이집트 땅에서 데리고 나오던 때 세운 언약과는 다른 것이다. 내가 그들의 남편인데도, 그들은 내 언약을 깨뜨려 버렸다. 주님의 말씀이다. 그러나 그때가 지난 뒤 내가 이스라엘 집과 언약을 세울 텐데, 내 율법을 그들 속에 넣어 주고, 그들의 마음에 기록해, 나는 그들의 하나님이 되고 그들은 내 백성이 될 것이다. 주님의 말씀이다.

---

153. 고대 근동에서는 농부와 목축업자가 서로 배타적이었다.
154. 렘 1:10, 12 참조.

그때는 작은 사람으로부터 큰 사람에 이르기까지 모두 나를 알기 때문에 이웃이나 형제끼리 서로 '너는 주님을 알아라'고 가르치지 않을 것이다. 내가 그들의 죄악을 용서하고 그들의 죄를 더 이상 기억하지 않겠다. 주님의 말씀이다." (31:31-34)

주께서 이렇게 말씀하셨다. "해를 낮의 빛으로 주시고, 달과 별을 밤의 빛으로 주시고, 바다를 뒤흔들어 파도가 소리치게 하시는 분, 그의 이름은 만군의 주이시다. 이 질서가 내 앞에서 사라지지 않는 한, 이스라엘 자손도 내 앞에서 언제까지나 한 민족으로 남아 있을 것이다. 주님의 말씀이다.

주님이 이렇게 말씀하셨다. 위로 하늘이 측량되고, 아래로 땅의 기초가 측정될 수 있다면 몰라도 그런 일이 있기 전에는 이스라엘 자손이 행한 모든 일 때문에 내가 그들을 모두 버리는 일은 없을 것이다.[155] 주님의 말씀이다.

보라, 그때가 오면, 이 성이 하나넬 망대에서부터 모퉁이 성문에 이르기까지 이어지고, 거기서 측량줄이 가렙 언덕에 이르기까지 곧게 앞으로 나갔다가 고아 쪽으로 돌아가고, 그다음에 시체와 잿더미로 가득 찬 모든 골짜기와 기드론 골짜기의 모든 밭과 동쪽 마문의 모퉁이에 이르기까지 주님을 위해 재건되어 주님의 거룩한 땅이 되고, 다시는 영원히 뽑히거나 허물어지지 않을 것이다. 주님의 말씀이다." (31:35-40)

---

155. LXX.

예루살렘의 회복과 메시아 왕국 도래에 대한 언약 (렘 33:1-26)

예레미야가 여전히 경호부대 뜰 안에 갇혀 있을 때, 주님의 말씀이 그에게 두 번째로 들렸다. 땅을 만드신 주, 그것을 빚어 제자리에 세우신 분, 이름이 '주'이신 분이 이렇게 말씀하셨다. "너는 내게 부르짖어라. 그러면 내가 네게 응답하겠고, 네가 알지 못하는 크고 놀라운 비밀[156]을 알려 주겠다." (33:1-3)

이스라엘의 주 하나님이 흙언덕과 칼에 무너진 이 성읍의 가옥과 유다 왕궁에 대하여 이렇게 말씀하셨다. "유대인들이 갈대아 사람들과 싸우려고 나오려 했으나 내가 나의 노여움과 분함으로 유대인들을 죽이고 그들의 시체로 이 성을 채우게 했다. 이는 그들의 모든 악행 때문에 내 얼굴을 가리어 이 성을 돌아보지 않았기 때문이다. (33:4-5)

그러나 보라, 내가 이 성읍을 치료하고 고쳐 낫게 하며 평안과 진실이 풍성함을 그들에게 나타낼 것이고, 유다 포로와 이스라엘 포로를 돌아오게 하여 그들을 처음과 같이 세울 것이며,[157] 그들이 나를 거역한 그 모든 죄악에서 깨끗하게 하고 그들이 나를 거역하며 행한 모든 죄악을 용서할 것이다. 이 성읍이 세계 열방 앞에서 나의 기쁜 이름이 될 것이고 찬송과 영광이 될 것이며, 그들[158]은 내가 이 백성에게 베푼 모든 복을 들을 것이고 내가 이 성읍에 베푼 모든 복과

---

156. 유다 왕국 멸망 후 나타날 회복과 메시아 왕국의 도래(렘 23:5; 31:31-34; 32:37-44; 33:15; 겔 16:60).
157. 하나님이 시내산에서 출애굽한 이스라엘 백성과 처음 언약을 맺었을 때 이스라엘 백성이 열방의 제사장 나라로 세워졌던 것같이.
158. 세계 열방.

모든 평안으로 말미암아 두려워하며 떨 것이다. (33:6-9)

주께서 이렇게 말씀하셨다. 너희가 말하기를 '황폐하여 사람도 없고 짐승도 없다'고 하던 여기 곧 황폐하여 사람도 없고 주민도 없고 짐승도 없던 유다 성읍과 예루살렘 거리에서 즐거워하는 소리, 기뻐하는 소리, 신랑의 소리, 신부의 소리와 '만군의 주께 감사하라, 주님은 선하시니 그 인자하심이 영원하다'고 하는 소리와 주님의 성전에 감사제를 드리는 자들의 소리가 다시 들릴 것이다. 이는 내가 이 땅의 포로를 돌려보내 지난날처럼 되게 할 것이기 때문이다. 주님의 말씀이다. (33:10-11)

만군의 주께서 이와 같이 말씀하셨다. 황폐하여 사람도 없고 짐승도 없던 이곳과 그 모든 성읍이 다시 목자가 자기 양떼를 눕게 할 목장이 될 것이고, 산지 성읍과 평지 성읍과 네게브의 성읍과 베냐민 땅과 예루살렘 사면과 유다 성읍에서 양떼가 수를 세는 자의 손 아래로 다시 지나갈 것이다. 주님의 말씀이다. (33:12-13)

주님의 말씀이다. 보라, 내가 이스라엘 집과 유다 집에 대하여 일러 준 선한 말을 성취할 날이 올 것이다. 그날 그때 내가 다윗에게서 의로운 가지 하나가 나게 하겠다. 그가 이 땅에 정의와 공의를 행할 것이다. 그날 유다가 구원받겠고 예루살렘이 안전히 살 것이며 이 성은 '주님은 우리의 의'라는 이름을 얻을 것이다. 주께서 말씀하시길 '다윗에게 이스라엘 집의 왕위에 앉을 사람이 영원히 끊어지지 아니할 것이고, 내 앞에서 번제를 드리고 소제를 사르며 다른 제사를 항상 드릴 레위인 제사장들도 끊어지지 아니할 것이다'라고 하셨다. (33:14-18)

주님의 말씀이 예레미야에게 들렸다. 주께서 이렇게 말씀하셨다. 너희가 낮에 대한 내 언약과 밤에 대한 내 언약을 깨뜨려 낮과 밤이 때를 잃게 할 수 있다면, 내가 내 종 다윗에게 세운 내 언약[159]도 깨뜨려 그에게 그의 자리에 앉아 다스릴 아들이 없게 할 수 있겠고, 내가 나를 섬기는 레위인 제사장에게 세운 언약[160]도 없앨 수 있을 것이다. 하늘의 별을 셀 수 없고 바다의 모래를 측량할 수 없듯이, 내가 내 종 다윗의 자손과 나를 섬기는 레위인을 그렇게 번성하게 하겠다. (33:19-22)

주님의 말씀이 예레미야에게 들렸다. 이 백성[161]이 말하기를 '주께서 자기가 택하신 두 가계[162]를 버리셨다'고 한 것을 네가 생각하지 않느냐? 그들이 내 백성을 멸시하여 자기들 앞에서 나라로 인정하지 않는구나. (33:23-24)

주께서 이렇게 말씀하셨다. 내가 낮과 밤과 맺은 언약이 없다거나, 하늘과 땅의 법칙을 정하지 않았다면, 내가 야곱과 내 종 다윗의 자손을 버리고 다윗의 자손 중에서 아브라함과 이삭과 야곱의 자손을 다스릴 자를 택하지 않을 것이다. 내가 포로된 자를 돌아오게 하고 그를 불쌍히 여기겠다." (33:25-26)

예루살렘이 함락될 때까지 하나님의 말씀이 예레미야에게 더 이상은 들리지 않는다. 한편, 바빌로니아에 있는 에스겔에게 하나님의 말씀이 계속 들렸다.

---

159. 삼하 7:12-16. 이 언약은 렘 33:15-17과 함께 메시아 대망(待望) 사상의 근거가 된다.
160. 민 25:12-13.
161. 이방인.
162. 북이스라엘과 남유다.

예루살렘 함락 6개월 전 에스겔 예언

예루살렘이 바빌로니아 군대에 포위된 채 함락 직전이 되어도 이집트 왕 호브라는 약속했던 지원 군대를 보내지 않았다. 그래서 하나님은 이집트를 멸망시켜 이스라엘이 의지할 나라가 못 되고, 그동안 유다 왕국이 이집트를 의지한 것이 잘못이었으며, 의지할 분은 하나님뿐임을 깨닫게 하겠다고 말씀하셨다.

이집트 심판 예언 (BC 588, 겔 29:1-16)

여호야긴 포로 10년 10월 12일[BC 588년 12월]에 주님의 말씀이 내게 들렸다.

"사람의 아들아, 네 얼굴을 이집트 왕 파라오에게로 향하게 하고, 파라오와 모든 이집트에 대해 예언해라. 너는 말하고 전해라. 주 하나님이 이렇게 말씀하셨다. 보라, 이집트 왕 파라오야, 내가 너를 치겠다. 네가 말하기를 '나일 강은 내 것이고, 내가 만들었다'라고 하지만, 너는 나일 강 가운데 누운 큰 악어[163]다. 내가 갈고리로 네 아가미를 꿰고, 네 강의 물고기들이 네 비늘에 달라붙게 하고, 너를 네 비늘에 달라붙은 네 강의 모든 물고기와 함께 강 가운데서 끌어올려, 너와 네 물고기를 다 함께 사막에 던져 버리겠다. 그러면 너는 벌판에 나가떨어질 것이다. 내가 너를 들짐승과 공중의 새에게 먹이로 주었으니, 다시는 너를 거둬 오는 사람이 없을 것이고 모아 오는 사람도 없을 것이다. 그때 비로소 이집트에 사는 모든 사람이, 내가

---

163. NIV에는 괴물(monster)이라 번역했고, LXX, KJV에는 용(dragon)으로 번역했다.

주님인 줄 알게 될 것이다. 이는 네가 이스라엘 족속을 속이는 갈대 지팡이였기 때문이다. 이스라엘 족속이 너를 손으로 잡으면, 너는 갈라져 그들의 어깨를 모두 찢었고, 그들이 너를 의지하면, 너는 부러져 그들의 허리를 모두 비틀거리게 했기 때문이다. (29:1-7)

그러므로 주 하나님이 이렇게 말씀하셨다. 보라, 내가 칼전쟁을 네게 가져와 사람과 짐승을 네게서 멸절시키겠다. 그래서 이집트 땅이 파괴되어 황폐해지면, 그때 비로소 그들이 내가 주님인 줄 알 것이다. 그 이유는 네가 말하기를 '나일 강은 내 것이고, 내가 만들었다'고 했기 때문이다. 그러므로 보라, 내가 너와 네 강을 쳐서, 이집트 땅을 믹돌에서부터 수에네까지 곧 에티오피아의 국경에 이르기까지 파괴시켜 황폐하게 만들어 버리겠다. 그 땅에는 사람의 발길도 끊어지고, 짐승까지도 그 땅으로는 지나다니지 않을 것이다. 그래서 40년 동안 사는 사람이 없을 것이다. 내가 이집트 땅을 황폐한 땅 가운데서도 가장 황폐한 땅으로 만들어서, 이집트의 도시들이 40년 동안 황폐한 도시 가운데서도 가장 황폐한 도시가 될 것이다. 나는 이집트 사람들을 여러 민족 가운데 흩어 버리고 여러 나라 가운데 헤쳐 놓겠다.

주 하나님이 이렇게 말씀하셨다. 그러나 40년이 지나면, 내가 여러 민족 가운데 흩어져 있던 이집트 사람들을 다시 모으겠고, 포로가 된 이집트 사람들을 돌아가게 해, 그들의 고향 땅 곧 파트로스 땅으로 데려다 놓겠다. 그러면 그들은 거기서 힘없는 나라가 될 것인데, 나라 가운데 가장 힘없는 나라가 되어, 다시는 다른 나라보다 높아지지 못할 것이다. 내가 그들을 작게 만들어 다시는 그들이 다른 나라를 다스릴 수 없게 하겠다. 그러면 이집트가 다시는 이스라엘 족속이 의지할 나라가 되지 못할 것이고, 이스라엘은 이집트를 의지하려 한 것이 잘못이었음을 깨달을 것이다. 그때 비로소 그들이 내가 주 하나님인 줄 알 것이다.'" (29:8-16)

에스겔서 25-32장과 38-39장에는 암몬, 모압, 에돔, 블레셋, 두로, 시돈, 이집트와 바빌로니아 등 이방 나라에 대한 하나님의 심판 예언이 기록되어 있다. 이방 나라에 대한 하나님의 심판 목적은 우상숭배로 가득 찬 이방 나라가 하나님의 백성을 대항해 괴롭히면 결국 심판받게 되고, 그 결과 하나님이 유일하신 신이심을 알게 된다는 것이다.

암몬, 모압, 에돔, 블레셋 심판 예언 (겔 25:1-17)

주님의 말씀이 내게 들렸다.

"사람의 아들아, 네 얼굴을 암몬 자손에게로 돌리고, 그들에게 예언해라. 너는 암몬 자손에게 말해라. 주 하나님의 말씀을 들어라. 주 하나님이 이렇게 말씀하셨다. 내 성전이 더럽혀질 때, 이스라엘 땅이 황폐해질 때, 유다 백성이 포로로 잡혀갈 때, 네가 그것을 보고 '아하, 잘 되었다' 하고 소리쳤으므로 내가 너를 동방 사람들[164]의 소유가 되게 하겠다. 그들이 네 땅에 들어와서 진을 치고, 네 땅 안에 자기들이 거주할 곳을 만들고, 네 열매를 먹고, 네 우유를 마실 것이다. 내가 랍바를 낙타의 우리로 만들고, 암몬 족속이 사는 곳을 양

---

164. 요단 동쪽 아랍의 유목민.

떼가 눕는 곳으로 만들겠다. 그때 비로소 너희는 내가 주님인 줄 알게 될 것이다. 주 하나님이 이렇게 말씀하셨다. 이스라엘 땅이 황폐해졌을 때, 너는 손뼉을 치고 발을 구르며 좋아했고, 경멸에 찬 마음으로 기뻐했으니, 내가 이제 내 손을 네게 뻗쳐서 네가 다른 민족에게 약탈당하게 넘겨주겠고, 너를 만민 가운데서 끊어 버리고, 너를 땅에서 멸망시키겠다. 내가 너를 멸망시킬 때, 그때 비로소 너는 내가 주님인 줄 알 것이다. (25:1-7)

주 하나님이 이렇게 말씀하셨다. 모압과 세일이 말하기를 '보라, 유다 족속도 모든 이방 백성과 같다'고 한다. 그러므로 내가 이제 모압의 국경지역에 있는 성읍 곧 모압의 자랑인 벳여시못과 바알므온과 기랴다임이 적에게 공격 받게 하겠다. 내가 모압을 암몬 족속과 함께 동방 사람들의 소유로 넘겨줘, 모압과 암몬 족속이 이방 백성 가운데서 다시는 기억되지 않게 하겠다. 내가 모압을 심판할 때, 그때 비로소 그들이 내가 주님인 줄 알 것이다. (25:8-11)

주 하나님이 이렇게 말씀하셨다. 에돔이 유다 족속에게 복수함으로써 그들이 큰 죄를 지었다. 그러므로 주 하나님이 이렇게 말씀하신다. 내가 내 손을 에돔에 뻗쳐서 사람과 짐승을 없애고, 그 땅을 데만에서 드단까지 황무지로 만들겠고, 모든 백성은 칼에 쓰러질 것이다. 내가 내 백성 이스라엘의 손으로 에돔에게 원수를 갚겠다. 그들이 내 노여움과 분노에 맞춰 에돔에 보복하면, 그때 비로소 내가 복수했음을 에돔이 알 것이다. 주 하나님의 말씀이다. (25:12-14)

주 하나님이 이렇게 말씀하셨다. 블레셋 사람들이 옛날부터 이스라엘에 원한을 품어 오다가 복수심에 불타서 이스라엘을 멸망시키려고 했다. 그러므로 나 주 하나님이 이렇게 말한다. 내가 이제 내 손을 블레셋 사람들에게 뻗쳐서, 그렛 사람들을 없애고, 바닷가에 살아남은 사람들까지도 진멸시키겠다. 내가 그들에게 분노해 벌주고 크게 보복하겠다. 내가 그들에게 내 원한을 갚을 때, 그때 비로소 그들은 내가 주님인 줄 알 것이다." (25:15-17)

예루살렘 함락 3개월 전 에스겔 예언

두로는 이집트의 지원을 받아 13년 동안 바빌로니아에 정복되지 않고 저항했지만 마침내 심판받고 함락된다고 에스겔이 예언한다.

두로 심판 예언 (BC 587년 3월, 겔 26:1-21)

여호야긴 포로 11년 어느 달[165] 1일에 주님의 말씀이 내게 들렸다.

"사람의 아들아, 두로가 예루살렘에 관해 말하기를 '아하, 여러 민족의 관문 예루살렘 성문이 부서져서 내게 넘어왔고, 그녀 예루살렘가 황폐하게 되었으니, 나는 번영하게 되었다'고 했다. 그러므로 주 하나님이 이렇게 말씀하셨다. '보라, 두로야, 내가 너를 치기 위해 바다가 파도를 쳐올리듯, 여러 민족이 너를 치러 올라오게 하겠다. 그들이 두로의 성벽을 무너뜨리고, 그곳의 망대를 허물 것이다. 내가 그곳에서 흙을 쓸어 내고 그곳을 맨바위로 만들어 그곳이 바다 가운

---

165. 첫째 달(BC 587년 3월. 겔 30:20 참조).

데서 그물 말리는 곳이 되게 하겠다. 내가 말했다. 주 하나님의 말씀이다. 그곳은 여러 민족에게 약탈당할 것이고, 들판에 있는 그곳 두로의 딸_{주변 마을}들도 칼에 죽을 것이다. 그때 비로소 그들은, 내가 주님인 줄 알 것이다.' (26:1-6)

주 하나님이 이렇게 말씀하셨다. '보라, 내가 왕 중의 왕 곧 바빌로니아 왕 느부갓네살을 말과 전차와 기병과 많은 군대와 함께 북쪽에서 데려와서 두로를 치게 하겠다. 그가 들판에 있는 네 딸_{주변 마을}을 칼로 죽이고, 너를 치려고 사다리를 세우고, 흙언덕을 쌓고 큰 방패를 세울 것이며, 네 성벽을 공성퇴로 공격하고, 쇠 지게로 네 망대들을 부술 것이다. 그의 수많은 군마들의 먼지가 너를 덮을 것이고, 말의 소리와 전차 바퀴 소리에 네 성벽이 진동할 것이다. 사람들이 마치 무너진 성 안으로 들어오듯, 그가 네 성문 안으로 들어오면 말발굽으로 네 모든 거리를 짓밟을 것이고, 칼로 네 백성을 죽일 것이며, 네 튼튼한 돌기둥들도 땅바닥에 쓰러뜨릴 것이다. 그들이 네 재산을 강탈하고, 네 상품을 약탈하고, 네 성벽을 허물고, 네가 좋아하는 집들을 무너뜨리고, 네 석재와 네 목재와 네 흙덩이까지도 바다 속으로 던질 것이다. 내가 네 노래 소리를 그치게 하고, 네 수금 소리가 다시는 들리지 않게 하며, 너를 맨바위로 만들면, 너는 그물 말리는 곳이 되고, 다시는 새로 건설되지 못할 것이다. 나 주가 말했다. 주 하나님의 말씀이다.' (26:7-14)

주 하나님이 두로에 대해 이렇게 말씀하셨다. '네 가운데서 사람들이 칼을 휘둘러 상처입은 자들이 신음할 때, 네가 멸망하는 소리에 해안 지역이 진동하지 않겠느냐? 그때 바다의 모든 통치자들이 너 때문에 그들의 보좌에서 내려와 그들의 겉옷과 수 놓은 옷을 벗어 버리고, 두려움에 사로잡혀 땅바닥에 앉아 시도 때도 없이 떨며 놀랄 것이다. 그들은 너를 위해 이렇게 애가를 지어 부를 것이다. '네가 어쩌다가 이렇게 망했나? 항해자들이 살던 유명했던 도시야, 그곳과 그곳 주민은 바다에서 세력을 떨쳤고, 해안 지역 모든 주민을 얼마나 두렵게 했던가! 그런데 이제는 네가 쓰러지니 해안 지역이 떨고, 네 종말을 보고 무서워 떨 것이다.' (26:15-18)

주 하나님이 이렇게 말씀하셨다. '내가 너를 사람이 살지 않는 도시처럼 황폐한 도시로 만들고, 깊은 바닷물을 네 위로 올라오게 해 많은 물이 너를 덮을 때, 내가 너를 구덩이[166]로 내려가는 사람들과 함께 옛날에 죽은 사람들에게로 내려 보내겠고, 내가 너를 옛날부터 황폐한 곳인 땅 속 깊은 곳으로 들어가 구덩이로 내려간 사람들과 함께 살게 하겠다. 그래서 네가 다시는 사람 사는 땅에서 거주하거나 다시 살아나지 못하게 하겠다.[167] 내가 너를 멸망시켜 없애 버리겠고, 사람들이 너를 찾아도 다시는 영원히 만날 수 없을 것이다. 주 하나님의 말씀이다.'" (26:19-21)

두로 심판 예언 (겔 27:1-36)

주님의 말씀이 내게 들렸다.
"너, 사람의 아들아, 두로를 위해 애가를 불러라. 바다 입구에 살

---

166. 스올(겔 31:15 참조). 음부. 악인의 영혼이 영원한 지옥으로 들어가기 전에 임시로 대기하는 장소.
167. LXX.

면서 해안 민족들과 무역하는 두로에게 말해라. 두로야, 주 하나님이 이렇게 말씀하셨다. 너는 스스로 말하기를 '내 아름다움은 완전하다'고 했다. 네 경계선이 바다 가운데 있고, 너를 건설한 사람들이 너를 완전히 아름답게 했다. 네 선박의 판자는 스닐[168]의 전나무로 만들었고, 네 돛대는 레바논의 백향목으로 만들었다. 네 노는 바산의 상수리나무로 만들었고, 네 갑판은 키프로스 섬의 회양목에 상아를 입혀 만들었다. 네 돛과 네 깃발은 이집트에서 가져온 수놓은 모시로 만들었고, 네 덮개는 엘리사[169] 섬의 푸른 색과 자주색 베로 만들었다. 두로야, 시돈과 아르왓[170] 주민이 네 선원이 되었고, 네 지혜자들이 네 선장이 되었다. 그발[171]의 장로들과 지혜자들이 네 배의 틈을 수리해 주었다. 바다의 모든 배와 선원들이 네 가운데서 네 물품을 거래했다. 페르시아와 리디아와 리비아 용병들이 네 군대에 들어와 네 군인이 되었고, 그들이 네 안에 방패와 투구를 걸어놓아 네 영화를 빛냈다. 아르왓 자손들과 네 군대가 네 사방 성벽 위에 있고, 용사들이 네 망대 속에 있어서, 네 사방 성벽에 그들의 방패를 걸어놓아 너를 완전히 아름답게 했다. (27:1-11)

다시스[172]가 네 온갖 많은 귀중품 때문에 너와 무역했다. 그들은 은과 쇠와 주석과 납을 가지고 와서 네 물건과 교환해 갔다.

---

168. 헬몬 산.
169. 키프로스 근처의 섬.
170. 두로 북쪽 도시 국가.
171. 시돈에서 북쪽으로 65km 떨어져 있는 곳.
172. 스페인.

야완[173]과 두발과 메섹[174]이 네 상인들이었다. 그들은 사람[175]과 놋그릇을 가지고 와서 네 상품과 교환해 갔다.

도갈마[176] 족속은 말과 군마와 노새를 끌고 와서 네 물건과 교환해 갔다.

로디온[177] 자손도 너와 무역한 사람들이다. 해안 지역 여러 부족이 너와 무역했는데, 그들은 상아 뿔과 박달나무를 가져와서 네 물건과 교환해 갔다.

시리아도 네 많은 물건을 사려고 너와 무역했다. 에메랄드와 자주색 옷감과 수예품과 모시와 산호와 루비를 가지고 와서 네 물건과 교환해 갔다.

유다와 이스라엘 땅 사람들도 너와 무역했다. 그들은 민닛의 밀과 과자와 꿀과 기름과 유향을 가지고 와서 네 물건과 교환해 갔다.

다마스쿠스도 헬본의 포도주와 자하르의 양털을 가지고 와서 네 많은 물건과 각종 많은 제품을 사려고 너와 무역했다.

워단[178]과 야완[179]도 제련한 쇠와 계피와 창포를 가지고 와서 네 물건과 교환해 갔다.

드단[180]은 말을 탈 때 안장에 깔아 놓는 천을 가지고 와서 네 물건과 교환해 갔다.

173. 그리스.
174. 흑해와 카스피해 사이의 주민들.
175. 노예.
176. 알메니아.
177. LXX. 페르시아만 남쪽의 주민.
178. 아라비아 중부 도시.
179. 워단 인근 도시.
180. 아라비아 북서부 도시.

아라비아 사람들과 게달[181]의 모든 지도자가 너와 무역했다. 그들은 새끼 양과 숫양과 숫염소들을 가지고 와서 무역했다.

스바와 라아마[182]의 상인들도 너와 무역했다. 그들은 최상품의 각종 향료와 각종 보석과 황금을 가지고 와서 네 물건과 교환해 갔다.

하란과 간네[183]와 에덴과 스바와 앗시리아와 길맛[184]의 상인들이 너와 무역했다. 그들은 화려한 의복과, 청색 겉옷과, 수놓은 옷감과, 단단히 꼰 줄로 만든 여러 가지 색깔의 양탄자를 가지고 와서 네 물건과 교환해 갔다.

다시스의 배들도 네 물건을 싣고 항해했다. 그래서 너는 바다 가운데서 풍부해져 너무나 영화롭게 되었다. (27:12-25)

그런데 네 선원들이 너를 데리고 깊은 바다로 나갔을 때, 바다 가운데서 동풍이 너를 파선시켜 버렸다. 네가 멸망하는 날, 네 재물과 상품과 무역품과 네 선원과 네 선장과 네 배의 틈을 수리하던 사람과 네 무역품을 거래하던 사람과 배에 탄 모든 군인과 모든 사람이 바다 가운데 빠질 것이다. 네 선장들이 부르짖는 소리에 해변이 진동할 것이다. (27:26-28)

노 젓는 사람들과 선원들과 선장들이 모두 배에서 내려 뭍으로 올라와, 파선된 너를 애석해하면서, 큰 소리로 통곡하며 울부짖을 것이다. 그들은 머리에 티끌을 끼얹으며 재 속에서 뒹굴고, 네 죽음을 애도해 머리카락을 밀고 굵은 베 옷을 입으며, 너 때문에 마음이

---

181. 아라비아 북부 지역.
182. 아라비아 남서쪽 페르시아만 주민.
183. 하란 동쪽 유프라테스 강 유역.
184. 티그리스 강 유역.

아파 울고 슬피 통곡할 것이다. 그들이 너를 애도해 '바다 한가운데서 두로처럼 파멸된 자가 누구냐?' 하고 애가를 부르며 네 죽음을 슬퍼할 것이다. 네가 상품을 싣고 바다로 나갈 때, 여러 백성을 풍부하게 해주었고, 네 많은 재물과 물품으로 세상의 왕들을 풍부하게 만들어 주었다. 그러나 이제 네가 파선되어 바다 깊이 잠기니, 네 무역품과 승객이 너와 함께 깊이 빠져 버렸다. 해안 지역 모든 주민이 네 소식을 듣고 놀라고, 그들의 왕들이 크게 두려워해 얼굴에 근심이 가득 찰 것이다. 여러 민족의 상인들이 너를 비웃으니, 너는 공포거리가 되어 영원히 사라질 것이다." (27:29-36)

두로 왕에 대한 심판 예언 (겔 28:1-19)

주님의 말씀이 내게 들렸다.

"사람의 아들아, 두로의 통치자에게 전해라. 주 하나님이 이렇게 말씀하셨다. 네 마음이 교만해져서 네가 신이라도 된 듯이 마음속으로 말하기를 '나는 신이다. 나는 신의 자리 곧 바다 한가운데 앉아 있다'고 하지만, 너는 사람이요, 신이 아니다. 보라, 네가 '나는 다니엘보다 지혜로워서 어떤 비밀도 내게 드러나지 않는 것이 없다. 나는 지혜와 총명으로 재산을 모았고, 내 창고에 금과 은을 쌓아 놓았으며, 큰 지혜로 무역해 내 재산을 늘렸다'고 말한다. 네 재산 때문에 네 마음이 교만해졌다. (26:1-5)

그러므로 주 하나님이 말씀하셨다. 네가 신이라도 된 듯이 우쭐댔으니, 내가 이제 이방인 가운데서도 가장 잔인한 민족[185]을 데려오겠고, 그들이 칼을 빼어 네가 잘 깨달았다고 여기는 지혜를 소용없는 것으로 만들고, 네 영광을 더럽히게 하겠다. 그래서 그들이 너를 구덩이로 내려가게 하니, 너는 치명적인 상처를 입고 바다 한가운데서 죽을 것이다. 네가 너를 죽이는 자들 앞에서도 '나는 신이다'라고 말할 수 있겠느냐? 네가 사람들의 손에 찔려 죽을 것이니, 너는 사람이요 신이 아니다. 네가 할례 받지 못한 사람이 죽는 것처럼 이방인들의 손에 죽을 것이다. 내가 말했다. 주 하나님의 말씀이다."(28:6-10)

주님의 말씀이 내게 들렸다.

"사람의 아들아, 너는 두로 왕을 위해 애가를 부르고, 그에게 말해라. 주 하나님이 이렇게 말씀하셨다. 너는 지혜가 충만하고 아름다움이 완전해 보장된 자였다. 너는 옛날에 하나님의 동산 에덴에서 살았고, 온갖 보석으로 네 몸을 치장했는데, 홍옥과 황옥과 다이아몬드와 녹주석과 줄마노와 벽옥과 청옥과 청록옥과 에메랄드와 황금으로 치장했다. 네가 창조되던 날 작은 북과 비파도 준비되어 있었고, 나는 너를 그룹과 함께 하나님의 거룩한 산에 두었고, 너는 불타는 돌[186]들 사이를 드나들었다. 너는 창조된 날부터 네 모든 행위가 완전했다. 그런데 마침내 네게서 죄악이 드러났다. 네가 많은 무역을 하면서 폭력을 일삼고 죄를 지었다. 그래서 내가 너를 더럽게 여겨, 하나님의 산에서 쫓아냈고, 너를 지키는 그룹이 너를 불타는 돌들 사이에서 밖으로 끌어냈다. 너는 네 미모 때문에 네 마음이 교

---

185. 바빌로니아 민족.
186. 빛나는 보석 또는 화광석.

만해졌고, 네 영광을 위해 네 지혜를 악용했으니, 내가 너를 땅바닥에 내던져 왕들 앞에 구경거리가 되게 했다. 네가 불의하게 거래한 많은 죄 때문에 너는 네 성소들을 더럽혔다. 그러므로 내가 네 한가운데서 불이 나오게 해 그 불이 너를 삼키게 했고, 너를 보고 있는 모든 사람의 눈 앞에서 네가 땅바닥의 재가 되게 했다. 그래서 여러 민족 가운데서 너를 아는 자가 모두 네 모습을 보고 놀랄 것이고, 너는 공포거리가 되어 영원히 사라질 것이다." (28:11-19)

시돈의 멸망과 이스라엘의 회복 예언 (겔 28:20-26)

주님의 말씀이 내게 들렸다.

"사람의 아들아, 네 얼굴을 시돈으로 향하게 하고 그곳에 예언해 말해라. '주 하나님이 이렇게 말씀하신다. 보라, 시돈아, 내가 너를 쳐서, 네 가운데서 내 영광을 드러내겠다. 내가 너를 심판해 네게서 내 거룩함을 나타낼 때, 비로소 사람들이 내가 주님인 줄 알 것이다. 내가 네게 전염병을 보내고, 네 거리에 피가 흐르게 하고, 사방에서 적들이 몰려와 칼로 너를 치면, 사람들이 네 가운데서 쓰러질 것이다. 그때 비로소 그들이, 내가 주님인 줄 알게 될 것이다.'" (28:20-23)

사방에서 이스라엘 족속을 멸시하는 사람들이 다시는 이스라엘을 찔레로 찌르거나 가시로 아프게 하지 않을 것이다. 그때 비로소 그들이, 내가 주님인 줄 알 것이다. 주 하나님이 이렇게 말씀하신다. 이방 민족 가운데로 흩어져 버린 이스라엘 족속을 내가 모으겠고, 그들을 통해 내 거룩함을 이방인들이 보는 앞에서 나타낼 때, 비로소 그들이 자기들의 땅 곧 내가 내 종 야곱에게 준 땅에서 살게 될 것이다. 내가 그들을 멸시하던 이웃들을 모두 심판하면, 그들이 그곳에서 평안히 살 텐데, 그들이 집을 짓고 포도나무를 심고 평안히 살 것이다. 그때 비로소 그들이 내가 자기들의 주 하나님임을 알게 될 것이다."(28:24-26)

바빌로니아의 이집트 정복 예언 (BC 587년 3월, 겔 30:20-26)

여호야긴 포로 11년 1월 7일에 주님의 말씀이 내게 들렸다.

"사람의 아들아, 내가 이집트 왕 파라오의 한쪽 팔을 부러뜨렸다. 그런데 그가 약을 발라 싸매지도 못하고 붕대를 감지도 못했으니, 그가 칼을 쥘 힘이 없다. 그러므로 주 하나님이 이렇게 말씀하신다. 보라, 내가 이집트 왕 파라오를 대적해, 성한 팔마저 부러뜨려 두 팔을 못 쓰게 해, 그의 손에서 칼을 떨어뜨리게 하겠다. 그리고 이집트 백성을 여러 민족 가운데 흩어 놓고, 여러 나라로 헤쳐 놓겠다. (30:20-23)

내가 바빌로니아 왕의 두 팔을 강하게 해주고, 그의 손에 내 칼을 쥐어 주겠지만, 파라오의 두 팔은 부러뜨릴 것이므로, 파라오가 바빌로니아 왕 앞에서 칼에 찔린 사람처럼 신음 소리를 낼 것이다. 내가 바빌로니아 왕의 두 팔은 강하게 해주고, 파라오의 두 팔은 떨어뜨릴 것이다. 내가 바빌로니아 왕의 손에 내 칼을 쥐어 주고, 그가 그 칼을 뽑아 이집트 땅을 칠 때, 비로소 그들은 내가 주님인 줄 알 것이다. 내가 이집트 사람들을 여러 민족 가운데 흩어 놓고 그들을 여러 나라로 헤쳐 놓겠다. 그때, 비로소 그들은 내가 주님인 줄 알 것이다."(30:24-26)

예루살렘 함락 1개월 전 에스겔 예언

이집트가 멸망되리라는 예언 (BC 587년 5월, 겔 31:1-18)

여호야긴 포로 11년 3월 1일에 주님의 말씀이 내게 들렸다.

"사람의 아들아, 이집트 왕 파라오와 그의 무리에게 이렇게 말해라. '너는 네 위대함을 누구와 비교할 수 있겠느냐? 보라, 앗시리아는 한때 레바논의 백향목이어서 가지가 아름답고, 그늘은 숲의 그늘과 같고, 키가 커서 나무 꼭대기가 구름 사이로 나와 있었다. 물이 그 나무를 자라게 하고, 깊은 물줄기가 그 나무를 자라게 했다. 강물이 그 나무가 서 있는 곳 사방으로 흐르고, 물줄기가 흘러 들의 모든 나무가 그 물을 마셨다. 그 나무는 들의 모든 나무보다 높게 자랐고, 흐르는 물이 넉넉해 굵은 가지도 많아지고, 가는 가지도 길게 뻗어나갔다. 큰 가지 속에서는 공중의 모든 새가 보금자리를 만들었고, 가는 가지 밑에는 모든 들짐승이 새끼를 낳았고, 그 나무의 그늘 밑에는 모든 큰 민족이 살았다. 그 나무가 크게 자라 아름다워지고, 나무 가지들이 길게 자라 뻗친 것은, 그 나무가 물 많은 곳에 뿌리를 내렸기 때문이다. 하나님의 동산에 있는 백향목도 그 나무에 비하면 아무것도 아니고, 전나무도 그 나무의 굵은 가지들과 비교가 되지 않으며, 버즘나무도 그 나무의 가는 가지들만 못했다. 하나님의 동산에 있는 어떤 나무도 그 나무처럼 아름답지는 못했다. 내가 그 나무의 가지를 많아지게 하고, 그 나무를 아름답게 키웠더니, 하나님의 동산인 에덴의 모든 나무가 그 나무를 부러워했다. (31:1-9)

그러므로 주 하나님이 이렇게 말씀하셨다. 그 나무의 키가 크게 자라고, 나무 꼭대기가 구름 사이로 나와 있어서, 키가 크다고 그의 마음이 교만해졌다. 그래서 나는 그의 악행 때문에 그를 내쫓아 버렸고, 열방 중 강한 자의 손에 넘겨줘 그를 처벌하게 했다.[187] 그 결과 열방 가운데서 잔인한 나라들이 그를 베어 버려, 가는 가지들은 산과 모든 골짜기에 떨어졌고, 굵은 가지들은 그 땅의 모든 시냇물 가에 부러졌으며, 그 땅의 모든 백성이 그 나무의 그늘에서 떠났고, 그를 버렸다. 쓰러진 그 나무 위에 공중의 모든 새가 살았고, 가지 사이에는 들판의 모든 짐승이 살았다. 그것들이 모두 죽음에 넘겨져, 구덩이로 내려가는 사람들과 함께 지하로 내려가게 된 것은, 물가의 모든 나무가 큰 키 때문에 교만하지 못하게 하고, 나무 꼭대기가 구름 사이로 나오지 못하게 하며, 물을 빨아들이는 모든 나무가 스스로 높이 서지 못하게 하려는 것이었다. (31:10-14)

주 하나님이 이렇게 말씀하셨다. 그 나무가 스올로 내려가서, 지하 세계가 그를 애통했을 때, 내가 강들을 가까이 오게 하여 큰 물을 막았다. 나는 레바논이 그를 위해 통곡하게 하고, 들판의 모든 나무가 그 때문에 시들게 했다. 내가 그를 구덩이로 내려가는 자들과 함께 스올로 내려보냈을 때, 그가 스올로 떨어지는 소리에 여러 민족이 떨게 했다. 스올에 가 있던 에덴의 모든 나무 곧 물 먹고 자란 레바논의 가장 좋은 나무들이, 그 나무가 심판받는 것을 보고 땅 깊은 곳에서 위로받게 했다. 그들도 그 나무와 함께 스올로 내려가서, 그곳에 먼저 와 있던 나무들 곧 칼에 죽은 자들, 살아 생전에 그 나무의 그늘 밑에서 살다

---

187. 바빌로니아가 앗시리아를 멸망시켰다.

가 스올로 들어온 자들에게로 갔다.

에덴의 나무 가운데 어떤 나무가 너처럼 화려하고 컸더냐? 그러나 너는 에덴의 나무들과 함께 땅 깊은 곳으로 내려가, 칼에 죽은 자들 곧 파라오와 그의 모든 백성과 함께 할례 받지 못한 자 가운데 누울 것이다. 주 하나님의 말씀이다.'" (31:15-18)

유다 왕국의 멸망과 3차 바빌로니아 포로

예루살렘은 BC 589년 12월부터 1년 6개월 동안 바빌로니아 군대에 포위되어 있었다. 그동안 이집트 군대가 유다를 도우려고 출병했을 때, 바빌로니아 군대가 잠시 포위망을 푼 적이 있지만, 이집트 군대가 철수하자 바빌로니아 군대가 다시 와서 예루살렘을 포위했던 것이다. 유다가 학수고대하던 이집트 군대는 에스겔이 예언한 대로 끝내 유다 왕국을 구하러 오지 않았다(겔 4:17; 5:6 참조). 마침내 예루살렘 성 안에는 양식이 떨어졌고, 오랫동안 굶주린 백성들의 피부는 까맣게 변해 뼈에 달라붙어 있었다. 평소에 자애로웠던 어머니들이 어린 자식들을 삶아먹는 일까지 벌어졌다(애 2:20; 신 28:57 참조).

BC 587년 6월 24일 마침내 예루살렘은 함락되었고, 지도자 처형, 백성 학살, 약탈, 강간, 파괴, 방화로 생지옥이 되어 버렸다. 살아 남은 자들 중에 쓸만한 자들은 모두 바빌로니아에 포로로 잡혀갔다.

예루살렘 멸망 (BC 587년 6월, 왕하 24:20-25:7; 렘 39:1-7)

예루살렘과 유다에 대한 주님의 진노가 그들을 주님 앞에서 내

쫓아 버리게까지 되었다. 시드기야가 바빌로니아 왕에게 반역했으므로, 바빌로니아 왕 느부갓네살이 그의 모든 군대를 이끌고 시드기야 왕 9년 10월[BC 589년 12월] 10일 예루살렘으로 와서 성 옆에 진을 치고 성벽 바깥 사방에 흙언덕을 쌓았다. 이 성은 시드기야 왕 11년[BC 587년]까지 포위되어 있었다. 그해 4월 9일[6월 24일], 성 안에 기근이 심해져서, 그 땅 백성은 양식이 다 떨어졌고 마침내 성벽이 뚫렸다.[188] 바빌로니아 왕의 지도자들이 모두 성 안으로 들어와서 중앙 대문에 앉았다. 네르갈사레셀과 삼갈느보와 살스김과 랍사리스와 네르갈사레셀 랍막[189]과 바빌로니아 왕이 보낸 다른 지도자들이 모두 앉아 있었다.

유다 왕 시드기야와 모든 군인이 그들을 보자, 바빌로니아 군대가 성을 포위하고 있는데도, 밤을 틈타 왕의 정원 근처에 있는, 두 성벽을 잇는 통로로 빠져나와 아라바[190] 쪽으로 도망쳤다. 그러나 갈대아 군대가 시드기야를 추격해[191] 여리고 평야에서 사로잡았다. 그때 시드기야의 군인들은 모두 그를 버리고 흩어져 버렸다. 바빌로니아 군대가 시드기야 왕을 체포해서, 하맛 땅 립나[192]로 끌고가서 바빌로니아 왕 느부갓네살 앞에 세웠다. 느부갓네살은 시드기야를 심문한 후, 시드기야가 보는 앞에서 시드기야의 아들들을 처형하고 유다의 귀족들도 모두 처형했다. 그리고 그는 시드기야의 두 눈을 뺀 후, 쇠

---

188. 예루살렘 성은 한밤중에 함락되었다.
189. LXX 및 요세푸스.
190. 요단 계곡의 평야.
191. 바빌로니아 군대가 한 배반자의 정보를 제공받고 날이 밝자 추격했다(요세푸스).
192. 하맛에서 남서쪽으로 약 50km 떨어져 있으며 레바논과 헬몬 사이 계곡에 있다.

사슬로 묶어 바빌로니아로 끌고 갔다.[193]

3차 바빌로니아 포로 (대하 36:17-21; 렘 39:8-10)

하나님이 바빌로니아 왕을 불러서 자기 백성을 치게 하셨다. 그 왕은 유다의 젊은이들을 성전 안에서 칼로 죽였고, 잔인해서 젊은이나 늙은이, 여자나 남자, 병약한 사람이나 건강한 사람을 가리지 않았다. 하나님은 이렇게 자기 백성을 그 왕의 손에 넘기셨다.

그는 하나님의 성전 안에 있는 크고 작은 기구와 주의 성전 안에 있는 보물과 왕과 신하들이 가지고 있던 보물을 모두 바벨론으로 가져갔다. 갈대아인들은 하나님의 성전을 불사르고, 예루살렘 성벽을 헐고, 궁전을 모두 불태우고, 귀한 물건을 다 부숴 버렸다. 그는 칼에 죽지 않고 살아남은 자들을 바빌로니아로 끌고 가서 페르시아 왕국이 통치할 때까지 왕과 왕자들의 노예로 삼았다.

그리고 경호대장 느부사라단은 가진 것 없는 가난한 사람들 중에서 일부를 유다 땅에 남겨 두고, 그들에게 포도원과 밭을 나눠 주었다.[194] 그리하여 주께서 예레미야를 통해 "땅이 70년 동안 황폐하게 되어 그동안 누리지 못한 안식을 다 누리게 될 것이다"[195]라고 말씀하신 것이 이루어졌다.

---

193. 겔 12:13 참조.
194. 습 3:12.
195. 렘 25:11; 29:10; 레 26:34-35 참조.

:●:●:●:●:

"너희가 바빌로니아에서 70년을 채우면, 내가 너희를 돌아봐 이곳으로 돌아오게 하겠다고 한 내 선한 말을 너희에게 이루어 주겠다. 너희를 향한 내 생각을 내가 알고 있다. 그것은 평안이요, 재앙이 아니다. 너희에게 희망찬 미래를 주는 것이다. 주님의 말씀이다. 너희가 나를 부르고 내게 와서 기도하면, 내가 너희 기도를 들어주겠다"(렘 29:10-12)

이것은 바빌로니아로 끌려가서 포로생활하고 있는 1만 명이 넘는 유대인들에게 예레미야가 BC 597년에 쓴 편지다. 하나님은 예레미야의 편지를 통해 '유다 백성의 바빌로니아 유배생활 70년이 지나면 유다 백성의 기도에 대한 응답으로 귀환시켜 주겠다'고 하셨다. 이 말씀은 8년 전 BC 605년에 유다 청소년들이 바빌로니아에 잡혀가기 전에 하나님이 예레미야를 통해 "유다 백성이 70년 동안 바빌로니아의 지배를 받을 것이고, 그 70년 후 바빌로니아가 멸망할 것"(렘 25:11-12)이라는 말씀을 상기시켜 준다. 이 말씀대로 하나님은 BC 539년에 다니엘의 '유다 백성을 위한 회개 기도와 유다 백성 귀환 간구'(단 9:3-19)에 응답하셔서, BC 538년 페르시아 왕 고레스를 통해 유다 백성의 귀환을 선포하셨고, BC 537년에 1차 귀환시키신다.

:●:●:●:●:

"내가 이 도시를 바라보고 있는 것은 복이 아니라 재앙을 내리려는 것이다. …이 도시는 바빌로니아 왕의 손에 넘겨질 것이고, 그는 이 도시를 불태워 버릴 것이다"(렘 21:10)

이 말씀은 BC 588년에 하나님이 예루살렘을 저주하신 말씀이다. 예루살렘에 남아 있는 유대인들이 9년 전 BC 598년, 여호야긴 왕을 비롯해 수많은 지도자들과 군인과 백성이 포로로 잡혀가는 것을 보고 회개하지 않고 여전히 우상숭배하며 포악한 죄를 짓고 있었으므로 하나님이 유다 백성을 저주하신 말씀이다. 이 말씀에 이어 하나님은 "너희 악행 때문에 내 분노가 불처럼 일어나서 불태울 것이므로 아무도 끄지 못할 것이다"(렘 21:12)라고 말씀하셨다.

유다 지도자들은 예레미야를 통해 이 진노의 말씀을 듣고도 하나님을 두려워하거나 회개하지 않았다. 오히려 이 말씀을 대언한 예레미야를 시드기야 왕에게 "이 사람은 마땅히 사형시켜야 합니다. 그가 이런 말을 해서, 아직도 이 성에 남아 있는 군인과 온 백성의 사기를 떨어뜨리고, 백성의 평안을 구하지는 않고 재앙을 재촉하고 있기 때문입니다"(렘 38:4)라고 말했다.
이후 1년 반 만에 유다 왕국은 멸망한다. 유다 백성은 회개할 기회를 수없이 무시했으므로 구원받지 못하고 멸망한 것이다.

:●:●:●:●:

"바빌로니아 왕 느부갓네살이 이곳에서 바빌로니아로 빼앗아 간 주님의 성전 기구를, 모두 내가 2년 안에 이곳으로 다시 가져오겠다" (렘 28:3)
"주님이 이렇게 말씀하신다. 내가 2년 안에 바빌로니아 왕 느부갓네살의 멍에를 모든 민족의 목에서 이와 같이 꺾어 버리겠다" (렘 28:11b)

거짓 예언자 하나냐가 시드기야 왕 4년(BC 594)에 예레미야를 대항하며 거짓 예언했는데 2년이 지나도록 그의 예언은 이루어지지 않았고, 오히려 그가 이 예언을 한 후 2개월째에 죽어 버렸다. "하나냐가 하나님께 거짓말을 했으므로 금년에 죽을 것"이라는 예레미야의 예언대로 된 것이다. 이것은 하나냐가 하나님의 말씀을 부정하고 아래와 같이 자기 시대의 실상을 제대로 분별하지 못한 채 사람에게 인정받으려고 대중의 헛된 소망에 부응하는 거짓 예언을 한 결과다.
첫째, 예루살렘 성전 안에서 우상숭배와 거짓 예언이 시행되고 있는 것은 하나님의 심판을 초래하는 것임을 인식하지 못했다.
둘째, 제사장들과 예언자들이 예루살렘 성전을 강도의 소굴로 만들어 유다 사회 부패의 온상이 되게 하여 하나님의 진노를 사고 있음을 인식하지 못했다.
셋째, 국가 지도자들이 공권력으로 힘없는 백성을 착취하고 죄없는 자들을 죽여서 유다 사회가 살인, 강탈, 사기, 음란, 거짓이 팽배하여 멸망 받을 사회가 되었음을 직시하지 못했다.
넷째, 유다 왕국이 이웃 이방 나라보다 더 악하고, 하나님이 멸망시킨 소돔과 고모라와 북이스라엘보다 더 악한 사회가 되어 멸망이 임박했음을 인식하는 역사관이 없었다.
그 결과 그는 멀리 이사야, 미가, 호세아, 아모스, 요나 같은 예언자들뿐만 아니라, 가까이 스바냐, 나훔, 하박국, 다니엘 같은 예언자들의 예언 정신도 계승하지 못했다. 오히려 그는 멸망을 향해 달려가는 유다 사회를 구원하려고 회개 촉구의 예언을 하는 예레미야를 박해했다. 그는 믿음 없고 불의한 사람들로부터 인정받으려고 헛된 자기 생각을 하나님의 계시나 하나님의 음성이라 하며 하나님의 이름을 이용하여 그럴듯하게 거짓말했다. 그리고 그때까지 34년 동안 수많은 박해를 받으면서도 진실을 일관되게 외쳐 온 예레미야와 정면충돌하기까지 한 거짓 예언자이다.

:●:●:●:●:

"이방 민족 가운데로 흩어져 버린 이스라엘 족속을 내가 모으겠고, 그들을 통해 내 거룩함을 이방인들이 보는 앞에서 나타낼 때, 비로소 그들이 자기들의 땅 곧 내가 내 종 야곱에게 준 땅에서 살게 될 것이다"
(겔 28:25)

유다 민족이 포로 생활 70년이 지나면 자동적으로 귀환하는 것이 아니고, 포로생활로 고난 받으며 죄를 깨닫고 회개한 후 이방 민족 속에서 하나님을 경외하고 이웃을 사랑하며 거룩한 삶을 살면서 이방인들에게 하나님의 영광을 나타낼 때 비로소 하나님은 그들을 귀환시키신다. 이 일은 다니엘과 그의 세 친구들이 행한다. 따라서 유다 민족의 바벨론 포로 기간 70년은 단순한 유배 기간이 아니고, 하나님의 세계 통치와 사랑을 바빌로니아에 잡혀 온 유대인을 통해 모든 민족에게 나타내는 기간이었다.

:●:●:●:●:

"주께서 새 일을 세상에 창조하셨으니, 여자가 남자를 에워쌀 것이다"
(렘 31:22)

하나님의 '새 일' 창조 사역은 천지만물을 창조하시듯 전 세계적인 것이고 이스라엘 땅에 국한된 것이 아니다.

1. '창조하셨다': 태초에 하나님이 천지를 창조하셨듯이 BC 588년에 과거에 없던 것을 창조하셨다고 말씀하셨다. '창조하셨다'라는 동사의 시제는 완료 시제로, 앞으로 창조하실 것을 확실히 예정해 놓으셨으므로 어떤 세력이나 환경도 막을 수 없다는 뜻에서 예언적 완료 시제다.
2. '세상에': 이스라엘 땅뿐만 아니라 전 세계에 미칠 하나님의 창조사역이다. 따라서 '이 땅에'라는 번역보다 '세상에'가 정확한 번역인 것 같다.
3. '새 일': 과거에는 없던 일이며 전혀 새로운 것이다. 수렵과 채취, 목축과 농경시대였던 과거는 육체의 힘과 무력이 지배하는 세상이었고, 육체의 힘이 강한 남자가 연약한 여자를 지배하고 보호하는 세상이었다. 그러나 앞으로 하나님이 창조하실 새로운 질서는 연약한 여자가 힘 센 남자를 둘러싸고 에워싸서 지배하고 보호하듯, 전혀 새로운 질서가 창조된다는 뜻에서 '새 일'이다. '새 일'의 내용에 대해서는 수많은 해석이 있지만, 렘 31장 전체의 문맥에서 살펴보면 렘 31:31의 '새

언약'과 관련된 일이라고 생각된다.

:●:●:●:●:

"보라. 그때가 오면, 내가 이스라엘 집과 유다 집에 새 언약을 세우겠다. 주님의 말씀이다. 이것은 내가 그들의 조상의 손을 붙잡고 이집트 땅에서 데리고 나오던 때 세운 언약과는 다른 것이다. 내가 그들의 남편인데도, 그들은 내 언약을 깨뜨려 버렸다. 주님의 말씀이다. 그러나 그때가 지난 뒤에, 내가 이스라엘 집과 언약을 세울 텐데, 나는 내 율법을 그들 속에 넣어 주고, 그들의 마음에 기록해, 나는 그들의 하나님이 되고, 그들은 내 백성이 될 것이다. 주님의 말씀이다. 그때는 작은 사람으로부터 큰 사람에 이르기까지, 모두 나를 알기 때문에 이웃이나 형제끼리 서로 '너는 주님을 알아라'고 가르치지 않을 것이다. 내가 그들의 죄악을 용서하고, 그들의 죄를 더 이상 기억하지 않겠다. 주님의 말씀이다" (렘 31:31-34)

본문은 구약 성경에서 '새 언약'이라는 단어가 기록된 유일한 곳이다. 새 언약 곧 신약을 이해하려면 먼저 본문을 반드시 연구해야 한다.

1. 새 언약의 개념: 이스라엘 백성이 출애굽 50일째 되는 날(BC 1446년 오순절) 하나님이 시내산에 내려오셔서 모세와 맺은 언약을 이스라엘 백성이 유다 왕국 멸망 전에 깨어 버렸으므로, 하나님도 언약의 상징인 십계명이 새겨진 두 돌판과 언약궤를 없애셨다(겔 9:3; 10:18; 11:23, 출 37:7-9; 계 11:19 참조). 그리고 십계명이 기록된 돌판 대신 하나님의 법을 하나님의 백성의 마음속에 기록하는 영원한 새 언약을 세우셨다(겔 16:60; 렘 32:40; 50:5 참조). 옛 언약은 낡아져서 폐기되었으므로 새 언약을 세우신 것이다(히 8:7-13). 따라서 새 언약이란 언약 내용이 새롭게 변한 것이 아니고, 언약을 유한한 돌판이 아니라 인간의 마음에 기록한다는 뜻에서 새 언약이다.

2. 새 언약의 특징
1) 율법의 내면화: 옛 언약은 돌판에 먹으로 썼지만, 새 언약은 사람 마음에 성령으로 쓴다(고후 3:3 참조). 그래서 율법의 내면화가 이루어지는 것이다. 물론 구약 시대에도 마음의 할례(신 10:16; 30:6)와 마음에 율법을 기록하는 것이 강조되었고(신 6:6; 11:18), 마음으로 율법을 준수하는 것이 강조되었다(신 6:5; 삼상 15:22). 그

러나 이스라엘 백성이 율법의 내면화를 이루지 못하여 하나님 말씀에 순종하지 않고 오히려 하나님을 대적한 결과 선민 공동체가 파괴되고 유다 왕국이 멸망했다. 그래서 하나님은 하나님의 영을 하나님의 백성 속에 두어서 그들이 하나님과 연합하고 성령의 도우심을 따라 하나님의 법을 지키며 살게 하겠다고 말씀하셨다(겔 11:19; 36:26-27; 37:14; 렘 50:4-5). 하나님의 성령으로 신자의 마음에 율법의 내면화를 이루어 주겠다는 약속이 새 언약이다. 성령을 보내 주셔서 이 약속을 이루어 주신 분이 예수 그리스도이시다(요 1:17; 15:26; 16:7, 13; 행 2:4).

2) 신 지식의 보편화: 새 언약이 이루어지면 신자의 마음속에 성령이 계셔서 하나님의 깊은 것까지도 그에게 알려주므로(고전 2:10), 각 신자는 하나님을 직접 알게 되고 하나님을 알기 위해 성령을 보내 주신 예수님 외의 다른 중재자가 필요 없게 된다.

"너희는 주께 받은 바 기름 부음이 너희 안에 거하나니 아무도 너희를 가르칠 필요가 없고 오직 그의 기름 부음이 모든 것을 너희에게 가르치며"(요일 2:27).

따라서 신자는 작은 자로부터 큰 자까지 모두 하나님을 직접 인격적으로 알 수 있으므로 각기 이웃과 형제들에게 '너는 하나님을 알라'고 가르칠 필요가 없다(렘 31:34). 그러므로 새 언약 시대인 오늘날의 교회에서 목사와 교사의 역할은 모든 신자가 알고 있는 하나님의 뜻대로 행함 곧 하나님과 동행하며 성령에 따라 행함에 모범을 보이며 가르침으로 돕는 역할을 하는 것이다. 새 언약 시대에 하나님을 아는 지식이 더 이상 제사장이나 선지자 등 특수 계층 사람들에게만 주어진 특혜가 아니다.

3) 죄 용서: 구약 시대 죄 용서는 제사장에 의한 죄인의 동물 희생과 속죄 제사를 통해 제도적으로 이루어졌다. 그러나 새 언약 시대에는 하나님 자신이 죄인들의 죄악을 용서하고 그 죄를 더 이상 기억하지 않겠다고 약속하셨다. 하나님이 죄 용서의 약속을 이루시려고 모형인 구약 제도의 실체며 원형이신 하나님의 아들 예수 그리스도를 보내어 죄인들의 죄값을 그의 대속적 죽음으로 갚게 하시고 이를 믿는 죄인들의 죄를 용서하셔서 의인으로 여기셨다. 하나님이 "그때가 오면 내가 이스라엘 집과 유다 집에 새 언약을 세우겠다"고 말씀하셨고, "때가 차서" 오신 예수께서 "이 잔은 내 피로 세우는 새 언약"(눅 22:20; 고전 11:25)이라고 말씀하시며 죄 용서의 새 언약을 이루셨다.

3. 새 언약의 성취: 옛 언약은 새 언약에서 완성되었고, 새 언약의 핵심은 메시아에 의한 율법의 내면화와 신 지식의 보편화 및 죄 용서이다. 말씀이 육신이 되어 이 세상에 오신 예수 그리스도께서 희생제물로 십자가에 죽으심으로 자신을 믿는

자들이 죄 용서 받아 구원받게 해주셨고, AD 30년 오순절에 성령을 보내 주시고 믿는 자들의 마음속에 머무르게 해 율법의 내면화를 이루어 주셨으며, 하나님을 직접 인격적으로 알게 해주심으로 신 지식의 보편화를 이루어주셨다. 그래서 믿는 자들은 새 언약의 일꾼이 되었다(고후 3:6).

:●:●:●:●:

"느부갓네살은 시드기야를 심문한 후, 시드기야가 보는 앞에서 시드기야의 아들들을 처형하고 유다의 귀족들도 모두 처형했다"(렘 39:5b-6)

느부갓네살은 시드기야가 끌려오자 다음과 같이 소리 질렀다고 《유대 고대사》에 요세푸스가 기록했다.
"약속을 지킬 줄 모르는 이 악한 놈아! 나를 위하여 나라를 잘 다스릴 거라고 할 때는 언제고, 이제 와서 나를 배반하는 것이냐? 내가 여호야긴에게서 왕국을 빼앗아 네게 주었건만 너는 어찌하여 내가 네게 준 권세를 나를 대항하는 데 사용하느냐? 이 배은망덕한 놈아! 그러나 신께서 네놈의 행동을 미워하시고 네놈을 다시 내 손아귀에 들어오도록 해주셨다. 이 어찌 당연한 처사가 아니냐!"

:●:●:●:●:

예레미야의 은인과 동행인

예레미야와 동행하며 목숨을 구해준 사람으로는 사반의 아들 아히감(렘 26:24), 아히감의 아들이며 사반의 손자인 그달리야(렘 39:14), 시드기야 왕의 신하 에벳멜렉(렘 38:7-13)과 서기관 바룩이 있다.
아히감은 예레미야의 생명을 지켜 준 은인이다. 여호야김이 예루살렘과 유다의 죄악을 경고한 예언자 예레미야와 우리야를 처형하라는 명령을 내리자, 우리야는 그 소식을 듣고 이집트로 도망갔다. 하지만 여호야김이 부하들을 이집트로 보내어 우리야를 잡아오게 했고, 우리야가 잡혀왔을 때 여호야김은 그를 칼로 죽였다. 그러나 예레미야는 백성의 손에 잡히지 않도록 아히감이 도와주었으므로 살아남았다. 이때로부터 21년 후 유다 왕국이 멸망했을 때(BC 587년 7월), 느부갓네살은 아히감의 아들이고 사반의 손자인 그달리야를 유다 총독으로 세웠다. 그때, 느부갓네살 왕의 경호대장 느부사라단은 왕명을 받들어 예레미야를 그달리야에게 맡겼다. 그달리야는 BC 587년 9월에 살해될 때(렘 41:2)까지 예레미야를 보호해 주었다.
에벳멜렉은 예레미야의 생명을 건져 준 은인이다. BC 588년 바빌로니아 군대가 예루살렘을 포위하여 공격했으므로, 유다 지도자들은 유다 군인들의 사기를 북돋우며 총력을 다해 예루살렘 성을 방어하고 있었다. 이때 예레미야가 예루살렘 백성에게 "성 밖으로 나가서 항복하는 사람은 구원받겠지만, 성 안에 남아 있는 자는 칼과 기근과 전염병으로 죽을 것이다. 바빌로니아 군대가 예루살렘 성을 정복할 것이다"라고 외쳤으므로, 유다 지도자들은 예레미야를 죽이려고 시드기야 왕의 허락을 받아 우물 속으로 쳐넣었다. 이때 왕의 신하였던 이디오피아 사람 에벳멜렉 내시가 시드기야 왕을 설득하여 군인들을 데리고 가서 예레미야를 건져 올려 생명을 구해 주었다. 하나님은 예레미야를 통해 에벳멜렉에게 "네가 나를 믿었으니 내가 반드시 너를 구해 주고 네가 칼에 죽지 않게 하겠다"고 약속하셨다.

예레미야의 동행인 가운데 가장 중요한 사람은 바룩이다. 바룩은 예레미야가 이집트로 끌려가서 죽을 때까지 20년 이상 동행했다. BC 605년 하나님이 예레미야에게 지난 23년 동안 예언한 말씀을 두루마리에 기록하라고 하셨을 때, 예레미야는 젊은 서기관 바룩을 고용하여 그에게 하나님의 말씀을 불러 주며 대필하게 했다. 그때는 유다 왕국 멸망 18년 전이어서 유다 사회가 우상숭배, 불의와 부정부패, 착취, 폭력과 살인, 기근과 굶주림 등 멸망의 징조가 사회 곳곳에 만연해 있을 때였다. 청년 바룩은 이 사실을 모른 채, 다른 청년들처럼 야망을 품고 유다 사회에서 인정받을 만한 큰 일감을 찾고 있었다. 그런데 예레미야가 불러 주는 예언의 주된 내용이 유다 백성의 죄에 대한 하나님의 심판이므로, 멸망할 유다 왕국에서 출세하는 것이 헛된 것임을 깨닫고, 방대한 예언을 먹물로 두루마리에 기록하며 장기간 정신적 육체적 노동에 시달려 기진맥진했다. 그러나 청년 바룩은 마침내 40대의 중년 예레미야와 뜻을 같이하게 되었고, 유다 사회에서 출세하고픈 육신적인 야망을 버리고 예레미야의 예언 활동을 돕는 소명에 일생을 바치게 된다.

BC 604년에 예레미야가 불러주는 예언을 바룩이 두루마리에 받아쓰기를 마쳤을 때, 예레미야가 바룩에게 성전에 서서 그 두루마리를 백성에게 낭독해 주라고 했다. 당시 예레미야는 성전 출입이 금지된 상태여서 바룩에게 대신 낭독하게 한 것이다. 충성스러운 바룩은 예레미야가 시키는 대로 낭독했다. 바빌로니아 왕이 유다 왕국을 멸망시키고 유다 사람과 짐승까지도 멸절시킬 것이라는 바룩의 두루마리 낭독 소식을 여호야김이 듣고 그 두루마리를 불태우며 바룩과 예레미야를 체포하라고 명령했다. 그러나 지명수배 받은 그 두 사람을 하나님이 숨겨 보호하셨다.

그후 하나님은 예레미야에게 불타 버린 두루마리의 말씀을 다른 두루마리에 다시 기록하라고 지시하셨고, 예레미야는 다시 바룩에게 불러 주며 기록하게 했다. 바룩이 소명감을 갖고 정성을 다해 예레미야의 예언을 기록했으므로 오늘날 우리가 예레미야서를 읽을 수 있게 되었다.

유다 왕국 멸망 1년 전에 바빌로니아 군대가 예루살렘을 포위하고 있을 때, 하나님이 예레미야에게 미리 알려 준 대로 예레미야의 사촌 하나멜이 경호부대 뜰에 갇혀있는 예레미야에게 와서 상속법대로 아나돗 땅을 사라고 했다. 나라가 망하게 된 마당에 가치 없는 자기 땅을 팔려는 속셈이었다. 그러나 하나님이 예레미야에게 땅을 매입하게 한 목적은 예루살렘이 회복되어 사람들이 다시 집과 포도원을 살 날이 올 것이므로 소망을 갖게 하려는 표징이었다. 예레미야는 은 17세겔을 주고 그 땅을 샀고, 바룩을 신뢰하여 매매계약서를 바룩에게 맡겼다.

유다 왕국이 멸망한 후 느부갓네살이 자신의 경호대장 느부사라단에게 지시하기를 "너는 예레미야를 데려와서 잘 보살펴 주고, 조금도 피해를 주지 말고, 그가 네게 요청하는 대로 해줘라"고 했다. 그래서 느부사라단은 예레미야를 풀어주고 많은 선물을 주며, 예레미야의 요구대로 바룩을 석방시켜 주었다.

요하난을 비롯한 유대인들이 유다 총독 그달리야를 살해한 후 바빌로니아의 보복이 두려워 예레미야와 바룩을 비롯해 살아남은 유대인들을 이끌고 이집트로 도망가려 했다. 그때 예레미야는 그들에게 '유다 땅에 남아 있으면 안전할 것'이라고 말해 주었지만, 그들은 믿지 않았다. 예레미야가 이집트로 끌려온 후에도 그들에게 이집트에 머물러 있으면 죽게 될 것이므로 유다로 돌아가라고 말해 주었지만 그들은 끝내 믿지 않았다. 그래서 그들은, 느부갓네살이 이집트를 정복했을 때(BC 582), 바빌로니아로 사로잡혀 왔다.

예레미야와 함께 이집트로 끌려온 바룩은 예레미야의 순교를 목격했을 것이고, 예레미야가 지상에서의 생을 마감할 때까지 20년 이상 예레미야와 동행했다.

:●:●:●:●:

역사가 요세푸스는 자신이 유다 왕국의 멸망을 기록한 목적을 다음과 같이 요약했다.

1. 하나님의 성품이 얼마나 다양하다는 것을 알지 못하는 사람들에게 알게 하기 위함.
2. 하나님이 말씀하신 것이 어떻게 성취되며, 정한 시간에 어떻게 이루어지는지 알지 못하는 사람들에게 명확히 알게 하기 위함.
3. 사람들이 무지와 불신앙으로 인해 앞으로 일어날 사건들을 내다보지 못했다는 사실을 분명히 밝혀 주려고 함.
4. 자신들이 주의를 기울이지 아니하여 재난을 당했을 때 그것을 피해 보려고 아무리 노력해도 그 재난에서 벗어날 수 없다는 것을 밝히 보여 주려고 함.

4

바빌로니아 강점기

멸망한 유다 왕국의 참상

유다 왕국 멸망의 회고와 그달리야 총독의 통치 (렘 52:1-30; 왕하 25:8-24)

시드기야가 왕이 되었을 때[BC 598] 21세였다. 그는 예루살렘에서 11년 동안 다스렸다. 그의 어머니의 이름은 하무달이고, 립나 출신이며 예레미야의 딸이다. 그는 여호야김의 모든 행위를 본받아 주께서 보시기에 악을 행했다. 그래서 주님은 예루살렘과 유다에 대해 진노하셔서 마침내 그들을 주님 앞에서 내쫓아 버리기까지 되었다. (52:1-3)

시드기야가 바빌로니아 왕을 반역했으므로, 시드기야 왕 9년 10월[BC 589년 12월] 10일 바빌로니아 왕 느부갓네살과 그의 모든 군대가 예루살렘으로 와서, 그 옆에 진을 치고 성벽 주위에 흙언덕을 쌓았다. 그래서 그 성은 시드기야 왕 11년까지 포위되어 있었다. 그해 4월 9일[BC 587년 6월 24일], 성 안에 기근이 심해져서 그 땅 백성은 양식이 떨어졌고 마침내 성벽이 뚫렸다. 그래서 갈대아 군대가 성을 포위하고 있는데도, 모든 군인은 밤을 틈타 왕의 정원 근처 곧 두 성벽을 잇는 통로를 지나 성 바깥으로 빠져나와 아라바 쪽으로 도망했다. 그러나 갈대아 군대가 시드기야 왕을 추격해, 여리고 평야에서 시드기야를 사로잡았다. 시드기야의 군인들은 모두 그를 버리고 흩어졌다. 갈대아 군대가 시드기야 왕을 체포해 하맛 땅 립나에 있는 바빌로니아 왕에게 끌고 가자, 그가 시드기야를 심문했다. 바빌로니아 왕은 시드기야의 눈 앞에서 그의 아들들을 처형하고, 유다의 모든 지도자도 립나에서 처형했다. 그리고 바빌로니아 왕은 시드기야의 두 눈을 뺀 다음, 쇠사슬로 묶어 바벨론으로 끌고 갔고, 그가 죽는 날까지 감옥에 가두었다. (52:4-11)

바빌로니아 왕 느부갓네살 19년 5월 10일[BC 587년 7월 25일],[1] 바빌로니아 왕의 신하 느부사라단 경호대장이 예루살렘으로 와서 주님의 성전[2]과 왕궁과 예루살렘의 모든 집과 큰 건물을 불태워 버렸다. 그리고 경호대장이 지휘하는 갈대아의 모든 군대가 예루살렘 사방의 모든 성벽을 헐어 버렸다. 느부사라단 경호대장은 백성 가운데 가난한 사람들과, 성 안에 남은 나머지 사람들과, 바빌로니아 왕에게 항복한 사람들과, 나머지 기술자들을 포로로 잡아갔다. 그러나 그는 그 땅의 가난한 백성 가운데 얼마를 남겨둬서, 포도원지기와 농부가 되게 했다. (52:12-16)

---

1. 왕하 25:8에는 19년 5월 7일.
2. 예루살렘 성전 붕괴는 유대인이 이 땅에서 의지했던 것이 모두 사라졌음을 알리는 상징적인 사건이다.

갈대아 군인들은 주님의 성전에 있는 놋쇠 기둥과 받침대와 놋바다를 부숴, 그 모든 놋쇠를 바빌로니아로 가져갔다. 또 솥과 부삽과 부집게와, 대야와 숟가락과 제사드릴 때 쓰는 놋쇠 기구를 모두 가져갔고, 잔과 화로와 대접과 솥과 등잔대와 숟가락과 잔 등 금으로 만든 것이나 은으로 만든 것은 모두 가져갔다. 솔로몬 왕이 주님의 성전에 만들어 놓은 놋쇠 기둥 두 개와, 놋바다 하나와, 놋받침대 밑에 있는 놋쇠로 만든 황소 모형 12개도 가져갔는데, 이 모든 기구의 놋쇠는 무게를 달 수 없을 정도였다. 기둥 한 개의 높이는 8.2m, 둘레는 5.5m, 기둥 속은 비었지만 놋쇠 두께는 손가락 4개의 너비이다. 기둥 위에는 놋쇠로 된 기둥머리가 있었고, 각 기둥머리의 높이[3]는 2.3m이다. 그 기둥머리 위 사방에는 그물과 석류모양 장식이 얹혀 있었는데, 모두가 놋이었다. 다른 기둥의 석류모형도 이와 똑같이 장식되어 있었다. 그물 주위에는 석류가 모두 1백 개가 있었는데, 사방에 보이는 것은 96개이다. (52:17-23)

경호대장은 스라야 대제사장과 스바냐 부제사장과 성전 문지기 세 명을 체포하고 성 안에서 군대를 통솔하던 지휘관 한 명과, 성 안에 그대로 남아 있던 왕의 자문관 일곱 명[4]과, 그 땅의 백성을 군인으로 징집하는 군대 참모장과, 성 안에 남은 그 땅의 백성 60명을 체포해, 립나에 머물고 있던 바빌로니아 왕에게 데려갔다. 바빌로니아 왕은 하맛 땅 립나에서 그들을 처형했다. 그래서 유다 백성은 포로가 되어 그들의 땅에서 쫓겨났다. (52:24-27)

3. 왕하 25:17에는 1.4m.
4. 왕하 25:19에는 다섯 명.

바빌로니아의 느부갓네살 왕은 사반의 손자요 아히감의 아들 그달리야를 총독으로 임명해, 유다 땅에 남겨 놓은 백성을 다스리게 했다. 느부갓네살이 포로로 잡아간 백성 수는 그의 통치 7년[BC 598]에 유대인 3,023명,[5] 느부갓네살 18년[BC 587]에는 예루살렘에서 832명이었으며, 느부갓네살 23년[BC 582][6]에는 경호대장 느부사라단이 유대인 745명을 포로로 잡아갔다. 모두 4,600명이었다. (52:28-30)

예레미야 애가

BC 587년 바빌로니아 군대가 예루살렘을 함락시켜 유다 왕국은 멸망했고 예루살렘은 파괴되어 황폐해졌다. 유다 백성은 학살되거나 포로로 끌려가고, 예루살렘에는 힘없는 자들만 살아남았다. 예레미야는, 바빌로니아 군대가 점령하고 있는 예루살렘에 살아남아 황폐한 예루살렘을 바라보며 통곡하고 애도했다. 먼저 그는 예루살렘의 비참한 실상을 열거하며 하나님께 하소연한다.
(애 1:1-11)

이 도시가 사람들로 가득 찼었는데, 이제는 어쩌다가 적막하게 되었습니까? 여러 나라 사람들로 가득 찼었는데 이제는 과부처럼 외롭게 되었고, 도시 가운데 으뜸이었는데 이제는 종이 되었습니다. 밤이 되

---

5. 요세푸스는 포로로 잡혀간 유대인이 10,832명이라 기록했다. 왕하 24:14-16 참조.
6. 느부갓네살이 유다 총독으로 임명한 그달리야를 이스마엘을 비롯한 반바빌로니아 유대인들이 살해하고 예레미야를 비롯한 유대인들을 강제로 이집트로 끌고 갔다. 5년 후(BC 582) 느부갓네살이 이집트를 정복했을 때, 이집트로 도망 온 유대인 745명을 포로로 잡아 바빌로니아로 끌고 갔다(요세푸스의 《유대 고대사》).

어 이 도시가 통곡하니, 눈물이 뺨을 흘러 내리지만, 이 여인을 사랑하던 남자 가운데 그녀를 위로하는 자 없고, 모든 친구가 그녀를 배신해 원수가 되었습니다. 유다가 환난과 고된 노동에 시달리다가 마침내 사로잡혀 가서 여러 나라에 흩어져 쉴 곳을 찾지 못하는데도, 그녀를 뒤쫓던 자들이 모두 그녀를 붙잡으니 그녀가 괴로워합니다. 절기가 되어도 찾아오는 자가 없어 시온의 도로가 애곡하고, 시온의 모든 성문이 적막하며, 제사장들은 탄식하고, 처녀들은 괴로워하니, 시온이 고통을 겪습니다. (1:1-4)

시온에 죄가 많다고 주께서 고통을 주셨으므로, 시온의 적들이 우두머리가 되고 원수들이 번영합니다. 어린아이들마저 원수들 앞에서 끌려갔습니다. 딸 시온에게서 모든 영광이 떠났으므로, 지도자들은 풀을 찾지 못한 사슴처럼 힘없이 뒤쫓는 자들 앞에서 도망쳤습니다.

예루살렘이 환난을 겪고 방황할 때, 지난날의 찬란했던 그 모든 것을 생각해 봅니다.

예루살렘 백성이 적군의 손에 쓰러져도 돕는 사람이 없고, 적들은 그 성이 멸망하는 것을 보며 비웃었습니다. (1:5-7)

예루살렘이 그렇게도 죄를 짓더니, 마침내 조롱거리가 되었고, 그녀를 칭송하던 자들이 모두 그녀의 벌거벗은 모습을 보고서 멸시하니, 그녀도 탄식하며 뒤로 물러갔습니다. 더러운 음란물이 그녀의 치마에 묻어 있으나, 그녀는 자신의 마지막을 생각하지 않았으므로 그녀가 비참하게 쓰러져도 위로하는 자가 아무도 없습니다. (1:8-9a)

주님, 원수들이 우쭐대니 내 고통을 살피소서. 적들이 손을 뻗어 예루살렘의 모든 보물을 빼앗았습니다. 이방인들이 주님의 성회에 들어오지 못하게 하라고 주께서 명령하신 그 성소에 그들이 들어가는 것을 예루살렘이 보았습니다.

예루살렘의 모든 사람이 탄식하며 먹을 것을 찾다가, 목숨을 살리려고 귀중품을 먹을 것과 바꿉니다. 보소서 주님, 내가 얼마나 멸시받는지 살피소서. (1:9b-11)

멸망하여 황폐한 예루살렘의 고통을 진술하며 원수를 갚아 달라고 하나님께 간구한다. (애 1:12-22)

길 가는 모든 사람이여, 내 고통이 여러분과 상관이 없습니까? 주께서 분노하신 날 나(예루살렘)에게 내리신 이런 고통이 어디 또 있는지 알아보십시오. 주님이 높은 곳에서 불을 보내어 내 뼛속 깊이 들어가게 하고, 내 발 앞에 덫을 놔서 내가 뒷걸음질하게 했으며, 내가 온종일 넋을 잃고 졸도하게 하셨습니다. 주께서 내 죄를 묶고 얽어 멍에를 만들어 내 목에 얹어서, 내가 힘을 쓸 수 없게 하셨고, 내가 대항할 수 없는 자의 손에 나를 넘기셨습니다. 주께서 내 안에 있는 내 모든 용사를 무력하게 하고, 나를 칠 날짜를 선포해서 내 청년들을 무찌르셨으며, 내 주께서 처녀 딸 유다를 술틀에 넣고 짓밟으셨습니다.

그래서 내가 통곡하니, 내 눈에서 눈물이 흘러내리지만, 나를 위로하여 내 영혼을 소생시켜 줄 자가 나를 멀리 떠났습니다. 원수들이 우세하니 내 아들들이 힘을 잃고 자포자기합니다. 시온이 두 손을 들었으나 그녀를 위로하는 자가 아무도 없습니다. 주께서 사방에 있는 적들에게 명령해 야곱을 치게 하셨으니, 예루살렘이 그들 가운데서 더러운 자가 되었습니다. (1:12-17)

주님은 의로우신데, 내가 주님의 말씀을 거역했습니다. 모든 백성이여, 들으시오. 내 고통을 보시오. 내 처녀들과 내 청년들이 사로잡혀 갔습니다. 내가 사랑하는 자들을 내가 불렀으나 그들이 나를 배신하더니, 내 제사장들과 내 장로들이 목숨을 유지하려고 먹을 것을 찾다가 성 안에서 죽고 말았습니다. 주님, 내가 주님을 거역하다가 고통당하는 것을 보소서. 밖에서는 내 자식들이 칼에 죽고, 집안에서는 굶어 죽으니, 애간장이 녹고 마음이 상합니다. (1:18-20)

내가 신음하는 것을 사람들이 듣지만, 나를 위로하는 자가 아무도 없습니다. 내가 재앙 당한 것을 내 모든 원수들이 듣고, 주께서 그렇게 하신 것을 알고서 기뻐합니다. 주께서 선포하신 그 재앙의 날이 그들에게도 이르게 하셔서, 그들도 나처럼 되게 하소서. 주께서 내 모든 죄 때문에 내게 벌주셔서 내가 심히 탄식하고 내 마음이 상한 것처럼, 그들의 모든 악이 주님 앞에 드러나게 하고, 그들에게도 벌을 내리소서." (1:21-22)

예레미야는 멸망한 예루살렘의 비참한 상태를 진술하면서, 하나님이 유다 백성에게 진노해 유다 왕국을 멸망시킨 이유는, 거짓 예언자들이 하나님으로부터 계시를 받지 못하고, 유다 백성의 우상숭배 죄를 회개하지 못하게 했을 뿐만 아니라, 쓸데없이 예루살렘을 미화하며 허황된 축복만 했기 때문이라고 했다. (애 2:1-22)

주께서 어찌하여 이렇게도 진노하셔서 딸 시온을 비참하게 만드셨습니까? 어찌하여 이스라엘의 영광을 하늘에서 땅으로 내던져 버리셨습니까? 주께서 진노하신 날 자신의 발판[7]조차도 기억하지 않으셨습니다. 주께서 노하셔서, 야곱이 사는 곳을 모두 사정없이 부수고, 딸 유다의 요새를 무너뜨려 땅에 뒤엎으시고, 나라와 통치자들이 굴욕을 당하게 하셨습니다. 주께서 불 같은 진노로 이스라엘의 힘을 모두 꺾으시고, 원수 앞에서 자기 오른손을 거두시고, 타오르는 불이 사방을 삼키듯 야곱을 불사르셨습니다.

주께서 원수에게 하시듯 활을 당기시고, 적군에게 하시듯 오른손을 들고 나서시더니, 눈으로 보시기에 건장한 사람을 다 죽이고, 딸 시온의 장막에 불같은 노여움을 쏟으셨습니다. 주께서 이스라엘의 원수라도 되신 듯 그를 삼키셔서, 모든 왕궁을 삼키고 요새를 파괴하여, 딸 유다가 더욱 신음하고 애곡하게 하셨습니다. (2:1-5)

주님은 자신의 성막을 원두막처럼 부수시고, 자신의 절기도 폐지하셨으며, 시온에서 명절과 안식일을 기억하지 못하게 하셨고, 왕과 제사장을 진노로 멸하셨고, 자신의 제단도 버리시고, 자신의 성소도 역겨워하셨으며, 왕궁 성벽을 원수의 손에 넘기시니, 그들이 주님의 성전에서 잔칫날처럼 함성을 질렀습니다. (2:6-7)

주께서 딸 시온의 성벽을 헐어 버리기로 작정하시고, 줄로 측량하신 후 무너뜨리시되 손을 거두지 않으셨습니다. 주께서 망대와 성벽을 통곡하게 하고 한꺼번에 허무시니, 성문들이 땅바닥으로 무너져 내렸고, 성문 빗장들이 꺾여 부서졌으며, 왕과 지도자들은 율법

---

7. 예루살렘 성전.

이 없는 이방 민족 가운데로 흩어졌고, 예언자들도 주께로부터 계시를 받지 못합니다. 딸 시온의 장로들은 땅바닥에 주저앉아 할 말을 잃고 머리 위에 흙먼지를 뒤집어쓰고 삼베를 허리에 둘렀으며, 예루살렘의 처녀들은 머리를 땅으로 떨굽니다. 내 딸 내 백성이 멸망해 아이들과 젖먹이들이 성 안 길거리에서 기절하니, 내 눈이 눈물로 상하고, 내 창자가 끊어지며, 내 간이 땅에 쏟아집니다. 아이들이 어머니에게 "곡식과 포도주는 어디 있어요?"하고 조르다가, 성 안 길거리에서 칼에 찔린 자처럼 기절해 어머니 품에 안겨 숨을 거둡니다. (2:8-11)

딸 예루살렘아, 내가 너를 어떻게 증언하며, 내가 너를 무엇과 비교하랴? 처녀 딸 시온아, 내가 너를 무엇에 비교하며 위로하랴? 네 상처가 바다처럼 크니, 누가 너를 치료할 수 있겠느냐? 네 예언자들은 너에 대해 쓸데없고 어리석은 계시나 보았으며, 네 죄를 밝혀 내지 못했고, 네가 사로잡혀 있는 것에서 돌이키게 하지 못했다. 그들은 쓸데없고 허황된 예언만 했다. 길을 지나가는 모든 자들이 너를 향해 조롱하는 손뼉을 치고, 딸 예루살렘을 보고서 머리를 흔들며, 야유하기를 "이곳이 바로 그들이 '완전한 아름다움과 온 땅의 기쁨이다'라고 하던 그 성인가?"라고 하는구나. 네 모든 원수들이 너를 보고서 입을 벌리고 비웃으며 이를 갈고 "우리가 멸망시켰다. 오늘이 바로 우리가 기다리던 그날이다. 우리가 드디어 해냈고 보았구나!"라고 빈정거린다. 주님은 계획하신 것을 이루셨고, 오래 전에 선포하신 심판의 말씀을 다 이루셨으니, 너를 사정없이 부수고, 네 원수가 너 때문에 즐거워하게 하며, 네 적이 자랑하게 하셨구나. 그 예루살렘 주민들의 마음이 주께 부르짖기를 '딸 시온의 성벽아, 눈물을 밤낮 강물처럼 흘려라. 쉬지 말고 흘리고, 네 눈동자를 쉬지 못하게 해라. 깊은 밤에도 일어나서 울부짖어라. 네 마음을 물 쏟듯, 주님 앞에 쏟아 놓아라. 거리 입구마다 굶주려 기진해 있는 네 아이들을 살려달라고 주님께 손을 들어 빌어라' 하는구나. (2:12-19)

주님, 보소서. 주께서 누구에게 이렇게 행하신 적이 있습니까? 여자들이 어찌하여 자기들의 열매인 사랑스런 자식을 잡아먹는단 말입니까? 제사장들과 예언자들이 어찌하여 주님의 성전에서 살해됩니까? 젊은이와 늙은이가 길바닥에 쓰러지고, 처녀들과 청년들이 칼에 쓰러졌습니다. 주께서 분노하신 날, 주께서 그들을 사정없이 베어 죽이셨습니다. 주님은, 명절에 사람을 초대하듯, 내가 두려워하는 자들을 사방에서 불러들이셨으므로, 주께서 분노하신 날, 피하거나 살아남은 사람이 아무도 없습니다. 내가 낳아 기른 아이들을 내 원수들이 모두 죽였습니다. (2:20-22)

예레미야는 하나님의 말씀을 대언하느라 수많은 고난을 겪었지만 하나님이 자신의 생명을 지켜 주셨으니 사랑과 자비의 하나님께 소망을 두고 있다고 고백했고, 죄를 회개하고 하나님께로 돌아가자고 했으며, 원수 갚는 것을 하나님께 맡겼다. 한편, 여기서 '나'는 저자인 예레미야뿐만 아니라 고난당하는 유대민족을 가리키기도 한다. 민족의 고통을 자신의 아픔으로 받아들이는 성숙한 신앙인의 모습이다. (애가 3:1-66)

나는 주님이 진노해 때리신 매에 맞고 고통받는 자입니다. 주께서 나를 빛도 없는 어두운 곳으로 이끄셨고, 손을 들고 온종일 나를 쳐서 내 살과 피부를 쇠약하게 만들고 내 뼈를 꺾으셨으며, 고통과 수고로 나를 둘러싸서 죽은 지 오래 된 사람처럼 어두운 곳에서 살게 하셨습니다. (3:1-6)

내가 도망갈 수 없도록 주께서 담을 둘러쌓고 무거운 쇠사슬로 채우셨습니다. 내가 부르짖으며 도움을 청해도, 주님은 내 기도를 거부하시고 다듬은 돌로 내 앞길을 가로막고 내 길을 굽게 하셨습니다. (3:7-9)

주님은 나를 사냥하려고 숨어 기다리는 곰 같고, 은밀한 곳에 숨어 있는 사자 같으셔서, 내가 잘못된 길로 들어가게 하여, 내 몸을 찢고 나를 버림받게 하셨습니다. 주께서 나를 과녁 삼아서 활을 당기고, 화살통에서 뽑은 화살로 내 심장을 꿰뚫으셨습니다. 그래서 나는 내 모든 백성에게 비웃음거리가 되고 온종일 노랫거리가 되었습니다. 주께서 쓴 나물로 내 배를 채우시고 쓴 쑥을 마시게 하셨으며, 돌로 내 이빨을 부수고 재로 나를 덮으셨으니, 나는 평안을 빼앗기고 행복을 잊어버렸습니다. 그래서 나는 '내 영광과 주님께 기대했던 내 희망이 사라졌다'고 혼잣말로 말했습니다. (3:10-18)

내 고난과 방황, 쓴 쑥과 쓸개즙을 기억하소서. 내가 이것을 생각할 때마다 내 영혼이 녹아 버립니다. 그러나 내가 이것을 마음에 담아 두었더니 그것이 오히려 소망이 된 것은, 주님의 사랑이 다함이 없고 주님의 자비가 끝이 없으며, 주님의 사랑과 자비가 아침마다 새롭고 주님의 신실하심이 크기 때문입니다. 그래서 내 영혼이 말하기를 "주님은 나의 유업이시니 내가 주님을 기다립니다"라고 했습니다. (3:19-24)

주님은, 주님을 기다리는 자와 주님을 찾는 영혼에게 선을 베푸시고, 주님의 구원을 참고 기다리는 자에게 선을 베푸시므로, 젊을 때 자기 멍에를 짊어지는 것이 좋습니다. 주님이 그에게 멍에를 지우셨으니 혼자 앉아서 잠자코 있는 것이 좋고, 희망이 있을지도 모르니 겸손히 입을 흙에 대고, 때리는 자에게 뺨을 대어 주고, 치욕으로 배를 채우십시오. 주님은 사람의 아들들을 영원히 버리지는 않으시고, 비록 근심하게 했어도 그 크신 사랑으로 불쌍히 여기시며, 괴롭히거나 근심하게 했어도 그것은 그의 본심이 아니기 때문입니다. (3:25-33)

세상 모든 죄인을 발로 짓밟는 것과 지극히 높으신 주님 앞에서 사람을 잘못 재판하는 것과 사람이 억울하게 판결받는 것은 주께서 기쁘게 여기지 않으십니다. (3:34-36)

주님이 명령하시지 않으면, 누가 그렇게 말하고 이루겠습니까? 화와 복이 지극히 높으신 분의 입에서 나오지 않습니까? 살아 있는 사람이 어찌하여 자기 죄값으로 벌 받는 것을 불평합니까? (3:37-39)

우리의 행위를 스스로 돌아보고 주께로 돌아가자. 우리가 범죄하고 거역한 것을 주님이 용서하지 않으셨으니 하늘에 계신 하나님께 우리의 마음과 손을 들고 기도하자. (3:40-42)

주께서 너무나 진노하셔서 우리를 쫓아내고, 사정없이 죽이셨으며, 구름으로 자신을 두르셔서 우리의 기도가 주께 이르지 못하게 하셨고, 우리를 여러 민족 가운데서 오물과 쓰레기로 만드셨습니다. 그래서 우리의 적이 모두 우리를 보고 입을 열고 놀려대었고, 두려움과

분노,[8] 파멸과 파괴가 우리에게 닥쳤습니다. (3:43-47)

내 딸 내 백성이 멸망해 내 눈에서 눈물이 시냇물처럼 흐릅니다. 내 눈물이 쉬지 않고 흘러 내리니, 주님이 하늘에서 살피시고 돌아보실 때까지 그치지 않습니다. 내가 내 성에 사는 모든 여자를 보니, 내 영혼이 괴롭습니다. (3:48-51)

내 원수들이 새를 사냥하듯 까닭 없이 나를 사냥했습니다. 그들이 내 생명을 끝장내려고 나를 우물 속에 처넣고 돌로 막아 버렸습니다. 그때 물이 내 머리 위에 넘쳐, 내가 '나는 이제 죽었구나' 하고 말했습니다. 내가 우물 깊은 밑바닥에서 '주님!' 하고 주님의 이름을 불렀고, '내 간구와 탄식에 주님의 귀를 닫지 마소서' 하고 주님께 부르짖었을 때, 주님이 내게 가까이 오셔서 '두려워하지 말라'고 말씀하셨습니다. (3:52-57)

주님, 주님이 내 영혼의 원한을 풀어 주셨고, 내 생명을 건져 주셨습니다. 주님, 주님이 내 억울함을 보셨으니, 나를 판단하소서. 그들이 내게 복수하려는 계략을 주님이 모두 보셨고, 그들이 나를 비난하려는 계략을 주님이 들으셨습니다. 내 원수들이 온종일 나를 헐뜯습니다. 그들이 앉으나 서나 나를 조롱하는 노래를 부르는 것을 주께서 보소서. (3:58-63)

주님, 그들의 행위대로 그들에게 갚으소서. 주께서 그들의 마음을 완고하게 만들어 그들에게 저주를 내리시고, 진노하며 그들을 뒤쫓아 주님의 하늘 아래에서 쓸어 버리소서. (3:64-66)

---

8. LXX.

예레미야는 이제, 멸망한 예루살렘에서 간신히 살아남은 유대인들의 비참한 삶을 하나님께 아뢰며 보살펴 달라고 호소한다. 그리고 거짓 예언자들과 제사장들이 의인을 죽이고, 지도자들은 헛되이 이집트를 의지했으므로 유다 왕국이 멸망했지만, 유다를 비웃는 에돔을 심판해 달라고 하나님께 하소연한다.
(애 4:1-22)

어찌하여 금이 빛을 잃고, 순금이 변했습니까? 어찌하여 성전 돌들이 거리 모퉁이마다 쌓여 있습니까? 순금보다 더 귀한 보배로운 시온의 아들들이, 어찌하여 토기장이가 만든 질그릇같이 여겨지게 되었습니까? (4:1-2)

들개도 제 새끼에게 젖을 물려 먹이는데, 내 딸 내 백성은 광야의 타조처럼 잔인하여, 젖먹이들이 목 말라서 혀가 입천장에 달라붙고, 어린아이들이 빵을 달라고 해도 떼어 주는 사람이 없습니다. 지난 날 맛있는 음식을 먹던 자들이 이제는 길거리에서 처량하게 서 있고, 지난 날 진홍색 옷을 입고 자란 자들[9]이 이제는 누더기를 입었습니다. 내 딸 내 백성의 죄악이 사람이 손대지 않아도 순식간에 무너진 소돔의 죄악보다 큽니다. 전에는 존귀한 자들[10]의 몸이 눈보다 깨끗하고 우유보다 희고 홍옥보다 붉고, 그 얼굴이 사파이어같이 빛나더니, 이제는 그들의 얼굴이 숯보다 검고, 살갗이 뼈에 달라붙고 나무처럼 말라, 거리에서 그들을 알아보는 사람이 없습니다. (4:3-8)

칼에 죽은 사람이 굶어 죽은 사람보다 낫습니다. 굶어 죽은 사람은 밭에 먹을거리가 없어서 고통 속에 죽기 때문입니다. 내 딸 내

---

9. 부유했던 예루살렘 청소년들.
10. 귀족들.

백성이 멸망할 때, 자애로웠던 어머니들이 제 손으로 자기 자식들을 삶아서 먹기까지 했습니다. (4:9-10)

주께서 진노하셔서 타오르는 분노를 퍼붓고, 시온에 불을 지르시니, 그 불이 시온의 기초를 삼켰습니다. 적군들과 원수들이 예루살렘 성문으로 들어왔는데, 이런 일이 일어날 줄은 세상 왕들이나 세상에 사는 모든 사람이 믿을 수가 없었습니다. (4:11-12)

거짓 예언자들의 죄와 제사장들의 죄악 때문에 예루살렘 안에서 의인들이 피를 흘리며 살해되었고, 이제는 그 예언자들과 제사장들이 눈먼 사람처럼 거리를 헤매고 다니지만, 그들이 피로 더러워져 아무도 그들의 옷을 만지지 않습니다. 사람들이 그들에게 "저리 가라, 부정하다! 저리 가라, 저리 가! 가까이 오지 마라!" 하고 소리쳤고, 그들이 멀리 떠나 떠돌이가 되자, 이방인들도 "그들이 다시는 이곳에서 살지 못하게 하겠다"라고 합니다. 주님이 얼굴을 돌리시고 그들을 흩어 버리며 더 이상 쳐다보지 않기 때문에 사람들은 제사장들의 얼굴을 존경하지도 않고, 장로들을 우대하지도 않습니다. (4:13-16)

우리는 눈이 빠지도록 도움을 기다렸으나 헛된 일이었고, 우리를 구원하지도 못할 나라[11]를 바라보고 또 바라보았습니다. 이제는 사람들이 우리의 발걸음을 노려보고 있으니 우리가 거리를 나다닐 수 없고, 우리의 끝이 가까이 왔고, 우리의 날이 다했으며, 우리의 마지막이 이르렀습니다. 우리를 쫓는 자들은 하늘의 독수리보다도 빨

---

11. 이집트.

라서 산꼭대기까지 우리를 쫓아오고 광야에서도 우리를 잡으려고 매복하고 있습니다. 주께서 우리 코에 호흡을 주도록 기름 부어 세우신 자[12]가 그들의 함정에 빠져 버렸습니다. 그는 '우리가 이방 나라 가운데서도 그의 그늘 아래에서 살 것이다'라고 우리가 말했던 자입니다. (4:17-20)

우스 땅에 사는 딸 에돔아, 기뻐 즐거워할 테면 하려무나. 이제 네게도 진노의 잔이 내릴 테니, 네가 그 잔을 마시고 취해 벌거벗을 것이다. 내 딸 시온아, 네 죄의 형벌이 끝났으니 네가 다시는 사로잡혀 가지 않을 것이다. 그러나 딸 에돔아, 주께서 네 죄악에 대하여 벌주고 네 죄를 드러내실 것이다. (4:21-22)

유다 백성이 하나님을 버리고 바빌로니아 대신 이집트와 앗시리아를 의지한 죄 때문에 멸망했고, 살아남은 사람들이 비참한 삶을 살고 있으니, 회개하고 하나님께 돌아오게 하고 옛날같이 새롭게 회복시켜 달라고 중보기도 한다. (애 5:1-22)

주님, 우리가 겪은 일을 기억하시고, 우리가 받은 치욕을 살펴보소서. 우리가 물려받은 유업[13]이 외국인들에게 넘어가고, 우리 집이 이방인들에게 넘어갔습니다. 우리는 아버지 없는 고아가 되고, 우리 어머니는 과부처럼 되었습니다. 우리가 우리 물을 마시는데도 은을 줘야 하고, 우리 나무를 가져오는데도 값을 치러야 하다니, 우리 목에 멍에가 메어 있어서 우리가 지쳤으나 쉬지도 못합니다. (5:1-5)

12. 유다 왕 시드기야.
13. 유다 땅.

우리가 이집트와 손잡고 앗시리아와 손을 잡아서 그들의 양식으로 배불리려 했고, 그 죄를 우리 조상들이 지었는데, 이제 우리 조상들은 없어지고, 우리가 조상들의 죄악을 짊어지고 있습니다. 그래서 종들이 우리를 다스리지만, 우리를 그들 손에서 구해 줄 자가 아무도 없습니다. 우리가 광야의 칼 때문에 죽음을 무릅쓰고 양식을 얻어 오니, 굶주림 때문에 생긴 열로 우리 살갗이 아궁이처럼 새까맣습니다. 원수들이 시온에서 여자들을 욕보이고 유다 성읍에서 처녀들을 욕보였으며, 지도자들을 그들 손으로 매달아 죽였고, 장로들의 얼굴도 존경하지 않습니다. 젊은이들은 맷돌을 돌리고, 아이들은 나뭇짐을 지다가 넘어집니다. 장로들은 성문에서 일[14]하기를 멈췄고, 젊은이들은 노래하기를 그쳤습니다. 우리 마음에서 기쁨이 사라지고, 우리 춤이 통곡으로 바뀌었습니다. 우리 머리에서 면류관이 떨어졌으니, 우리가 범죄해 화를 당했기 때문입니다. 그래서 우리 마음이 고통받고, 우리 눈이 어두워졌습니다. 시온 산이 황폐해져 여우들이 돌아다닙니다. (5:6-18)

주님, 주님은 영원히 다스리시고, 주님의 보좌는 세세토록 있습니다. 그런데 어찌하여 주께서 우리를 영원히 잊으려 하시며, 어찌하여 우리를 이토록 오랫동안 버려 두십니까? 주님, 주께서 우리를 아주 버리지 않으셨고, 우리에게 진노하심이 참으로 크지 않다면, 우리를 주께로 돌이키소서. 우리가 돌아가겠습니다. 우리 시대를 옛날같이 새롭게 회복시키소서. (5:19-22)

---

14. 재판.

부록

연대표

유다	BC	앗시리아·바빌로니아·이집트
	652	앗시리아 제국의 내란
	648	
요시야 왕 즉위	640	
스바냐의 예언 활동		
	630	앗수르에틸일리니 왕 즉위(-BC 627)
요시야의 종교개혁 시작	628	
예레미야의 소명과 예언활동	627	앗수르바니팔 왕의 죽음
		신샤르이스쿤 왕 즉위(-BC 612)
	626	나보폴라살의 바벨론 왕권 확립
율법책 발견과 율법준수 서약식	622	
우상 철거와 지방제사장 제도 폐지		
유월절 준수		
나훔의 앗시리아 멸망 예언		
	612	바벨론과 메데 연합군이 니느웨 정복
	610	하란 함락. 앗시리아 멸망
		이집트 왕 느고2세 즉위(BC 610-595)
요시야 왕의 죽음	609	이집트의 하란 탈환 실패
여호아하스 왕의 즉위와 이집트 포로		
여호야김 왕의 즉위		
예레미야의 피신		
하박국의 예언		
유다 가뭄		
예레미야의 예언활동 재개		
예레미야가 매맞고 감옥에 투옥되었다가 석방		
	605	이집트가 갈그미스 전쟁에서 바빌로니아에게 패배
70년 동안 바빌로니아 유배 예언		

느부갓네살의 1차 예루살렘 침략	다니엘의 신앙 결단
바룩이 예언을 받아쓰다	
바룩이 예언을 성전에서 낭독하다	604
	603 다니엘과 세 친구가 느부갓네살 왕을 섬기다
	다니엘이 느부갓네살의 꿈을 해몽하다
여호야김이 느부갓네살을 배신하다	601 바빌로니아의 이집트 침공 실패
느부갓네살의 2차 침입과 여호야김의 죽음 598	
여호야긴 왕 즉위	
제2차 바빌로니아 포로	
시드기야 왕 즉위	
	596-595 바빌로니아 내부 반란
	이집트 왕 프삼메티쿠스2세 (BC 595-589)
바빌로니아 멸망을 기록한 책을 유프라테스 594	
강물에 넣어 멸망의 증거물로 삼음	
6개국 사신들의 바빌로니아 반역 모의	
거짓 예언자 하나냐의 죽음	
	593 에스겔이 계시를 받다
유대인들이 예루살렘 성전에서 담무스 신과 592	
태양신에게 우상숭배하는 현장을	
에스겔이 목격	
시드기야가 바빌로니아로 잡혀가 죽음 예언	
	591 하나님이 이스라엘 장로들의 질문에 대답 거절
시드기야가 바빌로니아에 반역하다	589 이집트 왕 호브라 즉위(-BC 570)
바빌로니아 군대가 예루살렘을 포위하다	에스겔의 아내가 죽다
노예해방	
이집트 군대의 출병과 바빌로니아 군대의 철수	
예레미야가 요나단의 집 지하 감옥에 갇히다	
노예를 다시 부려먹다	
예레미야의 투옥	

예레미야가 경호부대 뜰에 갇히다
예레미야가 아나돗 땅을 매입하다
예레미야가 우물 속에
투하되었다가 구원받음
이집트 심판 예언 587.1.
두로 심판 예언 587.3.
바빌로니아의 이집트 정복 예언
이집트 멸망 예언 587.5.
예루살렘 함락 587.6.
제3차 바빌로니아 포로 587.7.
그달리야 총독 임명
예레미야 애가

색인표 1

주 제	성 경	쪽
1. 요시야 왕의 통치		
요시야 왕 즉위 (BC 640)	왕하 22:1-2; 대하 34:1-3a	22
스바냐의 예언활동	습 1:1-3:20	22
요시야 왕이 종교개혁을 시작하다 (BC 628)	대하 34:3b-7	30
예레미야의 소명 (BC 627)	렘 1:1-19	31
악한 유대인에 대한 심판 예언	렘 2:1-3:5	33
북이스라엘과 같은 죄를 짓는 남유다에 대한 회개 촉구	렘 3:6-4:4	38
바벨론의 나보폴라살 등장과 전쟁 환상 (BC 626)	렘 4:5-31	42
율법책 발견 (BC 622)	대하 34:8-29; 왕하 22:3-23:1	45
예레미야가 유다와 예루살렘 주민에게 말하다	렘 11:1-8	49
요시야 왕이 율법 낭독과 율법 준수 서약을 하다 (BC 622)	왕하 23:2-3; 대하 34:30-32	50
유다 백성의 서약 위반과 하나님의 심판 예언	렘 11:9-17	51
우상 철거와 지방 제사장 제도 폐지 (BC 622)	왕하 23:4-20	52
아나돗 사람들에 대한 하나님의 보복 약속	렘 11:18-23	55
하나님을 믿는 이방 민족에 대한 구원 예언	렘 12:1-17	56
유월절 준수 (BC 622)	왕하 23:21-27; 대하 35:1-19; 34:33	58
나훔의 앗시리아 멸망 예언	나 1:1-3:19	61
요시야 왕의 죽음 (BC 609)	왕하 23:28-30a; 대하 35:20-27	67
여호아하스 왕의 통치 (BC 609)	왕하 23:30b-32; 대하 36:1-2	69
여호아하스가 이집트로 잡혀가다 (BC 609)	왕하 23:33-34a; 대하 36:3-4	70
이집트가 가자를 공격하다	렘 47:1-7	71
2. 여호야김 왕의 통치		
여호야김 왕의 즉위 (BC 609)	대하 36:5; 왕하 23:35-37	83
유다에 대한 심판 선언	렘 5:1-11	84

주 제	성 경	쪽
이방 신을 섬긴 유대인들이 이방으로 잡혀가리라는 예언	렘 5:12-19	86
하나님을 경외하지 않는 유대인에 대한 심판 예언	렘 5:20-31	87
예루살렘을 바빌로니아가 멸망시키리라고 경고하며 회개를 촉구하심	렘 6:1-8	88
주님의 말씀을 거부하는 유대인에 대한 심판 예언	렘 6:9-15	89
번제와 희생제물을 바쳐도 유다 백성이 심판받을 거라 경고하심	렘 6:16-21	89
북방 민족에 의한 유다 심판 예언	렘 6:22-30	90
죄악을 행하면서 구원받으려는 유대인에 대한 추방 경고	렘 7:1-15	91
악한 유대인을 위한 중보기도 금지와 심판 선언	렘 7:16-20	93
유대인들이 믿음을 상실하여 육신대로 행하다	렘 7:21-28	93
우상숭배와 자녀를 불태워 우상에게 제물로 바친 죄에 대한 심판 경고	렘 7:29-8:3	94
유다 백성과 탐욕스러운 지도자들에 대한 심판 예언	렘 8:4-13	96
하나님의 마음과 예레미야의 영성	렘 8:14-9:2	97
거짓된 유다 사회에 대한 하나님의 징계	렘 9:3-9	98
유대인에 대한 추방 징계와 예레미야의 통곡	렘 9:10-22	99
주 안에서 자랑하라	렘 9:23-26	101
무능한 우상을 숭배하는 유다 백성을 심판하시는 하나님	렘 10:1-25	102
예레미야가 목숨의 위협을 느껴 피신하다	렘 26:1-24	104
하박국의 예언	합 1:1-3:19	107
여호야김의 박해 때문에 피신해 있던 예레미야에게 하나님이 유프라테스 강으로 두 번 갔다 오게 하며 허리띠와 가죽부대로 유대인 심판을 확신시키시다 (BC 608)	렘 13:1-11	115
유다 백성을 가죽부대에 가득 찬 포도주로 취하게 하여 분열과 분쟁하다가 멸망하게 할 것이라고 하시다	렘 13:12-14	116
여호야김 왕과 예루살렘의 죄악에 대한 하나님의 심판 경고	렘 13:15-27	116
예레미야의 중보기도와 하나님의 구원 거부 응답	렘 14:1-12	118
거짓 예언자들에 대한 하나님의 심판	렘 14:13-18	119
예레미야의 중보기도와 하나님의 유대인 구원 거부	렘 14:19-15:9	120
하나님의 격려와 구원 약속	렘 15:10-21	122
유다 심판과 이방인 구원 예언	렘 16:1-21	124
유대인의 죄와 하나님의 심판	렘 17:1-11	126
예레미야의 탄원 기도	렘 17:12-18	127

주 제	성 경	쪽
안식일 준수 명령	렘 17:19-27	128
하나님의 절대주권을 예레미야에게 가르치심	렘 18:1-17	130
예레미야가 자신의 살해 음모를 하나님께 호소하며 보복을 간구하다	렘 18:18-23	131
예레미야가 유다 파멸을 예언하고 바스훌에게 박해당하다	렘 19:1-20:6	132
예레미야가 하나님의 말씀을 대언하다 매 맞고 감옥에 갇혔다가, 풀려나서 한탄하며 하나님께 하소연하다	렘 20:7-18	135
2년 후 예루살렘이 정복당할 것이므로 하나님은 예레미야를 악독한 여호야김이 살고 있는 왕궁으로 보내어 정의와 공의를 행하지 않고 우상숭배 한 여호야김과 유다 백성에게 하나님의 심판과 회개를 촉구하시다 (BC 607년경)	렘 22:1-12	136
여호아하스의 죽음	왕하 23:34b	138
여호야김의 악행을 지적하며 회개를 촉구하다	렘 22:13-23	138
이집트가 갈그미스까지 진격했으나 바빌로니아 군대에게 패배하고, 느부갓네살이 팔레스틴을 정복하려고 유다를 향해 오다 (BC 605)	렘 46:1-28	140
우상숭배하고 악한 유다 백성이 바빌로니아에서 70년 동안 유배 생활할 것이고, 70년이 지나면 바빌로니아도 멸망할 것이라고 예언하다 (BC 605)	렘 25:1-14	143
유다와 열방의 멸망 예언	렘 25:15-29	144
유다와 열방 심판의 참상 예언	렘 25:30-38	145
느부갓네살의 1차 예루살렘 침략과 다니엘의 신앙 결단 (BC 605)	단 1:1-17; 왕하24:1a	146
레갑 사람들의 충성, 금욕, 절제에 비해 유대인의 불순종, 변절은 심판받을 수밖에 없음을 깨우치심	렘 35:1-19	149
예레미야가 바룩에게 예언서를 받아쓰게 하다 (BC 605)	렘 36:1-4; 45:1-5	151
예레미야가 바룩에게 두루마리를 성전에서 낭독하라고 지시하다 (BC 604)	렘 36:5-32	152
다니엘과 세 친구가 느부갓네살 왕을 섬기다 (BC 603)	단 1:18-20	156
다니엘의 느부갓네살 꿈 해몽 (BC 603)	단 2:1-49	156
여호야김 왕이 느부갓네살을 배신하다 (BC 601)	왕하 24:1b	162
느부갓네살의 2차 침입과 여호야김의 죽음 (BC 598)	왕하 24:2-7; 대하 36:6-8	162
여호야긴 왕의 통치 (BC 598)	왕하 24:8-9; 대하 36:9	163

주 제	성 경	쪽
여호야긴이 바빌로니아로 사로잡혀 갈 거라고 예언하다	렘 22:24-30	163
유다 백성의 귀환과 회복 및 메시아 왕국 도래 예언	렘 23:1-8	164
사악한 거짓 예언자들에 대한 심판 선언	렘 23:9-32	165
거짓 예언자들의 조롱에 대한 심판 선언	렘 23:33-40	168
2차 바빌로니아 포로 (BC 598)	왕하 24:10-16; 대하 36:10	169
3. 시드기야 왕의 통치		
시드기야 왕 즉위 (BC 598)	왕하 24:17-18a; 대하 36:11a; 렘 37:1	183
하나님이 무화과 환상을 보여 주심 (BC 598)	렘 24:1-10	183
예레미야가 포로생활 중인 유대인들에게 편지를 보내다 (BC 597)	렘 29:1-23	184
거짓 예언자 스마야가 예루살렘에 있는 스바냐 제사장에게 예레미야를 모함하는 편지를 보내다	렘 29:24-32	187
엘람 멸망 예언	렘 49:34-39	188
모압 멸망 예언	렘 48:1-47	189
암몬 멸망 예언	렘 49:1-6	193
에돔 멸망 예언	렘 49:7-22	194
다마스쿠스, 게달, 하솔 멸망 예언	렘 49:23-33	196
바빌로니아 멸망과 유다 회복 예언	렘 50:1-51:58	197
바빌로니아의 멸망을 기록한 예언책을 증거물로 삼음 (BC 594)	렘 51:59-64a	208
6개국 사신들의 바빌로니아 반역 모의 (BC 594)	렘 27:1-22	209
거짓 예언자 하나냐의 죽음 (BC 594)	렘 28:1-17	212
유대인들은 하나님의 말씀을 무시하고 예언자들을 조롱하며 박해했으므로 하나님은 유대인을 심판하기로 확정하시다	왕하 24:18b-19; 대하 36:11b-16	214
에스겔이 계시를 받다 (BC 593)	겔 1:1-3	215
네 생물 환상	겔 1:4-14	216
네 바퀴 환상	겔 1:15-21	217
수정 창공과 네 생물의 이동 및 음성 환상	겔 1:22-25	217
영광의 하나님이 에스겔에게 소명을 주심	겔 1:26-3:3	218
에스겔의 소명 강조	겔 3:4-15	219
파수꾼의 임무 강조	겔 3:16-27	221
예루살렘 멸망에 관한 네 가지 상징	겔 4:1-5:4	222
기근, 전염병, 전쟁으로 심판 예언	겔 5:5-17	224

주 제	성 경	쪽
우상숭배에 대한 심판 예언	겔 6:1-14	226
심판받을 날이 다가왔다는 예언	겔 7:1-13	228
이스라엘 백성이 겪어야 할 심판의 참상	겔 7:14-27	229
하나님이 에스겔의 영을 환상 속에서 예루살렘으로 데려가서 유대인들이 예루살렘 성전에서 담무스 신과 태양신 등 각종 우상을 숭배하는 현장을 목격하게 하시다. 예루살렘 함락 5년 전 (BC 592)	겔 8:1-18	231
심판 계시가 에스겔에게 환상으로 보여짐	겔 9:1-11	233
하나님을 호위하는 네 그룹의 변모	겔 10:9-17	236
하나님의 영광이 성전 동문으로 이동	겔 10:18-22	236
거짓 평안을 선포하는 25인에 대한 심판 선언	겔 11:1-13	237
이스라엘의 회복 약속	겔 11:14-21	238
에스겔의 영이 바빌로니아로 귀환	겔 11:22-25	240
반역하는 유다 민족에 대한 심판 예언	겔 12:1-20	240
예언의 신속한 실현	겔 12:21-28	242
거짓 예언자들에 대한 심판	겔 13:1-16	243
백성의 영혼을 사냥하는 거짓 여성 예언자들에 대한 심판 예언	겔 13:17-23	245
우상과 하나님을 동시에 숭배하는 자들에 대한 경고	겔 14:1-11	246
구원의 개인성과 남은 자를 통한 심판의 정당성	겔 14:12-23	247
범죄한 예루살렘에 대한 심판 경고	겔 15:1-8	249
예루살렘의 출생	겔 16:1-5	249
예루살렘의 결혼	겔 16:6-14	250
예루살렘의 음행	겔 16:15-34	251
예루살렘 심판	겔 16:35-58	253
예루살렘의 회복	겔 16:59-63	255
유다 멸망과 회복 예언 (BC 592)	겔 17:1-24	256
죄에 대한 책임은 자신에게 있다	겔 18:1-20	259
하나님은 악인이 회개하고 구원받기를 원하신다	겔 18:21-32	261
여호아하스와 여호야김과 시드기야의 몰락을 예언	겔 19:1-14	263
하나님이 장로들의 질문에 대한 대답을 거부하시다 (BC 591)	겔 20:1-32	264
이스라엘 백성을 정결하게 하겠다고 예언하심	겔 20:33-44	268
불타는 남쪽 삼림 비유에 의한 유다 심판 예언	겔 20:45-49	270
칼 비유로 바빌로니아에 의한 유다 심판 예언	겔 21:1-17	270

주 제	성 경	쪽
바빌로니아에 의한 유다와 암몬 심판 예언	겔 21:18-32	272
예루살렘의 거짓 예언자들과 제사장들과 지도자들의 범죄 때문에 유다 왕국을 멸망시키고 바빌로니아 포로 생활의 고난을 통해 회개시켜 거룩하게 만들겠다고 예언하심	겔 22:1-31	274
예루살렘이 사마리아의 우상숭배를 본받은 죄에 대한 심판 예언	겔 23:1-49	277
바빌로니아 군대가 예루살렘 포위 (BC 589.12)	렘 52:3b-5	282
바빌로니아 군대의 예루살렘 포위를 녹슨 가마에 양고기를 삶는 비유로 말씀하심 (BC 589년 12월)	겔 24:1-14	282
예루살렘이 포위될 때 에스겔의 아내가 죽음 (BC 589년 12월)	겔 24:15-27	284
예루살렘 함락 1년 6개월 전 (BC 588)	렘 21:1-14	285
시드기야의 죽음을 예언하다 (BC 588)	렘 34:1-7	287
노예 해방 (BC 588)	렘 34:8-10	289
바빌로니아 군대가 예루살렘에서 철수하자 시드기야 왕과 유다 지도자들과 제사장들이 하나님께 맹세한 노예 해방을 어기는 죄를 짓다 (BC 588)	렘 34:11-22	289
이집트 군대의 철수와 바빌로니아 군대의 재침략 예언 (BC 588)	렘 37:2-10	291
예레미야가 지하 감옥에 갇히다 (BC 588)	렘 37:11-15	292
예레미야가 경호부대 뜰에 갇히다 (BC 588)	렘 37:16-21	293
아나돗 땅 매입에 의한 유다 백성의 회복 예언 (BC 588)	렘 32:1-44	294
예레미야가 유다 백성에게 항복을 권유하다 죽게 되었으나 구원받음	렘 38:1-28	299
에벳멜렉 구원 약속	렘 39:15-18	303
유다 포로 귀환과 메시아 예언 (BC 588)	렘 30:1-24	303
이스라엘 포로 귀환과 회복 예언	렘 31:1-40	306
예루살렘 회복과 메시아 왕국 도래에 대한 언약	렘 33:1-26	311
이집트 심판 예언 (BC 588)	겔 29:1-16	314
암몬, 모압, 에돔, 블레셋 심판 예언	겔 25:1-17	316
두로 심판 예언 (BC 587년 3월)	겔 26:1-21	318
두로 심판 예언	겔 27:1-36	320
두로 왕에 대한 심판 예언	겔 28:1-19	324
시돈의 멸망과 이스라엘의 회복 예언	겔 28:20-26	326
바빌로니아의 이집트 정복 예언 (BC 587년 3월)	겔 30:20-26	327
이집트가 멸망되리라는 예언 (BC 587년 5월)	겔 31:1-18	328

주 제	성 경	쪽
예루살렘 멸망 (BC 587년 6월)	왕하 24:20-25:7; 렘 39:1-7	330
3차 바빌로니아 포로	대하 36:17-21; 렘 39:8-10	332
4. 바빌로니아 강점기		
유다 왕국 멸망의 회고와 그달리야 총독의 통치	렘 52:1-30; 왕하 25:8-24	343
예레미야 애가	애 1:1-5:22	346

색인표 2

예레미야	쪽	예레미야	쪽	예레미야	쪽	예레미야	쪽
1:1-19	31	14:19-15:9	120	34:1-7	287	51:59-64a	208
2:1-3:5	33	15:10-21	122	34:8-10	289	52:1-30	343
3:6-4:4	38	16:1-21	124	34:11-22	289	에스겔	쪽
4:5-31	42	17:1-11	126	35:1-19	58	1:1-3	215
5:1-11	84	17:12-18	127	36:1-4	151	1:4-14	216
5:12-19	87	17:19-27	129	36:5-32	152	1:15-21	217
5:20-31	87	18:1-17	130	37:1	183	1:22-25	217
6:1-8	88	18:18-23	131	37:2-10	291	1:26-3:3	218
6:9-15	89	19:1-20:6	132	37:11-15	293	3:4-15	219
6:16-21	89	20:7-18	135	37:16-21	293	3:16-27	221
6:22-30	90	21:1-14	285	38:1-28	299	4:1-5:4	222
7:1-15	91	22:1-12	136	39:1-7	330	5:5-17	224
7:16-20	93	22:13-23	138	39:8-10	332	6:1-14	226
7:21-28	93	22:24-30	163	39:11-14	*	7:1-13	228
7:29-8:3	94	23:1-8	164	39:15-18	303	7:14-27	229
8:4-13	96	23:9-32	165	40:1-6	*	8:1-18	231
8:14-9:2	97	23:33-40	168	40:7-16	*	9:1-10:8	233
9:3-9	98	24:1-10	183	41:1-18	*	10:9-17	236
9:10-22	99	25:1-14	143	42:1-22	*	10:18-22	236
9:23-26	101	25:15-29	144	43:1-13	*	11:1-13	237
10:1-25	102	25:30-38	145	44:1-30	*	11:14-21	238
11:1-8	49	26:1-24	104	45:1-5	151	11:22-25	240
11:9-17	51	27:1-22	209	46:1-28	140	12:1-20	240
11:18-23	55	28:1-17	212	47:1-7	71	12:21-28	242
12:1-17	56	29:1-23	184	48:1-47	189	13:1-16	243
13:1-11	115	29:24-32	187	49:1-6	193	13:17-23	245
13:12-14	116	30:1-24	303	49:7-22	194	14:1-11	246
13:15-27	116	31:1-40	306	49:23-33	196	14:12-23	247
14:1-12	118	32:1-44	294	49:34-39	188	15:1-8	249
14:13-18	119	33:1-26	311	50:1-51:58	197	16:1-5	249

에스겔	쪽	에스겔	쪽	열왕기하	쪽	나훔	쪽
16:6-14	250	27:1-36	320	23:21-27	58	1:1-3:19	61
16:15-34	251	28:1-19	324	23:28-30a	68	하박국	쪽
16:35-58	253	28:20-26	326	23:30b-32	69	1:1-3:19	107
16:59-63	255	29:1-16	314	23:33-34a	70	역대기하	쪽
17:1-24	256	29:17-21	*	23:34b	138	34:1-3a	22
18:1-20	259	30:1-19	*	23:35-37	83	34:3b-7	30
18:21-32	261	30:20-26	327	24:1a	147	34:8-29	46
19:1-14	263	31:1-18	328	24:1b	162	34:30-32	50
20:1-32	264	32:1-48:35	*	24:2-7	162	35:1-19; 34:33	58
20:33-44	268	다니엘	쪽	24:8-9	164	35:20-27	68
20:45-49	270	1:1-17	147	24:10-16	169	36:1-2	59
21:1-17	270	1:18-20	156	24:17-18a	183	36:3-4	70
21:18-32	272	2:1-49	156	24:18b-19	214	36:5	83
22:1-31	274	3:1-12:13	*	24:20-25:7	330	36:6-8	162
23:1-49	277	열왕기하	쪽	25:8-24	343	36:9	163
24::1-14	282	22:1-2	22	예레미야 애가	쪽	36:10	169
24:15-27	284	22:3-23:1	46	1:1-5:22	346	36:11a	183
25:1-17	316	23:2-3	50	스바냐	쪽	36:11b-16	214
26:1-21	318	23:4-20	52	1:1-3:20	22	36:17-21	331

*표시는 〈바이블 인 타임즈〉 시리즈 제5권에 수록

참고 문헌

성경

The Holy Bible, King James Version, America Bible Societies, 1952.
The Holy Bible, New International Version, Zondervan, 2002.
SEPTUAGINTA, Deutsch Bibelgesellschaft, 1979.
현대인의 성경, 생명의말씀사, 1986.
톰슨주석 성경, 기독지혜사, 1990.
표준새번역개정판 성경, 대한성서공회, 2001.
쉬운 성경, 아가페출판사, 2003.
개역개정판 성경, 대한성서공회, 2005.
우리말 성경, 두란노서원, 2009.

성경 외

김광남 저, 《한국 교회, 예레미야에게 길을 묻다》, 아바서원, 2013.
김서택 저, 《주해가 있는 새 나훔. 하박국. 스바냐 강해》, 기독교문사, 2013.
김영재 저, 《바이블웨이》, 도서출판 컴퓨터선교회, 2013.
김혜윤 저, 《예언서》, 생활성서사, 2012.
김흔중 저, 《성서의 역사와 지리》, 엘맨출판사, 2013.
김희보 저, 《요나, 나훔, 오바댜 주해》, 총신대학교출판부, 1988.
데이비드 베이커 저, 임요한 역, 《구약과 신약의 관계》, 부흥과 개혁사, 2016.
레온 우드 저, 김의원 역, 《이스라엘의 역사》, 기독교문서선교회, 2012.
마르크 반 드 미에룹 저, 김구원 역, 《고대 근동 역사》, 기독교문서선교회, 2010.
반성호 저, 《성경 연대기》, 밀알서원, 2013.
송병헌 저, 《엑스포지멘터리 선지서개론》, 국제제자훈련원, 2012.
아브라함 J. 헤셸 저, 이현주 역, 《예언자들》, 삼인, 2004.
알프레드 J. 허트, 제럴드 L. 매팅리, 에드윈 M. 야마우치 공저, 《고대근동문화》, 신득일, 김백석 공역, 2012, 기독교문서선교회.
에드가 W. 콘래드 저, 장세훈 역, 《새롭게 읽는 선지서》, 기독교문서선교회, 2013.

에드워드 J. 영 저, 오병세, 홍반식 공역, 《구약총론》, 영음사, 1971.
에릭 H. 클라인 저, 류광훈 역, 《성서 고고학》, 기독교문서선교회, 2013.
S. 쉬반테스 저, 이종근 역, 《고대근동의 역사》, 삼영출판사, 2001.
《옥스퍼드 원어성경대전》, 제자원, 2003.
요람 하조니 저, 김구원 역, 《구약 성서로 철학하기》, 홍성사, 2016.
요세푸스 저, 성서자료연구원 역, 《유대고대사 Ⅱ》, 달산, 1992.
월터 모벌리 저, 박규태 역, 《예언과 분별》, 새물결플러스, 2015.
윌리엄 반 게메렌 저, 채원석 역, 《예언서 연구》, 솔로몬, 2012.
유진 피터슨 저, 이종태 역, 《메시지/구약 예언서》, 복 있는 사람, 2013.
유진 피터슨 저, 홍병룡 역, 《주와 함께 달려가리이다》, 한국기독학생회출판부, 2003.
윤성덕 저, 《예레미야 애가》, 대한기독교서회, 2014.
이병규 저, 《예레미야 중, 하》, 염광출판사, 2010.
이안 프로반 V, 필립스 롱 저, 김구원 역, 《이스라엘의 성경적 역사》, 기독교문서선교회, 2013.
이학재 저, 《에스겔, 어떻게 읽을 것인가?》, 한국성서유니온선교회, 2011.
존 칼빈 저, 존 칼빈 성경주석출판위원회 역, 《성경주석》, 성서원, 1999.
차준희 저, 《예레미야서 다시 보기》, 프리칭아카데미, 2007.
차준희 저, 《예언서 바로 읽기》, 한국성서유니온선교회, 2013.
최의원 저, 《새즈믄 하나님의 말씀》, 예영커뮤니케이션, 2008.
필립 얀시, 브렌다 퀸 공저, 신순호 역, 《필립 얀시의 성경을 만나다》, 포이에마, 2010.
하용조 저, 《연대기 성경》, 두란노서원, 2009.
허성갑 저, 《히브리어-한글직역 대조 구약성경》, 말씀의 집, 2009.

유다 왕국
Kingdom of Judah

2016. 12. 9. 초판 1쇄 인쇄
2016. 12. 16. 초판 1쇄 발행

지은이 고영길
펴낸이 정애주
국효숙 김기민 김의연 김준표 김진원 박세정
송승호 오민택 오형탁 윤진숙 이한별 임승철
임진아 정성혜 조주영 차길환 한미영 허은
펴낸곳 주식회사 홍성사
등록번호 제1-499호 1977. 8. 1.
주소 (04084) 서울시 마포구 양화진4길 3
전화 02) 333-5161
팩스 02) 333-5165
홈페이지 www.hsbooks.com
이메일 hsbooks@hsbooks.com
페이스북 facebook.com/hongsungsa
양화진책방 02) 333-5163

ⓒ 고영길, 2016

· 잘못된 책은 바꿔 드립니다.
· 책값은 뒤표지에 있습니다.
· 이 도서의 국립중앙도서관 출판예정도서목록(CIP)은
  서지정보유통지원시스템 홈페이지(http://seoji.nl.go.kr)와
  국가자료공동목록시스템(http://www.nl.go.kr/kolisnet)에서
  이용하실 수 있습니다.(CIP제어번호: CIP2016030029)

ISBN 978-89-365-1201-9 (03230)